新奎文

新作为

U0787243

奎文年鉴

2017 KUIWEN YEARBOOK

山东省潍坊市奎文区人民政府　主办
潍 坊 市 奎 文 区 史 志 办 公 室　编

方志出版社
Publishing House of Local Records

图书在版编目（CIP）数据

奎文年鉴．2017 / 潍坊市奎文区史志办公室编．--
北京：方志出版社，2017.11
ISBN 978-7-5144-2733-2

Ⅰ．①奎… Ⅱ．①潍… Ⅲ．①区（城市）—潍坊—
2017—年鉴 Ⅳ．①Z525.24

中国版本图书馆CIP数据核字（2017）第296264号

奎文年鉴（2017）

编　　者： 潍坊市奎文区史志办公室
责任编辑： 陈　菁

出 版 人： 冀祥德
出 版 者： 方志出版社
地址　北京市朝阳区潘家园东里9号（国家方志馆4层）
邮编　100021
网址　http://www.fzph.org
发　　行： 方志出版社图书经销中心
电话（010）67110500
经　　销： 各地新华书店
印　　刷： 济南黄氏印务有限公司

开　　本： 889×1194　1/16
印　　张： 25.25印张
字　　数： 448千字
版　　次： 2017年11月第1版　2017年11月第1次印刷
印　　数： 0001～1000册

ISBN 978-7-5144-2733-2　**定　价：** 500.00元

·版权所有　翻印必究·

奎文区史志编纂委员会成员名单

名誉主任 李　辉

主　　任 高志秀

副 主 任 高登友　李　强　沃付贤　赵同祥　王卫国（特聘）
杨爱群　李晓华

委　　员 （按姓名笔画排序）

王　婷　王玉兴　王庆汉　王国明　王洪忠　石凌峰　庄胜苓　刘加祥
刘会红　刘国梁　刘宝升　刘建明　孙　涛　孙先政　花召军　杜鸿强
李中强　李良军　李福田　李德宝　杨鹤强　吴卫忠　吴侃宗　吴茵政
迟安斌　张立勋　郑　海　宗宝童　赵立果　胡君章　段莉莉　倪海滨
徐世殿　徐金森　梁彩萍　甄延亮　蔺荣华

编纂委员会办公室主任 李晓华（兼）

编纂委员会办公室副主任 孙　涛（兼）

奎文区史志编审人员名单

主　　审 赵同祥　王卫国（特聘）

副 主 审 李晓华

主　　编 孙　涛

副 主 编 姚凤玲　谭绪刚　张红娟　田希峰　吴洪磊

编　　辑 周来彬　李金生　郭晓蕊　范如梦　刘萍萍

奎文名片

- 全国科技进步先进区
- 全国群众体育先进区
- 全国城郊经济发展先进区
- 全国和谐社区建设示范区
- 全省教育工作先进区
- 全省社区服务示范区
- 全省社会文化先进区
- 全省服务业发展先进区
- 全省国土资源执法模范区
- 全省个体经营经济工作先进区
- 全省创建文明城市工作先进区
- 全省房改与房地产管理先进区
- 全省“平安山东”建设先进区
- 全省城乡低保规范化建设示范区

2016年奎文荣誉

国家食品安全示范城市（主城区）
全国社区治理创新十大成果提名奖
第三批全国农村集体三资管理示范县
全国科普示范区（2016年—2020年）
全国检察宣传先进单位
全国人民调解宣传工作先进集体
全国司法宣传工作先进单位
全国对台宣传工作先进单位
全国“五好县级工商联”
中国地理信息产业优秀工程银奖
全国价格宣传报道工作表现突出单位
全国查处侵权盗版案件有功单位（三等奖）
山东省级文明单位
山东省社会治安综合治理先进单位
山东省统战工作先进单位
山东省级“五四”红旗团支部
山东省财政“六五”法制宣传教育工作先进集体
山东省全面推开“营改增”试点工作突出贡献单位
山东省档案工作科学化管理先进单位
山东省档案宣传工作先进集体
山东省城乡岗位建功先进集体
山东省油气管道隐患整治先进集体
山东省爱国拥军模范单位称号
山东省城乡岗位建功先进集体
山东省机构编制信息工作先进单位
山东省引进高层次高技能人才服务绿色通道
山东省统计系统先进单位
山东省卫生保健协会先进单位
山东省体育总会工作先进单位
山东省体育总会组织建设先进单位
山东省机关事务工作先进单位
山东省“五好县级工商联”
山东省科学技术三等奖
山东省冬春火灾防控专项行动先进中队
山东省服务名牌

奎文城区一隅

奎文辖区的潍坊市植物园北侧，居民新生活区建设日新月异，不断提升现代化市区风貌

（摄影：辛爱惠）

奎文区公共服务中心

目　录

特　载

Features

大事记

Events

专　记

Special Record

全区概况

Overview of the whole district

中国共产党奎文区委员会

Kuiwen District Committee of the Communist Party of China

奎文区人民代表大会

Kuiwen District People's Congress

奎文区人民政府

People's Government of Kuiwen District

中国人民政治协商会议奎文区委员会

Quiwen District Committee of the Chinese People's Political Consultative Conference

中共奎文区纪律检查委员会

Kuiwen District Disciplinary Inspection Committee of the Communist Party of China

工商联 社会团体

Association of industry and commerce Social organization

军 事

Military

法　治

Rule by law

经济监督管理

Economic supervision and regulation

农 业

Agriculture

工 业

Industry

服务业

Service industry

商　贸

Trade

交通　邮政　通信

Traffic Postal Service Communication

建设 环保

Construction Environmental protection

科 技

Science and technology

文化 卫生 体育

Culture Health Sports

社会 民生

Social life

街　道

Streets

人　物

People

附　录

Appendix

索　引

Index

鳶飛魚躍
奎文門
奎文

李辉同志在全区经济工作会议上的讲话

（2016 年 2 月 14 日）

这次会议的主要任务是，深入贯彻落实中央和省、市经济工作会议精神，总结工作、分析形势、部署任务，动员全区上下进一步解放思想、提升境界，攻坚克难、创新实干，努力推动经济社会持续健康发展，确保实现“五年再造一个新奎文”奋斗目标，奋力夺取“十三五”开局之年新胜利。关于今年工作，宋均圻区长还要作具体安排，大家要认真抓好贯彻落实。下面，根据区委常委会研究的意见，我讲三个方面的问题。

一、深入分析研判经济形势，深化对经济发展新常态的认识

认识新常态、适应新常态、引领新常态，是当前和今后一个时期我国经济发展的大逻辑。习近平总书记在中央经济工作会议上的重要讲话，明确提出了新常态下经济工作的思路途径、总体要求、政策取向和任务举措，是做好经济工作的科学指南。省、市经济工作会议，分别对新常态下全省、全市经济发展作了全面部署，是我们开展工作的重要指导。全区上下一定要认真学习、深刻领会，切实把思想和行动统一到中央和省、市决策部署上来，不断增强引领经济发展新常态的积极性、主动性、创造性。

（一）要充分看到奎文发展潜力，进一步树立认识新常态、再谋新发展的信心。奎文作为中心城区，具有优越的区位条件、良好的资源禀赋、坚实的产业基础，正处于服务业提升期和城市化扩张期，有着强劲的内生动力和广阔的增长空间。2015 年，全区广大干部群众心往一处想、劲往一处使，统筹做好稳增长、调结构、惠民生、促改革各项工作，呈现出经济发展、民生改善、社会和谐、政治安定的良好局面。全区实现地区生产总值 239.6 亿元，完成固定资产投资额 126.7 亿元，一般公共预算收入 31.9 亿元，主要指标保持在合理区间。一是经济结构优化升级。转调步伐不断加快，“六大产业”发展壮大，124 个提升市区重点项目稳步推进，奎文经济开发区、奎文（滨海）“飞地”工业园等重点园区转型发展，为科学发展提供了有力支撑、坚实载体。二是发展活力明显增强。全面深化改革扎实推进，各类创新创业载体孵化功能不断完善，市场主体数量快速增长，全区新登记市场主体 9239 户，新增注册资本 150.5 亿元，比上一年分别增长 33%、73.6%，为转型发展注入了新活力、新动能。三是民生保障坚实有力。民生投入持续加大，学校医院改扩建、“四通一治”、老旧小区改造提升、“一厅两室”建设等为民工程顺利推进，社会治理体系日益完善，为和谐发展营造了良好环境、浓厚氛围。四是工作合力更加凝聚。以“三严三实”专题教育为契机，持续加大纠治“四风”和“不严不实”问题力度，深入推进作风建设，各级干部同心同德、奋发作为，各条战线创先争优、共同奋斗，形成了干事创业、风清气正的良好政治生态。这些为我们做好今年工作奠定了坚实基础、提供了有力保障。只要我们坚定信心、树立恒心，始终保持良好的精神状态和扎实的工作作风，就一定能续写新常态下奎文发展新篇章。

（二）要敢于正视压力挑战，进一步增强适应新常态、寻求新突破的动力。今年的发展面临很多困难和挑战，对此我们要有清醒的认识。从国际看，国际形势复杂多变，世界经济增长放缓、国际需求不足、全球经济贸易增长乏力，经济发展仍处于深度调整中，总体上将延续疲弱复苏态势，不确定性、不稳定性比较大。从国内看，我国经济增长仍在探底之中，出口、投资乏力，工业生产和投资增幅回落较大、利润下降，经济运行在缓中趋稳、稳中向好的同时，稳中有难、稳中有忧，一些行业和企业生产经营比较困难。我区发展也存在一些问题，短期看，固定资产投资增长放缓，对经济发展的拉动力减弱；部分商贸、餐饮、住宿等传统服务行业和少数机械加工类企业转型压力较大，工业用地集约率低；财政收入增速放缓，教育、医疗、社会保障等刚性支出增长；外向型经济发展水平不高。长期看，经济总量偏小、产业结构不合理的状况仍未有效解决，金融保险、房地产业税收占比较大，传统产业链条较短，自主创新能力不强，资金、土地、劳动力等瓶颈问题依然存在；区域竞争日益加剧，项目招引难度加大。新常态下，我们面临的压力挑战非常严峻，各级各部门要进一步增强紧迫感、责任感，变压力为动力，更好把握发展节奏，树立新思维、展现新作为。

（三）要积极利用机遇优势，进一步坚定引领新常态、借势快发展的决心。尽管形势千变万化，但发展机遇大于挑战的大格局没有变。当前经济形势看似不好，其实蕴含着难得的机遇，既包括来自于市场的自我调节，也包括来自于政府的有力推动。一是宏伟蓝图汇聚强大能量。党的十八届五中全会提出了创新、协调、绿色、开放、共享五大发展理念，省委十届十三次全会、市委十一届八次全会围绕在全面建成小康社会中走在前列，部署了一系列重大战略和重要举措，为“十三五”时期发展规划了美好蓝图，必将汇聚起各级各个层面的激情、智慧和力量。二是宏观政策带来诸多利好。国家在推进传统产业转型升级、发展战略性新兴产业和现代服务业方面，正在制定、即将出台一系列含金量高的政策措施，如启动重大技术改造升级、绿色制造、工业强基、智能制造等重大工程，支持困难行业加快去产能、去库存、降成本，谋划布局一批产业技术基础平台和服务支撑中心，实施新能源汽车推广计划，全面推开营改增改革并把金融业和生活服务业纳入试点范围，进一步实施减税降费政策，这些都为我们提供了千载难逢的良好机遇。三是区域发展战略增加竞争优势。今年是《环渤海地区合作发展纲要》组织实施的关键一年，基础设施互联互通、产业发展协同协作、市场要素对接交流等重点领域合作将不断深化。去年 12 月 20 日，中韩自贸协定生效。据测算，中韩自贸协定实施一年，山东全省进出口企业可减免税收 10.4 亿元。全面融入环渤海地区、中韩自贸区合作发展，将为我区在更大范围优化配置资源提供广阔空间。四是新型城镇化催生强大动力。今年中央更加注重推进以人为核心的城镇化，将制定实施 1 亿非城镇户籍人口在城市落户方案，并着力化解房地产库存，扩大有效需求。可以预见，随着城镇化的加快推进，道路交通、基础设施、公共服务必将形成新一轮投资热潮。各级各部门一定要抢抓机遇、主动出击，多方施策、多点突破，更快更好地适应引领经济发展新常态，不断增创新优势、开创新局面。

二、明确主攻方向，着力推动经济社会发展实现更大突破

2016 年是实施“十三五”规划的第一年，也是推进结构性改革的攻坚年，起好步至关重要。今年全区工作的总体要求是：全面贯彻落实党的十八大和十八届二中、三中、四中、五中全会精神，以习近平总书记系列重要讲话和视察山东重要讲话为指引，按照“五位一体”总体布局和“四

个全面”战略布局，主动适应新常态，牢固树立和贯彻落实创新、协调、绿色、开放、共享发展理念，加强供给侧结构性改革，坚持稳中求进、进中提升总基调，抢抓提升市区战略机遇，着力调结构促转型，着力扩投资上项目，着力抓改革破瓶颈，着力惠民生优服务，保持经济平稳健康发展和社会和谐稳定，加快建设现代化中央商务区，努力实现“十三五”良好开局，确保“五年再造一个新奎文”奋斗目标圆满完成。综合考虑各方面因素，今年全区经济社会发展的主要预期目标是：地区生产总值增长8%左右，一般公共预算收入增长9%左右，城镇居民人均可支配收入增长8%以上，全面完成年度节能减排、安全稳定等约束性目标。

贯彻总体要求，要切实做到“四个把握”。一要把握遵循。就是深刻领会把握中央和省、市经济工作会议精神。中央经济工作会议提出了“三个必须、十个更加注重”的要求，强调要抓好“三去一降一补”五大任务，要求在需求侧和供给侧同时发力，加快培育新的发展动力，为我们做好工作指明了方向。1月4日，《人民日报》发表《七问供给侧结构性改革—权威人士谈当前经济怎么看怎么干》，为我们科学分析把握当前经济形势、推进供给侧结构性改革作了很好的辅导。省、市经济工作会议全面贯彻中央精神，提出了一系列新部署、新要求。这些是我们做好工作的基本遵循，必须牢牢把握，结合实际抓好落实。二要把握基调。就是坚持“一二六五五”工作思路不动摇，进一步把握稳中求进、进中提升总基调。所谓稳中求进，即把稳增长摆在首要位置，创造新需求、增加新供给，保持经济稳中向好、稳中趋快的发展态势。所谓进中提升，即做大总量、提升质量，在扩大有效投资的同时，大力推进结构调整、转型升级，推动更高质量、更有效益、更可持续的发展。三要把握关键。就是把握发挥优势和补齐短板两个关键，不断提升综合实力和竞争力。要把发挥优势作为立足点，充分用好区位禀赋、特色产业、楼宇资源等优势，推动局部优势向综合优势转变。要在强化弱项、补齐短板上用力，集中力量在城市经济、社会发展、城市管理等方面实施突破。四要把握方法。就是把握正确的工作方法、推进办法，更有效地做好经济工作。要善于观大局、明大势，牢牢把握正确发展方向；要坚持聚焦重点、强力攻坚，带动整体工作水平提升；要减少行政干预，多用市场办法和法治思维，学会放水养鱼，善于筑巢引凤；要处理好调整结构与稳定增长的关系、推进改革与社会稳定的关系，把握好节奏和力度，及时解决改革中出现的重大问题，确保经济在合理区间运行、社会大局和谐稳定。工作中，重点抓好“五个突出”：

（一）突出稳增长、调结构，培育创新发展新优势。实施创新驱动战略，加强供给侧结构性改革，向改革创新要动力，向结构调整要助力，不断提高发展质量和效益。一是全面推进开发区创新发展。开发区是奎文发展的潜力和希望所在。要按照“产业高端化、项目集群化、布局园区化”思路，以大招商、大建设、大服务为主题，坚持开发区建设与提升市区紧密结合、与打造产业园区紧密结合、与改善生态环境紧密结合、与维护群众利益紧密结合，突出产业链延伸、业态多元集聚、品牌环境融合，全面推动开发区转型升级、创新发展。要以文化南路、潍州路、机场路为轴线，进一步明确发展定位，抓紧研究制定规划方案，进行板块化布局、组团式开发、一体化打造。要尽快开工建设科教创新产业园，坚持招商、建设通盘考虑，打造集企业总部、研发基地、教育培训、商业服务于一体的现代化园区，积极探索城市工业与楼宇工业有机结合，推动城市工业转型发展。要以“互联网+”改造升级潍州路汽车产业园，加快建设汽车后服务平台，抓好汽车后服务产业园、汽车主题公园等重点项目，打造全省一流的汽车产业园。要树立“大旅游”理念，整合金宝乐园、金泉寺及现有旅游资源，打造有影响力的旅游线路。要强化工业土地集约节约利用，加大闲置土地处置力度，规划建设工业楼宇、多层标准厂房，采用政府回购等方式，结合棚户区改造，推动腾空地块开发。要理顺体制机制，处理好开发区与街道、社区集体经济组织、区直部门、运营公司之间的关系，探索实行“政府主导、企业运营、市场运作”模式，集全区之力推动开发区发展。二是深入推进产业转型。产业转型升级是提升核心竞争力的必然选择。要改造提升传统产业。预计到2020年，我国电子交易额将达到50万亿元，有望成为全球第一大电子商务交易市场，有巨大的市场空间和发展潜力。要支持鼓励传统企业发展电子商务，提升餐饮娱乐、批零住宿等传统服务业档次，繁荣发展商贸服务业，以泰华城、新华路、万达等核心商圈为依托，大力引进知名商业企业和品牌店、专业店，发展体验式消费、个性化订制、跨境电商等新兴业态，广泛聚集人气，塑造服务品牌。要以机械制造、纺织服装、食品加工、造纸包装等传统支柱产业为重点，以绿色化、智能化、高端化、服务化为方向，在梳理诊断的基础上，逐行业制定实施改造提升方案，鼓励支持企业通过技术改造、“互联网+”等手段，加快设备、工艺、产品等更新换代。要培育壮大新兴产业。以市科技孵化中心为依托，以特色楼宇为载体，引进培育科技信息、健康养老、教育培训、中介服务等新兴业态，扶持发展服务外包、第四方物流、创意产业等新型服务业，打造新兴产业聚集区。要继续加大金融机构引进力度，积极发展消费金融、互联网金融、股权投资、金融服务外包，构建银行、证券、保险、基金、融资租赁、资产管理、财富管理等多元化的金融机构体系，加强政银企合作，重视金融风险防控，提高服务经济发展的能力。要稳妥推进房地产去库存。立足城市化带来的新增需求和城市居民的改善型需求，充分挖掘房地产发展空间，促进房地产业平稳健康发展。要采取探索推行货币化安置、鼓励进城务工人员就地购房等措施，加快消化存量。要抓住上级政策机遇，鼓励居民购买商品房作为安置房，加快推进棚户区改造，大力发展金融、商务、养老、文化、教育等功能型地产，切实优化增量。三是加快推进项目建设。项目是稳增长的主要支撑。今天的投资，就是明天的产出，未来的发展。要坚持抓投入、扩总量，抓好赛伯乐互联网金融中心、“潍坊基金谷”、荣宝斋、蓝色经济总部基地等总投资额576.9亿元的84个过1亿元项目建设，切实增强经济发展后劲。要坚持依法征收、阳光征收，大力推行裁执分离，建立部门联动工作机制，着力解决征收难问题，为项目建设扫清障碍。要强化载体打造，按照“一街道一园区”思路，充分考虑资源禀赋、产业基础等因素，切实做好规划、做实保障，将“三王一马”片区、纺织服装电商产业园、金融创新产业园、潍坊国际创意港、健康产业园和奎文（滨海）“飞地”工业园等园区打造为“产业层次高、投资强度大、产出效益好”的特色园区。要集聚扩张楼宇总部，实施重点楼宇培育计划，繁荣提升世纪环球中心、阳光100、恒易·宝莲、万达等商务楼宇，力争年内税收过1000万元楼宇达30幢。要抓好特色街区建设，加快奎文门特色美食文化街、泰华中兴街、万达福寿巷子等街区建设提升，打造城市靓丽名片。四是持续推进深化改革。改革是一项系统工程，切中要害才能激活全盘，抓住关键方可纲举目张。今年，中央提出推进“供给侧结构性改革”，这是中央指导经济发展思路的重大转变。围绕供给侧结构性改革，上级将会出台一系列政策措施，我们要及时跟进、研究落实，有效引导结构调整，降低企业成本，特别是对行政事业性收费、中介服务费等，该取消的要立即取消，能降低的要降到最低，充分释放企业发展和创新潜能，增强发展活力。要牢牢扭住全面深化改革各项目标，突出问题导向，围绕中央和省、市委部署的改革任务，精准发力、持续用力，推动改革不断取得新成效。要深入推进财税体制、社区集体产权制度、投融资体制、开发区体制机制等重点领域和关键环节改革，突出行政审批制度改革这个重点，持续推进简政放权、放管结合、优化服务，加快推行网上集中审批，为科学发展创造良好政务环境。要按照“个转企、小升规、规改股、股上市”的思路，加快建立现代企业制度，鼓励支持企业扩大直接融资。要务求改革实效，通过任务分解、明确责任、加强督查等措施，确保改在关键处、改出新气象。五是大力推进创新创业。创新创业是经济发展的源泉、是社会进步的动力。要牢固树立“政府创造环境、人民创造财富”理念，大力推进大众创业、万众创新，力争年内新增市场主体1万户。要搭建支撑平台。提升市科教创新产业园、广电信息产业园等创新型园区功能，发挥市大学生创业孵化中心、阳光100凤凰社等孵化基地载体作用，鼓励有条件的存量商务楼宇、旧厂房等改造为开放便捷的众创空间，为创业者提供广阔创业平台。要强化扶持措施。加大对新兴创业主体的扶持力度，进一步完善支持创新创业、创业载体建设的政策措施，大力发展企业管理、财务咨询、人力资源、法律顾问、知识产权、检验检测等第三方专业化服务，为创新创业提供有力保障。要突出企业创新主体地位，加强企业创新平台建设和公共服务平台建设，引导和支持企业大力推进科技创新、产品创新、管理创新、商业模式创新。要优化创业环境。企业家是推动发展的中坚力量，关心支持企业家就是关心支持发展，高看企业、厚爱企业家、服务企业发展，是各级各部门义不容辞的责任，一定要竭力为企业健康发展创造最优的环境、提供最好的服务。要探索建立“企业开放日”制度，加大重点企业扶持力度，加强企业家队伍建设，树立尊重、支持创业者、企业家的鲜明导向，对他们多指导不干预、多服务不限制、多支持不歧视，吸引和鼓励更多人投身创业，充分激发他们闯大市场、当大老板、干大事业的雄心壮志。

（二）突出促统筹、树形象，打造协调发展新格局。认真贯彻中央城市工作会议精神，尊重城市发展规律，统筹规划、建设、管理三大环节和生产、生活、生态三大布局，不断完善功能配套，提升价值品质，打造宜居宜业城市。一是优化空间布局。要树立“精明增长”理念，正确处理当前与长远、产业与城市、发展与保护的关系，积极推进“多规合一”，统筹推进“三大功能区”优化升级。中部中央商务区，要聚焦发展高端服务业态，提升楼宇经济发展品质，打造城市发展高地。南部生态经济区，要进一步提升发展层次，完善功能配套，提高创新力、承载力、服务力，建成定位高端、产业完善、管理规范、环境优良的开发区发展升级版。北部现代商贸区，要抓好企业退城进园地块整体规划、统一开发，强化教育医疗、商业设施等公建配套，打造区域经济隆起带。二是完善城市功能。要突出产业配套，完善金融、商贸、文化、休闲、娱乐等服务功能，加大信息基础设施建设力度，推动人流、物流、信息流、资金流有效聚合，不断增强产业集聚度。要强化基础配套，加快推进主次干道改扩建、背街小巷改造提升，配合抓好供电、供水、供气、供热及排污、排水、照明等管网建设，提升产业承载力。要完善公共配套，加快推进棚户区改造，继续抓好老旧小区改造提升，合理规划绿地、广场、环卫、停车场等公用服务设施，推动教育、医疗、卫生、养老等公共资源向城区南北部延伸覆盖，提高城市宜居性。棚户区改造既可以改善城市居民生活条件，又能增强对外来人口的吸引力。改造过程中，要强化片区化开发理念，改变原来“一村一策”做法，将城中村纳入城市片区统一规划、统一开发，统一配套商业设施和公共服务，确保改好改出成效。三是提高管理水平。要坚持建管并重、疏堵结合，构建智能、高效、有序的城市管理体系。要积极推进“智慧城市”建设，推动智慧政法、智慧城管、智慧社区、智慧楼宇等示范项目开发应用，实现政府服务、社会治理、民生服务的智能化。要理顺执法管理体制，全面推进综合执法、公正执法、文明执法，推动执法重心和执法力量下沉，重点加大占道经营、临危建筑、户外广告、渣土运输等整治力度，打造城市管理示范区。要健全文明城市创建长效机制，深入实施“四通一治”便民工程，提升城乡环卫一体化水平，打造“最清洁有序中心城区”。四是倡树文明新风。要围绕建设“厚德奎文”，实施公民道德建设工程，完善“感动奎文·先模人物”、道德模范、身边好人、基层好干部评选机制，激发“崇德向善”正能量。要围绕建设“诚信奎文”，推进政务诚信、商务诚信、社会诚信、司法公信，健全守信激励和失信惩戒机制，使诚实守信成为自觉行为规范。要围绕建设“法治奎文”，完善公共法律服务体系，积极推进严格执法、公正司法、全民守法，形成办事依法、遇事找法的良好法治环境。要围绕建设“文化奎文”，深入实施文化惠民工程，提升公共文化服务水平。

（三）突出治污染、保生态，开创绿色发展新局面。坚持走生态优先、绿色发展之路，努力建设天蓝、地绿、水清的美丽奎文。一是突出抓好污染治理。要实施新一轮环保集中行动，落实最严格的环境保护制度，坚决打好污染治理攻坚战。要积极推动产业绿色转型，强化节能减排倒逼作用，严格执行污染物地方排放标准，严把项目环评审批关，严控高耗能、高污染、产能过剩项目，大力发展节能环保产业，着力解决结构性污染问题。要坚持走科学治霾之路，善于借助市场力量、发挥管理功效，组织实施清洁能源替代、交通污染防治综合管控、城市扬尘精细管理、集中供热优化整合等工程。要继续强化水污染综合治理，积极推进水污染防治行动计划，加强污水处理设施建设，推行工业废水重复利用，加大对重点行业、重点企业、重点流域的巡查监管力度，严厉查处环境违法行为，确保水环境持续改善。二是大力优化人居环境。要推进林带、河流、湿地等自然生态建设和修复，提升区域生态功能。要做足“绿文章”，深入开展三年绿化行动，扎实推进城市绿地和生态廊道建设，年内新增绿化面积10万平方米。要做活“水文章”，加强“三河一库”岸线资源的保护性开发，完善湿地保护体系建设，做好水系畅通、河道保洁等工作，突出生态、景观、文化、产业等功能，沿河聚集发展总部经济、金融服务、文化创意、健康养老等低碳、高质、高效业态，提高绿色发展水平。三是持续推动绿色生活。要提高全民生态文明意识，培育勤俭节约、绿色低碳、文明健康的生活方式。要鼓励绿色出行，引导市民自觉选择步行、自行车、公共交通等出行方式，加快新能源汽车推广，缓解交通压力。要加快实施绿色建筑行动，实行绿色规划、设计、施工标准，建设一批低碳示范社区。要加快“海绵城市”建设，实施全民节能行动计划，完善节能、节水、节材倒逼机制，促进资源节约、高效、循环利用，努力建设节约型社会。

（四）突出抓招商、优环境，实现开放发展新作为。在宏观形势趋紧、市场信心不足的情况下，拉动经济增长的动力正在加快转换。我们要认真思考新常态下招商引资的形势变化，坚持“引进来”和“走出去”并重、引资和引智并举，着力发展更高层次的开放型经济。一是坚定不移招大引强。要创新招商理念，坚持引就引高端、引就引品牌，争取引进一个、带动一片、繁荣一方。要明确招商重点，集中精力、集合政策、集聚力量，狠抓产业园区、楼宇总部、社会事业招商，重点引进行业龙头企业、领军企业，力争全年到位资金额突破100亿元。要拓宽招商渠道，突出精准招商、定向招商、以商招商，进一步完善项目库、客商库，利用好中日韩博览会、风筝会、鲁台会等节会平台，充分发挥驻外招商小分队作用，提升招商引资水平。二是千方百计招才引智。要突出高端人才引进，探索“不求所有、但求所用”的柔性引才机制，分层次开展人才“引、育、用、留”服务，积极引进国家“千人计划”“泰山学者”“鸢都学者”等高层次人才，以及管理、研发、营销团队，努力建设一支富有创新活力的高素质人才队伍。要注重先进技术引进，引导企业加强与知名科研院所、高等院校和中介机构的对接，促进产、学、研深度合作，着力突破制约转型升级的关键技术、关键设备，推动传统制造业工艺创新、技术创新、产品创新，不断提高市场竞争力和品牌影响力。三是抢抓机遇扩大合作。要积极融入“蓝黄”发展战略，加大环渤海地区的合作交流，加强与友好区、周边地区在产业转移、技术交流、信息共享等领域的合作，形成协作共赢的区域发展格局。要主动对接京津冀协同发展战略，积极做好产业承接和衔接配套，拓展经济发展空间。要充分利用国家“一带一路”战略和中韩自贸区建设的政策红利，促进产业对接、企业合作、人才交流、资金融通，着力推动我区优势企业更大步伐“走出去”，积极融入全球产业链、价值链、物流链，提高对外开放水平。四是持之以恒优化环境。要加强平台建设，以投资贸易便利、服务功能健全、法治保障规范为方向，把各类园区打造成为引领开放型经济发展的重要载体。要完善促进政策，健全有利于开放发展的体制机制和服务体系，推动资本、人才、市场、资源和运行规则与国际接轨，积极推进国际社区建设，提升中心城区的国际化功能。要优化服务保障，进一步完善政策、简化程序、提高效率，坚决整治“中梗阻”、不作为、乱作为等行为，营造良好的营商环境，促进要素有序流动、资源高效配置、市场深度融合。

（五）突出惠民生、增福祉，创造共享发展新成果。民生无小事、枝叶总关情。要始终坚持以人为本、民生优先，用心办好惠民实事，大力提升民生保障水平，切实守住民生底线，确保广大群众更好、更充分地共享改革发展成果。一是在创新社会治理上下功夫。要改进社会治理方式，完善党委领导、政府主导、社会协同、公众参与、法治保障的工作格局，以基层需求为导向，增强社区自治和服务功能，在推进系统治理、依法治理、源头治理、综合治理上出真招、求实效，实现政府管理与群众自治的有效衔接和良性互动。要激活社会组织活力，全面推行“四社联动”模式，大力培育发展公益慈善类、社区服务类、矛盾调解类、文体娱乐类等服务性、公益性、互助性社会组织，力争年内每个社区培育5个以上社会组织，充分发挥其在资源调动、活动组织、力量凝聚等方面的作用。要创新有效预防和化解社会矛盾体制机制，依托“四级联动、专业协同、第三方参与”的矛盾预防化解组织体系，拓宽群众诉求表达渠道，做好信访积案化解工作，努力把各类矛盾纠纷化解在萌芽状态。要更有针对性地做好舆论引导工作，特别是群众关注的热点问题，要主动发声、积极回应，争取工作主动权。二是在统筹做好民生保障上下功夫。要持续加大民生投入，深入推进民生实事落实，繁荣发展教育、卫生等社会事业，新改扩建十里堡学校、虞园实验学校等8所学校，大力发展社会办医，认真做好就业再就业工作，推进养老服务体系建设，完成每1000名老年人拥有养老床位35张任务，提高公共服务水平。要健全安全生产责任体系，落实企业主体、部门监管、党政领导三方面责任，重点加强企业、校园、建筑施工、人员密集场所、食品药品等领域安全监管执法，狠抓隐患排查和治理，确保不出问题。要实施精准扶贫、兜底解困工程，推进“一门受理，协同办理”社会救助平台建设，摸清底数、建立台账，加大政策、项目、资源倾斜力度，搞好对因病致贫户、因残致贫户、低保户、特困户等特殊困难群体的帮扶救助，确保取得实效。三是在发展壮大社区集体经济上下功夫。要制定实施《社区集体经济发展三年行动计划》，引导股东参与社区集体经济发展，将社区集体经济培育成全区经济新的增长点，确保集体资产保值增值，切实维护股东权益。要创新发展路径，鼓励集体经济组织结合区位优势、产业资源，因地制宜完善规划，瞄准开发深挖潜力，通过开展社会化服务、创办经济实体等，优化资源配置，壮大经济实力，实现开放式经营、裂变式发展，力争年内总资产过1亿元社区集体经济组织达23个。要加大扶持力度，在资金投入、项目审批等方面给予倾斜，持续优化集体经济发展环境。要按照“财务管理要规范、议事程序要公开、操作办法要依法”的原则，加强集体经济组织的管理，提高科学化、规范化水平。四是在提高群众满意度上下功夫。要加大对涉及民生重大事项、群众关注的热点问题等方面的宣传力度，赋予群众更多知情权、参与权、监督权，提高党委、政府在群众中的公信力。要突出群众满意度调查的社会治安、看病就医、居住环境、群众文化生活、中小学教育、干部工作情况等六方面内容，特别是针对群众反映强烈的学校“大班额”、看病不方便等问题，细化整改方案，落实具体措施，打通联系服务群众的“最后一公里”，让群众有更多的获得感。

三、切实担负起领导发展的重大责任，凝心聚力做好各项工作

使命不容懈怠，责任呼唤担当。各级各部门要主动适应新形势、新任务，始终保持奋发有为的精神状态，不断提高领导发展的能力水平，从严从实推进作风建设，苦干实干狠抓落实，确保各项目标任务落到实处。

*一要把方向、谋全局，发挥党委领导发展的核心作用。*党委核心作用的有效发挥，主要体现在吃透上级精神、看清发展大势、抓住主要矛盾、解决突出问题、汇聚攻坚合力上。要谋好发展全局。主要做到五个结合：把中央精神和省、市、区委部署要求与工作实际相结合，确保目标不虚、方向不偏；把当前工作和长远发展相结合，既抓突出问题的化解，又做打基础、利长远的实事；把对本地形势的分析与对周边、全市、全省、全国和国际形势的分析相结合，在更大范围考量和定位发展；把工作推进的力度和人民群众接受的程度、发展成果的感受度相结合，更好地汇聚推动发展的强大合力；把运用法治思维方式推动工作与做好凝聚民心工作相结合，促进全区上下思想同心、目标同向、行动同行。要完善制度机制。着力健全党委研究经济社会发展战略、研究重大事项的工作机制，重点研究经济社会发展前瞻性、战略性、全局性的重大问题，有针对性地解决瓶颈制约，推动党领导经济社会发展制度化、规范化、程序化。要努力增长本领。各级领导干部要强化学习意识，加强学习、加强调研、加强历练，克服“本领恐慌”，更加自觉地把握和运用市场经济规律、社会发展规律，不断提高用专业思维、务实方法破解难题、推动发展的能力。

*二要敢担当、抓落实，鼓足干事创业的精气神。*面对艰巨繁重的发展任务，我们必须保持干

事创业的激情、埋头苦干的作风，切实用各级干部的务实指数、辛苦指数换取经济社会的发展指数、人民群众的幸福指数。要有“昂扬向上、奋勇争先”的境界标准。始终保持积极向上的进取心，保持开拓创新的精气神，把精力更多用到抓工作、促发展、惠民生上。要把每一项重点工作、每一个难点问题，都放到发展大局和全面建成小康社会的目标中去认识、去把握，高起点、高标准谋划各项工作。要有“时不我待、只争朝夕”的紧迫意识。在新常态下推动发展，意味着开始了新一轮的发展竞争，谁适应得早，谁就能抢占先机；谁调整得快，谁就能赢得主动。机遇不等人、时间不等人、任务不等人，任何工作都慢不得、拖不得。对每项重点工作，都要健全完善责任落实机制，列出进度表、路线图、责任单，高质量、高效率向前推进。要有“敢于负责、勇于担当”的责任使命。各级领导干部要多一份执着和担当，对分管的工作、承担的任务，既要主动思考、主动谋划，更要咬住不放、狠抓落实，不达目标不罢休、不见成效不松劲。尤其是硬任务、硬考验面前，要能站出来、顶上去，敢扛大事、攻难事，不“绕弯子”、不“兜圈子”，在攻坚克难中彰显作为。要进一步完善科学发展综合考核办法，强化考核结果运用，推动干部能上能下、能进能出，以鲜明的用人导向激励引导各级班子和干部干事创业。

三要严纪律、治不为，营造风清气正的政治生态。在确保党员干部对党绝对忠诚的基础上，加大治庸、治懒、治不为力度，努力实现干部清正、政府清廉、政治清明。要以“从严从实”的标准抓党建。各级党组织和广大党员干部要强化党的意识，坚定理想信念、始终对党忠诚，做到在党言党、在党忧党、在党为党，坚决在政治上、思想上、行动上与党中央保持高度一致。要深入推进基层服务型党组织建设，全面增强基层党组织的政治功能和服务功能，充分发挥基层党组织的战斗堡垒作用和共产党员的先锋模范作用，切实把党的组织资源、组织优势、组织活力转化为发展资源、发展优势、发展活力。要以“零容忍”的态度“治不正”。把严守党的政治纪律和政治规矩作为第一位要求，进一步落实党风廉政建设主体责任和监督责任，强化权力运行制约和监督，着力构建不敢腐、不能腐、不想腐的有效机制。要严肃查处损害群众利益、破坏发展环境的问题和人员，营造高效便捷的服务环境。各级领导干部要带头学习新修订的《中国共产党廉洁自律准则》和《中国共产党纪律处分条例》，知晓为官做事的尺度，既要树立道德“高线”，又要守住纪律“底线”，弘扬清风正气。要严把做人做事、用权交友的边界，带头正好家风、管好家人，净化交往圈、朋友圈，坚决杜绝以权谋私。要以“钉钉子”的精神“治不为”。要建立督查推进机制，对重点工作进展情况适时开展专项督查，及时发现问题、通报情况，推动工作落实。要健全完善追究问责机制，下决心抓一批不负责、不落实的反面典型，给不干事的以惩戒，让奋发作为、履职尽责成为各级干部的自觉追求。

同志们，做好今年经济工作，任务艰巨，责任重大。全区上下要切实增强使命感和责任感，坚定信心，攻坚破难，奋力开创科学发展新局面，为加快建设现代化中央商务区作出新的更大贡献！

政府工作报告

——2017年1月20日在潍坊市奎文区第十八届人民代表大会第一次会议上

潍坊市奎文区人民政府区长 高志秀

一、过去五年工作回顾

2012年以来，在市委、市政府和区委的坚强领导下，在区人大及其常委会、区政协的监督支持下，区政府团结依靠全区人民，主动适应经济发展新常态，自觉践行发展新理念，聚焦聚神聚力"五个奎文"建设，锐意进取、争先创优，圆满完成"十二五"规划目标任务，顺利实现"十三五"良好开局。我区先后荣获全国科技进步先进区、全国和谐社区建设示范城区、全国科普示范区、全国义务教育发展基本均衡区、全国集体"三资"管理示范区、省级文明城区、省服务业发展先进区、文化强省建设先进区等荣誉称号。

五年来，我们坚定不移稳增长、调结构，综合实力显著增强。紧紧围绕发展第一要务，精准施策，定向发力，全区经济总量、发展质量、年均增量持续提升。2016年，预计完成地区生产总值240亿元，年均增长8.6%；实现一般公共预算收入26亿元，年均增长9.3%；完成社会消费品零售总额163亿元，年均增长9.5%；累计完成固定资产投资614.2亿元，年均增长13.3%。经济结构持续优化，服务业增加值占地区生产总值比重突破90%。总部经济、楼宇经济提质增效，全区总部机构达395家，税收过1000万元楼宇达30幢，市级以上金融总部机构发展到75家，占全市总量的80%。"三大商圈"[1]引领消费时尚，汽车服务、纺织服装、医药物流等大型园区能级提升。世纪环球中心、万达广场、阳光100等一批重点楼宇、城市综合体建成启用，奎文滨海工业园、齐鲁创智园、潍坊国际创意港、潍坊电商产业园、互联网金融中心等特色园区建设加快，奎文经济开发区转型发展成效明显。文化创意、电子商务、智能制造等新兴业态竞相发展，新创国家级文化产业示范基地1个、省级历史文化街区2条，全球贸易通、潍坊壹号仓、全影网、易邻里等一批知名电商平台上线运行，成功举办中国纺织服装电商大会、首届"市长杯"工业设计大赛，全区工程技术研究中心增至19家，国家级博士后科研工作站、省级院士工作站实现新突破。

五年来，我们坚定不移深化改革、扩大开放，发展动能更加强劲。综合配套改革各项试点任务全面完成，供给侧结构性改革破难而进，"三去一降一补"[2]任务落地见效。行政审批制度改革不断深化，"四清单、一平台"[3]权力运行体系建成，区、街、社区三级便民服务体系更加完善。推行重点投资项目审批代办制、企业登记并联审批制，"五证合一、一照一码"[4]登记制度全面实施，累计新登记市场主体33191户，新增注册资本643.6亿元。在全省率先整建制完成集体资产改制，资产过亿元集体经济组织达21个。财税金融体制改革积极推进，"营改增"全面实施，细化公开政府预算、部门预算，党政机关公务用车制度改革顺利完成，组建国有投融资三大平台，实现"新三板"[5]挂牌零突破，京广传媒成为全国"新三板"实体书店第一股，19家企业在齐鲁股权交易中心挂牌。深入开展“百日攻坚”系列活动，破解了一批影响企业发展的困难和问题。强化精准招商、扩大开放，累计引进过1亿元项目50个，到位资金额710亿元，实现进出口资金总额36.7亿美元。成立高层次人才俱乐部，建成市科技孵化中心、大学生创业孵化中心等众创孵化平台13处，入驻创新创业企业2300多家，“双创”活力明显增强。

五年来，我们坚定不移强化建管、争创品牌，城市人居环境明显提升。大力实施提升市区工程，扎实开展美丽家园创建系列活动，累计投入建设资金额26亿元。“十大片区”全面突破，开工建设面积712万平方米。累计改造棚户区26个、老旧小区16个，受益群众达8万多人。新改扩建潍州路、玉泉街等主次干道和背街小巷38条。创新准物业管理模式，推进老旧小区物业管理市场化，城市精细管理机制日益完善。“386”环保行动“八大战役”全面完成，新一轮“十大工程”顺利启动，新建、改建公厕39座、垃圾转运站19座，拆改燃煤生产生活锅炉71台，淘汰黄标车9854辆，新增绿地面积50万平方米，绿化覆盖率达41.2%，垃圾无害化处理率达100%，全域实现环卫一体化。大力开展城市品牌创建，全城动员、全员参与，广大干部群众在“四城同创”中讲奉献、顾大局，同心协力、任劳任怨，做出了突出贡献，取得了可喜成绩，城市品位大幅提升。

五年来，我们坚定不移惠民生、促和谐，幸福奎文开创新局面。紧扣民生第一目标，办成了一批利民惠民的民心工程、民生实事。城镇居民人均可支配收入连续跨越2万元、3万元台阶，达到3.36万元。新增就业5.3万人，中和园社区成为全市首家城市“省级数字就业示范社区”，市级以上“充分就业和谐社区”达37个。在全省率先完成城乡一体化养老保险、医疗保险并轨。累计建设、分配各类保障房6867套，发放城市低保、城市“三无”人员、助残救困等补贴1.15亿元。社区网格化管理更加精细，“四社联动”[6]持续深化，社区治理机制更加完善。新改扩建社区服务中心30个，社区日间照料中心实现全覆盖，荣获全国暖心工程创新奖。累计新建、改建中小学校11所、标准化幼儿园48所，获评全省教育工作示范区。区文化馆、图书馆荣膺国家一级馆，“五大文化工程”[7]覆盖率达100%。中国少年女子手球队在奎文成立，群众性文体活动深入开展。扎实推进“健康奎文”建设，改扩建第二人民医院，社区卫生服务机构达26个，卫生机构总数增至216个，推行家庭医生签约服务，“先治病、后交钱”诊疗模式惠及群众12.8万人，在全市率先实现数字化预防接种门诊全覆盖。人口计划控制指标圆满完成。“平安奎文”建设深入推进，整建制创建成为全国安全社区，国际安全社区创建走在全市前列，“由民做主”模式获全国社区治理创新“十大成果”提名奖。

五年来，我们坚定不移依法行政、改进作风，政府自身建设得到新加强。严格执行区人大及其常委会的各项决议决定，坚持向区政协通报情况，建议、提案办结率达100%。坚持执政为民、依法行政，健全完善重大事项决策机制，落实权力清单、责任清单，主动公开政府信息4.3万条。加强法律顾问队伍建设，全面推行法律顾问制度。“六五”普法任务顺利完成，荣获全省普法依法治理工作先进区、法治创建先进区。整合升级“12345”政务服务热线，社情民意诉求渠道更加顺畅，办理市民反映事项5.8万件。扎实开展党的群众路线教育实践活动、“三严三实”专题教育和“两学一做”学习教育，持之以恒纠正“四风”，“三公”经费持续压减。全面落实党风廉政建设责任制，严格履行“一岗双责”，营造了风清气正的良好发展环境。

同时，政府大力支持工会、共青团、妇联开展工作，民兵预备役、双拥共建、民族宗教、外事侨务、档案、妇女儿童、物价、地震、史志、老龄、残疾人、对台等工作都取得了新的成绩。

各位代表，五年来，全区上下同舟共济、拼搏奋进，集中力量办成了一批具有深远意义的大事，办好了一批群众欢迎的实事，解决了一批前所未有的难事，积累了在创新实践中奋发有为的宝贵经验，谱写了奎文科学发展的绚丽篇章，为实现新一轮振兴崛起奠定了坚实基础。这是市委、市政府和区委坚强领导的结果，是区人大及其常委会、区政协和社会各界监督支持的结果，是全区人民辛勤努力的结果。在此，我代表区政府，向始终理解、信任、支持政府工作的人大代表、政协委员，向全区广大干部群众，向驻区部队、武警官兵、公安干警，向各民主党派、工商联、无党派爱国人士、人民团体，向离退休老干部、老同志和社会各界人士，向所有关心、支持奎文建设和发展的朋友们，表示衷心的感谢和崇高的敬意！

在总结成绩的同时，我们也清醒地认识到，奎文前进道路上还有诸多困难和挑战：经济总量不够大，单一产业依赖度过高，高端产业、新兴产业尚未形成规模优势，转型发展仍是奎文亟待破解的难题；教育、医疗、养老等民生领域还有不少短板，公共服务供给与群众多元化需求尚有差距；税源结构不尽合理，新兴税源培育不足，刚性支出逐年增加，财政收支压力加大；城市管理精细化水平依然不高，城市品质有待提升，公共服务设施配套南北不平衡；部分工作人员主动作为、依法行政意识、破解发展难题能力有待进一步增强，等等。对此，我们一定正视困难，直面问题，积极应对，有效解决。

二、今后五年目标任务

未来五年，是全面建成小康社会的决胜期。刚刚召开的区第十四次党代会，提出“建设现代化中央活力区”[8]的奋斗目标，描绘了奎文未来五年发展的宏伟蓝图，为今后发展指明了方向，规划了路径，明确了目标。只要我们坚定信心、鼓足干劲，一心一意谋发展，扎扎实实补短板，持之以恒抓落实，以强烈的责任担当，全力推进更高质量、更可持续的全面发展，现代化中央活力区的美好蓝图就一定能够如期实现。

根据区第十四次党代会的战略部署，今后五年政府工作的总体要求是：高举中国特色社会主义伟大旗帜，以邓小平理论、“三个代表”重要思想和科学发展观为指导，深入贯彻习近平总书记系列重要讲话精神，坚持以人民为中心的工作导向，紧紧围绕“五位一体”总体布局[9]和“四个全面”战略布局[10]，积极践行“五大发展理念”，以现代化中央活力区为目标定位，大力实施创新驱动、产业振兴、城市转型、民生共享四大战略，加快建设高端产业聚集区、创新创业先行区、城市品质示范区、公共服务样板区，努力实现全域城市化、服务均等化，推动奎文向宜居宜业的首善之区阔步迈进，谱写“中国梦”奎文新篇章。

（一）致力建设高端产业聚集区，进一步加快转型升级，构建现代产业新体系。聚集区是促进产业发展的重要载体和平台。大力实施产业集聚工程，实现资源集约、产业集群、功能集聚，构建产城融合发展新格局。强力推进奎文经济开发区、奎文滨海工业园转型升级，建设一批优质高端载体，打造一批经济隆起带，拉开全域发展框架。实施新一轮服务业提升计划，优先发展现代服务业，加快互联网与实体经济融合，深入培育现代金融、商贸商务、文创旅游、科技信息、健康医疗、中介服务等特色产业，推动生产性服务业向专业化、价值链高端延伸，生活性服务业向精细化、品质化提升。创新发展城市工业，研究制定中长期城市工业发展规划，大力培育智能制造、工业设计、新能源、新材料、智能装备等战略性新兴产业，建立一批技术创新战略联盟，培育一批高新技术企业、科研机构，实现城市工业高质量崛起。大力发展总部经济、楼宇经济、园区经济，打造一批现代产业集群；加快发展分享经济、平台经济，引导催生一批触网发展的消费商[11]、电商经营者。到2021年，形成以现代服务业为主导、城市工业为支撑、具有奎文特色的现代产业新体系，建成综合实力更加雄厚的区域性金融中心、总部聚集中心、智慧科创中心、健康首善中心和时尚消费中心。

（二）致力建设创新创业先行区，进一步深化改革创新，增强区域发展新动力。抓创新就是抓发展，谋创新就是谋未来。把创新作为引领发展的第一动力，全面落实中央和省、市加快实施创新发展战略的若干意见，突出开放创新、全面创新和原始创新，构建更具活力的综合创新体系，全面激发大众创业、万众创新的巨大活力。充分发挥全市金融中心优势，设立创新创业、新兴产业引导基金，发展创业投资、股权众筹、互联网金融，推动创新链、产业链和资本链有效对接。打造创新型人才高地，完善多层次人才体系，培育一批行业领先的“奎文工匠”，打造一批“四众”[12]空间，壮大一批“专精特新”的创新型企业，推动创新向自主创新、引领创新转变。加快推进供给侧结构性改革，落实“三去一降一补”政策措施，深化行政审批、投融资体制等重点领域改革。更高层次扩大开放，积极融入国家“一带一路”[13]倡议，支持企业“走出去”“引进来”，规划建设国际社区、国际学校和国际医院。到2021年，改革创新、开放活力更加强劲，产业协同发展，资源高效配置，市场深度融合，创新型城区建设达到更高水平。

（三）致力建设城市品质示范区，进一步提升城市内涵，打造宜居宜业美丽家园。城市本身就是一个生命体，景观面貌是城市的“形”，功能内涵是城市的“神”。坚持以人的城市化为核心，立足城市现代化、都市国际化，打造城市发展的奎文样板。统筹推进城市有机更新，加快推进重点片区、棚户区、旧厂区改造步伐，积极推动房地产业转型提质，建设一批聚集产业、承载创业、现代生态的发展空间、精品社区。提升路网、管网、信息网等配套服务能力，补齐南北两端基础设施短板，抓好城市管廊、海绵城市、智慧城市建设。理顺城市管理和执法体制，高标准整治市容市貌、违法建设等突出问题，建立完善城市精细化管理长效机制。扎实推进环保行动“十大工程”，突出抓好水、气治理，全面推行“河长制”[14]，着力控制烟尘扬尘污染。倡导低碳生活方式、绿色消费模式，加快城区绿化增量提质，切实提高城市的生态容量、环境质量、绿色含量。深化社会主义核心价值体系建设，加强公民思想道德建设，倡树文明新风尚，凝聚奎文正能量。到2021年，全方位提升城市功能品质，努力把奎文建设成为“形神兼备、秀外慧中”“本地人自豪、外地人向往”的精品城区。

（四）致力建设公共服务样板区，进一步突出为民导向，构筑民生福祉新高地。优质公共服务是一个地区吸引力、竞争力的核心所在。从群众最关注、最期盼、利益最直接的问题着手，持续加大民生投入，着力增加优质公共服务供给。坚持教育优先投入、优先发展，五年内新建、改扩建14所中小学，按照“办好老百姓家门口每一所学校”的目标要求，打响“学在奎文”优质教育品牌。大力发展社区卫生服务，积极推进公立医院改革和医疗卫生基础设施建设，满足群众多层次就医需求。实施文化惠民工程，繁荣发展文化产业，推动“文化奎文”建设再上新水平。鼓励支持创业，带动充分就业。健全落实各项社会保障政策，确保综合保障水平继续走在全市前列。加大双拥共建力度，促进军民融合发展。深入推进平安奎文、法治奎文、诚信奎文建设。到2021

年，人民群众生活更加幸福，有更稳定的工作、更满意的收入、更可靠的社会保障和更优质的医疗服务，在全市率先高水平全面建成小康社会。

三、2017 年工作安排

千里之行，始于足下；五年宏图，重在开局。今年是供给侧结构性改革的深化之年，也是奎文新一届政府的开局之年。做好今年工作，对圆满完成本届政府任期目标至关重要。按照中央、省、市和区委的总体部署要求，确定经济社会发展的主要预期目标是：地区生产总值增长 7% 左右，一般公共预算收入可比增长 6.5% 左右，固定资产投资增长 11% 左右，社会消费品零售总额增长 8% 左右，进出口总额增长 3% 左右，城镇居民人均可支配收入增长 8% 左右，城镇登记失业率控制在 3.5% 以内，全面完成年度节能减排降碳、安全生产等约束性指标。

实现上述目标，我们必须牢牢把握稳中求进工作总基调，保持战略定力，一个问题一个问题的解，一个难关一个难关的闯，努力实现稳中求进、进中求好；必须紧紧抓住供给侧结构性改革主线，大力实施创新发展战略，解放思想、敢破善立，努力实现有质量的稳定增长、可持续的全面发展；必须更加自觉地把人民放在心中最高位置，突出共建共享，注重普惠公平，做到民生工作优先考虑、民生事项优先落实、民生投入优先保障，努力让人民群众在改革发展中有更多的获得感、幸福感；必须坚持严字当头、实处着力，勇于负责、敢于担当，心无旁骛抓落实，撸起袖子加油干，努力开创现代化中央活力区建设新局面。

（一）突出重点稳增长，以更实的举措促进经济稳中有进

坚持发展第一要务，把稳增长放在更加突出位置，着力兴实体、增投入、强动能，加快培育新的经济增长点。

着力实施供给侧结构性改革。以满足需求为最终目的，以提高供给质量为主攻方向，落实房地产去库存措施，鼓励将库存房改造为养老、电商、众创等功能用房，加大合理自住购房政策支持力度，提高棚改项目货币化安置比例，规范开发、销售、中介等行为，营造良好的市场竞争环境，年内力争消化房地产库存 100 万平方米以上。优化政策供给，落实减税清费系列政策，设立企业应急转贷专项资金，鼓励金融机构加大对重点产业项目和中小微企业的信贷投入力度，多措并举为企业减负松绑。建立金融风险防范联动机制，加强防范和化解风险处置力度，维护金融秩序稳定。聚焦新兴产业、科技创新、城市功能和民生保障等薄弱环节，综合评估、分类施策，强化园区建设、培育转化、有效投入、优化供给，着力补上“经济短板”，补足“民生欠账”。

着力扩大有效投入。坚持以投入质量和效益为中心，充分发挥投资对稳增长的关键作用，对接国家、省、市“十三五”规划，凝炼储备、规划实施一批对产业升级、结构转型、财政增收、民生改善作用明显的大项目、好项目。围绕重点产业集聚化、特色化发展，组织实施金融总部基地、双创总部基地、美丽家园建设、城市工业基地等 10 类重大项目，健全领导包靠、会商解决、动态监管、要素保障、督查考核等机制，加快推进金融创新产业园、潍坊国际创意港二期等 95 个过 1 亿元项目建设，年内完成投资额 100 亿元以上。深入开展征迁清零专项行动，综合运用“裁执分离”[15]、律师参与等方式，加大市委党校老校区、奎文军干所等重点片区征收拆迁力度，全力推进重点项目建设提速提效。

着力促进消费提档升级。消费是实现有质量稳定增长的最大潜力。积极实施消费新热点培育工程，顺应个性化、多样化消费新潮流，瞄准消费结构变化新趋势，大力培育信息、文化、教育、

健康、旅游、养老等领域的新业态，使产业升级的步伐跟上消费升级的变化。提升泰华、万达、新华路商圈消费能级，加快推进福寿巷子等特色街招商繁荣，拓展奎文门特色街规模，建设韩国美食文化城、智慧城市会客厅，聚集一批高端商业商务企业和总部机构。整合社区商业资源，大力发展“互联网＋便利店”，新建旗舰店、标准店80家以上，创建全市智慧便利店示范区。加快恒易·广贸天下、海盈跨境综合服务平台等进出口贸易平台建设，积极引进集聚一批国际国内知名品牌旗舰店，打造辐射半岛的时尚消费中心。

着力实施精准招商。新常态下，“三招三引”[16]依然是做大经济总量、优化产业结构的有效途径。创新招商激励办法，瞄准世界、国内500强和行业领军企业，积极开展“个性化”“量身定做”式精准对接，力争年内引进到位资金额100亿元以上。认真研究无地招商和少地招商思路，推进楼宇经济、总部经济和现代服务业等无地招商模式，充分利用恒易·宝莲、浙鑫广场等商务楼宇，积极开展选资招商。紧扣产业链关键环节，重点实施玄武街片区、世博商务大厦等29个重点地块、重点项目的定向招商，力争签约过1亿元项目10个。围绕招才引智、招院引校，依托市科技孵化器、国际人才创新创业孵化器等“双创”平台，配套相关政策措施，着力引进具有核心关键技术、处于行业前沿的高层次人才和团队；加大与山东理工大学、天津中医药大学等院校洽谈对接力度，年内力争签约落地高等院校分校和研究院3家以上。

（二）精准发力调结构，以更强的产业提升核心竞争力

坚持产业兴区、质量强区，强化产业规划引领，坚持“一业一策”，落实“六个一”[17]推进机制，加大产业、产品和服务品牌创建，努力建设品质奎文。

集群发展优势产业。总部经济、楼宇经济是奎文产业发展的优势。坚持做优存量、做大增量，建设总部经济服务中心、城市商圈发展服务中心等产业平台，强化外引内育，发展壮大总部经济，培育特色品牌楼宇。大力发展现代金融业。制定支持金融业发展、金融人才队伍建设意见，实施金融发展“五大行动”[18]，提升金融总部基地功能，巩固传统金融总部机构聚集优势；加快建设金融创新产业园、金融中介服务园，培育孵化消费金融、投资基金、民间资本管理等新兴业态；坚持“金融＋”发展理念，推动金融与产业的深度融合，先行先试、创新发展特色金融、特色保险；积极搭建银企合作平台，破解企业融资难题，促进金融与实体经济多赢发展，巩固全市金融中心地位。优化发展高端商贸业。提升“三大商圈”引领作用，推进实体商业创新转型，扶持培育一批龙头企业、潜力企业。规划建设智慧流通基地，推进中国（潍坊）纺织服装电商产业园、潍坊壹号仓等重点园区建设，推动汽车服务、纺织服装、医药物流等专业市场拥网发展，引进培育渤海商品交易、广潍二手车交易等电商平台，发展一批商业模式成熟的电商知名企业，触网壮大一批传统优势产业。繁荣发展文化旅游业。制定“互联网＋文化产业”发展意见，建设全影婚嫁产业园、文创小镇，依托大虞文化村、京广文化广场、文化影视产业园等重点园区，大力发展创意策划、文化传媒、文创教育培训、影视动漫制作等文化产业，推动文创产业聚集发展。依托金宝国际会展中心，打造汽车文化、商品展销、机械装备会展品牌，发展壮大会展经济。深入挖掘奎文门、潍县古城墙、大英烟公司和非物质文化遗产等历史文化资源，加快整合金宝片区、白浪河生态湿地等旅游资源，打造特色休闲旅游品牌。

转型发展城市工业。城市工业是支撑奎文经济转型的重要力量。坚持以项目为带动，以科技

创新为核心，大力发展高新技术产业，加快补齐城市工业短板。鼓励精鹰医疗、长城门窗等企业加大技改投入，加快建设植物提取孵化平台，研发新材料、新工艺，以技术领先形成行业竞争优势；引导潍坊青啤、浩泰机械等企业加快产品结构调整，提高产品附加值。实施高新技术企业培育计划，加快引进创新创业型智能制造企业，扶持培育一批具有自主知识产权的“科技小巨人”；依托中以科技成果转移平台、西安交大技术转移中心等机构，支持骨干企业建立研发平台，促进产学研深度合作。主动对接全市制造业服务化战略，加快工业设计中心建设，积极发展工业设计、成果转化、供应链管理等现代制造服务业态。加快奎文滨海工业园建设，力争金宝旅游装备、纳米纤维等项目投产达效。科学谋划重点区域、关键地块开发，规划建设高层标准厂房和工业楼宇集群，搭建企业总部和高科技企业聚集平台，推动城市工业规模、质量同步提升。

积极发展新兴产业。新兴产业是经济转型发展的新动力、突破口。制定新兴产业发展三年行动计划，坚持精心谋划、精准发力，建设半岛创新谷、齐鲁创智园等重点载体，培育壮大海洋科技、生物医药、科技服务等战略性新兴产业。大力发展健康服务产业，围绕建设高端综合诊疗核心区，推进附属医院教研病房楼、眼科医院病房楼、人民医院健康管理中心建设；依托优质医疗资源，鼓励医疗机构开展养老养生服务，支持养老企业与医疗机构合作，创新食药结合、医养结合新模式，建设云天使医养综合服务平台、微医互联网医院，延伸丰富健康服务产业链条，打造医疗健康服务高地。加快发展科技信息业，依托移动互联、云计算、物联网，推动信息技术与产业跨界融合，引进培育大数据、VR云建筑等先导性业态，加快建筑、医疗、房产交易等产业转型升级，催生一批“四新经济”[19]。规范发展中介服务业，发挥中介服务联盟引领作用，加快金融服务、会计评估、法律服务、教育培训等聚集区建设，引导中介服务机构聚集发展，培育形成一批中介服务品牌，打造一批金融楼、众师楼和专业培训楼。实施中小微企业培育工程，落实个性化政策服务，重点推进个转企、小升规、规改股，培育一批面广量大、竞争力强的中小微企业集群。

（三）深化改革促开放，以更大的成效增强创新驱动力

坚持全面深化改革、扩大开放，深入开展重点领域和关键环节改革，大力推进大众创业、万众创新，全面增强中心城区发展活力和动力。

全面深化改革。坚持问题导向，正确处理好政府与市场的关系，在推进改革、扩大开放、创新发展中集聚资源要素，释放发展潜能。坚持“放管服”[20]协同推进，下决心减事项、减环节、减收费，全面推行“双随机，一公开”[21]监管模式，深化商事制度改革，深入推进“五证合一”登记制度，切实降低制度性交易成本。深化财税体制改革，按照事权与支出责任相匹配原则，科学合理确定区街财政体制。深化投融资体制改革，加大政府购买服务力度，大力推广政府与社会资本合作（PPP）模式，鼓励社会资本参与城市发展和社会事业等重点项目建设，打造公开、公平、透明的投资环境。

全面扩大开放。实施更加主动的开放战略，推进高水平双向开放，面向全球对接资源要素，支持区外贸协会牵头建设海外仓，开展境外投资和国际承包业务。拓宽利用外资渠道，引导优质外资企业增资扩股，引进符合产业发展方向的外资项目；鼓励企业加强与境外优势企业、咨询机构合作，通过人才交流、技术引进，增强行业竞争力。举办2017新西兰中国潍坊名优产品展览会，组织企业参加中日韩产业博览会等境内外重点展会、跨国采购会，助力企业扩大进出口规模。大力实施“互联网+外贸”行动计划，依托外贸转型升级服务平台，形成“线上产业链、线下产业园”的国际营销模式。

全面推进“双创”。牢固树立创新发展理念，构建以企业为主体、产业为方向、市场为导向、人才为支撑的创新支撑体系。鼓励企业与高校院所开展产学研合作，加快科技成果转化。大力推进“双创”工程，建立创客引导基金，加大人才引进和培育力度，加快金宝大学生创新产业加速器、泰华大学生5A级创业实践区等孵化器建设，鼓励社会力量投资兴办各类创新创业园区，加快催生一批产业创新机构、创新创业实体。厚植“双创”文化，继续办好大学生创新创业大赛、奎文区创业大赛，大张旗鼓表彰优秀企业家、创业明星，形成激励创新、推动创业的浓厚氛围。

全面加速开发区转型。开发区是奎文转型发展的重要板块、宝贵空间和潜力所在。按照“一区三带”[22]发展布局，加快推进科教创新园、汽车服务产业园、梅园小镇等特色园区建设，以科教创新为引领，聚力发展城市工业、汽车服务、现代物流等主导产业，培育做强科技服务、文化创意、健康养老等现代服务业，加快形成特色鲜明、竞争力强的现代产业集群。强化土地集约利用，着力在土地再开发、产业空间拓展等方面取得新突破，以优质空间资源支撑更高质量的产业发展。加快推进教育、医疗、文化等公共服务项目和重点街路的规划建设，完善提升水电气暖配套设施，全面增强开发区承载能级。

（四）全域统筹强功能，以更优的品质彰显城市魅力

坚持以精致建设、精细管理、精美品质为工作导向，提升城市建设管理水平，提高中心城区首位度和辐射力。

增强城市承载功能。加大基础设施投入力度，推进城市公共服务均衡发展。实施安居提质工程，加快改造马少野、北胡、十里堡等棚户区25个，早春园小区、西上虞片区、中学街片区等老旧小区9个，改造面积328万平方米，加快危房改造，切实改善群众安居条件。实施路网畅通工程，完成鸢飞路南段、凤凰街等道路征迁建设，改造提升玉苑街、龙甲路等背街小巷，打通“断头路”，畅通“微循环”。实施功能提升工程，新建“汽改水”管网3.2公里，新增供热管网24公里，建成公厕13座；优化城区消防设施布局，增强消防应急救援能力；建设监控视频资源互联互通平台，提高智慧交通系统保畅水平，加快推进智慧奎文建设。

加强城市精美管理。深入开展“创建美丽家园、我与城市共提升”系列活动，引导居民从身边的事情做起，从房前屋后的变化中感受到城市文明带来的幸福感。开展“城市综合整治年”活动，重点抓好违法建设、广告牌匾、店外经营、铁路沿线等专项整治，拆除一批私搭乱建、违章违法建筑。深入开展“四通一治”[23]便民工程，规范改造提升一批摊点群。强化学校、商场、医院周边环境综合整治，切实解决一批群众关心的热点、难点问题。提高物业管理规范化水平，强化物管企业监管，鼓励引进知名物管企业，打造一批物业管理示范社区、示范楼宇。提升城市管理智慧化水平，完善数字化指挥中心功能，推动城管重心下移，扩大街路深度保洁试点范围，打造更加整洁有序的市容环境。

提升城市生态品质。深入实施新一轮环保行动计划，加快推进环保“十大工程”，强化督查考核问责，推动环境质量持续改善。围绕“水更清”，实行最严格的水资源管理制度，抓好“三河一库”[24]水域和周边环境治理，加快推进樱园社区海绵城市试点建设。围绕“地更绿”，巩固国家森林城市创建成果，抓好主次干道、居民小区、单位庭院绿化提升，新栽植乔灌木230万棵。围

绕“天更蓝”，加大大气污染防治，着力抓好建筑工地围挡覆盖、燃煤锅炉、露天烧烤、落叶及垃圾焚烧等各类烟尘扬尘污染整治，积极开展生活垃圾分类收集，餐厨废弃物无害化处理、资源化利用率提高到90%，推进生态环境持续改善。

（五）共建共享惠民生，以更多的福祉提高群众幸福感

坚持以民生需求为导向，持续加大民生投入力度，创新公共服务供给方式，扎实办好各项惠民实事，让人民群众切切实实感受到幸福奎文发展带来的实惠。

大力发展社会事业。坚持教育优先发展战略，优化学校布局，新建、改建北苑实验学校、原职工大学等7所学校，有效破解大班额问题。启动中小学在校午餐计划、课外活动计划[25]，完成第二期学前教育三年行动计划，新改扩建育华幼儿园、阳光幼儿园等7所幼儿园，让每一位适龄少年儿童都能在家门口接受到优质教育。建成启用二院门诊综合楼，搬迁区妇幼保健院，完善居民电子健康档案，建立分级诊疗和双向转诊制度，为群众提供便捷、低成本的公共卫生服务。深入实施文化惠民工程，加快推进潍坊文化广场建设，提升美术馆、文化馆、图书馆、档案馆功能，依托社区综合文化服务中心，推行“菜单式”公共文化服务模式，打造“10分钟文化服务圈”。大力开展群众性体育健身活动，配套公共场所健身服务设施，努力构建“10分钟健身圈”。

全力保障改善民生。抓好就业这一民生之本，搭建区、街、社区三级公共就业服务网络，年内新增就业4400人以上。深入实施全民参保登记计划，推进工伤康复试点，扩大失业保险基金支出范围。围绕精准扶贫救困，大力实施兜底解困工程，建立完善城市居民重特大疾病医疗救助制度、城市低保救助动态管理制度和支出型贫困家庭救助制度，实现应保尽保、应助尽助。提升养老服务水平，加快发展养老事业，鼓励发展居家养老、智慧养老、健康养老。

努力创新社会治理。落实社区治理三年行动计划，优化提升“由民做主”、“四社联动”治理模式，新打造10个“由民做主”社区典型。落实社会组织发展专项计划，建设社会组织孵化培育平台，加强社工人员职业能力建设，推进社区服务精细化、专业化。高标准启动“七五”普法，继续推行“法律五进”活动，建设区公共法律服务中心。深入推进“平安奎文”建设，推行“1+2+N”[26]社区警务模式，完善“平安指数”运行机制，提升社会治安综合治理效能。实施最严格的食品药品安全监管制度，确保人民群众“舌尖上的安全”。健全公共突发事件监测预警、应急处理机制，全面落实安全生产责任制，巩固各类安全创建成果，确保安全形势持续稳定向好。

同时，持续做好民兵预备役、双拥共建、民族宗教、外事侨务、档案、妇女儿童、物价、地震、体育、史志、老龄、残疾人、对台等各项工作。

四、努力建设人民满意政府

民心所望，施政所向。我们将始终不忘初心、肩扛责任、创新实干，更加重视自身建设，切实增强执政能力，全面建设法治政府、服务政府、高效政府、廉洁政府。

坚持依法行政，努力建设法治政府。坚持法定职责必须为、法无授权不可为，把法治理念和法治思维贯穿于政府工作全过程。完善政府事权划分，全面推进政府职能、权限、程序、责任法定化，实现“行政权力进清单、清单之外无权力”。规范行政决策程序，拓展公众参与范围，健全专家论证体系，推行重大政策举措第三方评估。严格规范性文件和重大行政决策合法性审查，对征收拆迁、城市治理、项目落地等重大决策，全面进行风险性评估。健全政府法律顾问体系，探

索建立首席法律顾问制度。严格执行区委决策部署，区人大及其常委会的决议、决定，依法接受区人大及其常委会的监督，自觉接受区政协的民主监督，主动接受社会和舆论监督，切实办好人大代表建议、政协委员提案。

坚持执政为民，努力建设服务政府。强化为民服务理念，加强政企互动，及时回应社会诉求，主动为基层、群众和企业提供优质服务。深入实施“互联网＋政务服务”，建设规范化网上政务大厅，推行全域联网联办、上门代办，让便民服务触角延伸到“神经末梢”，让广大群众在便捷高效服务中感到更温暖、更贴心，努力解决联系服务群众“最后一公里”问题。构建“亲”“清”新型政商关系，落实领导干部联系非公有制企业制度，积极主动帮助企业减负增效，与企业家共度难关、并肩创业。培育壮大企业家队伍，完善培育培养、关爱激励机制，优化企业家成长环境，让企业家在奎文顺心经营、舒心生活。

坚持务实勤政，努力建设高效政府。强化责任担当，坚持求真务实，对决策的事情、承诺的事项，主动作为、务求实效，切实提高政府公信力。建成启用新政务服务中心，全面推行一个窗口办理、并联办理、限时办理和规范办理、透明办理，更大力度精简审批事项，优化办事流程，提高行政效能，让居民群众和企业少跑腿、好办事。完善政府工作目标责任体系，实施重点工作项目化推进，以工作项目化、项目目标化、目标责任化，确保各项工作快推进、快达效。强化政务督查，健全完善“四办统一”[27]工作机制，落实首次督查负责、再次督查问责制度，确保决策条条算数，工作件件落实。建立完善激励机制和容错机制，大力倡导敢于担当、勇于负责，旗帜鲜明地为担当者担当、为干事者撑腰，激励多干事、褒奖干成事。

坚持从严治政，努力建设廉洁政府。认真贯彻落实党的十八届六中全会精神，牢固树立“四个意识”[28]，始终把纪律规矩挺在前面。全面落实党风廉政建设责任制，严格履行“一岗双责”，把廉洁从政贯穿到政府工作的各个环节。认真践行“三严三实”要求，不折不扣地落实中央八项规定精神，严厉整治“四风”问题，深入开展“两学一做”学习教育，持之以恒地加强和改进政风行风。强化审计监督，突出对重点领域、关键环节的全程监控。严格控制“三公”经费等一般性支出，切实把有限的财力用在刀刃上。坚持依法治权、以制度管权，强化政务公开、政事公开，保障群众的知情权和监督权。加强行政监察，严肃查处各类违纪违法案件，让铁规发力、让禁令生威，坚决防止和纠正损害群众利益的不正之风，形成干部清正、政府清廉、政治清明的良好政务环境。

各位代表，百舸争流，奋楫者先；千帆竞渡，勇进者胜。让我们更加紧密地团结在以习近平同志为核心的党中央周围，在市委、市政府和区委的坚强领导下，凝聚全区人民的智慧和力量，开拓创新，不忘初心，砥砺前进，为加快建设现代化中央活力区而努力奋斗，以优异成绩迎接党的十九大胜利召开！

政府工作报告有关事项说明

[1]“三大商圈”

泰华城、万达广场、新华路商圈。

[2]“三去一降一补”

去产能、去库存、去杠杆、降成本、补短板。包括积极稳妥化解产能过剩、帮助企业降低成本、化解房地产库存、扩大有效供给、防范化解金融风险。

[3]“四清单、一平台”

“四清单”指行政权力清单、政府责任清单、行政审批事项目录清单、行政审批中介服务收费项目清单；"一平台"指社会治理数字化服务平台。

[4]"五证合一、一照一码"

五证合一，即营业执照、组织机构代码证、税务登记证、社会保险登记证和统计登记证五证合一；一照一码，简化了企业登记注册的手续，由原来五个证变成一个营业执照和一个统一的社会信用代码。

[5]"新三板"

全国性的非上市股份有限公司股权交易平台，主要针对中小微型企业。

[6]"四社联动"

社区、社会组织、社会工作专业人才、社区志愿者联动服务机制。

[7]"五大文化工程"

广播电视村村通工程、公益电影放映工程、"农家书屋"工程、公共电子阅览室建设工程、街道综合文化站和社区文化中心建设工程。

[8]"现代化中央活力区"

对中央商务区（CBD）理念的一种品质和内涵的延伸，更为注重多样性、活力持久性和空间的人性化，融合商务行政、休闲娱乐文化、高品质居住、旅游观光、产业等多种功能，本质上是"中央商务区+"的一种城市新形态。

[9]"五位一体"总体布局

经济建设、政治建设、文化建设、社会建设、生态文明建设。

[10]"四个全面"战略布局

全面建成小康社会、全面深化改革、全面依法治国、全面从严治党。

[11]消费商

在平台经济、分享经济发展中，消费商既是消费者又是经营者，他们在消费过程中，既有消费的付出，又有充当经营者，得到应有的回报。简言之：就是通过自我消费分享而取得财富的人。

[12]"四众"

众创、众包、众扶、众筹。

[13]"一带一路"

2013年9月和10月，习近平总书记出访中亚和东南亚国家期间，先后提出共建"丝绸之路经济带"和"21世纪海上丝绸之路"的重大倡议，两者合称"一带一路"。

[14]"河长制"

由各级党政主要负责人担任"河长"，负责辖区内河流的污染治理。"河长制"是从河流水质改善领导督办制、环保问责制所衍生出来的水污染治理制度，目的是为了保证河流在较长的时期内保持河清水洁、岸绿鱼游的良好生态环境。

[15]"裁执分离"

做出裁决的机关与执行的机关应该分离，从而体现权力的监督与制约，防止权力滥用。

[16]"三招三引"

招商引资、招才引智、招院引校。

[17]"六个一"

一产业一智库，一产业一图谱，一产业多园区、多项目，一产业一联盟，一个产业一套服务体系，一产业一推进团队。

[18]金融发展"五大行动"

金融招商集聚、创新发展、平台建设、企业上市挂牌、普惠金融。

[19]"四新经济"

"四新"指"新技术、新产业、新业态、新模式"，是在新一代信息技术革命、新工业革命以及制造业与服务业融合发展的背景下，以现代信息技术广泛嵌入和深化应用为基础，以市场需求为根本导向，以技术创新、应用创新、模式创新为内核并相互融合的新型经济形态。

[20]"放管服"

简政放权、放管结合、优化服务。

[21]"双随机、一公开"

在监管过程中随机抽取检查对象，随机选派

执法检查人员，抽查情况及查处结果及时向社会公开

[22]“一区三带”

齐鲁创智园总部集聚区、文化南路文创商贸带、潍州路汽车特色带、机场路物流生态健康带。

[23]“四通一治”

畅通人行道、畅通无障碍通道、畅通自行车绿道、畅通消防通道、治理停车难。

[24]“三河一库”

白浪河、虞河、张面河、白浪河水库。

[25]课外活动计划

利用学生放学后的课外时间，在校内实施体育、艺术、科技“2+1”项目，培养中小学生的科学精神和审美情趣，促进身心健康，全面提升我区中小学生综合素质。

[26]“1+2+N”

1名社区民警+2名辅警+多名巡护队员、社区巡逻队员。

[27]“四办统一”

交办、催办、督办、查办相统一。

[28]“四个意识”

2016年1月29日召开的中共中央政治局会议，首次公开提出“增强政治意识、大局意识、核心意识、看齐意识”。

东苑公园一角

大事记

2016 *Chronicle of Major Events*

1月

4日 中国共产党潍坊市奎文区第十三届委员会第八次全体会议召开。区委书记李辉主持会议，受区委常委会委托作工作报告，并就《中共潍坊市奎文区委关于制定奎文区国民经济和社会发展第十三个五年规划的建议（讨论稿）》向全委会作了说明。全委会审议通过《中共潍坊市奎文区委关于制定奎文区国民经济和社会发展第十三个五年规划的建议》，对《潍坊市奎文区国民经济和社会发展第十三个五年规划纲要（草案）》进行讨论。

6日 奎文区组织收听收看全国安全生产电视电话会议，区委副书记、区政府区长宋均圻，区委常委、常务副区长李伟及相关街道、部门负责人在奎文分会场收听收看会议。

7日 奎文区组织收听收看全国计划生育工作电视电话会议。会议传达学习国务院总理李克强关于计划生育工作的重要批示精神，总结2015年计划生育工作，分析实施两孩政策的重要意义，部署2016年计划生育工作。区委副书记、区政府区长宋均圻，区政府副区长刘棣俭，区领导侯卫平、王巍出席奎文分会场会议。

8日 潍坊市政府调研组到奎文区调研创建国家食品安全城市工作开展情况。区委副书记、区政府区长宋均圻，区政府副区长李义龙参加活动。

9日 潍坊市人口和计生年终考核组到奎文区检查考核2015年度人口和计生工作情况。区委书记李辉，区委副书记、区政府区长宋均圻，区委副书记高志秀，区政府副区长刘棣俭等出席考核汇报会。

13日 潍坊市政府副市长王树华带领市委落实党风廉政建设责任制检查组一行5人到奎文区进行检查。区委书记李辉作汇报，区委副书记、区政府区长宋均圻主持会议。高志秀等区委、区政府领导班子成员参加会议。

14日 潍坊军分区司令员万伟锋在市直有关部门负责人陪同下，带领调研组到奎文区开展国防动员暨军民融合发展专题调研。区委书记李辉，区委常委、区委办公室主任王峰贵，区委常委、区人武部政委王勇参加活动。

15日 由奎文区人民政府主办的奎文门美食文化街招商推介会暨首届奎文门庙会在奎文门美食文化街举行。区委书记李辉出席启动仪式并为庙会鸣锣开市。区领导宋均圻、冯天韬、李强、王峰贵、任祥、陈立宝出席。

是日，中共山东省第十次党代会基层一线代表到奎文区调研城市社区党建工作。区委书记李辉，区委副书记高志秀，区委常委、区委组织部部长、区委统战部部长权文松参加活动。

19日 奎文区民主党派基层组织活动室揭牌仪式在东关街道工福街社区举行。潍坊市委常委、统战部部长张小梅，区委书记李辉出席并为活动室揭牌。区委副书记高志秀介绍奎文区统战工作情况。区领导王峰贵、权文松、郭文君陪同活动。

22日 奎文区组织收听收看全市安全生产工作电视电话会议。会议通报全市安全生产工作情况，对2016年重点工作任务及安全生产重点工作进行安排部署。区领导李辉、高志秀、高东洋、李伟、李强、王峰贵、张兴业、沃付贤、权文松等出席奎文分会场会议。

26日 全市加强政务新媒体建设推进信息公开工作现场会在奎文区召开。区委副书记高志秀出席，区委常委、区委宣传部部长李强致辞。

27日 潍坊市委副书记王献玲带队到奎文区走访慰问劳动模范、困难职工、老党员和生活困难党员、社会福利中心的老人，代表潍坊市委、市政府向他们致以节日的问候。区领导李辉、王峰贵、权文松陪同走访慰问。

28日 区委书记李辉走访慰问优抚对象、贫困对象、特困职工和特困残疾人，区领导李伟、王峰贵参加走访。

是日，区委书记李辉带队到驻潍坊部队走访慰问，区领导王勇、陈民亭、李义龙、陈立宝参加走访。

2月

3日 根据省委巡视工作领导小组安排，省委第十一巡视组向潍坊市奎文区反馈专项巡视情况。省委第十一巡视组组长黄沂民、副组长邱洪京向区委书记李辉反馈专项巡视情况。黄沂民代表巡视组向区委领导班子进行反馈，潍坊市委常委、市纪委书记李在武出席反馈会并就落实巡视反馈意见提出要求，李辉主持会议并作表态发言。

4日 中共潍坊市奎文区纪律检查委员会十三届七次全体会议在区机关服务中心举行。区委书记李辉出席并讲话。区领导宋均圻、高志秀、刘良嘉、冯天韬出席。

14日 全区经济工作会议在区机关服务中心召开。区委书记李辉出席会议并讲话。区委副书记、区政府区长宋均圻主持会议。高志秀、刘良嘉、冯天韬等区级领导班子成员出席。

24日 贵州省铜仁市万山区考察团到奎文区考察学习文化艺术事业建设和发展情况。区政协副主席王巍参加活动。

3月

5日 由潍坊市文明办、奎文区文明办主办的“提升市区走进文明”学雷锋志愿服务暨“爱满奎文”志愿巴士进社区活动，在奎文区东关街道奎文门社区举行。区委常委、区委宣传部部长李强出席活动开幕式并参加相关活动。

7日 潍坊市政府副市长王桂英到奎文经济开发区总部基地调研。区委副书记、区政府区长宋均圻，区政府副区长陈香萍参加活动。

9日 潍坊市委书记杜昌文到奎文区调研供给侧结构性改革工作。市、区领导孙明亮、李辉、宋均圻、王峰贵、陈香萍参加调研。

11日 潍坊市委联合督察组到奎文区就供给侧结构性改革情况进行督查。区委书记李辉，区委常委、区政府常务副区长李伟，区委常委、区委办公室主任王峰贵参加活动。

17日～19日 中国人民政治协商会议第五届潍坊市奎文区委员会第五次会议在国际金融大酒店召开。

18日～20日 潍坊市奎文区第十七届人民代表大会第五次会议在潍坊国际金融大酒店召开。

22日 省妇女儿童发展“十二五”规划终期监测评估第三督导组组长、省经信委副主任王信一行7人，到奎文区就《山东省妇女发展“十二五”规划》《山东省儿童发展“十二五”规划》(简称“两个规划”)实施情况进行终期监测评估督导。区领导李辉、王峰贵、王万堂参加活动。

23日 全国政协委员、省政协副主席赵家军一行13人，到奎文区就“深化医药卫生体制改革”进行专题调研。区委书记李辉，区委常委、区委办公室主任王峰贵，区政协副主席陈立宝参加活动。

24日 山东省委组织部巡视员刘永巨率领调研组一行，到奎文区就“互联网+党建”工作进行专题调研。潍坊市委副书记、市政府市长刘曙光，区领导李辉、高志秀、王峰贵、权文松参加活动。

25日 山东省国税局调研组到奎文国税局调研“营改增”试点工作。区委副书记、区政府区长宋均圻参加活动。

29日 奎文区2016年重点项目春季集中开工仪式在奎文经济开发区总部基地举行。区委书记李辉出席并致辞。区委副书记、区政府区长宋均圻主持开工仪式。高志秀、高东洋、李伟、李强、王峰贵、权文松等区级领导班子成员出席。

是日，区委书记李辉到山东潍坊精鹰医疗器械有限公司对企业上市进展情况开展现场调研。区委常委、区委办公室主任王峰贵，区政府副区长曹瑞升参加活动。

30日 全国人大常委会委员、教科文卫委员会主任委员柳斌杰带领调研组，到奎文区调研食品安全法贯彻实施情况。全国人大常委会委员、教科文卫委员会副主任委员刘振起、任茂东参加调研。省人大常委会委员、教科文卫委员会主任委员骆宝臻，潍坊市人大常委会党组书记、市人大常委会第一副主任苏立科，市人大常委会副主任毛秀凤，市政协副主席、市安食办主任、市食品药品监管局局长李平，区委书记李辉，区委常委、区委办公室主任王峰贵，区人大常委会党组成员王万堂参加活动。

4月

8日 奎文区召开武装工作会议。潍坊军分区副司令员油朝康，区委书记、区人武部党委第一书记李辉出席。区领导宋均圻、李伟、王勇、陈民亭、李建文参加会议。

10日 “好吃懒做”（中国）商机发布会在奎文区举行。区委副书记、区政府区长宋均圻，区政府副区长陈香萍参加。

12日 “大美奎文”美术作品展暨奎文区美术家协会第二届年展在奎文区美术馆开幕。区领导李辉、李强、王峰贵、翟福生、陈香萍、王巍出席。

13日 潍坊市委副书记、市政府市长刘曙光会见到潍坊投资的深圳市灵狮文化产业集团和竹云科技有限公司客人一行。双方就潍坊国家级创意设计产业综合集聚区4.0产业园建设情况进行深入探讨交流。区委书记李辉、区政府副区长曹瑞升参加会见。

15日 中国友谊桥·俄罗斯油画展开幕仪式暨山东京广传媒股份有限公司与俄罗斯圣彼得堡友谊桥有限公司战略合作签约仪式在京广文化广场举行。区领导宋均圻、李强出席。

16日 北京潍坊企业商会会长王明荣一行10人到奎文区考察洽谈合作项目。区领导李辉、王峰贵、曹瑞升陪同考察。

18日～22日 区委书记李辉带队赴上海、烟台、青岛等地，考察学习先进地区在园区建设、产业规划及重大项目推进等方面的经验做法。区政府副区长曹瑞升，各街道和区直有关部门主要负责人参加考察。

21日 潍坊市暨奎文区侵权盗版及非法出版物集中销毁活动在奎文区举行。区委副书记、区政府区长宋均圻，区委常委、区委宣传部部长李强，区政府副区长陈香萍出席。

22日 奎文区棚户区改造工作推进会议在区机关服务中心召开。区委副书记、区政府区长宋均圻主持会议，区委常委、区政府副区长沃付贤出席并就棚户区改造工作进行部署。

22日～23日 四川省广安市前锋区政协党组副书记、副主席，前锋区委统战部部长杨德金一行，到奎文区考察城市规划执行、建设质量管理等方面发挥民主监督作用的做法。区政协主席、党组书记刘良嘉，区委常委、区委组织部部长、区委统战部部长权文松，区政协副主席高殿臣参加活动。

27日 奎文区组织收听收看2016年全国医改工作电视电话会议。区委书记李辉，区委副书记、区政府区长宋均圻，区委常委、区政府常务副区长李伟，区政府副区长陈香萍出席奎文分会场会议。

29日 第五届“平安中国”防灾宣导千城大行动潍坊站启动仪式在奎文区新华中学举行。潍坊市政府副市长刘建国出席并讲话，区委副书记、区政府区长宋均圻主持仪式，省、市相关领导出席。

5 月

1 日 零时，潍坊鸢飞大酒店成功开出全市首张住宿餐饮业增值税发票，标志着全面推开“营改增”试点在潍坊顺利实施。省国税局领导、潍坊市政府领导、区领导宋均圻、沃付贤及市、区相关部门负责人参加活动。

5 日 区委书记李辉现场调度全区创建国家卫生城市工作情况。先后到老市府南院拆迁工地、金御皇廷小区、铁路樱园小区、早春园市场等地实地查看，对急需解决的问题进行现场调度。区委副书记、区政府区长宋均圻，区人大常委会党组书记、人大常委会第一副主任冯天韬参加活动。

8 日 灵狮·潍坊国际创意港园区一期举行开园典礼，潍坊市委常委、市政府常务副市长邹庆忠出席活动并讲话。区领导李辉、宋均圻、王峰贵、曹瑞升出席。

13 日 奎文区组织收听收看全省防汛抗旱总指挥部成员(扩大)电视会议。区委副书记、区政府区长宋均圻，区政府副区长陈香萍出席奎文分会场会议。

16 日 区委书记李辉到南下河市场现场调度市场整改工作。在南下河市场实地查看各展厅内部环境卫生、经营秩序等整治情况，详细了解存在的困难和问题，随后召开会议。区委常委、区委办公室主任王峰贵，区政府副区长任祥及广文街道、区宣传、财政、卫计、市场监管等部门的负责人参加调度会议。

18 日 区委书记李辉、区委副书记高志秀出席区委区域化党建联席会议成立大会。区委常委、组织部部长、统战部部长权文松主持会议。驻区会员单位负责人参加。

23 日 区委书记李辉到南下河市场现场调度整改提升工作。先后到南下河市场的活禽区、肉厅、海鲜厅、蔬菜厅等场所实地查看，听取相关工作情况汇报，对工作中存在的困难和问题进行现场调度。区委常委、区委办公室主任王峰贵参加活动。

25 日 潍坊市委常委、市委宣传部部长、潍坊高新区党工委书记初宝杰到奎文区金宝双语学校、金宝幼儿园看望少年儿童，并提前向孩子们送上儿童节的祝福，并向老师们致以亲切问候。区委副书记高志秀，区委常委、区委宣传部部长李强参加活动。

31 日 由赛伯乐投资集团主办，潍坊城市创新投资有限公司、潍坊创新创业企业管理咨询服务有限公司、山东恒易投资集团共同承办的山东互联网金融中心开园仪式暨潍坊市“互联网+”高峰论坛在潍坊万达铂尔曼酒店举行。潍坊市政府领导，区委书记李辉，区委副书记、区政府区长宋均圻，区政府副区长曹瑞升出席。

6 月

2 日 潍坊市委副书记王献玲带领市直有关部门负责人到奎文区项目建设现场、创业园区、孵化中心、基层社区，就产业发展、基层党建、社区治理等情况进行实地调研。先后到齐鲁创智园建设现场、赛伯乐互联网金融中心、潍坊国际创意港和孙家社区等地实地察看，详细了解项目规划建设、企业发展、新业态培育和社区党组织建设等情况，并召开座谈会，听取奎文区工作情况汇报。区领导李辉、高志秀、王峰贵、权文松参加。

是日，大虞街道大工委成立大会暨区域化党建工作第一次联席会议在大虞街道举行。区委书记李辉，区委副书记高志秀，区委常委、组织部部长、统战部部长权文松出席。

7 日 区委书记李辉到南下河市场进行现场调度整改提升工作和“夜猫子”市场清理取缔工作。区委常委、区委办公室主任王峰贵，区委常委、区委政法委书记、奎文公安分局局长张兴业参加活动。

8日 奎文区打霸治邪专项行动暨“百千万”社会治安防范宣传教育活动动员会在区机关服务中心召开。区委常委、区委政法委书记、奎文公安分局局长张兴业出席。区委常委、区政府副区长沃付贤主持会议。

13日 潍坊市政协副主席、市总工会主席吴建民到奎文区调研产业提升情况。先后到潍坊市科技孵化中心、潍坊国际创意港、山东互联网金融中心进行实地查看，听取相关情况汇报。区委书记李辉，区委常委、区委宣传部部长李强，区委常委、区委办公室主任王峰贵参加活动。

15日 奎文区“慈心一日捐”活动启动仪式在区级机关综合服务楼前举行。李辉、宋均圻、冯天韬等区级领导班子成员带头捐款，奉献爱心。

16日 区反恐工作领导小组、奎文公安分局在风筝广场共同组织实施反恐处突演练活动。区委书记李辉，区委常委、区委办公室主任王峰贵，区委常委、区委政法委书记、区反恐工作领导小组组长、奎文公安分局局长张兴业出席。

是日，民政部社会工作司巡视员许启大带领调研组一行到奎文区就慈善组织、志愿服务等工作开展调研。区委书记李辉，区委常委、区委办公室主任王峰贵参加调研。

17日 山东省关工委常务副主任崔臣带领调研组在市关工委主任赵兴涛陪同下，到奎文区就关心下一代工作进行调研。区委书记李辉，区委常委、区委组织部部长、区委统战部部长权文松参加活动。

20日 潍坊市委书记杜昌文到奎文区专题调度国家食品安全城市创建工作。潍坊市政协副主席李平，区领导李辉、高志秀、王峰贵参加活动。

26日～27日 奎文区第十七届人民代表大会第六次会议在富华国际会议中心举行。会议选举高志秀为奎文区人民政府区长。

7月

1日 潍坊市委副书记王献玲到奎文区走访慰问老党员并到廿里堡街道南屯社区讲“两学一做”学习教育专题党课。区委书记李辉，区委副书记李玉祥，区委常委、区委办公室主任王峰贵参加活动。

是日，山东省委常委、省政府常务副省长孙伟到奎文区调研老旧小区改造工作。潍坊市委常委、市政府常务副市长邹庆忠，区委书记李辉，区委副书记、区政府区长高志秀出席。

5日 区委书记李辉到东盛广场现场调度奎文区公共服务中心（新址）迁建工作。区委常委、区政府常务副区长李伟参加活动。

8日 潍坊市城市区域化党建工作专题调度会议在奎文区召开。潍坊市委常委、市委组织部部长林红玉出席会议并讲话。区委书记李辉，区委常委、区委办公室主任王峰贵陪同观摩。区委常委、区委组织部部长、区委统战部部长权文松参加会议。

16日～17日 首届鸢都动漫文化艺术节在灵狮•潍坊国际创意港举办。区委常委、区委宣传部部长李强出席。

20日 奎文区组织收看山东省乡村文明行动移风易俗工作现场推进电视会议。区委书记李辉，区委常委、区委宣传部部长李强参加奎文分会场会议。

是日，国家档案局副局长付华带领执法检查组一行在省、市档案系统负责人陪同下，到奎文区大虞街道检查档案管理工作。区委常委、区委办公室主任王峰贵出席。

21日 全市工商联系统非公有制经济组织党建工作现场交流会在奎文区举行。区委副书记李玉祥，区委常委、区委组织部部长、区委统战部部长权文松参加。

26日 奎文区文化产业电

商联盟成立暨“互联网＋文化产业”行动推进会议在区机关服务中心召开。区委常委、区委宣传部部长李强为文化产业电商联盟揭牌并讲话。

是日，市委“两学一做”学习教育督导二组到北海路街道湖西社区实地督导“两学一做”学习教育开展情况。区委常委、区委组织部部长、区委统战部部长权文松参加活动。

29日 区委书记李辉到山东互联网金融中心调研产业提升情况。区委常委、区委办公室主任王峰贵，区政府副区长曹瑞升参加活动。

8月

1日 区委副书记、区政府区长高志秀带领区直有关部门负责人调研全区“全面改薄”和解决“大班额”工作情况。先后到十里堡学校、虞园实验学校建设现场实地查看。在座谈会上听取区教育局负责人就相关工作情况的汇报，对项目建设中存在的困难和问题进行现场调度。区委常委、区政府副区长沃付贤，区政府副区长陈香萍参加调研。

2日 潍坊市政府副市长刘建国带领市直有关部门负责人到奎文区调研房地产供给侧改革工作情况。先后到加州世纪尊品、大有公馆等房地产项目实地查看。在座谈会上听取奎文区房地产供给侧改革工作情况的汇报。区委书记李辉，区委副书记、区政府区长高志秀，区委常委、区政府副区长沃付贤出席。

3日 区委书记李辉带队对各街区上半年经济社会发展情况特别是重点项目建设情况进行现场观摩。先后到东关街道、北苑街道、大虞街道、北海路街道、广文街道、梨园街道、潍州路街道和奎文经济开发区实地观摩，并听取各街区经济社会发展情况汇报。区级领导班子成员高志秀、李玉祥、刘良嘉、冯天韬等参加。

5日 区委书记李辉到奎文经济开发区调研全市开放发展大会贯彻落实情况。区委副书记李玉祥，区委常委、区委办公室主任王峰贵，区政府副区长任祥参加。

是日，区委书记李辉会见青岛银行总行董事长郭少泉一行。区委常委、区委办公室主任王峰贵，区政府副区长曹瑞升参加。

9日 “1532文化产业园”战略合作协议签署仪式在奎文区举行。区委书记李辉，区委副书记、区政府区长高志秀，区委常委、区委办公室主任王峰贵出席。区政府副区长陈香萍主持签约仪式。

是日，区委书记李辉带领区直有关部门主要负责人到潍坊嵌银厂调研企业发展运行情况。区委常委、区委办公室主任王峰贵，区政府副区长曹瑞升参加调研。

16日 潍坊市政协副主席、市总工会主席吴建民到奎文区对经济社会发展情况进行调研。区委书记李辉，区委常委、宣传部部长李强，区委常委、区委办公室主任王峰贵参加调研。

22日 市安全生产调研组一行到奎文区调研安全生产工作。调研组一行听取奎文区安全生产工作相关情况的汇报，到奎文经济开发区、青岛啤酒潍坊分公司实地查看。区委书记李辉，区委副书记、区政府区长高志秀，区委常委、区政府常务副区长李伟参加活动。

24日 国家林业局副局长彭有冬一行在省林业厅党组书记、副厅长董书华，省林业厅巡视员辛福智陪同下到奎文区调研国家森林城市建设工作。潍坊市政府副市长刘建国，区委书记李辉，区委常委、区委办公室主任王峰贵出席活动。

是日，潍坊市政府副市长王桂英到奎文区调研科教创新产业园建设工作。区委副书记、区政府区长高志秀，区政府副区长陈香萍参加。

26日 奎文区组织收听收看山东省加强企业家队伍建设工

作电视电话会议。区委副书记、区政府区长高志秀，区政府副区长曹瑞升及相关街道、部门负责人出席。

27日 中共中央宣传部副部长孙志军一行在省委常委、省委宣传部部长孙守刚，潍坊市委书记杜昌文，市委副书记王献玲陪同下，到奎文区调研文化建设工作。孙志军一行到梨园街道樱园社区实地查看，听取樱园社区关于公共文化服务体系建设情况的汇报。区领导李辉、李强、王峰贵出席。

29日 潍坊市委书记杜昌文到奎文区专题调研社区转型发展工作。市委常委、市委秘书长孙明亮参加调研。区委书记李辉，区委副书记李玉祥，区委常委、区委办公室主任王峰贵参加。

9月

1日 海峡两岸青少年书画交流展在鲁台会展中心开幕。潍坊市政协副主席李士来，台湾发展研究院董事长陈麟致辞，区委副书记、区政府区长高志秀，区委副书记李玉祥，区政府副区长任祥出席。

8日 区委副书记、区政府区长高志秀到部分中小学校走访慰问一线教师，向全区广大教职员工致以节日的问候。区人大常委会副主任侯卫平、区政协副主席王巍参加活动。

是日，山东省委督导组到奎文区督导信访工作。督导组一行听取奎文区全力构建矛盾调解工作新格局的汇报。区委副书记、区政府区长高志秀，区委副书记李玉祥，区委常委、区委政法委书记、奎文公安分局局长张兴业参加。

14日 奎文区“平安指数”运行机制暨公安综治维稳信息流转处理工作联动机制全面推进会议在区机关服务中心召开。区委常委、区委政法委书记、奎文公安分局局长张兴业出席。

18日 奎文区“全国科普日”活动启动仪式暨“科普文化进万家、万册图书送市民”活动在广文街道李家社区举行。区委常委、区委宣传部部长李强出席。

是日，潍坊市人大常委会调研组到奎文区对《潍坊市文物保护条例（草案）》立法进行调研。区人大常委会副主任侯卫平参加活动。

20日 山东省关工委分片座谈会观摩团在省关工委常务副主任郭兆信、省关工委副主任王维新带领下，到奎文区进行现场观摩。青岛市关工委主任徐长聚，潍坊市关工委主任赵兴涛，烟台市和威海市关工委相关负责人参加观摩。区委副书记、区政府区长高志秀，区委常委、区委组织部部长、区委统战部部长权文松参加活动。

是日，潍坊市民族团结进步创建活动经验交流会在奎文区召开。区委副书记李玉祥，区委常委、区委组织部部长、区委统战部部长权文松陪同观摩。区政府副区长陈香萍为会议致辞。

27日 参加潍坊市基层统战工作创新现场会的与会人员到奎文区现场观摩。市、区领导张小梅、高志秀、李玉祥出席相关活动。

是日，潍坊市委副书记、市政府市长刘曙光到奎文区调研鸢飞路改造工程进展情况。市政府副市长刘建国，区委副书记、区政府区长高志秀，区委常委、区政府副区长沃付贤参加调研。

30日 区委副书记、区政府区长高志秀带队对银座商城、福田雷沃国际重工股份有限公司、壳牌加油站等重点领域进行安全生产大检查，并听取各单位安全生产工作情况汇报。

10月

10日 潍坊市政府安委会督查组一行4人到奎文区对安全生产工作进行督导检查。督查组一行听取奎文区安全生产工作情况汇报，查看相关资料，并到星河国际轻纺城进行现场检查督导。区委副书记、区政府区长高志秀，区委常委、区政府常务副区长李伟参加。

12 日　由山东省人大常委会委员、民族侨务外事委员会副主任委员段华东、杨思诚带队的执法检查组一行 8 人，到奎文区对贯彻实施《山东省宗教条例》情况进行执法检查。检查组一行到金泉寺实地查看，听取相关情况汇报。市领导李世光，区领导高志秀、冯天韬、王颖红、陈香萍参加。

18 日　日本日向市市长十屋幸平、议会议长畝原幸裕一行 31 人在市直有关部门负责人陪同下，到潍坊日向友好学校参观考察。区委副书记、区政府区长高志秀出席座谈会并致辞。区人大常委会党组书记、人大常委会第一副主任冯天韬出席。区政府副区长任祥主持会议。

20 日　潍坊市委书记杜昌文到奎文区潍州路街道马少野片区调研棚户区改造情况。奎文区委副书记、区政府区长高志秀，市、区主管部门负责人参加调研。

是日，“创 + 企业转型升级创新发展论坛”暨世商联（潍坊）服务中心启动仪式在潍坊鸢飞大酒店举行。区政府副区长任祥出席并致辞。

25 日　奎文区人大换届选举工作动员大会在区机关服务中心召开。区委副书记、区选举委员会主任李玉祥，区人大常委会党组书记、人大常委会第一副主任冯天韬出席会议。区人大常委会党组副书记、人大常委会副主任、区选举委员会副主任陈民亭主持会议。

26 日　山东省档案局调研组到奎文区调研档案馆建设推进工作。调研组听取奎文区档案馆建设推进工作的情况汇报，并到档案馆新址进行实地察看。区领导高志秀、王峰贵参加活动。

28 日　山东省委宣传部副部长、省文明办主任刘宝莅率领调研组一行到奎文区对文明单位创建工作进行调研。区委常委、区委宣传部部长李强参加。

11 月

4 日　奎文区法学会成立暨第一次全体会员大会在区机关服务中心召开。区委副书记李玉祥出席会议，区委常委、区委政法委书记、奎文公安分局局长张兴业当选区法学会会长。

6 日　潍坊市第二人民医院召开“十三五”规划发展研讨会。中国工程院院士、国家呼吸疾病临床医学研究中心主任、中日友好医院院长王辰出席。区委书记李辉主持会议，区领导高志秀、权文松、陈香萍参加。

9 日　区委副书记、区政府区长高志秀带领区直有关部门主要负责人先后到东关市场监管所、福新园市场、洁玉餐具消毒中心等地实地查看。现场调度创建国家食品安全城市工作。在召开的座谈会上听取创建国家食品安全城市工作情况的汇报。区委常委、区政府副区长沃付贤参加活动。

11 日　潍坊市政协副主席、市食安办主任、市食药监局局长李平带领市直有关部门负责人到奎文区检查督导创建国家食品安全城市工作。先后到广文街道李家便民摊点群、南下河市场实地察看，听取奎文区创城工作的情况汇报。区委副书记、区政府区长高志秀，区委常委、区政府副区长沃付贤参加活动。

16 日　奎文区举行学习中共十八届六中全会精神辅导报告会。潍坊市委宣讲团成员、市直机关党工委书记王延泰作宣讲报告。区委书记李辉主持报告会。区级领导班子成员，区法院院长，区检察院检察长，各街道、区直各部门主要负责人，各社区党组织书记，区宣讲团成员参加报告会。

17 日　潍坊军分区司令员万伟峰带领调研组到潍坊乐道院旧址、山东省税务干部学校等地调研国防动员工作。听取相关工作情况的汇报。区委书记、区人武部党委第一书记李辉，区委常委、区人武部政委王勇参加。

18日 潍坊市检查组到奎文区检查督导创建国家食品安全城市工作。区委副书记、区政府区长高志秀，区委常委、区政府副区长沃付贤参加。

29日 潍坊市关工委负责人到奎文区潍州湖小学、东关街道民生街社区、东关街道工福街社区、北苑街道卧龙社区、大虞街道孙家社区调研市级五好“四点半学校”（希望乐园）建设工作。详细听取“四点半学校”相关情况介绍。区委书记李辉，区委常委、区委组织部部长、区委统战部部长权文松参加。

12月

1日 山东省政府副省长王随莲在潍坊市政府副市长王桂英陪同下，到奎文区出席“世界艾滋病日”活动并调研艾滋病防治工作，看望慰问艾滋病防治工作人员。区委副书记、区政府区长高志秀参加。

6日 山东省司法厅法律援助工作处调研员解西义带领考核组到奎文区考核法律援助工作开展情况。区委常委、区政府副区长沃付贤参加。

7日 山东省食安办副主任、省食品药品监督管理局副局长王建政一行到奎文区检查指导创建国家食品安全城市工作。区委常委、区政府副区长沃付贤参加。

8日 山东省企业诚信建设工作会议暨奎文区投资合作推介会在鸢飞大酒店举行。潍坊市政协在职原副主席杨肖青、区委书记李辉出席，区委副书记、区政府区长高志秀出席会议并致辞。区政府副区长曹瑞升主持会议，区政协副主席陈立宝出席。

9日 奎文区空气质量工作调度会在区级机关综合服务楼召开。区委副书记、区政府区长高志秀出席，区政府副区长曹瑞升主持会议。

15日 山东省政府应急办调研组到奎文区调研应急工作情况。调研组到潍坊地震科普馆、区政府应急办等地实地察看并详细了解情况。区委副书记、区政府区长高志秀，区领导刘向东参加。

是日，山东省教育厅调研组在市直有关部门负责人陪同下到奎文区孙家小学调研特殊教育工作。听取随班就读工作情况和奎文区特殊教育相关情况的汇报。区委副书记、区政府区长高志秀，区领导赵同祥参加。

20日 全影网“互联网+婚嫁产业”高峰论坛暨喜庆盒全国发布会在潍坊万达铂尔曼酒店举行。潍坊市人大常委会副主任毛秀凤，区委书记李辉，区委副书记、区政府区长高志秀出席。

是日，潍坊市考核组到奎文区考核城乡环卫一体化、环保“三八六”环卫精细管理工程和餐厨废弃物管理等相关工作。区委常委、区政府副区长沃付贤参加。

23日 区委副书记、区政府区长高志秀到潍坊医学院附属医院调研医院片区改造工作。潍坊医学院附属医院院长任春娥，附属医院党委书记李志华，区委常委、区政府副区长沃付贤及相关部门负责人参加。

27日 国务院食安办督察组在省直有关部门负责人陪同下到奎文区对农村食品安全治理工作情况进行专项督查。潍坊市政协副主席、市食安办主任、市食品药品监督管理局局长李平，区领导刘向东参加。

专记

Special Records

开展“两学一做”学习教育

【概况】 2016年，奎文区委召开书记办公会和区委常委会9次，协调小组会8次，各类座谈会、培训会、现场推进会12次，制定机关、社区、“两新”组织3个分领域实施方案，成立8个督导组，派出联系指导员594人。区委常委率先垂范，带头到所在支部和基层联系点讲党课，带头开展学习研讨，自觉当标杆、做示范。坚持问题导向和目标导向相统一，区委及各级党委逐级细化党组织和党员存在突出问题的具体表现，作出整改承诺，自觉接受监督，全区各级党组织和党员查摆问题2万多个，整改完成1.8万多个。

【创新思路载体】 实施“四学联动”（集中学、自主学、体验学、双向促学），搭建“线上＋线下”双学平台、“三微一阵”即时学习平台、宣讲队伍送学平台、党性教育综合平台“四个平台”，深入开展惠民在先、岗位争先、示范率先、标杆展评“三先一评”活动和支部星级创评、党员先锋创绩“双创”活动，激励引导广大党员积极投身到“四城同创”（国家文明城市、卫生城市、食品安全城市、森林城市）、项目建设、综治维稳等重点工作中去，比学赶超，进位争先。

【严格党内生活】 开展“两学一做”大督查活动和突出问题“集中整改月”活动，全区594个党支部严格落实支部生活日制度和“三会一课”制度，积极构建基层党组织建设标准化工作体系，提升学习教育科学化水平。潍坊市委督导组到奎文区督导7次，对“两学一做”各项工作均给予充分肯定。

全面深化改革工作

【组织领导】 制定《提请区委全面深化改革领导小组会议审议的改革方案报审办法（试行）》等制度，进一步完善领导小组工作规则、改革领导小组办公室工作细则。审议通过《关于加强人民政协协商民主建设的实施意见》《奎文区国有企业负责人薪酬制度改革实施方案》等14项改革实施方案，建立起与上级部署相衔接、中长期规划与年度要点相配套的改革任务体系。

【责任落实】 坚持贯彻上级“规定动作”不走样、“自选动作”有特色，制定《区委全面深化改革领导小组2016年工作要点》等文件，确定重点改革事项14项，建立改革任务台账，将所有改革任务逐项分解细化，明确具体分工、责任单位和完成时间。

【督查考核】 建立定期督查调度制度，开展专项督查16次，就社会主义协商民主建设、律师权利保障制度建设等改革任务推进情况进行督查，对发现的问题提出对策建议。2016年9月，开展集中督查，采取独立督查与联合督查相结合的方式，由各专项小组负责对本领域改革任务完成情况进行督查，区委改革办联合区委督查室组成2个督查组，对14项重点改革任务、10项改革试点情况进行现场督查。

【改革宣传】 加强调查研究，围

绕重点改革任务，各级各部门开展专题调研 24 次，筛选改革创新典型事例 15 个进行重点培育指导，向潍坊市委改革领导小组办公室报送的改革创新典型案例“由民做主社区协商模式”，入选全市 50 个改革创新典型案例。加强信息工作，编发《改革工作简报》7 期。大力营造改革氛围，各级各部门在主流媒体刊发改革宣传报道 440 多篇，深入解读中央和省、市、区改革举措。

提升市区

【概况】 2016 年，全区有市级重点项目 41 个，区级重点项目 93 个；编制印发规划方案 3 个，制定完善考核细则 3 个；完成专项督导 12 次，下发项目通报 11 期。整治验收便民摊点群 31 处，清理整治圈占停车场 15 个、停车位 300 多个，清理机动车、电动车占道销售 37 处，非法宣传车辆 20 多辆；签订“门前三包”责任书 9000 多份，清理卫生死角 480 多处。完成投资额 1800 万元，进行道路整修 14 处、面积 9.2 万平方米；完成项目拆迁 65 户。加速打造“四全一特”（即：功能配套齐全、生活服务周全、基础设施安全、治理机制健全、特色优势鲜明）社区；开展主题活动，提报活动项目 124 项；打造志愿服务品牌，组建成立“奎文区志愿服务团”，协调成立“奎文车友会”“幸福奎文家庭志愿者”等志愿服务组织；开展“志愿巴士进社区”活动，为居民提供服务 20 多项，参与志愿者 1200 人次，受益群众 4 万多人；建成志愿服务广场 20 多个；刊发宣传稿件 20 多篇。

【编制规划方案】 编制出台《奎文区现代产业发展规划（2016—2025 年）》，以推动产业结构优化升级、科学确定产业发展方向和业态重点为目标，深入总结分析全区产业发展基础、发展机遇、空间布局和发展策略，为进一步创新产业发展体制机制、加快产业转型升级提供指导引领。编制印发《奎文区提升市区五年行动计划（2016—2020 年）》，分别从社区基础设施建设、平安奎文建设、金融保险、高端商贸、科技信息、交通设施、生态保护等方面确定一批带动性强、示范作用显著的重点项目，并逐一明确项目建设的工作要求和具体举措，为统筹推动全区提升市区五年发展提供科学指导和重要遵循。牵头编制《奎文区重点产业推进实施方案》，进一步明确各产业发展重点、工作目标、重点园区、重点项目（龙头企业）与具体措施，并请有关专业机构、行业专家进行研究论证，确保实施方案科学合理、操作性强。

【创新工作机制】 落实领导调度机制，召开全区提升市区工作领导小组第八次会议，研究下

2016 年全区提升市区工作领导小组第八次会议在区机关服务中心举行

发《奎文区2016年提升市区重点项目计划》等文件材料；区委召开常委（扩大）会议，专门听取区委常委包靠的市级重点项目和所联系街道的区级重点项目，以及区政府副区长所包靠的市级重点项目进展情况汇报，及时了解工作进展、研究解决困难问题、加快推进项目建设。落实项目包靠机制，实施完善重点项目区级领导包靠制度，印发“奎文区2016年提升市区重点项目任务分解配档表”，包括市级重点项目41个和区级重点项目93个，每个项目分别由区委、区人大常委会、区政府、区政协等领导包靠负责、统筹推进，并逐一落实到街道及部门，明确责任人员、工作计划、年终目标等，为项目建设提供有力保障。

落实督导考核机制，由区人大常委会、区政协等6名区级领导组成的3个提升市区工作督导组，每月通过召开会议、查看现场等方式对重点项目进行督导，并根据项目进度对各街道、各有关部门参与负责的提升市区重点项目进行打分，印制《重点项目推进情况通报》在全区下发，至2016年年底，进行专项督导12次、下发项目通报11期，制定完善《2016年度街道构建现代产业体系考核办法》《奎文区2016年度街道提升市区工作考核细则》《奎文区2016年度部门提升市区工作考核细则》，充分发挥考核的督导作用，切实调动提升市区工作的积极性。

【园区建设】 利用存量楼宇和在建楼宇，打造空间集中、产业集聚的创新创业园区。巩固大学生创业孵化中心引领地位，做实做优“阳光100凤凰社省级创业园”“潍坊市大学生创新创业广电产业园”“国际人才创业中心”和“半岛大学生创业孵化中心”等创新创业园区。规划提升大虞文化产业园、京广传媒文创产业孵化器，引进保利拍卖、荣宝斋等大型文化龙头企业，打造一流的文化创意产业园区，依托潍坊国际创意港，建设中国首个工业4.0产业园。全面落实国家、省、市关于人才创新创业的优惠政策，鼓励各类高层次科技人才、管理人才到园区创新创业、扎根发展。

精神文明建设

【指数测评】 2016年，奎文区持续开展公共文明指数测评工作，围绕文明城市创建中存在的重点、难点及易反弹问题定期进行测评，共开展公共文明指数测评7次，发现整改问题562处，整改率达到98%以上。

【文明单位创建活动】 区创城办检查督导常态化，建立健全多部门协调联动机制，开展对非法占用公共资源、乱停乱放、占道经营以及流动摊贩乱摆摊点的集中整治；组建文明巡访团，深入社区小区，多方位查找发现问题，印发《文明巡访简报》8期，发现整改问题700多起。依托“奎文发布”“奎文文明”微信公众号建设“文明城市创建云平台”，对问题整改情况以“红、黄、绿”标识进行公示，督促职能单位履职尽责，实现创建常态化、实效化。提升各级文明单位动态管理水平，对重点工作进行月度量化评议、年终综合考核，推荐、复审全国文明村镇1个，省级文明单位24个，省级文明社区30个；市级文明单位32个，市级文明社区3个；区级文明单位71个，区级文明社区16个。

楼宇总部经济发展

【载体规模】 至2016年年底，全区在建和建成楼宇103幢，用于商业商务面积436万平方米。其中，建成楼宇81幢，用于商业商务面积269万平方米；在建楼宇22幢，用于商业商务面积167万平方米。比2012建成楼宇43幢，商业商务面积110万平方米分别增长88.3%、144.59%。

【楼宇招商】 至2016年年底，已打造阳光100凤凰社、互联网金融中心等17个楼宇园区，国际大学生孵化中心、科技孵化中心等楼宇“双创”孵化平台13个。其中，阳光100凤凰社获得“省级创业园区”称号。全区入驻楼宇企业达到6000家，比2012年入驻楼宇企业1621家，增长3.7倍。

【服务网络】 全区从2013年起至2016年年底，建成7个楼宇综合服务中心，4个楼宇商圈，为楼宇企业、员工提供党务、政务、商务、事务、法务“五务”综合性、菜单化服务。建设模式主要有楼宇+街道、楼宇+社区、楼宇+物业、楼宇+部门（国有企业）、楼宇+运营公司、楼宇+自主运营6种。特别是东关街道通过购买服务组成管理服务团队入驻楼宇开展招商、金融、人才等特色服务，成效显著。

【税收贡献】 制定下发《奎文区楼宇总部经济提质增效发展重点工作计划》和《楼宇总部经济发展考核激励办法》。2016年，全区楼宇总部企业实现纳税额累计超过11亿元，其中，纳税额超过1000万元楼宇达到30幢；比2012年全区楼宇纳税总额4.98亿元增长121%。

【运行特征】 从规模发展和数量上来看，奎文区的楼宇经济已初具规模，楼宇数量不断增多，商务楼宇由单体逐步向集约化规划建设转变，市场环境等影响开发增速的一些制约因素正在逐步解决。从产生效益来看，税收总数不断增长，结构不断优化。楼宇建设主体由企业单打独斗逐步向集团化建设转变，产业质量、楼宇企业层次和楼宇品质发展质量不断提高。从运营服务来看，探索服务平台和服务模式的推广初见成效，楼宇硬件软件配套进一步完善，楼宇服务逐步向运营专业化、特色化、智慧化发展转变，产业招商资源配置不断加强。从分布区域来看，楼宇产业定位、功能定位由混和业态逐步向业态特色化、差异化发展转变，工作投入、产业集聚、品牌宣传等机制不断完善。

楼宇选介

【概况】 奎文区制定《楼宇总部经济提质增效计划》，明确以发展总部经济和特色产业为重点，抓好楼宇产业定位、功能布局和工作举措，推动楼宇总部经济“定位”“定量”“定质”发展。提高开发规模品质，按照“竣工投产一批、开工在建一批、规划储备一批”的滚动推进原则，新规划建设商务楼宇26幢。创新开发运营模式，通过政府投入、整体返租等形式与企业共同开发运营，重点打造泰华城等30个楼宇产业园区。

一品景艺
泰华城
HOTEL

潍坊泰华城外景（摄影：李树田）

【潍坊泰华城】 潍坊泰华城地处潍坊市奎文区东关街道辖区，西邻白浪河，北临东风东街，南至奎文门街，是一个集购物中心、经济型酒店、高级写字楼、精品公寓、休闲娱乐中心、商业步行街、大型停车场等多种物业类型为一体的大型城市综合体项目。潍坊泰华城始建于2000年，项目总用地面积60698平方米，总建筑面积达68万平方米，其中商业面积达20万平方米，包括一个百货店、两个购物中心、三条商业步行街、两幢写字楼、六幢公寓楼，配套拥有世纪泰华集团有限公司旗下世纪泰华广场、泰华新天地、泰华假日广场、福乐多超市、鸢飞潍坊菜馆以及红枕安悦三家连锁酒店。潍坊泰华城以其大气的空间布局、便捷的停车场地、现代的景观设计、高科技的时尚建筑和大规模、多业态的功能组合，极大地提升了潍坊市区商业、写字楼和公寓的经营居住水平，打造了潍坊CBD核心区城市综合体，成为名副其实的“城市的心”，是目前山东省内占地面积大、建设标准高、物业类型全、停车场地大的城市综合体。

地址：潍坊市奎文区东风东街360号

【阳光 100 城市广场】 潍坊阳光 100 城市广场位于潍坊市奎文区中心繁华地段，是潍坊市的 CBD 区域，规划范围为西起潍州路、东到虞河，南临胜利东街，北到院校街，西邻潍坊市最大的金融商务中心金融街。阳光 100 城市广场占地总面积约 18.67 公顷，建筑面积约 120 万平方米，总投资额约 55 亿元，用于商业商务面积超过 50%，规划建设 40 幢高层建筑，五星级酒店高度达 150 米，实现土地利用向节约集约型转变，提高了土地利用率。该项目的开发商潍坊阳光壹佰置业有限公司已在潍坊精耕细作 7 年，成功打造两大社群运营品牌，三大城市级 IP，四大产业园区：省级创业示范园区、金融创新产业园、全影婚嫁产业园、文化教育示范园，“老潍坊 · 新地标”形象凸显，牢固树立潍坊大型商务综合体的地位。

地址：潍坊市奎文区胜利东街 5051 号

阳光 100 楼宇大堂

阳光 100 楼宇外景

中国潍坊国际人才创业孵化中心
世纪环球中心
威海市商业银行
WEIHAI CITY COMMERCIAL BANK

世纪环球中心

【世纪环球中心】 世纪环球中心占地面积 13 亩，投资额 4 亿元，建筑面积 11 万平方米，是潍坊目前单体体量最大的纯正商务写字楼；规划建设高度 168 米，建设地下 3 层，地上 35 层。在 140 米处设有潍坊最高观景旋转餐厅及商务会所；在楼顶配备有两个直升机停机坪，是潍坊首个配有航空应用的商务写字楼。2013 年年底投入运营后，成为“黄三角高效生态经济区”“山东半岛蓝色经济区”最具代表性的地标性建筑之一，可容纳 5000 多个就业岗位。

地址：潍坊市奎文区新华路 1589 号

世纪环球中心内景

潍坊万达广场外景

【潍坊万达广场】 潍坊万达广场位于潍坊市奎文区虞河西岸，福寿东街与鸢飞路交汇处东南角。潍坊万达广场占地面积11.6公顷，总投资额50亿元，总建筑面积57.44万平方米，其中商业商务面积34.1万平方米，建设集五星级酒店、大型商业商务中心、高档娱乐、SOHO办公、精品住宅等多功能于一体的大型城市商业综合体。对于完善城市功能、提升城市商业档次、增加就业岗位和拉动经济增长都具有极强的带动作用。

地址：潍坊市奎文区鸢飞路958号

万达广场
WANDA PLAZA
万达广场®
WANDA PLAZA

佳乐家
招商银行
CHINA MERCHANTS BANK
招商银行

潍坊金融街外景

【潍坊金融街】 潍坊金融街位于胜利东街以北、潍州路以东，院校街以南，处于潍坊市城区中心地段，以牛顿办公区写字楼、博客SOHO商务公寓共同构建了30万平方米超规模商服配套的金融商务聚合体。潍坊金融街占地面积为31334平方米，已完成投资额6亿元，该项目坚持集约用地理念，建筑面积30多万平方米，主要包括1幢18层金融中心，2幢31层SOHO公寓，3幢30层纯写字楼和1幢3层裙楼。至2016年，已有民生银行、工商银行、招商银行、三大银行及永安期货、中银保险、中德安联保险、生命人寿、幸福人寿等160多家金融、信托、投资及衍生业态入驻，入驻率达90%以上，年纳税额1.5亿元以上。潍坊金融街构成潍坊市重要的金融商务中心，是奎文区推进产业“转调创”的有效平台，也是奎文区节约集约用地的典范。

地址：潍坊市奎文区胜利东街5111号

中天下 · 潍坊国际外景

【中天下 · 潍坊国际】 中天下 · 潍坊国际位于潍坊市奎文区广文街道，地处潍坊市城区中心繁华地段，北邻胜利东街，东邻新华路，距潍坊市政府机关1000米，交通便利，基础设施配套齐全。中天下 · 潍坊国际占地面积为6849平方米，规划建筑总面积5.2万平方米，其中商业面积1.1万平方米，写字楼面积2.6万平方米，地下面积约1.5万平方米。容积率为5.4。以“让潍坊亮起来”为主体，在楼体中央设立巨幕电子屏，形成了城市一道独特景观。坚持建设与招商同步，已引进中国人民人寿保险、中建集团 · 中外园林建设、瑞康医药、方太柏厨、光明乳业等知名企业及双创企业180多家，2016年实现纳税额3700万元。中天下 · 潍坊国际结合潍坊商务市场需要，以提升城市商务品质为核心，在硬件品质上重点投入，在物业管理等软件服务上引进世界一线品牌，打造甲级标准，全新定义面向未来的商务平台。通过项目开发建设，极大改善了该区域的城市面貌，提升了城市形象，提高了土地利用率，实现了土地资源的节约集约利用。

地址：潍坊市奎文区胜利东街4616号

东盛广场外景

【东盛广场】 东盛广场地处潍坊城区中心区域，交通便利，区位优势明显，是一处集办公、购物、休闲、娱乐、商住于一体的大型综合性商务楼。总投资额2.23亿元，总建筑面积7.8万平方米，由28层商务楼、3层裙楼和18层高层公寓连接而成。东盛广场坚持高点定位，加强定向招商，重点引进了实力强、规模大的企业和企业集团以及居于产业链高端的现代服务业项目，以实现“引进一个、带动一方、辐射一片”的效果。至2016年年底，东盛广场入驻业户达200多家，入驻率达95%以上。

地址：潍坊市奎文区东风东街8081号

潍坊市科技孵化中心创客空间

【潍坊市科技孵化中心】 潍坊市科技孵化中心总建筑面积2.2万平方米，由市、区联合投资打造成为潍坊首个集“特色·集聚·创新·和谐”的市级科技孵化中心。已入驻企业62家，其中2016年新入驻企业8家，业态涉及新能源新材料、智能制造、航空科技、农业科技、软件开发应用等领域；已落户科技转移中心、西安交通大学国家技术转移中心、中科院山东综合技术转化中心、鲁台产学研合作中心、上海技术交易所协同创新中心等5家技术转移机构。引进博士9人，其中留美博士1人。

地址：潍坊市奎文区北海路2321号

潍坊市科技孵化中心展示的无人机样机

潍坊市科技孵化中心外景

浦发大厦外景

【浦发大厦】 浦发大厦位于胜利东街与虞河路交汇处西南角，建筑面积 15189.2 平方米，原是潍坊医学院综合办公楼，2008 年成为由奎文区国有资产运营中心管理运营的商务楼宇。浦发大厦地理位置优越，管理规范有序，成为许多企业公司商务用房的首选。楼宇已入驻企业 12 家，2016 年实现纳税额 3000 万元。入驻规模较大企业有浦发银行潍坊分行、华泰财险潍坊中心支公司、泰康人寿潍坊中心支公司、长城人寿潍坊中心支公司、恒安标准人寿潍坊直营部、山东中海新能源有限公司、潍坊宜贝科技商贸有限责任公司等。

地址：潍坊市奎文区胜利东街 288 号

浦发大厦大堂

【恒易·宝莲金融中心】 恒易·宝莲金融中心由两幢商务楼宇围合而成。均为26层，总建筑面积13万平方米。项目已于2016年全部交付使用。北楼（宝莲金融中心）定位于以金融产业相关的企业总部、知名互联网企业及新兴互联网金融企业集聚中心，其建筑面积5.5万平方米，共设有10部高速电梯，配有高档会议室等，赛伯乐集团有限公司投资额6000万元，打造集办公，孵化，展示，创客，培训为一体的智能国家级金融中心、电子商务产业示范基地。南楼（宝莲大厦）共26层，建筑面积约5.5万平方米，设有6部高速电梯。定位打造成为O2O纺织服装批发电商交易平台，建成中国纺织服装电商产业园。

地址：潍坊市奎文区四平路与民生东街交汇处

恒易宝莲金融中心外景

【财富国际商务大厦】 财富国际商务大厦位于北海路以西、胜利东街以南，由金正房地产开发有限公司投资建设，2014年1月交付使用。由瑞和家悦物业管理有限公司管理运营，已引进齐商银行等总部机构入住率达90%，纳税额超过1000万元建成楼宇服务中心。总建筑面积63150平方米。

地址：潍坊市奎文区北海路4899号（人民广场西邻）

财富国际商务大厦外景

唐宁国际智慧大厦外景

【唐宁国际智慧大厦】 唐宁国际智慧大厦位于樱前街与北海路交汇处西北角，总投资额 1.1 亿元，建筑面积 3.8 万平方米，建设 1 幢 23 层现代化智能高端商务楼宇，设有 5 部电梯，309 个停车位，配套会议、健身等服务中心。该项目 2016 年年底建成投入运营，已招商入驻农业银行、工商银行、潍坊银行等金融机构以及潍坊坤易置业、吉优境物业、山东威泰精细化工、潍坊思源环保设备、艾立特律师事务所、潍坊拓盛进出口等企业总部或分支机构，着力打造总部经济产业园。

地址：潍坊市奎文区樱前街 13136 号

唐宁国际智慧大厦大堂

【中银商务大厦】 中银商务大厦位于四平路与胜利东街交汇处西北角，是一幢集商务、休闲、餐饮、娱乐于一体的综合性商务楼宇。由中国银行股份有限公司潍坊分行开发，总建筑面积3.6万平方米，共30层，电梯4部，入驻率100%。现有中国银行股份有限公司潍坊分行、潍坊国际金融大酒店、中银三星人寿保险潍坊分公司等20多家企业入驻，年实现纳税额1000万多元。

地址：潍坊市奎文区胜利东街5161号

中银商务大厦大堂

中银商务大厦外观

总部基地外景

【总部基地】 总部基地位于凤凰街以南、文化南路东侧，2010 年建成使用，总占地面积约 4.67 公顷，包含 7 幢 5 层商务楼宇，总建筑面积 3.6 万平方米，是以企业单体研发办公楼宇为主的商务群落。已有山东潍坊精鹰医疗器械有限公司、华润潍坊远东医药有限公司等 10 多家企业入驻，入驻率 100%，年纳税额约 8600 万元。2016 年，齐鲁创智园项目于总部基地周边地块选址落地，围绕原有楼宇新建了 7 幢现代化高端商务楼宇，总投资额 6.25 亿元，总建筑面积 15 万平方米，至 2016 年年底，已建至地上 5 层。

地址：潍坊市奎文区文化南路 2600 号

宝鼎国际大厦外景

【宝鼎国际大厦】 宝鼎国际大厦位于胜利东街CBD核心商务主场，毗邻奎文区政府机关。是一幢文化创意综合性商务楼宇。大厦于2010年1月动工，2012年1月竣工。

宝鼎国际大厦由潍坊报业集团与山东永兴业置业有限公司共同出资组建，由潍坊宝鼎置业有限公司开发，是按5A级标准建设的纯办公商务楼宇。总建筑面积1.9万多平方米。项目配套完善，地下两层为立体停车场，配有地下车位300多个，配备5台三菱高速电梯，大厦标准层平面每层830平方米。1层～3层为高档商业用房，其中，4层配有高端商务中心，26层配套会议室。项目物业管理由具有一级资质的中土物业管理集团公司负责。大厦已入驻企业业态以文化创意产业类为主，涉及教育、培训、咨询、广告策划、专业设计、商贸物流等多个种类，以文化教育、广告策划和工艺品设计为主的业态占入驻企业数的60%。

地址：潍坊市奎文区胜利东街与文化路交汇处路北

新基立商务大厦外景

【新基立商务大厦】 新基立商务大厦位于东风东街与新华路交汇处东南角，地段优越，交通便利，距青银高速公路10分钟路程、距潍坊市政府机关5分钟路程。大厦已入驻的客户群体分别是银行、保险公司、会计师事务所、科研所等大型公司。大厦采用高档中央空调，配有4部高速客梯，充分体现5A级智能化写字楼的特色，专业化物业管理服务以及大厦地标性建筑，是企业提升形象，节约办公成本的理想之选。

地址：潍坊市奎文区东风东街7870号

【世博国际商务大厦】 世博国际商务大厦位于健康东街与梨园路交汇处西南角，总投资额 2.2 亿元，总建筑面积 7.4 万平方米，建设地上 25 层，地下 2 层的连体双子座商务楼宇，设有 14 部日立原装进口高速商务电梯，800 多个停车位，设立首家门禁系统，配套星级客房、餐饮、会议、健身等服务设施。该项目以规划设计、科技文化类产业为使用方向，已有市城投集团、中核工业集团二四建设等企业总部入驻，计划打造世博国际规划设计产业园。

地址：潍坊市奎文区健康东街 13600 号

世博国际商务大厦大堂

世博国际商务大厦外景

歌德创业园外景

【歌德创业园】 歌德创业园倾力打造鸢飞路时尚写字楼新地标，集办公、商务、公寓、超市、商业于一体，是复合的、多功能的写字楼聚集区。总规划占地面积达 12.8 平方公里，配套公共多功能会议室、公共音响转播系统、东芝电梯、自由拓展商务空间，居然之家、中百佳乐家、万达广场，形成北部三足鼎立的商业新布局，虞河、白浪河环绕周围，是中央商务区（CBD）、中央生活区（CLD）双核心原点。

地址：潍坊市奎文区卧龙东街 5963 号

盈隆广场外景

【盈隆广场】 盈隆广场位于潍坊市奎文区虞河路与福寿东街交汇处西南角，处于潍坊市城区繁华地段，交通便利，周边配套齐全，该项目由山东德兴置业有限公司开发，是一幢商务写字楼，共 18 层，建筑面积 15751.09 平方米，其中 1 层～ 2 层为商铺，面积为 1843.62 平方米；3 层以上为写字间，面积为 13907.47 平方米。

地址：潍坊市奎文区虞河路 2613 号

【京广文化广场】 京广文化广场是在企业转型升级过程中重点打造的特色名片，总投资额8800万元，建筑总面积1.93万平方米，是山东省首家以“文化+”为主题的文化综合体，集合了休闲阅读、文化体验与创意等功能。京广文化广场已有潍州大讲堂、KIGObookman、尚悦、画都五个子品牌。涉及产业领域有连锁书业经营、出版发行、美术馆、文创产业园、教育培训。已进驻各类企业130家，从业人员500多人。已逐渐成为潍坊最大的人文商圈。2016年，京广文化广场进行了进一步升级，内容更加丰富和业态文化多元化，更加贴合城市文化发展需要，引进、培育文化休闲，艺术品展览鉴赏收藏，教育培训，儿童娱乐等文化企业，加快文化资源聚集，进一步提升园区服务功能；建设集艺术教育、图书发行、艺术品销售、画都O2O青年艺术平台等线上线下功能于一体的文化产业园区。

地址：潍坊市奎文区潍州路1589号

京广文化广场内景

京广文化广场外景

滨海园区建设

【概况】2016年，奎文区滨海园区一期规划占地120公顷，至2016年年底，已开发面积90.47公顷。2016年度，完成投资额2亿多元，竣工厂房面积5万平方米，3家企业签约落户园区，5个项目竣工投产，实现纳税额270万多元，在潍坊市滨海园区年度科学发展综合考核的15个单位中，位列第六名。

【落户园区项目】2016年，新签约潍坊友联机电设备有限公司、潍坊秀隆新材料有限公司、山东力士重工有限公司3家企业。其中，潍坊友联机电项目总投资额1亿元，租用园区厂房1座，主要生产粮食烘干机，已竣工投产；山东力士重工有限公司叉车生产项目投资额1.3亿元，租用园区厂房1座，主要生产、销售叉车及其配件，已进入设备安装和调试阶段；潍坊秀隆新材料有限公司总投资额1.2亿元，租用园区厂房1座，主要生产隔热和隔音材料，项目在办理入驻手续和订购设备阶段。

【园区投资项目】2016年，奎文区滨海园区竣工投产的项目5个，实现纳税额270.19万元。京泰新型建材项目于2014年下半年正式投产，2016年，实现销售收入4000万多元。潍坊友联机电项目于2016年7月投入试生产，当年实现产值500万多元。金宝旅游房屋系列产品和久田房车系列产品项目的设备安装和调试全部结束，于2016年年底前投产。飞鸿纳米设备生产项目融喷双阻纤维棉自动化生产线设备的安装和调试全部结束，2016年年底竣工投产。

奎文区滨海园区的部分厂区

奎文区滨海园区的部分厂区

东关街道苇湾社区小区改造后

“美丽家园”创建活动

【“三改”项目建设】 2016年，奎文区加大“三改”(棚户区改造、老旧小区改造、危房改造)力度。棚户区改造方面，抓住国家支持棚户区改造政策机遇期，区领导包靠，区直相关部门参与，以街道为主体，确定项目，争取政策，落实资金，确保项目及时落地开工建设，用三年时间，解决棚户区1万多户居民住新房问题。

东关街道苇湾社区小区改造前

2016年改造18个项目、居民2045户。老旧小区改造方面，深化“由民做主”模式，充分发挥街道主体作用，全面实施环境治理、房屋修缮、设施完善、节能改造等四大工程，力争三年内将辖区2005年以前建成具备改造条件的老旧小区全部改造完毕。2016年改造“三产办”“职业学院”等10个小区。危旧房屋改造方面，拆除鉴定为D级的4幢危楼，对其他存在安全隐患的危楼适时加固或拆除。

北海路街道南湖社区小区改造前

北海路街道南湖社区小区改造后

【基础设施建设】 2016年，市级重点道路方面，完成崇文街、鸢飞路南段、凤凰街建设。背街小巷方面，改造梨园路南段、早春园南巷等6条背街小巷，加强路灯建设与管理，及时将安装好的路灯移交给潍坊市分管部门管理。供热设施方面，加强热源建设，实施潍坊发电厂热电联产改造。完善供热管网，2016年，完成潍坊发电厂到奎文区高温水主管道建设。市政集中供热率达到90%，直供换热站达到70%。实现供热面积2000万平方米，推动老旧小区供热管网改造，计划每年改造不少于10个小区。

【建筑市场管理】 施工现场管理方面，对在建工程，建立“三定三全”制度，即定人、定岗、定责，全方位、全时段、全覆盖。建立企业卫生标准评价制度，对工作不力的，实行项目评优“一票否决”。实行“一把尺子量到底”，要求施工现场达到围挡规范、环境整洁、施工道路硬化、物料覆盖、出入车辆冲洗、食堂整洁卫生、使用水冲式厕所等标准。对拆迁工地，制定管理标准，对安全生产、文明施工、现场扬尘抑制进行规范。对待开发土地，按照“属地管理”原则，协调督促各个街道抓好相关工作。建筑市场管理方面，采取网格化管理，全面落实属地责任，同时加大对市管项目的协调力度。

廿里堡街道崇文街社区董家小区改造后

廿里堡街道崇文街社区董家小区改造前

【物业管理】 加强机构建设，奎文区成立物业办，负责物业服务业务指导和监督。理顺管理体制，将物业服务企业资质升级、前期物业区域划分备案、物业合同备案、业主委员会备案、考核奖惩及创先争优、提报物业信用档案基础材料、处理物业信访投诉纠纷等权力全部下放到街道。全面落实全区物价、规划、环保等相关部门小区物业管理职责。形成党委、政府领导，区直有关部门参与，重心下移，街道社区齐抓共管的物业管理工作机制。加强物业企业信用等级管理，对有实力、信用好的企业，在资质办理、招投标、新项目承接、评先树优等方面给予扶持，对一些规模小、信用差的企业，每年清出市场不少于5家，建立起优胜劣汰的企业管理机制，保持物业服务市场良好发展态势。强化老旧小区物业管理，对改造后的老旧小区，全部实行市场化物业或准物业管理。对“三无”小区，采取街道购买服务、区级财政以奖代补的办法实施物业管理。

【社区“四全一特”建设】全区计划利用三年时间，把城市社区建设成为功能配套齐全、生活服务周全、基础设施安全、治理机制健全和特色优势鲜明的社会发展基本单元。成立社区“四全一特”建设领导机构和办事机构，小区制定具体提升方案，将社区特色定位和打造计划向群众公示。组织对品牌示范社区进行观摩，注重加强公共设施建设，促进公共服务均等化。老旧小区提升和新建社区按照“四全一特”标准，规划建设一步到位，其他社区按照“四全一特”要求重新规划，逐步完善。在特色优势鲜明方面，突出核心主导产业特色、多元融合特色和特色街巷建设。在功能配套齐全方面，合理配置社区公共资源，完善市政基础设施，提升社区综合服务功能。在生活服务周全方面，强化社区公共服务辐射功能，大力发展便民服务网络，积极推动社区志愿服务活动。在基础设施安全方面，确保专营设施设备运行安全，建立健全社区应急机制，深化社区安全服务职能。在治理机制健全方面，构建社区“四位一体”工作机制，加强社区“四社联动”建设，加快实现物业服务全覆盖，加强社区协商工作。2016年，每个社区都提炼出自己的特色品牌，将樱园社区打造成市级示范社区，南屯等4个社区打造成区级示范社区，每个街道至少建成了一个示范社区。

【市容环境卫生整治】门前“五包”（包卫生、包秩序、包绿化、包文明、包安全）方面，建立健全责任落实机制，以街道、社区为主体，加强综合协调、监督检查、跟踪问效，适时组织外出学习先进经验。2016年，重点高标准打造民生街、中学街、南乐道街、文化路等8条示范街。摊点群整治方面，加强日常监督管理，改造完善现有硬件设施，取缔城区马路商场和流动摊点，严格落实属地管理责任，规范市场化运作，成立摊点群业户自主管理委员会，调动群众和社会各界参与管理的积极性。城市保洁方面，开展生活垃圾直运和餐厨废弃物整治，加强环卫基础设施建设。城市绿化方面，对胜利东街、东风东街、文化南路等主次干道裸露树穴，铺五指树框石，对拆迁、开发等沿街裸露地高标准进行绿化，对辖区主次干道行道树缺苗，按照“一街同种”苗木进行补植，对缺苗断垄情况根据路段缺苗性质，进行绿化补植或透水砖地面砖铺装，按照“五无”（无缺苗、无死枝、无垃圾、无尘土、无残缺）的绿化养护标准，着力抓好卫生保洁、病虫害防治、苗木修剪、树穴整治、园林设施维修等工作，全面推行全覆盖、无缝隙、全天候管理模式，打造精品养护绿地。

【露天烧烤整治】集中整治清理私自占压盲道、人行道行为，督促业户将烧烤炉具及相关经营设备全部进店操作，推广使用无烟烧烤炉具，2016年年底实现全覆盖。研究制定新的露天烧烤治理办法和规划，划分烧烤区和禁烤区。开展联合执法整治，对不符合经营管理规定的一律予以取缔。协调成立烧烤自律管理业主委员会，调动群众和社会各界参与管理的积极性。

全区概况

General Situation of the Whole Area

自然地理

【地理环境】 奎文区位于世界风筝都——山东省潍坊市的中心城区，是全市的政治、金融、商贸、文化中心，因区境内有始建于清代的“奎文门”而得名。辖区位于山东半岛偏西部、渤海莱州湾南部，地处北纬36° 35′ 00″～36° 45′ 00″、东经119° 03′ 45″～119° 18′ 45″之间。北、东北毗邻寒亭区，南、东南与坊子区接壤，西以白浪河为界，与潍城区相望。

【气候】 奎文境内地势较平坦，略呈南高北低状，平均海拔26米。属暖温带大陆性半湿润季风气候，冬冷夏热，四季分明，阳光充足，年平均气温12.3℃，全年日照总时数2528.5小时，日照率58%。无霜期年平均197天，生长期年平均240.2天。年平均降水量654毫米，历年极端降水量1210.6毫米。降水主要集中在夏季，秋季次之。冬季雨雪少，故有“春旱、夏涝、晚秋又旱”的气候特点。

2017年1月19日，潍坊市政府新闻办召开新闻发布会，就潍坊市2016年度天气气候概况进行通报。2016年潍坊市奎文区气候主要有五大特点：一是夏季暴雨日数多，局地性强。2016年夏季全市平均降水量为337.6毫米，比常年同期偏少27.7毫米。二是寒潮发生次数多，强度大。2016年奎文区共发生5次寒潮天气过程，分别出现在1月下旬、2月中旬、3月上旬、11月下旬和12月中旬。三是全区部分地区继续出现气象干旱。四是夏季出现罕见强对流天气，灾害严重。2016年奎文区共出现17次强对流天气过程，其中4次冰雹天气。五是雾和霾天气多发。2016年年初和年末奎文区

白浪河风光

出现多次严重雾和霾天气，出现雾日数 20 天，霾日数 22 天，市气象局与环保局联合发布重污染天气预警 8 期，市气象台发布大雾预警信号 14 期，霾预警信号 8 期。

【河流】 辖区境内河流有白浪河、虞河、张面河。其中，白浪河、虞河向北流入渤海，张面河从东风东街南侧流入虞河。

张面河一角

白浪河　是流经区境的主要河流，发源于昌乐西南部之大鼓山。全长 127 公里，平均河宽 200 米，流域面积 1327 平方公里，最大流量 800 立方米 / 秒。流经奎文区境从白浪河大坝至北苑街道沙窝村长度为 17.5 公里，流域面积 22.4 平方公里。因其源短、流急，大量粗细砂砾沉积于河口扇，故形成沿河地带的砂质或夹砂潮土。

虞河　发源于潍坊市坊子区灵山，全长 70 公里，平均河宽 60 米，流域面积 889 平方公里，最大流量 567 立方米 / 秒。流经奎文区境从廿里堡街道董家村至大虞街道田家村长度为 14 公里，流域面积 35.8 平方公里。冲积物多含细砂和黄土，沿河冲积平原多砂壤和轻壤。

张面河　是虞河的一条支流，发源于潍坊市坊子区石埠山，全长 14 公里，平均河宽 50 米，流域面积 24 平方公里，流经奎文区境从北海路至虞河路长度为 3 公里，流域面积 7.4 平方公里，最大流量 200 立方米 / 秒。

自然资源

【土地资源】 2016 年，奎文区土地总面积 5750 公顷，其中，农用地 865.94 公顷，占全区总面积的 15.04%；建设用地 4676.41 公顷，占全区总面积的 81.2%；未利用地（河流）216.63 公顷，占全区总面积的 3.76%。人均耕地面积 0.001 公顷。严格执行《潍坊市奎文区土地利用总体规划（2006—2020 年）》，开展土地利用总体规划调整完善工作，调整完善方案逐级上报审批。认真落实土地利用计划，计划执行率 100%；依法履行耕地保护职责，制定全区耕地保护工作方案和工作计划，区、街道、社区（村）逐级签订《耕地保护目标责任书》。全年耕地面积减少 2.05 公顷，落实异地补充耕地 2.05 公顷，实现耕地占补平衡，圆满完成耕地保护目标任务。基本农田划定 69.69 公顷，占耕地总面积的 15.71%，基本农田保护率 15.71%；完成年度土地变更调查工作。奎文区耕地后备资源调查评价成果通过山东省国土资源厅验收。查清青银高速公路改扩建工程涉及的沙窝村等权属边界，做到土地权属清晰，界线明确。

【水资源】 奎文区地处冲积平原，地下含水原本较为丰富，境内白浪河、虞河、张面河都有一定的流量。随着城市建设的扩展和工农业用水的猛增，自1994年建区始，水资源就出现不足的问题。水资源总量，历年白浪河、虞河平均径流量（按3个流量计算）为9460万立方米。由降水、河流补给年平均地下水补给量为1345万立方米，除去蒸发等诸因素，水资源总量10805万立方米。按全区耕地面积计算平均每公顷占有地表径流量10350立方米。

【植物资源】 奎文区境内植物资源以农作物和林木为主，包括粮食和绿化树木。

粮食作物品种主要有小麦、玉米，已全部良种化。1994年奎文建区之初，粮食主要在南部的梨园街道、廿里堡街道和北部的大虞街道、北苑街道等区域种植，2000年，主要在辖区南部种植。2016年，小麦种植面积120多公顷。

经济作物种植主要是芦笋，在南部廿里堡街道（原南苑街道）南家北、高家、刘东等村种植，1997年达到66.67公顷。此后逐渐减少，至2016年只有个别农户小面积种植，不成规模。

区境内蔬菜种类主要有大白菜、黄瓜、番茄、菠菜、葱等，主要分布在廿里堡街道茂子庄村和梨园街道庄家村。由于城市发展等原因，蔬菜种植面积逐年减少，至2016年，只有部分农户零星种植。

奎文区境内林果树种多达98个，分属48个科，78个属。其中用材树以毛白杨、刺槐、泡桐、柳、榆为主。经济树种以苹果、山楂、梨、桃、杏、葡萄、樱桃为主，至2016年，区境内未有大片果园，只有零星栽种。观赏和绿化树种以悬铃木、雪松、青桐、柏类、冬青为主。古稀危奇树种有银杏、金银木、杜仲等。

奎文区境内有药用价值的人工栽培和野生植物达45种。以人工栽培车前子、枸杞、半

白浪河湿地公园一角

夏、苍耳、远志、地丁、蒲公英、薄荷的较多，其中，车前子最为著名。至 2016 年，区境内只有极少人工栽培，野生的已很少见到。

【动物资源】 奎文区境内无野生大型猛兽及野生大型植食性动物，以饲养家畜家禽为主。饲养的大型家畜主要有牛、马、驴、骡、羊、猪等，小家禽有鸡、鸭等，并养殖有水貂、狐狸、梅花鹿等特种动物。2016 年，辖区特种动物饲养量约 27 万只。

建置沿革

【建置形成】 奎文区古属东夷文化的发祥地。远在五千年前就有人类在此居住，记载有原始社会大汶口文化、龙山文化遗址。据历史记载，奎文境域历史上不同时代管辖归属不同。夏属三寿国，商属莱国，周为齐国属地，秦属胶东郡（一说齐郡），汉属青州北海郡胶东国（公元 596 年）分北海郡置潍州。隋大业三年（公元607 年）州废，复置北海郡。唐武德二年（公元 619 年），复置潍州。明洪武十年（公元 1377 年）潍州降为县，属莱州府。潍县之名由此确定，并一直沿用。

【政区沿革】 1948 年潍县解放，成立潍坊特别市（省直辖）。1949 年 6 月潍坊特别市改称潍坊市，仍为省辖市。1950 年，撤销潍坊市。1951 年重建潍坊市，为县级市，隶属昌潍专区（先后沿革为昌潍地区和潍坊地区）。1983 年 10 月，撤销潍坊地区和县级潍坊市，改设地级潍坊市，实行市管县体制。市区设潍城区、坊子区、寒亭区。1994 年以白浪河为界将原潍城区划分成两个区，河东设立奎文区，河西为潍城区。

行政区划、人口民族

【行政区划】 奎文区行政区划面积 187.78 平方公里，边界线长 130.41 公里，其中，直辖面积 57.6 平方公里（其他区划面积由潍坊高新技术产业开发区与潍坊经济技术开发区管辖），直辖 8 个街道、66 个社区。

【人口】 2016 年，奎文区常住户数为 11.78 万户，常住人口为 35.22 万人。其中，常住人口中共有家庭户 11.64 万户，家庭户人口 34.5 万人，平均每个家庭户的人口为 2.97 人。全区常住人口中，男性 174773 人，占总人 49.62%；女性为 177433 人，占总人口 50.38%。总人口性别比（以女性为 100，男性对女性的比例）为 98.49 : 100。人口出生率 15.295 ‰，自然增长 12.447 ‰；已婚育龄妇女 104525 人，占总人口的 29.68%。2016 年度，全区迁入人口 2762 人，迁出人口 1622 人，迁入比迁出人口多1140 人。全区常住人口中，具有大学（指大专以上）受教育程度的为 16.6 万人，每 10 万人具有大学受教育程度的人数为 4.7 万人；具有高中（含中专）受教育程度的为 5.9 万人；具有初中受教育程度的为 9.5 万人；具有小学受教育程度的为 3.2 万人（以上各种受教育程度的人包括各类学校的毕业生、肄业生和在校生）。

【民族】 奎文辖区民族构成以汉族为主。2016年年底，全区有24个少数民族（满族、回族、朝鲜族、蒙古族、壮族、维吾尔族、黎族、仫佬族、藏族、侗族、鄂伦春族、瑶族、土家族、高山族、俄罗斯族、苗族、白族、锡伯族、傣族、达斡尔族、彝族、傈僳族、畲族、撒拉族），共1465人，占全区人口总数的0.1%。其中，人数较多的有满族134人、回族127人、蒙古族51人、朝鲜族50人。

组织机构

奎文区委工作机构一览表

奎文区委工作机构									
区纪律检查委员会机关（区监察局与其合署）	区委办公室	区委组织部	区委宣传部	区委统一战线工作部（区人民政府民族宗教事务局与其合署）	区委政法委员会（区社会治安综合治理委员会办公室与其合署）	区机构编制委员会办公室	区直机关工作委员会	区委巡察工作领导小组办公室	区委台湾工作办公室（加挂区人民政府台湾事务办公室牌子）

说明：区委工作机构9个，设置部门管理机构2个（信访局、老干部局），另使用行政编制单位1个（区委台湾工作办公室）

根据中共潍坊市委、潍坊市人民政府批准的《奎文区人民政府职能转变和机构改革方案》（潍办字〔2014〕48号），按照省、市统一部署，准确把握建立中国特色社会主义行政体制目标和方向，与省、市政府职能转变和机构改革相衔接，以深化行政审批制度改革为突破口，结合奎文区实际，因地制宜、大胆探索，以职能转变为核心，大力简政放权，优化机构设置，严控人员编制，创新管理方式，提高行政效能，增强政府公信力和执行力，努力建设法治政府和服务型政府。按照精简统一效能原则，从实际出发，加大机构和职责整合力度，继续推进大部门体制，规范机构设置，理顺权责关系，完善体制机制，加快形成精干、高效的政府组织体系。政府机构改革后，区政府设置工作部门22个，派出机构1个，直属事业单位12个。

奎文区人民政府工作部门和派出机构设置一览表

工作部门																						派出机构
区政府办公室	区发展和改革局	区经济和信息化局	区教育局	区科学技术局	区监察局	区民政局	区司法局	区财政局	区人力资源和社会保障局	区住房和城乡建设局	区交通运输局	区农林局	区商务局	区文化旅游新闻出版局	区卫生和计划生育局	区审计局	区统计局	区安全生产监督管理局	区政府法制服务局	区民族宗教事务局	区市场监督管理局	区金融工作办公室	区环境保护局	区政务服务中心管理办公室

说明：奎文区人民政府设置工作部门 22 个，派出机构 1 个。区监察局与区纪律检查委员会机关合署办公，列入区政府工作部门序列，不计入政府机构个数；区民族宗教事务局与区委统一战线工作部合署办公，列入区政府工作部门序列，不计入政府机构个数；区民政局加挂区拥军优属拥政爱民工作领导小组办公室牌子；区住房和城乡建设局加挂市城市管理行政执法局奎文区分局牌子；区卫生和计划生育局加挂区中医药管理局牌子；区市场监督管理局加挂区食品药品监督管理局牌子；区金融工作办公室加挂区地方金融监督管理局牌子；区政务服务中心管理办公室加挂区公共资源交易管理办公室牌子

奎文区人民政府直属事业单位设置一览表

奎文区人民政府直属事业单位											
区水利局	区体育局	区地震局	区招商工作委员会办公室	区机关事务管理局	区供销合作社联合社	山东潍坊奎文经济开发区管理委员会	区白浪河生态林场管理委员会	区北海路商贸经济发展区管理委员会	潍坊市泰华城商务园区管理委员会	潍坊汽车服务产业园服务中心	区滨海园区管理办公室

说明：奎文区人民政府设置直属事业单位 12 个。区招商工作委员会办公室加挂区招商局牌子

区级领导

中共奎文区委员会

区委书记　李　辉

区委副书记　高志秀（女）
李玉祥（2016年6月任职，任至2016年12月）
高登友（2016年12月任职）

区委常委　李　辉
高志秀（女）
高登友（2016年12月任职）
高东洋（任至2016年12月）
张兴业（任至2016年12月）
王峰贵（任至2016年12月）
权文松
李　伟（任至2016年11月）
李　强
沃付贤
王　勇
刘华东（2016年12月任职）
李光明（2016年12月任职）
曹瑞升（2016年12月任职）
陈香萍（女，2016年12月任职）

奎文区人民代表大会常务委员会

主任、党组书记　李　辉

党组书记、第一副主任　冯天韬

党组副书记、副主任　陈民亭

副主任　王颖红（女）
翟福生
侯卫平

党组成员　王万堂
卫清涛
邢　杰

奎文区人民政府

区　长　宋均圻（任至2016年6月）
高志秀（女，2016年6月任职）

副区长　李　伟（任至2016年12月）
沃付贤
刘棣俭（任至2016年1月）
任　祥
曹瑞升（任至2016年12月）
陈香萍（女，任至2016年12月）
赵同祥（2016年12月任职）
刘向东（2016年12月任职）
吴振山（2016年12月任职）

中国人民政治协商会议奎文区委员会

区政协主席　刘良嘉

区政协副主席　陈立宝
郭文君
李　莉（女）
张洪军
王　巍

党组书记　刘良嘉

党组成员　王春雷
李建文
刘占清
于　波
张洪军
高殿臣
王　巍

中共奎文区纪律检查委员会

书　记　高东洋（任至2016年12月）
刘华东（2016年12月任职）

人民武装部

政委、党委书记　王　勇
部　长　杨君星（任至2016年4月）

人民法院

院　长　杨培峰

人民检察院

检察长　徐　军

区委工作机构

中共奎文区委办公室

主　任　王峰贵（任至2016年12月）
李　强（2016年12月任职）
副主任　周晓东（任至2016年6月）
马建涛
李　杰
张传俭
胡鹏鹏（2016年6月任职）

中共奎文区纪律检查委员会

书　记　高东洋（任至2016年12月）
刘华东（2016年12月任职）
副书记、监察局局长
吴侃宗
副书记　杨鹤强
高培权

组织部

部　长　权文松
常务副部长　赵立果
副部长　谭小平
刘会红（女，任至2016年12月）
王玉兴

宣传部

部　长　李　强（任至2016年12月）
李光明（2016年12月任职）
常务副部长　王　磊（任至2016年6月）
刘建明（2016年6月任职）
副部长　刘建明（任至2016年6月）
曾庆峰
安同进

统战部

部　长　权文松（任至2016年12月）
陈香萍（女，2016年12月任职）
常务副部长　刘宝升
副部长　韩素国
王先荣
王尊东（任至2016年1月）

政法委员会

书　记　张兴业（任至2016年12月）
曹瑞升（2016年12月任职）
常务副书记　王凤胜
副书记　宗宝童
王照阔
李炳杰

机构编制委员会办公室

主　任　王玉兴
副主任　钟光辉
刘　鹏

区直机关党工委

书　记　王宣东
副书记　袁延兵（任至2016年2月）
徐先萍（女，2016年2月任职）

信访局（群工办与其合署）

局　长　杜鸿强（任至2016年1月）
　　　　刘　军
副局长　侯效刚（任至2016年6月）
　　　　王学磊
　　　　陶华志（2016年6月任职）

台湾事务工作办公室

主　任　刘洪忠
副主任　尹德珍（女）

老干部局

局　长　刘会红（任至2016年12月）
　　　　高培权（2017年3月任职）
副局长　吕学忠

奎文区人大常委会办事机构

办公室

主　任　徐金森（任至2016年8月）
副主任　王可玉（2016年8月任职）

调查研究室

主　任　张同良
副主任　陈国栋（2016年8月任职）

人事代表工作室

主　任　谭立业
副主任　彭丽华（女）

预算工作委员会

主　任　孙　军
副主任　马宇清（2016年8月任职）

奎文区人大各专门委员会

奎文区人大内务司法委员会

主任委员　侯卫平
副主任委员　刘群文
　　　　　　王　磊
　　　　　　张光辉

奎文区人大财政经济委员会

主任委员　王万堂
副主任委员　陈军华
　　　　　　赵立果
　　　　　　戴晓忠

奎文区人大农业与民族侨务外事委员会

主任委员　王颖红（女）
副主任委员　刘振惠（女）
　　　　　　华晓梅（女）
　　　　　　王俊仁

奎文区人大城乡建设与环境资源保护委员会

主任委员　邢　杰
副主任委员　李永贵
　　　　　　高维顺

奎文区人大教育科学文化卫生委员会

主任委员　翟福生
副主任委员　周阳保
　　　　　　徐寿祥

区政府工作机构

办公室

主　任　李晓华（2016年6月任职）

副主任　　　　武林生
　　　　　　　秦　波

发展和改革局

党组书记、局长　刘四海（任至2016年1月）
　　　　　　　　徐世殿（2016年1月任职）
副局长　　　　　魏剑霞（女，任至2016年1月）
　　　　　　　　陈　富
　　　　　　　　马韶华（女,2016年6月任职）

经济和信息化局

党委书记、局长　宋晓梅（女）
党委副书记　　　王营勃（2016年1月任职）
副局长　　　　　毕宙丹
　　　　　　　　王春菲（女）

教育局

党委书记、局长　刘永平（任至2016年6月）
　　　　　　　　吴茵政(2016年6月任职）
党委副书记　　　彭秀萍（女）
主任科员　　　　张　荣
副局长　　　　　王志波
　　　　　　　　董雪洁（女）
　　　　　　　　卢　冰

科学技术局

局　长　　　　　倪海滨
副局长　　　　　李　莉（女）
　　　　　　　　王玉刚
知识产权局局长　梁振斌

监察局（与纪委机关合署）

局　长　　　　　吴侃宗
副局长　　　　　李锡三

民政局

党组书记、局长　张克成
老龄委办公室主任
　　　　　　　　张玉嵩
副局长　　　　　考林绪
　　　　　　　　宋国军
主任科员　　　　董德志
　　　　　　　　康汝俭
慈善总会办公室主任
　　　　　　　　耿明照

司法局

党组书记、局长　王　婷（女）
副局长　　　　　葛会东
　　　　　　　　尚　前（女）
主任科员　　　　宋林亮（2016年6月任职）
奎文公证处党支部书记
　　　　　　　　崔　卫（女）

财政局

党组书记、局长　蔺荣华
副局长　　　　　吴卫忠
　　　　　　　　曹希山
　　　　　　　　马忠强
区国有资产运营中心主任
　　　　　　　　迟玉玲（女）
区国有资产管理局局长
　　　　　　　　柳　青（女）

人力资源和社会保障局

党委书记、局长　谭小平
党委副书记、副局长
　　　　　　　　辛桂红（女，区人社局副局长任至2016年6月）

副局长、公务员培训中心主任
郎晓波
副局长、区人力资源管理服务中心党委书记
陈仁欣
副局长　王　峰（2016年6月任职）

住房和城乡建设局

党委书记、局长、城市管理行政执法局奎文分局局长　胡君章
党委副书记　陈希俊（任至2016年2月）
李经成（2016年2月任职）
副局长　张晓红（女，2016年2月任职）
杨京亮
王　卫
杨美兰（女，2016年1月任职）
园林绿化管理处主任
张兰刚
环境卫生管理处主任
解鲁新
城市管理行政执法大队大队长
刘国梁

交通运输局

党委书记、局长
宁学庆（任至2016年3月）
李福田（2016年3月任职）
副局长　孟宪巍（2016年2月任职）
邱颖慧（女）
党委副书记　范曙光

农林局

局　长　段莉莉（女）
党委副书记　孙卫东
副局长　王明刚（2016年3月任职）
杜　凯

商务局

党委书记、局长　周岳胜
副局长　李乐文
党委副书记　高振忠
奎文区国际商会会长
赵传山
副局长　郝　青（女）

文化旅游新闻出版局

党组书记、局长　孙先政
区文化馆馆长　唐在学
副局长　张志强
副局长　王　静（女）

卫生和计划生育局

党委书记、局长　徐世殿（任至2016年2月）
甄延亮（2016年2月任职）
副局长　陈光华
副局长　李　文（女）
张迎军
党委副书记　刘华莹（女，2016年6月任职）

审计局

党组书记、局长　徐红红（女，任至2016年6月）
徐金森（2016年6月主持工作、任职）
主任科员　庄春杰（女，2016年1月任职）

统计局

党组书记、局长　徐红红（任至2016年3月）
张立勋（2016年3月任职）
副局长　刘志强
裴　浩

主任科员　　徐红军（2016年3月任职）

安全生产监督管理局

局　长　　李福田（任至2016年3月）
　　　　　杜鸿强（2016年3月任职）
副局长　　崔学礼
　　　　　蔡维波

政府法制服务局

局　长　　花召军
副局长　　苏加强
　　　　　王汝礼

民族宗教事务局（与统战部合署办公）

局　长　　王先荣
副局长　　曹建忠

市场监督管理局

党委书记、局长　　李中强
党委副书记　　王海燕（女，任至2016年1月）
党委副书记、食品药品专职副局长
　　　　　王延周（2016年1月任职）
副局长　　王延周（任至2016年1月）
食品药品专职副局长
　　　　　刘法伟（任至2016年1月）
副局长　　丁金田
　　　　　孙拥军(2016年2月任职)
　　　　　何　奇
食安办专职副主任
　　　　　汤善亮
副局长　　罗志俊
　　　　　仲勇军
　　　　　刘文先
　　　　　刘光顺
　　　　　谭幸福

金融工作办公室

主　任　　陈红萍（女）
副主任　　刘正亮
　　　　　吴敬鹏

环境保护局

党委书记、局长　　孙世成
副局长　　汤善欣
　　　　　王　勇
　　　　　周德建

物价局

党支部书记、局长
　　　　　王　德
党支部委员、副局长
　　　　　秦　龙
　　　　　张　青（女，2016年2月任职）
　　　　　滕祖利（任至2016年2月）
　　　　　孙拥军（任至2016年2月）
副局长　　何凤坤（2016年6月任职）

畜牧兽医管理局

党支部书记、局长
　　　　　方　欣
党支部副书记、副局长
　　　　　刘　蜜（女）

城管执法大队

大队长　　刘国梁
党总支书记　　顾志武
副大队长　　麻顺亭
　　　　　傅国栋
　　　　　张同伟
　　　　　于　磊

赵　强
于大伟

文化执法局

党支部副书记、局长　刘家祥
党支部书记　高志强
副局长　丁文清
尹玉玲（女）

园林管理处

主　任　张兰刚
党支部书记　苗术青
党支部副书记　于　涛
副主任　辛　程
王宇明
严　峰

环境卫生管理处

主　任　解鲁新
党支部书记　徐　伟
党支部副书记　王友怀
副主任　董爱卿（女）
陈金玲（女）
周喜明

区政府派出机构

政务服务中心管理办公室

主　任　赵吉昌
副主任　王庆贵
宋瑞红（女）
公共资源交易管理办公室主任
赵吉昌（兼）
公共资源交易管理办公室副主任
周建芬（女，2016 年 2 月任职）

区政协工作机构和专门委员会

办公室

主　任　甄延亮（任至 2016 年 2 月）
辛玉福（2016 年 2 月任职）
副主任　王贵刚

专门委员会办公室

主　任　丁　凯
副主任　管大勇

基层工作室

主　任　李端亮
副主任　杨尚坤（女）

提案委员会

主任委员　蔺荣华
副主任委员　王成利
李爱杰（女）
李福田
李端亮

经济委员会

主任委员　陈红萍（女）
副主任委员　王仁华
刘玉秀（女）
吴卫忠
韩素国

人口资源环境委员会

主任委员　张兰升
副主任委员　王建国

单日强
赵文元
段莉莉（女）

科教文卫体委员会

主任委员　杨海兵
副主任委员　刘尚波
刘洪益
辛　春（女）
郝长城

社会法制委员会

主任委员　张克成
副主任委员　王世伟
李炳杰
吴茵政
宋晓梅（女）

文史资料委员会

主任委员　王凤胜
副主任委员　付　霆
刘伯胜
刘洪忠
郭　强

区委、区政府直属事业单位

党　校

校　长　李　辉
常务副校长　杨焕民
副校长　代效庆
韩书文
杜　涛

群众工作委员会办公室（与信访局合署）

主　任　李永贵（任至2016年6月）
侯效刚（2016年6月任职）
副主任　李臣升
牟晓青（任至2016年6月）
陈　鸣（2016年6月任职）

档案局（馆）

局（馆）长　王洪忠
副局长　吕福强
副馆长　段连国
党支部副书记　梁振霞（女，2016年6月任职）

水利局

党总支副书记、局长
李茂山
党总支书记　刘壬珅
党支部副书记　王邦学
副局长　谭金霞（女）
赵清举

体育局

党支部书记、局长
刘尚波（任至2016年1月）
徐兰海（2016年1月任职）
副局长　马秀文（女）
区体育总会主席　马利华
区老年体协办公室主任
王　林

地震局

党支部书记　杨爱群
党支部副书记、局长
牟建新
党支部副书记　葛　芳（女）

副局长　　裴伟琦

招商局

党支部书记　　臧洪升

党支部副书记、局长　　张立勋（任至 2016 年 1 月）

武际恩（2016 年 1 月任职）

副局长　　陈俊华（任至 2016 年 1 月）

孙　刚

杨春雷

付　伟（2016 年 6 月任职）

机关事务管理局

党支部副书记、局长　　陈俊华（2016 年 2 月任职）

副局长　　隋海滨

张瑞更

冯万忠

供销合作社联合社

党委副书记、主任　　徐传青

副主任　　李　军

王嘉宁（女）

山东潍坊奎文经济开发区管理委员会

党工委书记　　任　祥

主　任　　王松春

副主任　　庄胜苓

副主任、广潍社区党委书记　　徐寿海

副主任、南屯社区党委书记　　南秀霞

党政办主任　　徐正立

经济发展局局长　　刘洪训

市场监督管理局局长　　胡维振

建设局局长　　郑同兴

社会事业局局长　　朱润和

党政办副主任　　仉新元

建设局副局长　　于顺东

社会事业局副局长　　宋丽媛（女）

市场监督管理局副局长　　丛志敏（女）

安全生产监督管理办公室副主任　　孙德龙

经济发展局副局长　　赵　健

白浪河生态林场管理委员会

主　任　　王秀刚

党支部书记　　张登阁

北海路商贸经济发展区管理委员会

党工委书记　　李良军

党工委副书记、主任　　窦科增

党工委副书记　　孙立波

副主任　　李东平

赵建伟

潍坊市泰华城商务园区管理委员会

党工委书记　　石凌峰（任至 2016 年 2 月）

郑　海（2016 年 2 月任职）

主　任　　尹昌洲（任至 2016 年 2 月）

刘法伟（2016 年 2 月任职）

党工委副书记　　宿卫青

副主任　　刘冬梅（女）
　　　　　张正鑫

潍坊汽车服务产业园服务中心

党支部书记　　崔联平
党支部副书记、主任
　　　　　梁　松
副主任　　杨秀峰
　　　　　马佃东

滨海园区管理办公室

主　任　　王文成
党支部书记　　袁延兵（2016年1月任职）
副主任　　张召连（2016年6月任职）

奎文区社会团体

奎文区总工会

主　席　　（空职）
常务副主席　　华晓梅（女）
副主席　　葛　军

共青团奎文区委员会

书　记　　林　琳（女）
青少年社会服务中心主任
　　　　　张一甲

妇女联合会

主　席　　梁彩萍（女）
副主席　　刘金玲（女）

科学技术协会

主　席　　王艾君
副主席　　刘新民

工商联合会

主　席　　李　伟
副主席　　韩素国
　　　　　迟志芳（女）

残疾人联合会

理事长　　徐景泉
副理事长　　马学耀

区政法部门

法　院

党组书记、院长　　杨培锋
党组副书记、副院长
　　　　　王明晖
副院长　　郭志春
　　　　　赵汝民
　　　　　王荣彬
纪检组长　　张晓红（女）
执行局局长　　孙　涛

检察院

党组书记、检察长　　徐　军
党组副书记、副检察长
　　　　　杨晓东
　　　　　张立华（挂职至2016年10月）
副检察长　　康　璐（女）
　　　　　马旭海
　　　　　牟援农
纪检组长　　杨永涛
高新区检察室主任　　李炳信
公诉科科长　　郝高辉
专职检委会委员　　赵永海

奎文公安分局

党委书记、局长、督察长
张兴业（任至2016年12月）
刘向东（2016年12月任职）
党委副书记、政委　邱玉才
党委副书记、副调研员
叶建平
副局长　崔文书
刘文纪
朱百同
张　平
高学成
吕洪静（女，2015年7月至2017年7月挂职）
付向华（2016年12月挂职）
纪委书记　乔俊刚
交警大队大队长　王　浩
国保大队大队长　郭玉照
政工办公室主任　马福欣
指挥中心主任　马明伟

驻奎文区上属单位

奎文国家税务局

党组书记、局长　曹　斌
副局长　王中杰
李　强
程宏德
主任科员　范成玉
纪检组长　姜　颖（女）

地税奎文分局

党组书记、局长　王兆生
党组副书记、副局长
傅耀炬
副局长　王凤成（任至2016年4月）
张全会（2016年4月任职）
肖红军
纪检组长　侯世栋（2016年4月任职）

国土资源局

党组书记、局长　王伟东
副局长　刘永展
王福禄
迟　杰
主任科员　宋明山
纪检组长　王　健
副主任科员　孙光中
监察大队副大队长　戴　霞（女，任至2016年6月）

规划分局

局　长　谭　军
党支部书记　季素萍（女，2016年3月任职）
党支部副书记、副局长
季素萍（女，任至2016年3月）
党支部副书记　张　洵（任至2016年3月）
副局长　申作锋
张　洵（2016年3月任职）
城中村改造办公室副主任
张　伟

公路局

党支部副书记、局长
张兰升（任至2016年6月）
党支部书记、局长　郝文琦（女，2016年6月任职）
党支部副书记、副局长

陈联红
副局长　王明三
张　涛（任至2016年5月）
李立波（2016年5月任职）

烟草专卖部（营销部）

党支部书记、局长、经理
李法亮
副经理　徐立华
王　萍（女）
副主任科员　孙兴祥
马　强
冀帅华

住房公积金奎文中心管理部

奎文管理部主任　赵焕军
奎文管理部党支部书记
刘心爱（女）
奎文管理部副主任　纪文忠
赵立霞（女）

交警大队

党委委员、大队长　王　浩
教导员　陈　磊
主任科员　吴新利
副大队长　李华军
李　群
管常明

消防大队

教导员、党委书记　邵明伟（2016年1月任职）
大队长、党委副书记
徐梦轩（2016年1月任职，任至2016年12月）
唐俊然（2016年12月任职）

奎文区属企业

恒建公司

董事长、党委书记　朱兰冉
总经理　蔡国华（2016年2月任职）
副总经理　王雪艳（女，2016年2月任职）

城投公司

董事长、总经理　金凤国
副总经理　徐　倩（女，任至2016年12月）
财务总监　许丽娜（女，2016年4月任职）

创投公司

董事长、总经理　李爱杰（女）
副总经理　于君鹏
李　艳（女，2016年5月任职）

奎文区各街道

廿里堡街道

党工委书记　庄胜苓
党工委副书记、办事处主任
吴茵政（任至2016年6月）
周晓东（2016年7月任职）
党工委副书记　钟召祥
人大工作室主任　张崇亮
办事处副主任　于　杰
党工委委员、办事处副主任、财经工作站站长、总工会主席　金黎明

党工委委员、纪工委书记
张志广
党工委组织委员　陈　雷
党工委宣传统战委员
刘新磊
党工委委员、武装部部长
张国柱
办事处副主任　亓传鑫
社会治安综合治理办公室副主任
庄升恩
党政办副主任　蔡训荣
社会事务办公室副主任
刘艳红（女）

大虞街道

党工委书记　石凌峰（2016年2月任职）
党工委副书记、办事处主任
吕世辉（2016年1月任职）
党工委副书记　潘新业
党工委副书记、东庄社区党委书记
杜桂英（女）
人大工作室主任　李师友
党工委委员、纪工委书记
解升昌
党工委委员、办事处副主任
董树德
党工委委员、武装部部长
孙宝庚
党工委宣传统战委员
韩振勇（2016年1月任职）
党工委组织委员　王洪力
办事处副主任　王延成
庞丽娜（女）
办事处副主任、孙家社区党委书记
张光辉
党政办副主任　张　军
社会事务办公室副主任　郝清华（女）
社会治安综合治理办公室副主任
纪立英（女，2016年1月任职）

梨园街道

党工委书记　王庆汉
党工委副书记、办事处主任
谭立权
党工委副书记　陈文强
裴伟琦（挂职）
人大工作室主任　王志友
党工委委员、纪工委书记
王晓东
党工委委员、武装部部长
韩广生
党工委委员、办事处副主任
张传胜
党工委委员　马爱英（女，挂职）
党工委宣传统战委员　朱丽丽（女）
党工委组织委员、庄家社区党委书记
李敬华
办事处副主任　裴春玲（女）
张文婷（女）
党政办公室副主任　王海燕
社会事务办公室副主任　吴海燕（女）
社会治安综合治理办公室副主任、梨园社区党委书记　陈学锋

潍州路街道

党工委书记　李德宝
党工委副书记、办事处主任
王国明（任至2016年6月）

王　磊（2016年6月任职）
党工委副书记　李　飞（女）
人大工作室主任　武法实
党工委委员、纪工委书记　张志菊（女）
党工委组织委员　卢希兰（女）
党工委委员、办事处副主任　张新同
党工委委员、武装部部长　赵田仑
党工委委员、党工委宣传统战委员　于海泳
办事处副主任、黄家社区党委书记　周洪恩
办事处副主任　张尧娣（女）
郭建元
党政办公室副主任　穆　莎（女）
社会治安综合治理办公室副主任　丁　军
社会事务办公室副主任　董江芹（女）
经济发展办公室副主任　刘　斌

东关街道

党工委书记　石凌峰（任至2016年2月）
郑　海（2016年2月任职）
党工委副书记、办事处主任　郑　海（任至2016年2月）
尹昌洲（2016年2月任职）
党工委副书记　李　晖
人大工作室主任　胡加刚
党工委委员、武装部部长　李忠亮
党工委宣传统战委员　吕爱红（女）
党工委委员、纪工委书记　张　洁（女）
党工委委员、办事处副主任　孙福刚
党工委组织委员　管晓华
办事处副主任　高军同
社会治安综合治理办副主任　戴洪江
党政办公室副主任　赵永杰
经济发展办公室副主任　马兴业
社会事务办公室副主任　丁　冲

北苑街道

党工委书记　段宏喜（女，任至2016年12月）
刘会红（女，2016年12月任职）
党工委副书记、办事处主任　陈国玺
党工委副书记　朱春雷
人大工作室主任　刘群文（任至2016年2月）
人大工作室主任　赵春兰（女，2016年2月任职）
党工委委员、纪工委书记　华国庆
党工委委员、办事处副主任　高海涛
党工委宣传统战委员　考颖华（女）
党工委组织委员、总工会主席　田　林
党工委委员、武装部部长

王　伟
办事处副主任、则尔庄社区党委书记
王俊仁
办事处副主任　梁振涛（任至 2016 年 6 月）
秦增艳（女）
都甜甜（女，2016 年 8 月挂职）
经济发展办公室副主任
刘　雷
党政办公室副主任　崔　矗（女）
社会事务办公室副主任
王海燕（任至 2016 年 2 月）
牛　蒙（2016 年 2 月任职）
社会治安综合治理办公室副主任
张　鹏（2016 年 2 月任职）

广文街道

党工委书记　赵天宝（任至 2016 年 12 月）
迟安斌（2016 年 12 月任职）
党工委副书记、办事处主任
迟安斌（任至 2016 年 12 月）
李　飞（女，2016 年 12 月任职）
党工委副书记　马建涛（2016 年 8 月挂职）
党工委副书记、李家社区党委书记
张建民
党工委副书记　刘振兴（挂职）
人大工作室主任　唐立红（女）
党工委宣传统战委员
康玉华（女）
党工委委员、办事处副主任
王艳霞（女）
党工委组织委员　盖　斌
党工委委员、武装部部长
马万祥
党工委委员、纪工委书记
高　杰
办事处副主任、中上虞经济专业合作社董事长
韩立昌
办事处副主任　滕晓芹（女）
徐　佳
党政办公室副主任　杨　明（女）
社会治安综合治理办公室副主任
陈　晔
经济发展办公室副主任
张彦亮
社会事务办公室副主任
李　峰

北海路街道

党工委书记　李良军
党工委副书记、办事处主任
孙宝春
党工委副书记　惠文良（任至 2016 年 7 月）
张文干（2016 年 8 月任职）
人大工作室主任　刘玉凤（女）
党工委宣传统战委员
王彦斌
党工委委员、纪工委书记
李永梅（女）
党工委委员、办事处副主任
葛竹胜
党工委委员、武装部部长
鲍祥杰
党工委组织委员　蔡童飞（女）
办事处副主任　杨　鹏
张　立
经济发展办公室副主任
王晓丽（女）
党政办公室副主任　尹君敏（女）
社会事务办公室副主任
代建涛
社会治安综合治理办公室副主任
于乐起

2016年潍坊市奎文区
国民经济和社会发展统计公报

2016年，在区委、区政府的正确领导下，认真贯彻落实中共十八大和十八届三中、四中、五中、六中全会精神，统筹推进“五位一体”总体布局，协调推进“四个全面”战略布局，坚持稳中求进工作总基调，主动适应经济发展新常态，牢固树立和落实发展新理念，聚焦聚神聚力“中央活力区”的奋斗目标，锐意进取、争先创优，全面做好稳增长、促改革、调结构、惠民生、防风险各项工作，全区经济保持平稳健康发展，社会事业全面进步，建设小康社会步伐加快。

一、综合

国民经济保持平稳运行。初步核算，2016年，全区实现地区生产总值238.33亿元，按可比价格计算，比上一年增长6.9%。其中，第一产业增加值完成0.39亿元，比上一年下降27.8%；第二产业增加值完成21.29亿元，比上一年增长1.8%；第三产业增加值完成216.65亿元，比上一年增长7.5%。二、三产业对经济增长的贡献率分别为2.5%、98.49%，分别拉动GDP增长0.17、6.79个百分点。三次产业构成由上一年的0.25∶9.76∶89.99调整为0.17∶8.93∶90.90，第三产业比重提高0.91个百分点。全区公共财政预算收入占GDP比重达10.92%，国地两税占二、三产业增加值比重达15.36%。

非公有制经济较快发展。2016年，全区非公有（民营）经济单位49548户，比上一年增长25.2%；从业人员19.1万人，比上一年增长15.2%；纳税金额23.7亿元，比上一年下降28.1%，占全部税收比重达64.95%。其中，私营企业18483家，从业人员7.5万人，注册资本773亿元；个体工商户30993户，从业人员6.2万人。

二、农业

农业经济总体平稳。2016

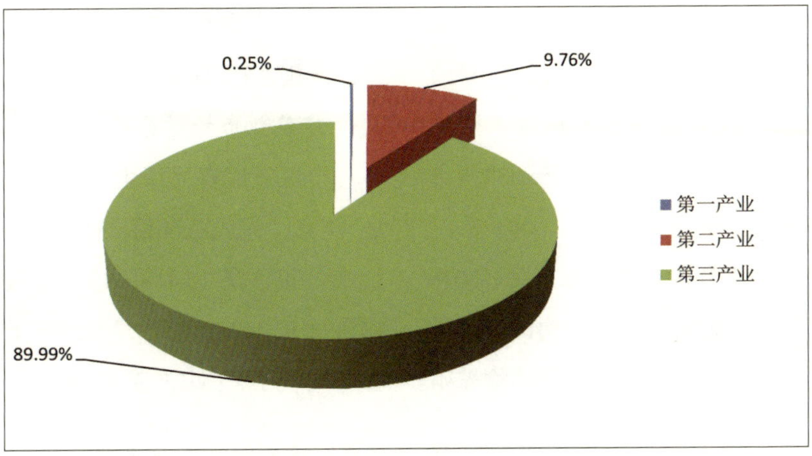

2015年奎文区第三产业比重示意图

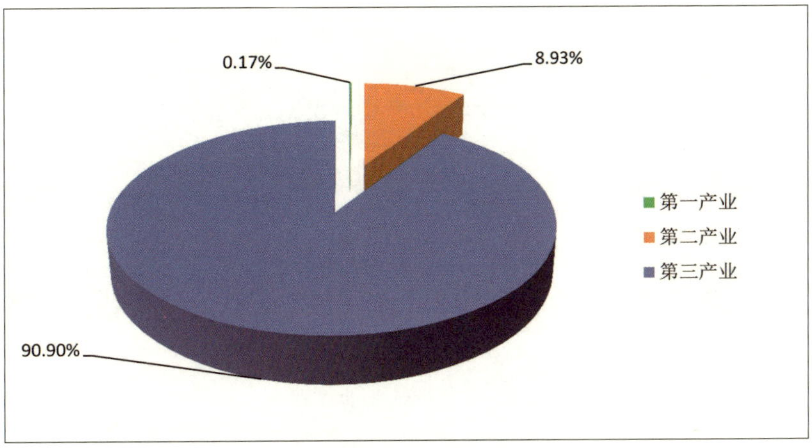

2016年奎文区第三产业比重示意图

年，全区农林牧渔业总产值完成8004万元。其中，农业产值完成480万元，畜牧业产值完成6722万元。惠农政策全面落实。“惠农一卡通”已经发放至种植户手中，共发放耕地地力保护补贴19万多元，小麦“一喷三防”资金全面落实。落实农机购置补贴资金25万元，补贴机具9台（套），农机跨区作业实现收入60万元；全区小麦、玉米机收率均达100%。

林业生态建设进展顺利。2016年，全区郊区绿化总投资82万元，植树42万棵，提升完善林地14.67公顷，中幼龄林抚育73.33公顷，完善绿色通道建设3200米，林木覆盖率达到31.1%，圆满完成国家森林城市创建工作任务。

畜牧业发展略显平稳。2016年，全区农业产业结构调整步伐加快，水貂、狐狸特种动物养殖业主导优势明显，特种动物完成产值4073万元，占畜牧业产值的比重达60.6%，占农业总产值的比重达50.9%。

三、工业和建筑业

工业经济持续收缩。2016年，全区实现工业总产值56.3亿元。其中，20家规模以上工业企业[3]完成工业产值28亿元，比上一年下降16.4%。规上工业主导产品产量中，啤酒106578千升，比上一年增长12.1%；针织服装671万件，比上一年增长12.8%。规模以上工业实现主营业务收入35.5亿元，实现利润1.4亿元，实现利税2.3亿元，工业产品产销率达97.9%。

建筑业市场增势趋缓。2016年，全区三级资质以上建筑业企业44家，完成总产值23.2亿元，比上一年下降15.1%。建筑企业施工面积165.2万平方米，比上一年增长7%；竣工面积76万平方米，比上一年增长44.4%。

四、固定资产投资

固定资产投资平稳增长。2016年，全区开工在建固定资产投资项目113个，比上一年增加6个，完成投资额89.2亿元，比上一年增长3.3%。其中，服务业投资额完成84.8亿元，比上一年增长3.4%，占固定资产投资的95.07%，比上一年提高0.13个百分点。

房地产市场低位运行。2016年，全区房地产开发投资73.3亿元，比上一年下降32.8%，占固定资产投资[4]的82.17%。商品房施工面积602.4万平方米，比上一年下降17.5%。商品房销售面积107.1万平方米，比上一年下降34.9%，商品房销售额57亿元，比上一年下降33%。

五、国内外贸易

国内消费市场健康平稳。2016年，全区社会消费品零售

2016年奎文区规模以上工业主要产品产量一览表

产品名称	计量单位	产量	比上年增长（%）
啤酒	千升	106578	12.1
纱	吨	6142	1.2
针织服装	万件	671	12.8
机制纸及纸板	吨	17583	−22.9
单色印刷品	令	34542	−8.4
多色印刷品	对开色令	1013581	−6.9
中型拖拉机	台	384	−38.7
小型拖拉机	台	24338	−34.7

2016 年奎文区亿元以上市场交易情况一览表

市场名称	成交额（亿元）	营业面积（平方米）	年末出租摊位数（个）
潍坊星河国际轻纺城	63.1	120000	750
潍坊金宝汽车城	13.5	29863	70
潍坊南下河水产品批发市场	18.0	60000	1210
潍坊广潍二手车交易市场	7.1	28675	169
潍坊北王国际汽配城	2.7	70000	480
潍坊旧机动车交易中心	3.2	11478	40
潍坊科技市场	1.5	5000	140
京广文化广场	1.2	4000	40
金宝二手车市场	1.1	20000	40

总额完成 168.3 亿元，比上一年增长 9.2%。分行业看，批发零售业零售额 145.6 亿元，比上一年增长 7.6%；住宿餐饮业零售额 22.7 亿元，比上一年增长 20.4%。

亿元市场繁荣发展。2016 年，泰华城、新华路商圈、万达广场“三大商圈”引领消费时尚，汽车服务、纺织服装、医药物流等大型园区能级提升。以星河国际轻纺城、金宝汽车城、南下河水产批发市场为代表的各类商品市场繁荣发展，其中，1 亿元以上商品交易市场 9 个，年交易额 111.4 亿元。

对外贸易持续低迷。2016 年，全区进出口总额 39.1 亿元，比上一年下降 12.5%。其中，出口总额 35 亿元，比上一年下降 5.5%；进口总额 4.1 亿元，比上一年下降 46.3%。合同利用外资 6.7 亿元，比上一年下降 67.6%；实际到账外资 3.6 亿元，比上一年增长 25.4%。境外实际投资 4989 万美元，比上一年增长 68.3%。

六、交通运输、公路建设

现代交通运输体系日趋完善。据交通部门统计，2016 年，全区共拥有客货营运车辆 4848 部，比上一年增长 10.7%，其中出租车 527 辆。全年共完成货运量 1165 万吨，比上一年增长 2.4%，货运周转量 257800 万吨公里；完成客运量 258 万人，比上一年下降 16.8%，客运周转量 19582 万人公里。对全区出租、长途客运和危险品车辆全部安装 GPS 卫星定位系统，实现了全时跟踪监控，有效保障人民群众生命财产安全。

交通基础设施建设实现新突破。2016 年，全区完成公路建设工作量 132 万元（县乡村公路），公路通车里程 86.6 公里（县乡村公路），公路密度达每百平方公里 151.9 公里（县乡村公路）。公路养护质量不断提高，扩建、改造、修复城市道路面积 0.23 万平方米（县乡村），里程碑、百米桩等沿线附属设施均完整、标准。综合好路率国道、省道均达到 100%，县乡公路达到 97.9%。

七、财政

财政收入增速有所放缓。2016 年，全区财政总收入完成 35.1 亿元，比上一年下降 9%。其中，一般公共预算收入完成 26 亿元，比上一年下降 8.9%。一般公共预算收入中，税收收入完成 19.2 亿元，比上一年下降 19.4%，占一般公共预算收入的比重达 73.6%。从四大主体税种看，增值税完成 4.5 亿元，营业税完成 5.1 亿元，企业所得税完成0.9亿元，个人所得税完成1.3亿元。

税收收入增速下滑。2016年，全区国地两税收入完成36.5亿元，比上一年下降13.1%。其中，国税收入完成17.1亿元，比上一年增长32.3%；地税收入完成19.4亿元，比上一年下降33.3%。在全部税收中，第二产业税收完成4.8亿元，比上一年下降0.4%；第三产业税收完成31.7亿元，比上一年下降14.8%，占全部税收比重达86.85%，比上一年降低1.71个百分点。

民生支出结构调整。2016年，全区一般公共预算支出完成17.8亿元，比上一年下降21.6%。其中，民生支出完成12.8亿元，比上一年下降21.2%，占一般公共预算支出的71.9%。

八、科学技术和品牌建设

科技创新能力不断增强。2016年，全区大力实施“科教兴区”战略，牢牢把握科学技术是第一生产力，积极落实各项扶持政策，营造科技发展环境，努力提升自主创新能力。2016年，全区共取得主要科技成果4项。全年共安排和承担各类科技计划项目33项，其中市级以上项目8项，安排区科技计划项目25项。获市级以上科技进步奖4项。当年全区申请专利1427件。全区新建市级工程技术研究中心2家。

高新技术产业优化调整。2016年，全区以通用设备、新材料等为主导产品的高新技术产业企业4家，其中，工业总产值过1亿元的2家。全区高新技术产业产值6.4亿，比上一年下降8.8%，占规模以上工业总产值比重达22.9%。

品牌创建工作进一步加强。全区累计获得中国名牌1个，山东名牌6个，山东服务名牌19个，山东省省长质量奖1个，潍坊市市长质量奖1个。标准化良好行为AAAA级企业2家，标准化良好行为AA级企业8家，计量合格确认企业14家。组织开展了贵金属首饰标识标注专项整治；开展了医疗机构计量器具、新闻广电领域法定计量单位、加油站计量器具、“一机两器四表”和安全防护用计量器具等各类专项整治，并全部责令企业整改到位；开展消防产品、食品相关产品、建材市场秩序等各类专项整治。

九、城市建设与环境保护

城市提升步伐不断加快。城乡规划和建设水平全面均衡提升，重点工程加快建设。2016年，全区投资2350万多元，完成梨园路南段、早春园南巷等背街小巷改造。完成南下河市场道路、广场等四城同创项目改造；投资9317万元，改造旧小区10个，改造面积86万平方米，改造楼房271幢，11856户；棚户区改造项目开工9个、1333户，完成全年改造任务。

“四化”工程[5]建设步伐加快。以创建国家森林城市为契机，全力提升城区绿化水平。全区共完成投资3500万元，栽植乔灌木265万棵，新增改扩建绿化面积10万平方米，对城区行道树缺苗、绿地缺苗及裸露土地进行绿化提升，共补植乔灌木78.5万棵；城区绿化覆盖率达到41.7%，人均占有公共绿地面积18平方米，树木成活率和保有率均达到95%以上，进一步提升了中心城区生态档次。投资额50万多元，新建固定式公厕1座，投资额440万多元，购置生活垃圾转运车14辆，投资额70万多元，购置、安装果皮箱1200个。在辖区10个单位开展生活垃圾分类试点；666个餐饮单位餐厨废弃物实行统一收集处置，日均约64吨餐厨废弃物实现资源化利用；城乡环卫一体化形成长效管理机制，卫生保洁、垃圾收运队伍达到270多人。

“城中村”改造进程加快。2016年，东上虞、西上虞等15个城中村开工面积54.7万平方米，竣工面积28.2万平方米。已实施的城中村改造项目，商业性建筑面积占总建筑面积的比重达11%以上。

生态环境质量持续改善。

2016年，全区环境保护总投资7.3亿元。工业废水处理率、燃料燃烧中废气处理率、工业废气消烟除尘率、烟尘控制区覆盖率均达到100%，工业固体废物综合利用率达到98.4%，区域环境噪声达标区覆盖率达到84.6%。严格建设项目环境影响评价审批，建设项目环评执行率达到100%。

十、教育、文化、卫生、体育、计划生育

教育质量全面提升。2016年，全区共有普通小学23所（不含分校），在校生30359人；普通中学8所，在校生8218人；特殊教育学校1所，在校生98人。各类学校共拥有在职教职工2700人，其中专任教师2563人。有幼儿园78所，在园儿童14827人，3周岁至6周岁儿童入园率达到99%。适龄儿童入学率100%，在校生巩固率小学、初中均为100%。全区市级以上规范化学校27所，占中小学总数的87%。社会力量办学发展到103家，在校生达到14027人。

文化旅游事业稳步发展。2016年，全区创新深化“菜单式”公共文化服务模式，进一步提升“网格化公共文化服务”，全年开展文化讲座、文艺辅导、图书流动服务进社区活动380多场次，放映公益电影1134场次，民间文化队伍149支，演职人员4600多人，为群众提供广泛多元化的文化服务。稳步推进文化遗产保护工作，新打造核雕技艺、潍坊刺绣和古琴制作3个项目的传习场地，入驻项目16个、传承人20多位。大虞文化产业园被评为2016年度市级版权示范园区。强化旅游宣传推介，打造高标准旅游品牌，星级酒店7家，国家A级景区5家。

卫生服务体系不断完善。2016年，全区拥有医疗卫生机构283个，床位2194张，卫生技术人员3229人；社区卫生服务中心5个，社区卫生服务站21个，进一步健全城市卫生服务网络。积极抓好疾病预防控制工作。全区儿童计划免疫“八苗”接种率达91%以上。全区无甲类传染病及死亡传染病病例发生；乙类传染病报告发病率143.02/10万；丙类传染病6种1208例，报告发病率347.63/10万。

体育事业全面发展。2016年，全区共参加市级以上比赛项目9个，共获得奖牌129枚，其中，金牌66枚，银牌32枚，铜牌31枚；3支队伍荣获“体育道德风尚奖代表队”荣誉称号。广泛开展丰富多彩的健身活动，全年举办群众性健身活动120多项次，参加人数达2万多人。加强体育健身设施建设，新建健身工程15项，总价值15万元。

计划生育工作再上新台阶。2016年，全区人口出生率为15.43‰，比上一年提高6.78个千分点；人口自然增长率为12.71‰，比上一年提高6.98个千分点。合法生育率为99.7%，比上一年提高7.6个百分点；女性初婚晚婚率为92.6%，一孩晚育率为94.1%。

十一、人民生活与社会保障事业

居民收入持续增加，生活水平不断提高。2016年，全区城镇居民人均可支配收入33609元，比上一年增长8.2%；城镇居民人均消费性支出20976元，比上一年增长8.5%。

社会保障体系不断完善，保障能力稳步提升。社会保险扩面取得新进展。全区新增企业养老保险参保职工1836人，共有1380家企业单位的44192名在职职工参加了养老保险，收缴企业养老保险费46007万元。为12628名企业离退休人员发放离退休费31298万元，社会化发放率始终保持100%。机关事业单位收缴养老保险金12196万元，收缴率达99.98%，为2782名离退休人员发放养老金15360万元，全部按时足额发放。城镇居民社会养老保险当年收缴保险费2564万元，为14145名达到领取年龄的参保居民发放养老金2485万元。失业保险当年收缴2514万元，发放失业金9446人

次，发放失业保险金920万元。就业再就业工作再上新台阶。全年组织参加市劳动人才交流市场18次，提供就业岗位3655个，办理求职登记725人次，达成用工意向240人次。全区共开发公益性岗位680个，市级以上充分就业和谐社区达到37家，城镇新增就业5236人，城镇登记失业率为2.2%。

社会福利事业不断发展，发展成果惠及全民。2016年，全区城市低保标准由每人每月500元提高到520元。发放城市低保金825万元，取暖补贴46.4万元；为106户困难家庭发放春节特困生活补贴10.6万元，救助临时困难家庭488户，发放救助资金151.3万元；资助参加城镇居民医疗保险1636人、21.2万元，为413户家庭发放医疗救助款118.6万元；为全区19.6万户家庭参加民生保险56.4万元；发放慈善救助款102万元；为548名困难残疾人按每人每月120元标准发放生活补贴62.9万元；为1056名重度残疾人按每人每月90元标准发放护理补贴90.3万元；为21名孤儿发放生活费36.9万元，为4名困境儿童发放补贴3681元；为城市"三无"人员[6]发放基本生活费50.7万元，为失能老年人发放护理补贴10140元；完成全区60岁以上所有老年人银龄安康全覆盖。

注：1.公报所列GDP、增加值指标按当年价格计算，增速按可比价格计算。

2.本公报部分数据为年快报数或初步统计数，使用时请以年鉴为准。

3.规模以上工业指年主营业务收入2000万元及以上的工业企业。

4.固定资产投资指计划总投资额500万元及以上的投资项目。

5."四化"工程：城市绿化、亮化、净化、美化工程。

6."三无"人员：市区内无家可归，无依无靠，无生活来源的孤寡老人、残疾人、未成年人、精神病人。

加强生态奎文建设，持续改善城区环境。图为奎文区宝通东街与新华路交汇处新貌

中国共产党奎文区委员会

Kuiwei Committee of the Communist Party of China

重要会议

【中共奎文区委十三届八次全体会议】 2016年1月4日，中国共产党潍坊市奎文区第十三届委员会第八次全体会议在区机关服务中心召开。全委会深入学习贯彻党的十八届五中全会和省委十届十三次全会、市委十一届八次全会精神，听取和讨论了区委常委会2015年工作报告，审议通过了《中共潍坊市奎文区委关于制定奎文区国民经济和社会发展第十三个五年规划的建议（讨论稿）》，对《潍坊市奎文区国民经济和社会发展第十三个五年规划纲要（草案）》进行了讨论。李辉就建议（讨论稿）向全委会作了说明。全委会一致认为，中共十八届五中全会，是在全面建成小康社会进入决胜阶段召开的一次十分重要的会议。全会审议通过的《中共中央关于制定国民经济和社会发展第十三个五年规划的建议》，充分体现了“四个全面”战略布局和发展第一要务，是动员全党全国各族人民夺取全面建成小康社会伟大胜利的纲领性文件。全委会号召，全区上下要把思想和行动统一到中央和省、市、区委的决策部署上来，同心同德推动发展，凝心聚力抓好落实，为加快建设现代化中央商务区，顺利完成“十三五”规划目标任务，提前全面建成小康社会而努力奋斗。

【奎文区深化“三八六”环保行动，实施“十大工程”加快绿色发展工作会议】 2016年4月5日，奎文区深化“三八六”环保行动，实施“十大工程”（产业提升绿色发展工程、清洁能源替代改造工程、工业点源深度治理工程、车辆污染综合管理工程、城建环卫精细管理工程、集中供热优化整合工程、城镇废水综合利用工程、河流湿地生态保护工程、农业面源污染防治工程、环境安全风险防控工程）加快绿色发展工作会议在区机关服务中心召开。区委书记李辉主持会议，区委副书记、区政府区长宋均圻出席并讲话，区领导高东洋、李伟、李强、张兴业、权文松、曹瑞升、陈香萍、刘占清出席会议。李辉对全区“三八六”环保行动取得的成绩给予充分肯定，并就继续巩固深化“三八六”环保行动成果，全面推进实施“十大工程”，加快绿色发展讲了意见。他指出，要进一步提高认识，坚定抓生态环保工作的政治自觉、思想自觉和行动自觉。要坚定不移地贯彻中央和省、市委决策部署，毫不放松地坚守生态底线，坚持不懈抓好生态环保工作，使宜居、宜业、宜游的环境常态成为奎文集聚人气、支撑发

2016年4月5日，奎文区深化“三八六”环保行动，实施“十大工程”加快绿色发展工作会议在区机关服务中心召开

展的竞争优势。要始终牢固树立生态文明和可持续发展理念，深化“三八六”环保行动，拓展环境容量空间，全面推动经济社会绿色发展、永续发展。要把解决群众最关心、最直接、最现实的环境问题作为环保工作的突破口，努力解决群众反映强烈的环境污染问题和影响群众健康的环境问题。李辉要求，要抓住关键环节，着力打造清洁低碳、蓝天白云、地绿水清的生态奎文。要着力抓好产业提升。抓住供给侧改革契机，改造提升传统产业，培强做大新兴产业，抓好节能减排，以创新思维引领绿色经济更高层次新发展。要着力抓好环境治理。进一步加大扬尘污染防控力度，加强污水管网改造和配套建设，深入推进“煤改气”和天然气基础设施建设，确保在总量减排、空气污染防治上取得新成效。要着力抓好生态修复。要“净水”，加强生态湿地建设管理；要“增绿”，优化城市绿地布局，不断提高城市绿化率；要“创收”，大力发展亲水经济，提高绿色发展水平。要着力抓好精细管理。结合全国卫生城市复审，切实提高城市管理的标准和要求，打好主动仗，着力解决城市管理中的“老大难”问题。李辉强调，要加强组织领导，确保完成既定任务目标。要健全工作推进机制。每项工程都要定好路线图、施工表，建立台账，挂图作业。要实行环保“一岗双责”制，各级领导干部要带头真抓实干；相关企业要切实承担起污染治理的主体责任。要强化督查检查，引导广大市民主动参与，搞好舆论宣传和信息发布，接受群众监督。要健全依法治理机制。各职能部门一定要切实负起监管责任，坚持刚性问责，落实企业责任，对各类环境违法行为“零容忍”。要健全考核奖惩机制。把“十大工程”完成情况纳入全区科学发展综合考核，推动科学发展考核重心向绿色发展倾斜。要攻坚克难、奋力拼搏，积极作为、扎实工作，加快推进绿色发展，为建设天蓝、地绿、水清的美丽奎文作出新的更大贡献。宋均圻在讲话中指出，“三八六”环保行动自 2013 年启动实施以来，区委、区政府高度重视，始终把生态环境作为科学发展严守的底线，下重拳、出实招，齐抓共管、综合施治，打响了生态环境整治提升攻坚战。三年间，全区各级各部门和社会各界都为此付出很大努力，全面完成既定目标，实现了“三八六”环保行动圆满收官。他强调，要全面实施好“十大工程”，加快全区绿色发展步伐。在工作把握上，要坚持抓环保与稳增长统筹，突破重点与整体提升并举，突击整治与长效管理并抓，行政手段与经济手段、法律手段、舆论手段并用。具体工作中，要实施好产业提升绿色发展、清洁能源替代改造、工业点源深度治理、车辆污染综合管控、城建环卫精细管理、集中供热优化整合、城镇废水综合利用、河流湿地生态保护、农业面源污染防治、环境安全风险防控“十大工程”。要强化措施保障，确保新一轮环保行动目标任务落到实处。要形成合力，坚持项目化推进；拓宽融资渠道，实施多元化投入；严格依法治理，建立长效机制。

【奎文区武装工作会议】 2016 年 4 月 8 日，奎文区武装工作会议召开。潍坊军分区副司令员油朝康，区委书记、区人武部党委第一书记李辉出席并讲话。区领导宋均圻、李伟、王勇、陈民亭、李建文参加会议。李辉指出，2016 年是“十三五”规划开局之年、人武系统转隶军委国防动员部之后的起步之年、人武系统改革的攻坚之年，更是贯彻强军目标要求、加快推进国防后备力量科学发展的重要一年，要提高认识，切实增强党管武装的责任感和使命感。要坚持党管武装，进一步提高党管武装的能力和水平。要管方向，狠抓思想政治建设。要充分发挥排头兵作用，鼓励民兵预备役人员积极参与到文明城市创建、“感动奎文先模人物”评选等各类精神文明创建，大力组建民兵志愿队，争做精神文明的建设者、传播者和维护者。李辉强调，各级各部门要切实把武装工作作为政治责任、份内职责，努力形成齐抓共管的工作格局。要加强组织领导，发挥人武部门职能作用，努力提高国防后备力量建设水平。坚持把国防后备力量建设纳入经济社会发展总体规划，做到统一谋划、统一部署、统一落实，形成工作合力。要加大双拥工作力度，努力为武装工作办实事、解难题，推进双拥工作再上新水平。

【奎文区庆祝中国共产党成立 95 周年大会】 2016 年 6 月 30 日，奎文区在区机关服务中心举行庆祝中国共产党成立 95 周年大会，共同缅怀党的历史，表彰在全区经济社会发展中涌现出来的先进基层党组织、优秀共产党员和优秀党务工作者。区委书记李辉出席并讲话。区委副书记李玉祥主持会议。冯天韬、高东洋、李伟、李强、王峰贵、张兴业、沃付贤、权文松、王勇等区级领导班子成员出席会议。李辉强调，面对“十三五”规划的新形势、新任务，全区各级党组织和广大党员干部，要切实把思想和行动统一到中央和省、市委的决策部署上来，在区委的坚强领导下，进一步增强管党意识、落实管党责任，充分发挥基层党组织的战斗堡垒作用、广大共产党员的先锋模范作用，为在全面建成小康社会进程中走在前列、加快建设现代化中央商务区做出积极贡献。李辉就加强党的建设讲了意见，他要求：要明确方向重点，着力提高党建工作科学化水平；要抓牢基层基础；要抓实服务机制；要抓严干部队伍；要抓强人才支撑；要压实党支部从严教育管理党员的主体责任；要学理论、学方法、学担当；要围绕中心、服务大局；要争当科学发展的“排头兵”、争当社会治理的“服务员”；争当优化环境的“践行者”、争当创新创业的“带头人”，争当攻坚克难的“先锋队”；要严格责任要求、着力推进党建任务落实；要强化“班长”作用；要强化问题导向，要强化任务落实；要强化纪律约束，强化纪律“红线”，加强对党员干部的日常监督管理；要严肃党的纪律，努力营造风清气正的政治生态。会上，区委常委、组织部部长、统战部部长权文松宣读了《中共潍坊市奎文区委关于表彰优秀共产党员、优秀党务工作者和先进基层党组织的决定》，会议对受到表彰的集体和个人进行了颁奖。

2016 年 6 月 30 日，奎文区在区机关服务中心举行庆祝中国共产党成立 95 周年大会

【市委宣讲团到奎文区宣讲中共十八届六中全会精神】 2016 年 11 月 16 日，根据市委统一安排部署，市委宣讲团到奎文区举行中共十八届六中全会精神辅导报告会，市委宣讲团成员、市直机关党工委书记王延泰作宣讲报告。区委书记李辉主持报告会。报告会上，王延泰从深刻认识中共十八届六中全会的重大意义、

坚定不移推进全面从严治党、全面加强和规范党内政治生活、全面落实党内监督责任、突出抓好领导干部特别是高级干部以及中共十八大会议之后潍坊市党风廉政建设和反腐败工作相关情况等方面，对六中全会精神进行了深刻阐述和解读。报告主题鲜明、内容丰富、深刻透辟，对帮助全区党员领导干部全面理解、准确把握、深入贯彻六中全会精神起到有力的推动作用。李辉就学习好、贯彻好中共十八届六中全会精神进一步作出安排部署。他指出，认真学习、宣传和贯彻全会精神，是当前的首要政治任务。各级各部门要充分认识中共十八届六中全会的重大意义，按照中央、省、市委的部署和区委的通知要求，原原本本研读六中全会有关文件，学深学透习近平总书记讲话精神，进一步增强“四个意识”特别是核心意识、看齐意识，坚决维护以习近平同志为核心的党中央权威，自觉在思想上、政治上、行动上同与习近平同志为核心的党中央保持高度一致。李辉强调，要深入开展全会精神的宣传宣讲工作。各级党委要制定学习计划，集中学习研讨习近平总书记重要讲话和六中全会有关文件，切实把思想和行动统一到六中全会精神上来。要充分利用党委中心组学习、专家辅导、理论研讨等多种形式，不断扩大学习的广度、深度。各级各部门主要负责同志要充分发挥表率示范作用，带头深入学习、深刻领会全会精神，为广大党员、干部作出示范。区委宣讲团要搞好集中宣讲，特别要广泛组织开展直接面向基层、面向群众的宣传宣讲活动，统筹安排、精心组织，推动全会精神进机关、进社区、进企业、进学校，使全会精神深入基层、深入群众、深入人心。要把学习贯彻六中全会精神作为“两学一做”学习教育的突出重点，迅速组织学，按照要求做，聚焦问题改，推动学习教育取得实效。李辉强调，要坚持真学、真懂、真用，把学习贯彻六中全会精神激发出来的热情和干劲，转化为推动发展的强大动力。要突出问题导向，进一步加强和规范党内政治生活、加强党内监督，使准则和条例真正成为规范党员干部言行的重要遵循和刚性约束，推动全面从严治党不断取得新进展。各级各部门要结合学习贯彻全会精神，抓好工作“回头看”，特别是对重点项目建设、社会事业发展和民生建设等，逐一进行再梳理、再查漏、再补缺，确保全面完成全年任务目标。要高度重视安全稳定工作，确保人民群众生命财产安全。要以全会精神为指导，统筹做好稳增长、调结构、惠民生、强党建等各项工作，努力为全区实现更高层次新发展、加快建设现代化中央商务区作出新的更大贡献。

2016 年 11 月 16 日，潍坊市委宣讲团到奎文区举行中共十八届六中全会精神辅导报告会

政策研究

【综合文稿起草工作】 起草奎文区委领导会议讲话和情况汇报、领导致辞、理论文章等综合文稿，撰写区委领导在区第十四次党代会、全区经济工作会、全区“两学一做”学习教育工作座谈会、奎文区庆祝中国共产党成立95周年大会、全区开放发展大会等重要会议讲话报告，全市提升市区会议、突破滨海工作会议、开发区会议等发言汇报材料、典型经验材料以及领导署名文章100多篇、校对文稿100多万字；其中，向潍坊市委、市政府汇报材料20多篇，共计4万多字、校对10万多字。

【重大课题调研】 围绕重点区域打造、重点产业发展、重点项目建设、改善民本民生、重点领域改革等重大问题，组织开展转型升级、社会治理、园区打造、依法治区等系列专题调研活动，认真总结基层成功做法和创新经验，形成《奎文区关于做好城市工作的调研报告》《奎文区关于“加强党对依法治国的领导”调研报告》《奎文区社区建设调研报告》《奎文区社区集体经济发展情况调研报告》《关于实施园区带动战略引领城市经济转型发展的探索与实践》等调研报告，起草的《创新基层社会治理，全面推行党组织领导下的“由民做主”》被潍坊市委参阅件刊发。

【党刊编发工作】 在上级党报党刊发表署名文章、典型材料10篇，其中，省级刊物4篇，市级刊物6篇，编发《奎办通报》《学习与交流》20期，宣传区委中心工作。巡视整改期间，全力盯紧靠上综合材料工作，起草《奎文区委关于省委巡视组反馈意见整改落实情况的报告》《关于履行第一责任人责任抓好省委巡视组反馈意见整改落实情况的报告》2篇报告，形成《奎文区委关于落实省委第十一巡视组反馈意见的整改方案》《关于中央巡视组巡视“回头看”反馈意见持续整改落实工作方案》2方案。

组织工作

【领导班子和干部队伍建设】 2016年，组织区第十四次党代会、市第十二次党代会、省第十一次党代会和中共十九大代表候选人酝酿、推荐和选举，对推荐人选、初步人选、预备人选等严格审核、深入考察，严把人选政治关、廉洁关、身份关。做好人大代表、政协委员推荐提名考察工作，制定《奎文区人大代表、政协委员推荐提名考察工作全程记实办法》和考察工作方案，对推荐提名人选资格条件、比例结构进行审查，共推荐考察市党代表24人、市人大代表49人、市政协委员22人；共选出区党代表239人、区人大代表211人、区政协委员206人，人选质量明显提高，社会反响好。全面分析街道领导班子状况，按照结构比例要求，对街道党政正职进行调整，配备党、政正职女干部各1人。

规范选人用人程序。严格遵循《党的领导干部选拔任用工作条例》，按照《奎文区科级干部选拔任用工作流程》，进一步规范动议酝酿、推荐考察、征求意见、举报核查、讨论决定、公示任职、全程纪实等环节。采取定期动议和专项动议相结合方式，突出抓好动议环节。实行推荐干部实名制，谁提名谁负责。坚持重德才凭实绩选人用人，全年调整干部3批187人次，得到基层高度认可。对新选拔任用干部36人开展选拔任用事后评估，全部为“胜任”等次。

健全完善考核体系。加强对干部的日常考核，坚持发展导向、考核导向、用人导向相统一，实行科级干部德廉才绩量化考核和一般干部全员绩效考核，考核结果作为评先树优和干部选拔调整的重要依据，共确定优秀等次人员165人。

加强综合分析研判。进一步完善领导班子和领导干部综合分析研判平台，充实“年度考核、个人意愿、审计结果、综合考核、来信来访、民主生活会、干部档案审核、个人事项报告、身体健康体检、谈心谈话”10个信息库，做到分析评价干部精细化。加强平时了解，对各级领导班子和领导干部履职尽责情况实行季报告、随机访，对75个领导班子和392名科级干部近3年年度考核情况进行分析研判。

从严管理监督干部。扎实做好公职人员在企业兼职任职和出资办企业清理工作，清理规范出资办企业人员1人、在企业兼职人员8人。定期收集领导干部违规违纪、违反财经纪律等情况，建立领导干部廉政体检档案。对2015年度全区科级干部中受撤销党内职务、行政职务以上处分及被立案查处情况进行排查，6名受处分的领导干部均不存在“带病提拔”问题。组织全区县级领导干部49人、正科级领导干部92人、换届拟提名人选19人开展个人有关事项报告。探索实行拟提拔重用干部个人有关事项报告制度，76名干部填报个人有关事项。规范领导干部任期经济行为，委托审计部门对35名科级干部进行离任审计。认真做好换届风气监督工作，广泛开展专题学习教育，压实“主体责任”，营造换届良好氛围。

【基层党建工作】 2016年，全面推行城市区域化党建“4541”工作模式，区级层面，建立联席会议制度，吸收成员单位31个；街道层面，全部成立“大工委”，选聘兼职委员58人；社区层面，实行“大党委制”，吸纳兼职委员261人；网格层面，把66个社区细化为413个二级网格，配备网格管理员1315人，同步成立网格党支部。经验做法在全省城市街道、社区区域化党建工作现场会上推介，全市城市区域化党建工作专题调度会议在奎文区召开，接待外地学习考察35批次，836人次。

深入推进“由民做主”社区治理。总结提升老城市社区“五民主工作法”、新城市社区“四事工作法”、村转社区“户决制”等实践成果，通过扩大社区自治范围、健全群众自治机制、完善民主管理制度，引导居民自己的事情自己提、自己议、自己管、自己办、自己评，有效破解城市管理、社区治理、征收改造、社会治安、文明创建等难题，推动传统社会管理向现代社会治理转变，相关做法得到市委主要领导批示肯定，被中组部2016年第3期《组工通讯》刊发推广。

巩固拓展“两新”组织党建。设立区委“两新”组织工委和个体私营企业、社会组织、非公有制企业党委，率先在全市全面成立街道“两新”综合党委，在企业和社会组织集中的商圈、楼宇建立区域性党组织8个。全年新建非公企业党组织105个、社会组织党组织23个，新覆盖非公企业和社会组织519个，调整选派党建工作指导员160人。健全完善“1353”楼宇党建工作模式，进一步擦亮楼宇党建品牌，指导建设万达商圈、新华路商圈等党群服务中心6处，山东广潍集团党委、东关街道金融产业园综合党委被评为“潍坊市非

公有制企业党建工作示范点”。

扎实推进基层党建七项重点任务。开展集中督查，由常委、部长向直属党（工）委逐一反馈，制定奎文区基层党建7项重点任务（支部）归档资料清单，下发“基层党建工作30问”，全区7项重点任务全部收尾结项。开展党务工作者专题培训，切实提升工作成效。130个任期届满未按期换届的基层党组织完成换届，查找联系失联党员179人，停止执行党代表职务21人，终止党代表资格10人。区直各部门累计投入资金330万多元，实施为民办实事项目265个。中央组织部和省委组织部先后两次到奎文区进行现场督导，给予充分肯定。

做好党内表彰和激励关怀帮扶工作。结合纪念建党95周年，积极做好优秀共产党员、优秀党务工作者和先进基层党组织推荐表彰工作，全区推荐获省委、市委表彰对象24个，区委表彰优秀共产党员98人、优秀党务工作者57人、先进基层党组织79个。评选“基层好干部”10人，进一步倡树正风气、传递正能量。广泛开展走访慰问活动，“七一”、春节期间下拨党费和党内关爱资金23万多元，广泛走访慰问生活困难党员和老党员。

深入推进远程教育工作。拓展奎文党建云平台功能应用，开发“大数据分析”系统，服务领导决策和工作推进。办好党建电视栏目《走在前列》，发挥优秀共产党员和党组织典型引领作用，制作播出28期。开办微视频《党建视点》，制作播出7期。打造精品课件，《智慧党建扬帆起航》先后获得全市、全省党员教育电视片优秀作品奖。组织开展城市社区“两委”成员专科学历教育考试工作，首批42名学员全部被录取，录取率居全市前列。

【干部教育培训工作】 2016年，积极开展现场教学，抓好全区现场教学基地改造提升，各教学基地共接待各级现场教学培训108场次，培训党员干部7200多人次。充分发挥党校主阵地作用，制定出台《中共奎文区委关于加强和改进新形势下党校工作的实施意见》，在街道和区直部门（单位）建设区委党校分校20所，在社区建设社区党校60所，开展培训教学活动173次，培训党员1.48万人次。抓好重点群体培训，在江西井冈山举办科级干部党性教育进修班2期，会同北京大学举办全区社区党组织书记专题培训班，指导街道、区直部门（单位）举办党性教育专题培训班18期，培训干部1100多人次。

强化理论教育。以中共十八大及历次全会精神和中共中央总书记习近平系列重要讲话精神等理论知识为重点，举办2期主体班次，培训科级干部116人。邀请中央电视台特约评论员杨禹等知名专家、学者到奎文区做专题辅导报告，对最新理论和中央政策进行深入解读。

推进专业化能力培训。会同区发展和改革局等部门（单位），举办全区现代服务业发展专题培训班等重点班次11期，培训干部430多人次。扎实推进干部在线学习，加强督察调度，在全市率先完成“在线学习”任务，23名干部学分进入全市前100名。编印《奎文干部教育》10期，发放1.3万多册，不断扩大干部教育培训覆盖面。

【综合考核工作】 认真做好全市科学发展综合考核准备，研究制定《市考核指标任务分解清单》，实行区级领导分工包靠，实施“一月一调度、一月一摸底、一月一反馈、一月一提醒”考核工作运行机制，加强指标调度和过程管理。通过实地勘察、收集影像资料等方式，跟踪查验区战略性重点投资项目，全面掌握投资完成、工程进度等相关情况。科学开展街道、部门综合考核，制定出台2016年度街道、部门综合考核办法及实施细则，新增上半年综合考核办法及实施细则，充分发挥考核“指挥棒”作用；引入第三方审计公司，对街道、部门考核成绩进行录入、核算、汇总，并邀请区委督查室、区政府督查室、区纪委现场监督，确保考核流程严谨细致，考核结果公平公正。扎实做好提升群众满意度工作，研究制定全区《关于提升群众满意度工作的推进方案》，制定下发《关于做好提升群众满意度工作的新闻宣传方案》，将宣传工作纳入综合考核，起草发放《致辖区居民朋友的一封信》和《奎文区便民服务手册》，提高居民对全区工作的知晓率。组织成立联合督查组，对各单位提升群众满意度工作进行严督实导和跟踪评议。

机构编制工作

【岗位职能改革】 2016年，深化扩权强镇改革试点，在大虞街道探索推行岗位管理，科学设定督查、招商服务、信访、基层党建等40多个岗位，做到定职定责、定岗定人。积极推进事业单位分类改革，做好教育、卫生领域人员编制总量控制和备案管理，对职能明确、业务清晰、运转顺畅的事业单位，推行业务范围清单化管理。稳妥推进综合执法体制改革，结合政府部门权力清单，全面梳理行政执法事项，制定科学合理的改革方案，探索一支队伍管执法。

【行政审批制度改革】 2016年，开展公共服务事项清单编制，以区委办公室和政府办公室名义印发《简化优化公共服务流程方便基层群众办事创业实施方案》，组织45个部门、8个街道编制公共服务事项1429项，方便群众办事。做好行政权力事项的动态调整，取消行政审批事项11项，承接上级下放许可事项9项，调整行政权力事项180项。切实降低制度性交易成本，选取廿里堡街道东片区整体城镇化建设项目，推行区域化环评、水评试点，以区域联合办理代替单个项目自行申报，实现“打包式”集中审批，节省时间60天，节省财力8万元。

【机构编制工作机制创新】 2016年，创新人员编制管理方式，推行“互联网＋机构编制”工作模式，实现机构编制核心业务网上办理、网上留痕、网上分析和网上监测，办理人员入编和内部调整260多人次。采取“二查二审”方式，严格质量标准，搭建部门办公平台，在全市率先完成机构编制云平台建设工作。打造用编进人计划、部门职责界定、机构编制核定、人员编制使用、部门履职评估“五位一体”综合管理模式，合理安排2017年度用编进人计划，开展部门“三定”修订和政府部门评估工作，探索建立以职责管理为龙头、以实名制管理为支撑、以监督检查为保障的机构编制工作运转机制。

【事业单位监管】 制定事业单位绩效考评方案，开展2016年度绩效考评，评选产生A级单位29个。深入实施事业单位法人治理结构试点，推动区中心医院、区文化馆和潍州湖小学组建理事会，顺利迎接全市现场检查评估。强化事中事后监管，积极开展“双随机一公开”检查，建立112家法人事业单位名录库和36名执法人员名录库。不断提高事业单位法人登记率，完成53家党政群机关统一社会信用代码证书发放工作。

人才工作

【概况】2016年，围绕奎文区经济和社会发展重点行业和关键领域的需求，着力引进培育高层次高技能人才，引进国家“千人计划”高层次人才2人。组织推荐申报泰山、鸢都产业领军人才重点企业17家，当选泰山产业领军人才1人，当选鸢都产业领军人才2人。组织推荐省级专业技术人才20人，当选全国专业社会工作领军人才2人、齐鲁首席技师1人、齐鲁和谐使者3人、齐鲁文化英才1人、齐鲁名师建设工程人选2人、齐鲁名校长建设工程人选2人，取得全市人才工作发展水平考核第三名。

【高端人才发展平台打造】创建奎文高层次人才发展俱乐部，山东省高层次人才发展促进会在奎文区设立全省首家县级代表处，共接待来访各领域高层次人才99批次1090多人，邀请国内知名专家作高端辅导报告、学术研讨会17场次，召开高层次人才新闻发布、产品推介会16场次，发放《重点人才扶持政策汇编》等人才宣传材料5000多册，实现产业链、人才链、资金链高效衔接。组织重点企业赴北美招才引智，建立旧金山、芝加哥2处高层次人才北美联络站，聘任高层次人才北美特别顾问5人，引进“千人计划”储备人选2人。助推山东潍坊精英医疗器械有限公司建立省级企业技术中心，实现工业领域省级科技创新平台“零突破”。

【人才发展服务】优化人才发展环境，注重从政治、生活上关心人才，在广州中山大学举办企业经营管理人才和高层次人才培训班，57人参加培训。积极落实人才政策，为2015年度泰山产业领军人才发放专项经费280万元，为2016年度鸢都产业领军人才发放专项经费80万元，为其他各类高层次人才发放补助8.42万元，兑现在职取得博士、硕士学位、社会工作师、助理社会工作师资格学习补助费8.11万元，奖励潍坊银行、京广传媒等9家人才工作先进单位共计20万元。继续推行领导干部联系专家人才制度，共联系服务各级各类高层次高技能人才178人、企业家人才45人、后备人才22人。

【人才工作机制创新】探索人才工作差异化考核，将考核指标细化为引进、培育、评选、宣传等75项，由各街道、各成员单位自主认领考核任务，实现差异化与精准化相统一。推行人才工作协同推进机制，协调调度8个街道和14个成员单位，召开区人才工作领导小组（扩大）会议2次，形成党委统一领导、组织部门牵头抓总、职能部门各司其职、引才用才主体密切配合的人才工作格局。

宣传工作

【理论宣传工作】2016年，奎文区开展集中宣讲，举办各类基层宣讲150场次，直接听众8000多人；全面提升地6个理论宣教基地和19个市级理论大众化示范点的建设水平，构建宣讲网络平台，打造“奎文理论”微宣讲平台；建立基层宣讲报送制度，加强对各类讲座、论坛、报告会的管理，加强思想理论动态分析，加强文化市场管理，开展“清源、净网、护苗、秋风、固边”专项行动，净化社会文化环境。

【新闻宣传工作】2016年，奎文区在对外宣传工作上取得新突破，在中央和省市级主流媒体发稿件3700多篇；不断提升媒体融合水平，统筹推进多种媒体平台建设，联合打造奎文手机报，构建多层次的传播体系；把新闻发布工作纳入党务政务公开重要内容，设立新闻发言人和新闻联络员，打造社区新闻发布厅6个；网宣管理体系建设持续加强，建立舆情信息沟通机制和舆情协调处理机制；网络队伍建设得到加强，邀请山东省网信办副主任董建军对全区网络队伍进行专题培训，网络发声能力增强。

【公民道德建设】2016年，奎文区印发社会主义核心价值观公益广告3万多份；至2016年年底，已连续5年开展“感动奎文年度十佳先模人物”评选活动，累计评出140人；开展公共文明指数测评7次，发现整改问题562处，整改率达到98%以上；组建文明巡访团，发现整改问题700多起，对问题整改情况以“红、黄、绿”标识进行公示；围绕群众需求，创建“志愿巴士进社区”“衣旧情深”“礼让斑马线”等志愿服务品牌项目，引导社会力量参与，协调各公益组织开展志愿服务1000多场，受益群众4万多人，在全区营造“奉献、友爱、互助、进步”的志愿风尚。

【发展文化事业】2016年，免费开放奎文区文化馆、图书馆，为100家“百姓书房”配送图书1万多册，为各社区艺术团配备演出设备、服装和道具，放映公益电影1134场次、受益群众达30万多人次；开设文化创意课程，举办戏、曲、剧创作，书画鉴赏，古琴技艺，核雕培训，广场舞培训等10多种培训项目100多场次，受益群众2000多人次；开办传统文艺课程860多场次，参学群众达1.1万多人次；举办各类群众文化活动360多场次、相关培训200多场次、展览30多次，惠及群众60万多人次；加大对东关古城墙、廿里堡火车站、潍县乐道院等文物的保护与修缮力度；重点打造核雕技艺、潍坊刺绣和古琴制作3个项目传习场地；率先在潍坊市成立文化产业电商联盟，联盟首批成员单位113个，打造线上与线下相结合、品牌和投资相结合的“互联网＋文化产业”品牌。

【思想文化宣传工作队伍】2016年，奎文区开展“寻标、对标、达标、夺标、创标”活动，建立“六团五员”（百姓宣讲团、市民记者团、文明巡访团、文化辅导团、志愿服务团、先模先锋团和社区理论宣讲员、新闻通讯员、文明建设员、文化辅导员、民情调研员）队伍，整个队伍规模已达140多人。邀请专家举办“六团五员”系列培训10多场次，定期开展评先树优、走访慰问、邀请出席重大活动等，不断提高“六团五员”队伍的素质水平。

统一战线工作

【概况】2016年，奎文区认真贯彻落实中央和省市统战工作会议精神，创新思路，多措并举，不断为现代化中央商务区建设贡献力量。2016年，区委统战部被评为“全省统战工作先进单位”“全市统战理论调研工作先进单位”“全市统战宣传工作先进单位”“全市统战信息工作先进单位”。

【思想政治建设】 2016年3月22日，在奎文区机关服务中心四楼第一会议室召开全区统战工作会议，安排部署2016年统战工作任务，廿里堡街道、东关街道、广文街道和区教育局分别进行交流发言。区委办公室印发《奎文区统一战线工作三年行动计划（2016—2018年）》及2016年度统战工作主要任务目标，把统一战线理论和方针政策纳入党校学科建设和教学内容，在全区科级干部主体班次中增加统战工作相关课程，夯实全区统战系统干部思想政治基础。探索实行统战工作“三化”（网格化、信息化、清单化）建设，在全区统战干部中开展统战业务测试，编印《统战掠影》，切实增强全区统战工作的影响力和凝聚力。认真开展“两学一做”学习教育活动，机关党员干部主动参与到“两学一做”学习教育，切实提高理论素质，转变工作作风。

【非公经济“两个健康”建设】 2016年，制定《奎文区非公有制经济人士“双学一跟”实施方案》，在全区广大非公有制经济人士中开展“学习政策法规、学习系列讲话、听党话跟党走”活动，推动全区非公有制企业发展方式转变和产业优化升级。是年6月，承办潍坊市非公党建现场会，使企业党建工作不断转化为经济工作发展的成果。在京广书城、艾维拉等楼宇建立小微促进发展商会，在万达广场和北苑街道则尔庄社区成立社区商会，促进社区与非公企业加强联络交流。组织潍坊神舟重工机械有限公司、山东金宝集团有限公司等8家非公企业开展结对帮扶活动，制定三年帮扶计划，帮助困难群众解决实际问题20多件。（“两个健康”：非公有制经济人士健康发展、非公有制经济健康发展。）

【非中共代表人士队伍建设】 2016年，调整完善非中共代表人士数据库，实行动态管理、跟踪考核。大虞街道孙家社区和东关街道工福街社区被授予“潍坊市社会组织统战工作示范点”称号，为全市基层统战工作创新现场会提供观摩现场。开展非中共代表人士培训工作，在中央统战部苏州培训中心举办全区统一战线业务培训班，奎文区各街道宣传统战委员、各民主党派有关成员、无党派代表人士等40多人参加培训。就“十三五规划”编制，邀请民主党派、无党派代表人士召开座谈会，征求意见建议18条。开展“双进双向服务”活动，举办政策宣传、便民服务以及引资引智等活动13次，为经济社会发展献计出力。

【民族宗教工作】 2016年，在东关街道中学街社区建立少数民族流动人口服务中心，成立“民族一家亲”爱心服务联盟，承办全市民族团结进步创建工作现场会，至2016年年底，为少数民族流动人口解决各类困难问题82件次。督导各宗教堂点、寺庙建立健全各种管理制度，杜绝一切非法活动。

【换届工作】 2016年，按照省、市、区关于政协换届工作的总体安排和工作要求，会同区政协和区委组织部等有关部门、单位，严格换届程序，严把入口关，就区政协委员初步人选进行协商推荐，充分征求区政协、区委组织部及民主党派、工商联组织负责人和无党派代表人士意见，圆满完成非中共人士区人大代表和区政协委员人选的推荐提名工作。同时，按照市委统一部署，圆满完成市政协委员人选推荐提名任务。会同区工商联及有关方面，推进区工商联换届工作。

信访工作

【概况】 2016年，中共潍坊市奎文区委、潍坊市奎文区人民政府信访局（以下简称区信访局）受理来访479起，1887人次，按期受理率为100%；受理各级转来人民来信104件，受理网上投诉事项1522件，来信事项和投诉事项按信访程序全部处结；进京非正常上访6人次，比上一年下降25%。2016年，被授予"潍坊市信访工作先进单位"荣誉称号。

【设施建设】 2016年，设立奎文区人民政府行政复议联络点，联合区政府法制服务局制定《信访与行政复议衔接工作制度》，区政府法制服务局政策法规科和法律工作者进驻办公，对有行政争议的信访案件及时进行行政复议，至2016年年底，通过行政复议、劳动仲裁等手段调解信访积案17件。扩建网络投诉平台，在奎文公众信息网显著位置开通网上信访平台，开通微信公众号"奎文民生"，对群众进行法律宣传，定期发布国家、省、市和区信访工作最新动态；将奎文民生诉求平台链接整合到奎文信访网络投诉中心受理平台，实现多渠道投诉、"一站式"解决。全年，全区8个街道、48个重点部门全部开通网络信访受理平台，网上受理信访案件400多件，群众满意率达98%。

【工作制度建设】 2016年，认真落实排查机制，依托社区大网格布局，细化落实网格责任，初步形成区、街、居、楼（组）四级联动的信息排查网络，做到第一时间发现、第一时间介入、第一时间化解，在社区基层化解矛盾纠纷3000多起；预防、化解群众集体上访1000多起。完善第三方参与矛盾化解和推行信访代办机制，在矛盾调解中心成立全市首家"律师超市"，由20个律师事务所每天安排1名律师值班，为群众提供法律服务。在区政府、区直部门、街道和社区聘请律师、法律服务工作者担任法律顾问225人，为征地拆迁、城中村改造等重大事项开展法律咨询、风险评估和矛盾化解工作；健全完善听证法和律师参与信访工作机制，落实陪同领导接访、"12348"专线服务等制度，参与区级领导接访180多次。建立应急处理机制，制定健全《网上登录工作制度》《现场接访工作制度》《信访信息登录员工作职责》等文件，有效处理各类上访行为。

【工作方式创新】 2016年，实现党政主要领导"不定期接访"常态化，奎文区委、区政府主要领导对全区涉及政策层面、责任主体难落实的疑难复杂信访案件，每月至少一次到区信访局或到责任街道、责任部门进行约访或下访，面对面解决群众反映的实际问题。实现区委常委"定期接访"制度化，根据区委常委联系街道工作分工，各常委每月至少一次到所包靠街道进行接访，重点化解街道层面综合性信访问题，指导和推动街道层面信访工作有序开展。实现区政府副区长"分类接访"程序化，根据工作分工和群众上访情况，区政府各副区长随时到涉案单位或部门接访，重点解决分管领域的房产证办理、农民工讨薪等特定群体、特定时期发生的突出信访问题。实现其他区级领导"按需接访"规范化，区人大常委会、区政协的区级领导，根据包靠单位、工作分工和实际需要，到区信访局、街道或部门进行接访或约访。实现科级干部"随时接访"普遍化，组织全区街道、部门副科级以上干部每周抽出一天时间，深入联系社区，现场办公、开展服务、解决问题。

【信访宣传培训工作】 2016年，开展《信访条例》集中宣传活动，在繁华地段和城区主要干道开展《信访条例》宣传活动10次，发放宣传材料10万多份，现场解决群众问题500多件。组织信访干部培训和信访协调活动60多次，会审案件400多件，抽查案件200多件，集体学习外地经验材料13篇次，不断提升全区信访干部的业务水平。

群众工作

【概况】 中共潍坊市奎文区委群众工作委员会办公室（以下简称区委群工办）贯彻落实中央和省委、市委加强群众工作的决策部署，推动党的群众路线贯彻落实，推动与群众利益相关政策的实施，研究解决群众工作的重要问题，具体指导全区群众工作，负责区委群工委的日常工作。2016年，区委群工办被评为“奎文区精神文明建设先进单位”。

【服务载体创新】 2016年，参与潍坊市创新开展的“领导干部社区群众工作日”活动，制定方案，深入社区，收到良好社会效果。配合区委组织部开展“包居联万户、为民办实事”“区级领导进社区”等系列主题活动，把部门职能、行业优势、干部特点和任职社区实际相结合。组织协调全区机关干部，采取召开座谈会、发放调查问卷、入户走访群众等方式，广泛征求群众的意见和建议。全区机关干部和社区“两委”成员3000多人与辖区群众1.8万多人结成帮扶联系对子，通过开展各类活动走访困难群众7550多户，收集居民意见建议1.4万多条，解决群众反映事项4600多件。

【服务平台搭建】 2016年，按照“一张网全域数字化”的设想和“全员办公自动化、工作职能数字化、服务群众便捷化”的要求，搭建集群众生活服务、群众诉求办理、机关协同办公、综合绩效考核等功能于一体的奎文区“社会治理数字化服务平台”，根据街道、部门职能，把与民生密切相关的生育收养、户籍办理、教育服务、就业应聘等服务类项目分解，梳理出群众诉求事项15大类、476项。从群众诉求收集、交办、督办、反馈、评价、考核6个方面，建立群众诉求办理工作网络，确定受理办理主体、办理时限和办理要求，分级限期办理群众反映事项，使区级、街道、社区三级网络，形成上下联系、联通、联动的服务机制。

【党的建设】 2016年，区委群工办召开党支部会议4次，组织集体学习19次，通过领导干部讲党课、专题讨论、观看警示教育片，组织党员干部实地接受党性教育等形式，提高党员党性觉悟，锤炼干部过硬作风。按照上级规定要求，6名党员及时到社区报到。做好包居联户、招商引资工作，为东关街道苇湾社区办实事3件，招商引资工作取得新成就。

保密工作

【保密管理工作】 区保密局向区委保密委员会及时汇报上级有关会议精神，研究全区的贯彻落实意见。制定印发《保密自查自评工作方案》等文件，区委领导带头执行相关保密规定。在各部门各单位做好自查工作的基础上，区保密局会同区委机要局、区智慧办组成联合检查组，对重点涉密部门和部分街道进行详细检查。检查之前不打招呼、不预告通知，随机现场检查，切实掌握真实准确的保密现状。对发现的问题，逐一提出限期整改意见，由被查单位主要负责人在反馈意见上签字。更新互联网信息监测系统网站数据，将全区党政机关门户网站纳入监管范围，有效防止网站失泄密事件的发生。

【保密教育工作】 把保密教育纳入区委党校科级干部培训课程，全区200多名科级干部接受培训。召开全区公文处理及保密工作培训会议，对区直各部门、各单位的涉密人员进行专题保密培训，不定期到保密单位进行保密授课，全年共举办保密讲座6期，有10个单位的300多人接受保密教育。

对台工作

【概况】 2016年，奎文区深入贯彻落实中央、省、市、区委对台工作方针政策和工作部署，立足实际，瞄准优势资源，抓创新、抓特色、抓亮点，不断丰富工作内涵，全区对台工作取得长足发展。被授予“全国对台宣传工作先进单位”“潍坊市对台工作先进单位”等荣誉称号。

【经贸合作】 2016年，邀请台湾发展研究院、翔太国际股份有限公司、台湾云英青年发展基金会等40多人到奎文区参观考察，推进医疗、健康养老、文化创意、餐饮等现代服务业和新兴产业等领域的合作，推动潍坊睿尔健康体检管理有限公司与台湾合作海峡两岸医疗产业基金项目、阳光100餐饮街融入台湾元素项目等合作项目。鼓励辖区企业与台湾企业开展贸易、技术合作，潍坊海泰动力机械有限公司等7家企业赴台开展考察交流、商务洽谈和技术合作，达成多项经贸合作，取得良好经济效益。

【与台交流】 2016年，台湾省基隆市地方基层干部参访团一行21人到东关街道苇湾社区参访交流，广文街道东上虞社区和文化路社区与台湾省基隆市七堵区正光里签订友好社区协议。广文街道东上虞社区作为山东省海峡两岸交流示范点，为山东省委第一巡视组巡视对台基层交流工作提供现场。是年4月，区政协分管领导带队，由有关部门领导、企业负责人和青年画家等10人组成奎文区文化艺术交流团，赴台湾举办奎文区青年画家精品展，展出书画精品76幅；是月，台湾省书画教育协会创会理事长苏安德等一行4人到潍坊新华中学与中学生进行书法交流活动。是年9月，由国务院台湾事务办公室交流局、《两岸关系》杂志社、山东省台湾事务办公室、潍坊市台湾事务办公室、奎文区人民政府联合台湾发展研究院共同组织举办海峡两岸青少年书画交流活动，以“两岸文化共融”为主题，涵括两岸青少年书画展、两岸青少年书画作品大赛、两岸青少年互动笔会等系列活动，邀请台湾发展研究院、台湾学校师生和奎文区学校师生约200人参加活动。

【涉台服务】2016年，开展“台资企业走访季”和“台胞权益保障工作优质服务”活动，以“送政策、办实事、促发展”为主题，走访慰问国泰财产保险公司、潍坊亚格立化工有限公司、大润发超市等台资企业和台商，帮助台资企业和台商解决生产、生活中的困难2件。建立健全台胞台企服务体系，向台胞台企公开24小时服务电话，为台胞台企提供“一条龙”和“保姆式”服务，协调帮助潍坊亚格立化工有限公司搬迁厂房，妥善处理涉台纠纷案件2件。

【对台宣传】2016年，由国台办海峡两岸出版交流中心与省、市台办组织策划台湾媒体《走进山东·奎文专题》电视专题片在台湾播出，在媒体刊物发表涉台工作信息20多篇。

【自身建设】2016年，调整充实对台工作领导机构，成立涉台突发事件处理工作机构，建立对台工作联席会议制度。扎实开展“两学一做”学习教育活动，规范党组织生活，切实提高党员干部的政治觉悟和自身素养。开展“包居联户”活动，结对帮扶贫困户4户，为潍州路街道健康街社区办实事5件，购置垃圾桶5个，购置图书40册，订阅报纸10种等，资金总投入1万多元。

2016年9月1日～4日，海峡两岸青少年书画交流展在潍坊齐鲁台湾城会展中心台湾馆举办

区直机关党建工作

【概况】2016年，全区推进“两学一做”学习教育活动的深入开展和基层党建七项重点任务的落实。全年举办党务培训班3期，培训党务干部、入党积极分子、基层党组织负责人800多人次。直属区直机关党工委的基层党组织50个，党员约2100人，全年发展新党员18人。

【机关基层组织建设】2016年，督促各基层党组织结合实际制定年度工作计划，并与基层党支部书记签订党建工作责任书，督促指导50个直属机关党组织分别建立工作清单、责任清单、问题清单，以“清单化”夯实机关党建工作责任落实。对2008名党员进行组织关系排查，督促指导所属97个基层党组织进行换届选举。严格发展党员标准，规范发展党员程序。成立中共奎文区金葵花舞蹈学校党支部等15家“两新组织”（新经济组织和新社会组织）党支部，并派驻党建工作指导员，实现组织工作全覆盖。区直机关党工委在直属各支部建立党费台账，实行会计、出纳分设，促进党费收缴工作的规范化、科学化。

【党员干部队伍建设】 2016年，邀请中共潍坊市委党校教授、外地专家和学者作专题辅导报告，培训直属基层党组织负责人、党务干部800多人次。是年4月，在中共潍坊市委党校举办区直机关党务干部培训示范班。是年6月，在区委党校举办入党积极分子培训班。为引导机关党员弘扬长征精神，是年9月，组织区直机关党务干部50多人到井冈山干部学院进行传统教育培训。

【文明和谐机关建设】 动员发动区直机关党员干部积极投入全国文明城市复查、省级文明城区创建活动中，组织开展“做主人，争先锋，我与城市共提升”主题实践活动和文明引导志愿服务活动。通过深化文明单位创建工作，2016年，区直机关有25个单位荣获省级文明单位称号，24个单位荣获市级文明单位称号。结合“七一”、中秋节、春节等节假日走访困难职工群众，全年帮扶困难职工群众12人，帮扶资金和物资折款1万多元。组织区直机关妇女干部参加“三八”健步行等活动，荣获2016年度奎文区妇女儿童工作先进集体荣誉称号。

【机关作风建设】 组织区直机关党员干部深入社区和农村一线，以单位为基础包靠社区，制定并落实定期联系帮扶制度，点对点、面对面帮助帮扶单位和群众排解发展过程中遇到的困难和问题。广泛发动区直机关基层党组织用身边人和事激励带动广大党员干部建功立业。全面推进区直机关在职人员中的党员到社区报到服务，区直机关50个部门（单位）的2100多名在职人员中的党员到社区亮明党员身份，公开服务承诺，认领服务岗位，参加社区活动，充分体现党员在社区建设和管理中的表率作用。

【“两学一做”学习教育】 2016年，鼓励和指导机关党工委基层党组织书记、普通党员联系实际讲党课，重点遴选优秀基层党组织书记党课12篇、优秀党员典型事迹报告和优秀“微党课”，供区直机关基层党组织学习参考。在所属50个基层党组织的2100名党员中长期开展“一名党员一面旗、我是党员我带头”为主题的实践活动，教育引导党员在单位、在窗口、在社区，任何地方、任何时候、任何情况下都时刻铭记自身党员身份，积极为党工作，做合格党员，树先锋形象。结合“两学一做”专题讨论要求，对基层党支部书记进行发展党员、组织生活等党务知识培训。促使直属基层党组织书记真正把“两学一做”学习教育活动抓在手上，尽好责、抓到位、见实效。

党校工作

【概况】 2016年，区党校被评为“潍坊市基层党校建设先进党校”“奎文区精神文明建设先进单位”“全区普法依法治理先进单位”。

【教学工作】 2016年，组织教师外出培训学习17人次，教师参训率达100%；举办专任教师集体备课试讲，年度教学新专题更新率达50%以上；新开设庄龙甲故居现场教学点1处，选派骨干教师宣讲中共十八届六中全会精神，为街道、部门、社区送党课30多节、培训1300多人。中共奎文区委常委有4人为主体班次讲课，外聘教师达到授课教师总数的50%以上。加强基层党校业务指导，分组深入街道、部门开展督导检查2次，举办有全区20所党校分校参加的档案材料展评活动1次，在潍坊市率先开办党校分校副校长和教务主任专题培训班1期，参训人数80多人。接待安排中共潍坊市委党校九期自主选学课程辅导，参加学员400多人。

【科研工作】 围绕课题带动，以前沿理论、时政热点及市情区情政情社情为研究方向。2016年，申报、立项、结项课题5项，其中，中共山东省委党校系统课题1项、中共潍坊市委党校系统课题4项，5项课题均已完成结项。4篇论文荣获中共潍坊市委党校系统社会科学优秀成果奖，其中，一等奖1项，三等奖3项。发表学术论文3篇，其中，省级2篇，市级1篇。1项党课被评为2016年度潍坊市党性教育精品课；1项党课被评为潍坊市党校系统主体班次优秀教学奖；3人被评为潍坊市“百名理论人才”。

【行政管理】 加快基层党校建设步伐，全区建设党校分校20所、社区党校60所，为推进基层党员教育培训全覆盖奠定基础。加强党校校园文化品牌建设，制作校园文化牌匾约40块，在山东省内外新闻媒体发表通讯报道30篇，区级文明单位顺利通过验收。参与奎文区委、区政府对口协调潍坊市委党校老校区项目开发，落实“潍坊国际创意港”项目建设，对老校区沿街房、2号楼等公共建筑部分6416.2平方米建筑依法拆迁，推动创意港一期项目工程的建设。

【党的建设】 2016年，区党校召开党委会议5次，机关党支部组织集体学习32次，通过领导干部讲党课、专题讨论、观看警示教育片，组织党员干部到井冈山、胶东革命烈士陵园接受党性教育等形式，提高党员党性党悟，锤炼干部过硬作风。

党史工作

【党史研究工作】 按照省委办公厅通知要求，撰写《中共奎文区委工作概括》，完成《山东年鉴（2016）》组稿报送任务。完成《改革开放实录（潍坊卷）奎文专题组稿报送任务，以区委办公室名义下发关于提报《改革开放实录（潍坊卷）奎文专题》的通知，要求各街道和部门将选题题目报区委党史研究室，经分管领导审阅最后确定6个选题题目报市委党史研究室，初稿已报市委党史研究室。根据市委办公室关于《潍坊年鉴（2016）》组稿方案的通知，组织各街道撰写党工委工作概况以及农村党建、社区党建、企业党建、改革和创新9个典型材料，按时上报市委党史研究室。完成《山东省红色旅游指南》奎文景点资料的报送任务，根据省委党史研究室关于组织编纂《山东省红色旅游指南》的通知要求，组织奎文景点单位报送潍坊市革命烈士陵园、庄龙甲故居、潍县乐道院暨西方侨民集中营遗址3处景点相关资料。

【党史宣传教育工作】 开展党史进校园活动，向部分学校赠送山东省委党史研究室制作《齐鲁红色文化讲坛》光盘，使学生进一步了解党史，充分发挥党史资政育人作用。发挥党史遗址爱国主义教育基地作用，到庄龙甲故居进行指导，为更好地保护和发挥遗址的作用提出建议。2016年，清明节、“七一”前夕和“两学一做”学习教育活动期间到庄龙甲故居参观瞻仰的人数达5000多人次。

档案管理

【概况】 2016年，奎文区坚持依法治档、科学管档，扎实推进档案资源体系、安全保障体系、开发利用体系建设，完成全年目标任务。奎文区档案局荣获“山东省档案工作科学化管理先进单位”“山东省档案宣传工作先进集体”“潍坊市级文明单位”“奎文区部门科学发展综合考核先进单位”等荣誉称号。

【综合档案馆建设】 2016年，奎文区认真贯彻《印发〈关于加快推进县级国家综合档案馆建设的意见〉的通知》文件精神及全省县级档案馆建设推进会议精神，进一步加快档案馆建设推进工作。奎文区成立档案馆建设协调领导小组，由中共奎文区委常委、区委办公室主任李强任组长，区发改局、区财政局、区国土资源局、区住建局、区档案局等部门共同参与，统筹协调县级国家综合档案馆建设工作，稳步推进规划、立项、设计等前期工作。档案馆建设写入新一届政府工作报告，计划用三年时间建设完成。

【年度归档文件整理】 2016年3月开始奎文区2015年度归档文件整理工作，历时三个月，工作全面完成。在立卷过程中，区档案局安排专业人员对各单位文档人员进行业务知识培训，组织开展归档范围和保管期限表的指导、审批和督查工作。此次归档文件整理工作采取分组培训、集中整理、推行社会化服务的办法，达到分类准确、案卷整齐、装具统一、数字化同步的要求，共整理文书、照片档案19075件，数字化加工扫描159691页。

【档案科学化管理】 2016年，根据上级档案部门要求，通过举办培训班、召开调度会、印发解读材料、强化业务指导等方式组织开展档案工作科学化管理创建活动。是年5月，全市2016年度机关单位档案工作科学化管理测评现场会在奎文区召开，潍坊市公安局奎文分局（以下简称公安奎文分局）顺利通过测评，成为全市2016年第一个示范单位。是年11月，全市中心城区街道档案工作科学化管理现场会在奎文区大虞街道召开，大虞街道顺利通过先进单位测评。2016年，公安奎文分局创建成为山东省档案工作科学化管理示范单位，奎文区档案局、大虞街道创建成为先进单位，奎文区教育局、奎文区妇女联合会等16个单位成为合格单位。

【档案编研利用】 2016年，每月编印1期《奎文大事记》，为区级领导和区直部门单位提供资政服务。充分发挥职能作用，深入挖掘老潍县历史文化积淀，整理编纂《老潍县宗教》一书，由中国文史出版社出版发行，该书共分8个章节，约40万字，主要介绍老潍县天主教、基督教、伊斯兰教、佛教和道教历史沿革、教堂寺庙、重要人物及宗教文化等方面的内容。

【档案依法行政】 2016年，对上级下放的行政审批事项，编制行政审批事项服务指南、行政审批事项业务手册、行政权利事项运行流程图、行政审批事项事中事后监管方案，并将行政审批事项录入山东省行政权力事项动态管理系统，严格规范行政审批事项运行；认真开展公共服务事项目录和服务指南编制、证明材料清理工作，明确公共服务事项4项，编制《档案利用服务指南》1份，规范档案服务利用工作程序，方便基层群众进行档案查询利用；加强档案行政执法队伍建设，组织档案执法人员参加全省行政执法人员培训和考试，4人取得行政执法证件，购置数码相机、笔记本电脑、便携式打印机等设施设备，为依法治档工作提供物质保障。

【档案文化宣传】 2016年，通过《齐鲁晚报》《潍坊日报》《山东档案》杂志、潍坊档案信息网、奎文党政站等宣传媒体共发表档案工作信息60多篇，宣传奎文区档案工作成果，提高档案工作的影响力。

老干部工作

【党建工作】 2016年，深入落实《关于加强社区功能型离退休干部党支部建设的意见》，促进社区功能型离退休干部党支部建设规范化制度化。组织开展离退休干部党支部书记述职，评选出雷锋、明德、红旗等“十佳示范党支部”，评选优秀“五老”志愿者12人。组织开展“五说”新变化系列活动，在老干部中畅谈、倡树、倡导正能量，有15名老干部在全市“不忘初心——我的入党故事”征文中获奖。在全省离退休干部党组织“优秀活动日”评选中，雷锋党支部获得全省第八名、潍坊市第一名。松鹤之春舞蹈运动俱乐部，被省委老干部局评选为“优秀老干部文艺团队”。在全市青少年党史国史教育演讲比赛中获得优秀组织奖。

【服务管理】 2016年，举办奎文区第二期离退休干部党支部书记暨“五老”志愿者骨干培训班，参加培训60多人。丰富老干部“三库”建设内容，完善老干部工作基础数据。建设“夕阳正红”老干部微信公众号，组织老干部网上发帖2300多条。开展“我看从严治党新变化”专题调研，汇集老干部正能量语言200多条。开展寻找“最美‘五老’志愿者”活动和“五老”典型集中宣传活动，在全省“最美老干部志愿者”“最美老干部志愿服务组织”“最佳老干部志愿服务项目”评选中，奎文区获奖数量占全市总数的三分之一，列全市第一。

【提升满意度】 2016年，制定完善《老干部工作者十条工作理念》等相关规章制度，推进工作方式方法创新。到26个社区进行调研，听取意见建议，主动帮助化解难题，提高基层老干部服务管理水平。不断丰富“10分钟服务圈”内涵，广泛开展“暖心工程”等主题活动，倡导和引领全社会为老年人办实事、做好事。通过为老年人查体、走访慰问、困难帮扶等形式，服务老年人925人次。继续抓好老年大学社区分校的试点工作，印发《奎文区老年大学社区分校管理暂行办法》，规范办学机制、教学管理、学员管理等。通过社区自评、分校互评、市区老年大学点评及学员满意度评价等方式，组织开展老年大学社区分校联评。

奎文区人民代表大会

People's Congress of Kuiwei District

【概况】2016年，奎文区举行全体代表大会2次，召开人大常委会会议9次、主任会议10次，听取审议“一府两院”工作报告18个，作出决议、决定和审议意见2项，依法按程序选举和任免国家机关工作人员52人次，依法完成人大换届的代表选举工作，选举产生区第十八届人大代表211人，设立5个专门委员会和专门委员会工作室，出版发行论文汇编1册。

重要会议

【区十七届人大五次会议】2016年3月18日～20日，区十七届人大五次会议在潍坊国际金融大酒店召开。本届区人民代表大会共有代表名额213人，实有代表212人，大会实到代表203人。会议听取审议区政府区长宋均圻代表奎文区人民政府向大会作的政府工作报告，区人大常委会第一副主任冯天韬作的区人大常委会工作报告，区法院院长杨培锋作的奎文区人民法院工作报告，区检察院检察长徐军作的奎文区人民检察院工作报告；书面印发奎文区国民经济和社会发展第十三个五年规划纲要（草案）、奎文区2015年国民经济和社会发展计划执行情况与2016年计划（草案）的报告、奎文区2015年预算执行情况和2016年预算（草案）的报告。会议经过审议，依法表决通过关于上述报告的决议；通过大会选举办法、关于设立奎文区第十七届人民代表大会内务司法委员会、财政经济委员会、农业与民族侨务外事委员会、城乡建设与环境资源保护委员会、教育科学文化卫生委员会的决定和各专门委员会组成人员名单；选举刘群文、李永贵为奎文区第十七届人民代表大会常务委员会委员；各专门委员会组成人员和新当选的区人大常委会委员举行向宪法宣誓仪式。

【区十七届人大六次会议】2016年6月26日～27日，区十七届人大六次会议在富华国际会议中心举行。本届区人民代表大会共有代表名额213人，实有代表212人，大会实到代表174人。会议经过审议，依法表决通过大会选举办法；大会选举高志秀为奎文区人民政府区长，并举行向宪法宣誓仪式。

【区十七届人大常委会第三十次会议】2016年3月15日，区十七届人大常委会第三十次会议在区机关服务中心四楼第二会议室召开。会议应出席人员24人，实到21人。区人大常委会党组书记、人大常委会第一副主任冯天韬，区人大常委会党组副书记、人大常委会副主任陈民亭分别主持两次全体会议。第一次全体会议上，在通过会议议程和日

2016年6月26日～27日，奎文区十七届人大六次会议在富华国际会议中心举行

2016年3月15日，奎文区十七届人大常委会第三十次会议在区机关服务中心举行

程后，表决通过关于接受王晓燕辞去区十七届人民代表大会常务委员会委员职务请求的决定、关于接受王庆贵辞去区十七届人民代表大会代表职务请求的决定、关于接受刘棣俭辞去奎文区政府副区长职务请求的决定，并报区人民代表大会备案；区人大常委会党组副书记、人大常委会副主任陈民亭受主任会议委托提请人事任免名单，并介绍提请任命人员的有关情况；奎文区委常委、区政府副区长李伟受区政府区长宋均圻委托提请人事任免名单，并介绍被提请人员的有关情况；区检察院检察长徐军提请人事任命名单，并介绍被提请人员的有关情况；部分被提请任命人员作供职发言；区人大常委会党组副书记、人大常委会副主任陈民亭分别作关于召开区十七届人大五次会议的说明、关于区十七届人大五次会议筹备工作情况的报告、关于补选代表的代表资格审查报告；区发展和改革局负责人徐世殿作关于奎文区国民经济和社会发展第十三个五年规划纲要（草案）编制情况的报告。会议分组审议有关报告、决定草案和说明，酝酿讨论人事任免名单。第二次全体会议上，采用举手的方式，表决通过关于补选代表的代表资格审查报告、关于召开区十七届人大五次会议的决定和列席人员范围；议定大会议程（草案）、主席团和秘书长名单（草案）、议案审查委员会名单（草案）、计划审查委员会名单（草案），决定提交区十七届人大五次会议预备会议通过；议定区人大常委会在区十七届人大五次会议上的工作报告；通过《潍坊市奎文区人大常委会2016年工作要点和计划安排》；采用无记名投票的方式，表决通过区人大常委会主任会议、区政府、区检察院提请的人事任免名单。区人大常委会党组书记、人大常委会第一副主任冯天韬向被任命人员颁发任命书，并举行向宪法宣誓仪式。

【区十七届人大常委会第三十一次会议】 2016年3月18日，区十七届人大常委会第三十一次会议在潍坊国际金融大酒店三楼一号会议室召开。会议应出席人员24人，实到22人。区人大常委会党组书记、人大常委会第一副主任冯天韬主持会议。在通过会议议程和日程后，区人大常委会预算工作委员会主任孙军作关于潍坊市奎文区2015年预算执行情况和2016年预算草案的审查结果报告（草案）。会议以举手的方式，表决通过潍坊市奎文区人大常委会关于潍坊市奎文区2015年预算执行情况和2016年预算草案的审查结果报告（草案），决定提交区十七届人大五次会议主席团会议审议。

【区十七届人大常委会第三十二次会议】 2016年5月26日，区十七届人大常委会第三十二次会议在区机关服务中心四楼第二会议室召开。会议应出席人员24人，实到19人。区人大常委会党组书记、人大常委会第一副主任冯天韬，区人大常委会党组副书记、人大常委会副主任陈民亭分别主持两次全体会议。第一次全体会议上，在通过会议议程和日程后，区检察院副检察长张立华受区检察院检察长徐军委托提请人事任命名单，并介绍被提请人员的有关情况，被提请任命人员李文超作供职发言；区法院院长杨培锋作关于行政审判工作情况的报告；区人力资源和社会保障局局长谭小平作关于全区创新创业工作情况的报告；区住房和城乡建设局局长胡君章作关于全区推进老旧小区改造工作情况的报告；区人大常委会委员、教科文卫委员会副主任委员周阳保作关于检查全区贯彻实施《中华人民共和国义务教育法》情况的报告。会议分组审议有关报告、决定草案和说明，酝酿讨论人事任免名单。第二次全体会议上，区人大常委会委员李永贵、刘群文分别作审议发言；会议以举手的方式，表决通过关于接受王龙文辞去区十七届人民代表大会代表职务请求的决定；以无记名投票的方式，表决通过区检察院提请的人事任命名单。区人大常委会党组书记、人大常委会第一副主任冯天韬向被任命人员颁发任命书，并举行向宪法宣誓仪式。

【区十七届人大常委会第三十三次会议】 2016年6月22日，区十七届人大常委会第三十三次会议在区机关服务中心四楼第二会议室召开。会议应出席人员24人，实到22人。区人大常委会党组书记、人大常委会第一副主任冯天韬主持会议。在通过会议议程和日程后，区人大常委会党组副书记、人大常委会副主任陈民亭受主任会议委托，提请人事任命名单，并介绍被提请人员的有关情况；陈民亭分别作关于召开区十七届人大六次会议的说明和筹备工作情况的报告。会议以举手的方式，表决通过关于接受宋均圻辞去奎文区政府区长职务请求的决定、关于召开区十七届人大六次会议的决定和大会议程（草案）、主席团和秘书长名单（草案）、列席人员范围；以无记名投票的方式，表决通过区人大常委会主任会议提请的人事任命名单。会议决定任命高志秀为奎文区政府副区长、代理区长。奎文区委书记、区人大常委会主任李辉向被任命人员颁发任命书。

【区十七届人大常委会第三十四次会议】 2016年8月4日，区十七届人大常委会第三十四次会议在区机关服务中心四楼第二会议室召开。会议应出席人员24人，实到20人。区人大常委会党组书记、人大常委会第一副主任冯天韬，区人大常委会党组副书记、人大常委会副主任陈民亭分别主持两次全体会议。第一次全体会议上，在通过会议议程和日程后，区人大常委会党组副书记、人大常委会副主任陈民亭受主任会议委托提请人事任免名单，并介绍提请人员的有关情况；奎文区委常委、区政府副区长李伟受区政府区长高志秀委托提请人事任免名单，并介绍被提请人员的有关情况；被提请任命人员吴茵政、周岳胜作供职报告；奎文区委常委、区政府副区长李伟作关于全区“六五”普法、依法治区情况和“七五”普法规划的报告；区普法办公室主任、区司法局局长王婷作关于《潍坊市奎文区2016年—2020年依法治区规划（草案）》的说明；区发展和改革局局长徐世殿作关于全区2016年上半年国民经济和社会发展计划执行情况的报告；区财政局局长蔺荣华作关于全区2015年财政决算（草案）和2016年上半年预算执行情况的报告；区财政局局长蔺荣华作关于奎文区廿里堡街道东片区整体城镇化建设项目融资情况的报告；区审计局负责人徐金森作关于全区2015年度区级预算执行和其他财政收支的审计工作报告；区人大常委会预算工作委员会主任孙军作关于潍坊市奎文区2015年财政决算（草案）的审查报告。会议分组审议有关报告、决定草案和说明，酝酿讨论人事任免名单。第二次全体会议上，区人大常委会委员赵立果、刘群文分别作联组审议发言；会议以举手的方式，表决通过关于接受王磊辞去区十七届人民代表大会常务委员会委员职务请求的决定、关于在全区公民中开展第七个五年法治宣传教育的决议、关于《潍坊市奎文区2016年—2020年依法治区规划（草案）》的决议、关于批准潍坊市奎文区2015年财政决算的决议（草案）、关于批准《潍坊市奎文区人民政府关于奎文区廿里堡街道东片区整体城镇化建设项目融资情况的报告》的决定；以无记名投票的方式，表决通过区人大常委会主任会议、区政府提请的人事任免名单。区人大常委会党组书记、人大常委会第一副主任冯天韬向被任命人员颁发任命书，并举行向宪法宣誓仪式。

【区十七届人大常委会第三十五次会议】 2016年10月18日，区十七届人大常委会第三十五次会议在区机关服务中心四楼第二会议室召开。会议应出席人员22人，实到18人。区人大常委会党组书记、人大常委会第一副主任冯天韬，区人大常委会党组副书记、人大常委会副主任陈民亭分别主持两次全体会议。第一次全体会议上，在通过会议议程和日程后，区法院院长杨培锋提请人事任命名单，并介绍被提请人员的有关情况，被提请任命人员石玉和作供职报告；区人大常委会党组副书记、人大常委会副主任陈民亭作关于奎文区选举委员会组成人员的决定（草案）的说明、关于区人民代表大会换届选举工作的安排意见（草案）的说明；奎文区委常委、区政府副区长李伟作关于区十七届人大五次会议以来代表所提建议意见办理情况的报告、关于全区医疗卫生服务体系建设情况的报告；区人大常委会委员、区人大财政经济委员会副主任委员赵立果作关于全区财源建设情况的专题调研报告。会议分组审议有关报告和意见草案，酝酿讨论人事任免名单。第二次全体会议上，区人大常委会委员周阳保、戴晓忠分别作联组审议发言；区选举委员会办公室负责人作关于区人民代表大会换届选举工作实施方案（草案）的说明；会议以举手的方式，表决通过关于奎文区选举委员会组成人员的决定、关于区人民代表大会换届选举工作的安排意见和实施方案；以无记名投票的方式，表决通过区法院提请的人事任命名单。区人大常委会党组书记、人大常委会第一副主任冯天韬向被任命人员颁发任命书，并举行向宪法宣誓仪式。

【区十七届人大常委会第三十六次会议】 2016年12月5日，区十七届人大常委会第三十六次会议在区人大常委会会议室召开。会议应出席人员22人，实到18人。区人大常委会党组书记、人大常委会第一副主任冯天韬主持会议。在通过会议议程和日程后，奎文区委常委、区政府副区长沃付贤作潍坊市奎文区人民政府关于将2016年政府购买棚改服务资金纳入财政预算的报告；区人大常委会预算工作委员会主任孙军作《潍坊市奎文区人民代表大会常务委员会关于批准〈潍坊市奎文区人民政府关于将2016年政府购买棚改服务资金纳入财政预算的报告〉的决定草案》。会议经过审议后，以举手的方式，表决通过《潍坊市奎文区人民代表大会常务委员会关于批准〈潍坊市奎文区人民政府关于将2016年政府购买棚改服务资金纳入财政预算的报告〉的决定》。

【区十七届人大常委会第三十七次会议】 2016年12月22日，区十七届人大常委会第三十七次会议在区机关服务中心四楼第二会议室召开。会议应出席人员22人，实到18人。区人大常委会党组书记、人大常委会第一副主任冯天韬，区人大常委会党组副书记、人大常委会副主任陈民亭分别主持两次全体会议。第一次全体会议上，在通过会议议程和日程后，陈民亭受主任会议委托提请人事任免名单，并介绍被提请人员的有关情况；奎文区委常委、区政府副区长沃付贤受区政府区长高志秀委托提请人事任免名单，并介绍被提请人员的有关情况；区检察院检察长徐军提请人事任免名单，并介绍被提请人员的有关情况；区检察院检察长徐军作关于法律监督工作情况的报告；区人大常委会委员、教科文卫委员会副主任委员周阳保作关于检查全区贯彻实施《潍坊市最低生活保障管理办法》情况的报告。会议分组审议有关报告和决定草案，酝酿讨论人事任免名单。第二次全体会议上，区人大常委会委员张光辉作联组审议发言；以举手的方式，表决通过关于接受李玉祥辞去区选举委员会有关职务请求的决定；以无记名投票的方式，表决通过区人大常委会主任会议、区政府、区检察院提请的人事任免名单。区人大常委会党组书记、人大常委会第一副主任冯天韬向被任命人员颁发任命书，并举行向宪法宣誓仪式。

【区十七届人大常委会第三十八次会议】2016年12月30日，区十七届人大常委会第三十七次会议在区机关服务中心四楼第二会议室召开。会议应出席人员22人，实到19人。区人大常委会党组书记、人大常委会第一副主任冯天韬主持会议。在通过会议议程和日程后，区人大常委会党组副书记、人大常委会副主任陈民亭受主任会议委托提请人事任命名单，并介绍被提请人员的有关情况；区财政局局长蔺荣华作关于潍坊市奎文区2016年预算调整方案（草案）的报告；区选举委员会副主任王玉兴作关于潍坊市奎文区第十八届人民代表大会代表选举工作情况的报告；区人大常委会代表资格审查委员会主任委员陈民亭作关于潍坊市奎文区第十八届人民代表大会代表资格的审查报告。会议审查审议有关报告和方案草案、决定草案，酝酿讨论人事任免名单。会议以举手的方式，表决通过关于批准潍坊市奎文区2016年预算调整方案的决定、关于潍坊市奎文区第十八届人民代表大会代表资格的审查报告、关于接受张登阁辞去潍坊市奎文区第十八届人民代表大会代表职务请求的决定、关于补选奎文区第十八届人民代表大会代表选举日的决定；以无记名投票的方式，表决通过区人大常委会主任会议提请的人事任命名单。区人大常委会党组书记、人大常委会第一副主任冯天韬向被任命人员颁发任命书。

重要工作

【工作宗旨】全面贯彻中共十八大和十八届三中、四中、五中、六中全会精神，深入学习贯彻中共中央总书记习近平系列重要讲话精神和治国理政新理念新思想新战略，把党的领导贯彻于人大工作各方面、全过程。牢固树立政治意识、大局意识、核心意识、看齐意识，自觉在思想上政治上行动上同以习近平为核心的党中央保持高度一致，坚决维护奎文区委的集中统一领导，健全请示报告制度，对重要会议、重大活动等人大工作中的重大问题，及时向奎文区委请示报告，依法按程序做好相关工作，确保人大工作在党的领导下顺利进行，保证奎文区委的决策部署得到贯彻和执行。

【依法履职】始终把奎文区委重大决策、“一府两院”着力推进、人民群众普遍关注的事项作为履职重点，紧扣大局、找准定位，使人大工作与全局工作目标一致、步调一致。依法行使重大事项决定权。把人大决定与民主决策结合起来，健全讨论决定重大事项制度，在听取审议人代会相关工作报告、审查批准计划和预算、决算等“常规性”工作的基础上，每年选择1至2项事关改革发展稳定大局、人民群众切身利益的重大事项，依法按程序作出决议决定。2016年，作出批准“十三五”规划纲要、城镇化建设项目融资、棚改服务资金纳入财政预算和第七个五年法治宣传教育、依法治区6项决议决定，把党委重大决策部署通过人大法定程序转化为全区人民的共同意志和自觉行动，使之于法有据、依法实施，推进党委的重大决策部署贯彻落实。

依法行使监督权。把以经济建设为中心与以人民为中心结合起来，围绕人代会确定的目标任务，既对年度工作进行监督，又对战略性、长期性的工作进行谋划，推动经济发展和民生改善。2016年，对计划和预算执行、创新创业、财源建设、社区集体经济发展等8项经济工作进行调查，提出有份量的意见建议；对老旧小区改造、医疗卫生服务体系建设、教育均衡发展等6项民生工作进行视察，监督解决民生“短板”，提升人民幸福指数；对义务教育法、城市居民最低生活保障条例2部法律法规的贯彻实施情况进行执法检查，监督推动相关法律法规在行政区域内的正确贯彻和有效实施。

依法行使人事任免权。把党管干部原则与人大依法行使选举任免权结合起来，依照地方组织法的规定，健全提名介绍、酝酿讨论、无记名投票的任免程序，完善法律考试、资格审查、供职发言、宪法宣誓和提交任职报告的任免制度，把监督人与监督事相结合，增强被任命人员的宪法意识、责任意识和担当意识。2016年，依法按程序选举和任免国家机关工作人员52人次，有力保障地方国家机关的正常运转。

【民主法治建设】始终坚持法治导向，围绕推进“科学立法、严格执法、公正司法、全民守法”，采取多种方式，加大监督力度，深入推进法治奎文建设。

通过监督依法行政推进依法治区。对区政府依法行政情况进行专题调查，监督行政机关严格落实行政许可法、依法行政纲要等法律法规；对全区行政机关工作人员依法履职情况进行专题调研，提出规范权力运行、提高审批效率、提升行政效能的意见建议；对全区“六五”普法和依法治区工作进行会议审议，重点围绕加大普法宣传力度、规范行政执法行为、完善考核和激励机制等方面提出审议意见，增强全民法治意识。

通过监督公正司法推进依法治区。对区法院行政审判工作进行调研，推动法院工作实现程序公正与实体公正的统一；对区检察院法律监督工作进行审议，推动检察工作实现法律效果与社会效果的统一；对公检法司机关配合办案情况进行调查，推动司法工作实现信息共享、高效协调与公平正义的统一。让人民群众在每一个司法案件中都感受到公平正义。

通过依法处理群众来信来访推进依法治区。把受理人民群众涉法涉诉来信来访作为推进依法治区的载体，建立完善分管主任包案、综合分析、反馈落实等工作机制，着力在“案结、人和、守法”上下功夫。2016年，受理群众来信来访36件、45人次，督促有关部门解决一批涉及群众切身利益的问题，促进部门依法行政，群众依法维权。

通过做好上级人大立法事项联络服务推进依法治区。2016年，承接潍坊市人大关于电梯安全、文物保护、禁用限用剧毒高毒农药3部地方性法规条例的立法调研工作，组织召开座谈会5次，实地察看现场8处，提出意见建议50多条，为提高地方治理体系的法治化水平做出积极贡献。

【代表履职】 始终坚持尊重代表主体地位，完善代表工作格局，畅通代表履职渠道，提升代表履职实效。密切人大代表与人民群众的联系。建立常委会组成人员联系代表、代表联系群众的“双联”制度，充分发挥代表扎根群众的优势，畅通社情民意表达渠道。开展“听民声、提建议、促发展”等主题活动，组织代表走访群众，征求群众意见建议。拓宽代表知政议政参政渠道。建立重大信息代表共享制度，完善人大信息网站、代表短信服务平台、代表微信群和人大专刊“四位一体”的信息交流渠道，及时向代表通报经济社会发展情况和人大重要会议、重要活动内容；安排专项经费，为代表订阅《人民权利报》《山东人大工作》等报社杂志，为代表执行职务提供高质量信息服务。拓宽制度性参与渠道，主动邀请代表参加人大重要会议和活动，实现届内每名代表至少列席一次人大会议、参加一次人大活动，代表议政参政成为常态。创新代表建议督办方式，实行各专门委员会联合督办、人事代表工作室逐一征求代表“满意度”的方式，切实解决重答复、轻落实的问题；公开代表建议办理情况，将代表建议的具体内容、承办部门和代表“满意度”在人大专刊与网站上全部公开，以公开透明促进办理实效提高，立案督办代表建议23件，做到件件有回音、事事有结果。建立代表履职档案，明确出席会议、开展调研、提出建议等要求，作为评先树优、连选连任的重要依据。

【换届选举】 在奎文区委的领导下，依照有关法律规定，根据省、市、区有关换届选举要求，加大动员部署力度，依法成立选举机构，严格法定程序步骤，狠抓工作措施落实，保障和促进人大代表换届选举工作依法有序推进。扎实搞好选民登记，按照“不错、不漏、不重”的法定原则，认真做好选民登记工作，并按照法定时限按时张榜公布选民名单。依法提名推荐代表候选人，将初步代表候选人名单、正式代表候选人名单依照法定时限全部张榜公布。精心组织投票选举，为651个投票站统一制作票箱和选举现场会标，向651名投票选举主持人发放委派证，为2800多名选举工作人员制作工作证件，为做好投票选举工作提供有力保障。本次人大换届登记选民359500人，有298579人参加投票选举，参选率为83.05%，有29个选区参选率达到95%以上。其中，参选率最高的奎文区城建（交通）系统的住建选区和交通公路选区达到100%。全区102个选区和辖区驻军单位共依法推荐初步代表候选人331人，其中选民10人以上联名推荐25人。严格贯彻实施选举法和省选举实施细则，按照上级人大常委会的文件要求和选举指导用书规定，从选举工作实施方案的制定，到选区划分、代表名额分配、选民登记、提名推荐代表候选人、投票

2016年10月18日，奎文区选举委员会召开第一次会议

选举等关键环节和阶段，都严格依法按程序开展工作，确保换届选举工作依法有序进行。全区划分的102个选区、共651个投票站投票过程组织严密、秩序井然，当选代表全部从正式代表候选人中产生。当选代表结构合理，代表的结构比例符合上级人大常委会的有关标准要求，选举产生的211名人大代表中，有中共党员139名，占65.8%，比上一届大幅度降低（上届比例为80.8%，下降15%）。妇女代表比例为28.9%，完全符合比上一届（25%）有所提高的要求；在确定正式代表候选人阶段，妇女代表候选人比例为43.8%，明显超过妇女代表候选人比例不低于30%的要求。领导干部代表27名，占12.8%，非中共人士代表24名，占11.4%，少数民族代表3名，与上一届基本持平。工人、农民、专业技术人员和其他一线人员共78人，占36.97%，能够达到比上一届（36.7%）有所上升的要求。连选连任代表71名，占33.6%，较好地保持人大工作的连续性。

【自身建设】 始终坚持目标导向和问题导向相统一，深入贯彻落实党规党纪和全区人大工作会议精神。加强党风廉政建设。深入开展“两学一做”学习教育，巩固提升党的群众路线教育实践活动、“三严三实”专题教育活动成果，做到学思合一、知行合一。始终以严和实的精神抓好作风建设，认真学习贯彻《中国共产党廉洁自律准则》和《中国共产党纪律处分条例》，严格执行中央八项规定，严守党的政治纪律和政治规矩，形成“清清爽爽的同志关系，规规矩矩的上下级关系”，树立人大工作者严谨庄重、公正勤勉的良好形象。

加强组织建设。深入贯彻中央和省、市委关于加强县乡人大工作和建设的意见，依法设立内务司法、财政经济、农业与民族侨务外事、城乡建设与环境资源保护、教育科学文化卫生5个专门委员会，成立各专门委员会工作室和预算工作委员会，为履职创造良好条件。

加强工作创新。建立常委会会议重点发言人制度、审议意见限时办结和重点工作“连续审议”制度，提高会议审议实效。建立跟踪监督和连续监督制度，把财源建设、社区集体经济发展、食品质量安全等事关经济社会发展全局和民生关切的重大事项，作为重点监督议题，推动问题解决。

加强学习研究。编印常委会年度工作汇编、《奎文人大》专刊5期，推动人大工作不断总结、继承、完善、提高。加强人大宣传工作，在市级以上重点新闻媒体发表稿件60多篇，荣获省、市人大宣传工作先进单位。围绕奎文区委提升市区的决策部署，开展提升市区理论研究，形成的论文汇编《提升中心城区可持续竞争力研究报告》并出版发行。

人大各专门委员会

【概况】 2016年3月18日～20日，区十七届人大五次会议在潍坊国际金融大酒店举行，全体与会代表举手表决通过关于设立潍坊市奎文区第十七届人民代表大会内务司法委员会、财政经济委员会、农业与民族侨务外事委员会、城乡建设与环境资源保护委员会、教育科学文化卫生委员会的决定和各专门委员会组成人员名单。

【各专门委员会组成人员】

内务司法委员会

主任委员　　侯卫平

副主任委员　刘群文
　　　　　　王　磊
　　　　　　张光辉
委　　员　　王桂芹（女）
　　　　　　王德生
　　　　　　方　强
　　　　　　吕　峰（女）
　　　　　　李师友
　　　　　　宫延玲（女）
　　　　　　唐立红（女）

财政经济委员会

主任委员　　王万堂
副主任委员　陈军华
　　　　　　赵立果
　　　　　　戴晓忠
委　　员　　王志友
　　　　　　王晓燕（女）
　　　　　　刘玉凤（女）
　　　　　　冯贞森
　　　　　　杨　莉（女）
　　　　　　张峰娟（女）
　　　　　　徐述生

农业与民族侨务外事委员会

主任委员　　王颖红（女）
副主任委员　刘振惠（女）
　　　　　　华晓梅（女）
　　　　　　王俊仁
委　　员　　田玉川
　　　　　　李淑美（女）
　　　　　　张洪升
　　　　　　张崇亮
　　　　　　郭山溪
　　　　　　徐传青

城乡建设与环境资源保护委员会

主任委员　　邢　杰
副主任委员　李永贵
　　　　　　高维顺
委　　员　　冯　明
　　　　　　李　飞（女）
　　　　　　宋成林
　　　　　　张民庆
　　　　　　武法实
　　　　　　周洪恩
　　　　　　胡加刚
　　　　　　韩崇伦

教育科学文化卫生委员会

主任委员　　翟福生
副主任委员　周阳保
　　　　　　徐寿祥
委　　员　　王丽君（女）
　　　　　　杜纪水
　　　　　　张晓琦（女）
　　　　　　张徐红（女）
　　　　　　赵世文
　　　　　　彭秀萍（女）
　　　　　　谭宝廷
　　　　　　潘宝亮

奎文区人民政府

People's Government of Kuiwei District

重要会议

【奎文区组织收听收看全国安全生产电视会议】 2016年1月6日下午，奎文区在区机关服务中心设立分会场组织收听收看全国安全生产电视会议。区委副书记、区政府区长宋均圻，区委常委、常务副区长李伟出席分会场会议。会议要求，各级各部门要始终绷紧安全这根弦，采取更加扎实有力的措施，坚决遏制各类事故发生，确保安全形势持续稳定向好。要迅速开展全面专业的隐患排查行动，以排查促管理、以排查促整治。要明确落实主体责任、整改责任、督导责任，确保各类隐患彻底整改到位。要狠抓安全生产基层基础，大力推进各行业、各领域安全生产规范化建设，努力形成覆盖各行各业的安全生产标准化体系，切实织牢安全生产防护网。要增强责任意识，严格落实属地管理责任和行业主管责任，强化党政同责、一岗双责，明确安全生产责任主体领导、管理、技术责任。要强化安全生产宣传教育，广泛宣传安全生产知识，形成“人人关注安全生产、人人参与安全生产”的浓厚氛围。

【奎文区组织收看全国计生工作电视电话会议】 2016年1月7日，奎文区组织收看全国计划生育工作电视电话会议。区领导宋均圻、侯卫平、刘棣俭、王巍出席奎文分会场会议。会议传达学习了李克强总理关于计划生育工作的重要批示精神，总结2015年计划生育工作，分析实施两孩政策的重要意义，部署2016年计划生育工作。会议指出，当前，我国人口发展呈现出重大转折性变化，实施全面两孩政策、改革完善计划生育服务管理是新形势下坚持计划生育基本国策的重大战略部署。会议强调，各级党委和政府要深刻认识实行计划生育的重要性、实施全面两孩政策的系统性、改革计划生育服务管理的迫切性、促进人口均衡发展的艰巨性，调整完善生育政策，依法组织实施全面两孩政策。要加强基层基础工作和部门协调配合工作，加强宣传引导和考核监督，不断探索新形势下落实计划生育基本国策的体制机制和方式方法，确保全面两孩政策任务落到实处。

【区政府党组暨区政府办公室机关“两学一做”学习教育座谈会】 2016年4月29日下午，区政府党组暨区政府办公室机关“两学一做”学习教育座谈会在区机关服务中心举行。区委副书记、区政府区长宋均圻主持并讲话。区委常委、区政府常务副区长李伟，区政府副区长任祥、曹瑞升出席会议。宋均圻指出，要全面认识开展学习教育的重要意义，深刻领会“两学一做”的丰富内涵。一是学党章党规。着眼明确基本标准、树立行为规范，逐条逐句通读党章，全面理解党的纲领，牢记入党誓词，牢记党的宗旨，牢记党员义务和权利，引导党员尊崇党章、遵守党章、维护党章，坚定理想信念，对党绝对忠诚。认真学习党内规章制度，学习党的历史，学习革命先辈和先进典型，引导党员牢记党规党纪，牢记党的优良传统和作风，树立崇高道德追求，养成纪律自觉，守住为人、做事的基准和底线。二是学系列讲话。着眼加强理论武装、统一思想行动，认真学习习近平总书记关于改革发展稳定、内政外交国防、治党治国治军的重要思想，引导党员深入领会系列重要讲话的丰富内涵和核心要义，深入领会贯穿其中的马克思主义立场观点方法。三是做合格党员。着眼党和国家事业的新发展对党员的新要求，坚持以知促行，做讲政治、有信念，讲规矩、有纪律，讲道德、有品行，讲奉献、有作为的合格党员。宋均圻强调，要严格落实学习教育要求。认真贯彻落实中央和省、市、区委的部署要求，不搞形式，不走过场，扎扎实实开展好学习教育工作。要抓实学习讨论，原原本本学，联系工作实际学，创新学习方式方法。要聚焦解决问题，找实找准问题，立说立行解决问题，坚持“两手抓、两促进”。要充分发挥示范带头作用，领导干部以身作则、率先垂范，认真落实“三个必须”要求，认真履行“一岗双责”。要大胆创新、勇于担当，最大限度地激发开拓创新、争创一流的积极性、主动性，要强化担当意识，勇于请命，敢于负责。要履职尽责、积极作为。办公室机关要准确把握新形势下办公室的角色定位，力求参谋想在前、综合协调做在前、督促落实冲在前，扎扎实实履行好职责、发挥好作用。

【奎文区召开经济运行分析调度会议】 2016 年 5 月 25 日上午，奎文区经济运行分析调度会议在区机关服务中心召开。区委副书记、区政府区长宋均圻出席并讲话。区委常委、区政府常务副区长李伟主持会议，区政府副区长曹瑞升出席会议。宋均圻指出，要客观看待 2016 年以来经济运行情况，肯定成绩、正视问题，增强信心谋发展。要清醒认识、准确把握当前面临的形势，既要增强责任意识、忧患意识，勇于担当，敢做善为；又要提振加快发展的信心和决心，抢抓机遇，主动作为，切实把优势发挥好、工作落实好、任务完成好。街道层面要确保达标，各部门要强化主管责任，完善指标调度长效机制。要多措并举扩大有效投入稳增长。加快项目建设进度，进一步优化投向，加大统筹整合力度。要精准组织实施招商引资。整合资源、明确方向、创新模式，确保招商效果。要加快推进孵化器、产业园区建设。建设好、承接好孵化器、产业园区，选准、选好入孵企业，发挥用好各类产业基金。要千方百计促增收保支出。加大清税力度，培育巩固好税源，规范财政支出。要高度重视棚户区改造工作。切实提高认识，加快建设进度，抢抓政策机遇。要着力提升服务企业水平。不折不扣地落实好上级安排的简政放权措施，进一步优化审批流程，创新审批模式。要持续稳定安全生产形势。狠抓安全责任落实，狠抓隐患排查治理，狠抓安全生产标准化建设，狠抓食品药品安全。要树立正确的舆论导向，积极宣传引导全社会关心支持、参与发展，提振发展信心。要着力营造干事创业的浓厚

2016 年 8 月 8 日，奎文区半年经济工作调度会在区机关服务中心召开

氛围。坚持正向激励与反向约束相结合，用好履职尽责考核这个指挥棒，促进干部敢作为、能作为、善作为。要积极倡树新风正气，结合“两学一做”学习教育，把学习教育成果转化为推动发展的动力，转化为“走在前列、起好带头作用”的具体行动。

【奎文区召开经济工作分析会议】2016年8月8日上午，奎文区经济工作分析会议在区机关服务中心召开。区委副书记、区政府区长高志秀出席并讲话。区委常委、区政府常务副区长李伟主持会议。区委常委、区政府副区长沃付贤，区政府副区长任祥、曹瑞升、陈香萍出席会议。高志秀在听取有关部门就全区上半年经济社会发展情况和经济指标完成情况的汇报后，对经济发展情况给予充分肯定。指出当前经济下行压力和上行动能并存，挑战和机遇并存，长期趋缓与短期反弹并存，总体上机遇大于挑战，仍然处于发展的战略机遇期，各级各有关部门要保持高度的政治敏锐性和历史责任感，扎扎实实做好下半年的工作。高志秀强调，要全力以赴完成目标任务。在工作把握上要科学分析，研究规律，确保持续，追求质量。工作过程中，要突出重点。重点企业要加强沟通对接，帮企业解决制约发展的实际问题。要积极服务企业促发展。在走访企业过程中要有高度负责的责任心，为企业排忧解难，把企业存在的问题彻底解决。要强力推进项目攻坚。要抓好征收工作，坚持依法、惠民原则，为民着想，惠民利民。要抓好项目建设，以只争朝夕的精神，齐心协力，迎难而上，全力以赴推进重点项目建设。要抓好软环境建设，提高行政审批效率，优化投资项目的审批流程，压缩项目审批时限，落实审批限时办结制度，促进项目建设加速。要抓好招商引资工作。要抓好楼宇经济、孵化器建设，继续推进职业化招商工作，引进一批大项目好项目。要提高开放发展水平，吸引企业入驻。要推进提升市区工作，把各项工作落到实处。加快“四全一特”社区建设，加大棚户区改造力度，加快老旧小区整治提升，加快中小学建设。高志秀还就安全生产、迎接国家卫生城市复审等工作进行强调。会上，李伟、沃付贤、任祥、曹瑞升分别就分管工作讲了意见。

【奎文区召开市区重大项目储备情况调度会议】2016年11月17日，奎文区召开2017年市区重大项目储备情况调度会议。区委副书记、区政府区长高志秀主持会议并讲话，区领导沃付贤、曹瑞升、陈香萍出席会议。各街道、区有关部门就2017年基础设施建设、产业发展项目、城乡统筹规划、民生保障项目等进行汇报。会议指出，进入2016年，各级各部门牢牢抓住项目建设不放松，一大批重大项目取得新进展，为全区经济社会事业发展提

2016年12月19日，奎文区产业发展座谈会在区机关服务中心召开

供有力支撑。纵观全区项目建设情况，呈现出“房地产项目多、项目规模小、产业项目少、新开工项目少、前期项目少”等特点。会议要求，各相关部门、单位要增强项目建设的紧迫感、责任感和压力感，扎实研究推进项目建设的具体措施，解决项目推进过程中遇到的“瓶颈”问题，推进重大项目建设再上新台阶。会议强调，各级各部门在项目谋划方面，要做到高端定位、产业定位，要集群设计、集中包装、集群发展。要抓好续建、抓紧新建。要全面加快建设进度，确保完成年初确定的项目建设及经济社会发展各项目标任务。要立足当前、着眼长远，谋划生成一批事关发展全局、符合发展定位、凸显发展优势的重大项目，为推进奎文区加快发展、转型发展，建设宜居宜业、平安幸福奎文打下坚实基础。

【奎文区召开产业规划推进调度会】 2016年11月29日，奎文区产业规划推进调度会在区级机关综合服务楼召开。区委副书记、区政府区长高志秀出席并讲话。区委常委、区政府常务副区长李伟，区政府副区长任祥、曹瑞升、陈香萍出席会议。高志秀在听取区直有关部门根据任务分工就产业规划推进、“百日攻坚”活动等工作情况的汇报后强调，各级各部门要提高认识，增强做好产业规划推进、“百日攻坚”活动的紧迫感和责任感，振奋精神、强化责任，把各项工作抓紧、抓实、抓出成效。要理清思路，聚焦重点产业中的重点园区、重点项目、重点企业，增强规划的可操作性，尽快出台产业发展规划。要围绕培育市场主体，抓实招商引资，培养专业招商引资团队，突出引进外资外企和科技创新。要抓牢抓实重点项目，推动重点产业迅速发展，同时完善和延伸产业链，提高产业集中度和竞争力。要提高服务水平，强化政策创新落实，为企业转型和“大众创业、万众创新”创造良好的外部环境。要创新观念，优化工作方法，全力加快“百日攻坚”活动各项工作步伐，确保圆满完成各项任务目标。

2016年奎文区政府常务会议一览表

会议时间	主 持	主要议题
1月12日 第三十一次	区长 宋均圻	研究《潍坊市奎文区突发事件总体应急预案》《2015年度全区安全生产工作情况汇报》《2015—2016年棚户区改造贷款融资需求情况汇报》《关于全区2015年下半年大额财政支出情况的汇报》等事项
3月4日 第三十二次	区长 宋均圻	研究《关于开展困难残疾人生活补贴和重度残疾人护理补贴发放工作的汇报》《关于奎文区廿里堡街道东片区整体城镇化建设项目融资问题的汇报》《老市委党校片区征收工作情况汇报》等事项
4月15日 第三十三次	区长 宋均圻	研究《关于2015年社区发展资金使用情况的汇报》《奎文区2016年政府投资项目情况》《奎文区露天烧烤专项整治行动实施方案》《关于棚户区改造工作情况的汇报》《关于原潍坊轴承厂宿舍2号楼拆危情况的汇报》等事项
5月24日 第三十四次	区长 宋均圻	研究《奎文区地方财源协同共建办法》《奎文区棚改资金运作实施方案（讨论稿）》《关于落实完善〈潍坊市奎文区人民政府关于促进全区社区集体经济持续健康发展的意见〉有关情况的汇报》《中日韩产业博览会工作方案》《关于化解房地产库存促进房地产业持续发展的意见》等事项

续表

会议时间	主 持	主要议题
8月5日 第一次	区长 高志秀	研究《奎文区服务企业促发展、项目建设增投入、招商引资蓄势能“百日攻坚”活动实施方案》《关于进一步完善招商引资工作机制的意见（讨论稿）》《潍坊市奎文区互联网金融风险专项整治工作实施方案》《友联机电入驻奎文（滨海）中韩工业园厂房协议书》《关于提高义务兵家庭优待金的情况汇报》《贯彻落实〈全国地方志事业发展规划纲要(2015年－2020年)〉等文件精神及充实史志工作队伍的汇报》《关于区城管执法大队办公楼整体搬迁工作的汇报》《关于全区2016年上半年大额财政资金支出情况的汇报》等事项
11月14日 第二次	区长 高志秀	研究《关于〈奎文区便民摊点（群）管理考核实施意见〉（试行）的汇报》《奎文区“门前五包”工作实施方案》《奎文区深入推进供给侧结构性改革的实施意见》《全影婚庆产业园实施方案（讨论稿）》《关于奎文区林地保护利用规划修编工作情况的汇报》等事项
12月2日 第三次	区长 高志秀	研究《全区近期安全生产工作情况汇报》《关于〈奎文区建筑服务业涉税信息交换工作意见〉的汇报》《潍坊市奎文区法制政府建设实施方案(2016—2020年)》《关于全区行政执法主体资格合法性审查情况汇报》《关于2016年棚户区改造贷款融资需求情况的汇报》《关于建立奎文区信息安全风控治理平台的情况汇报》《关于视频监控全覆盖工程有关情况的汇报》等事项

2016年奎文区政府区长办公会议一览表

会议时间	主 持	主要议题
2月2日 第一次	区长 宋均圻	李伟负责政府工作报告和全区“十三五”规划纲要修订工作；根据区政府领导成员调整和实际工作需要，对区政府领导成员工作分工进行调整
3月30日 第二次	区长 宋均圻	研究《奎文区1—2月经济运行情况》《关于贯彻落实全市教育工作会议精神的情况汇报》《关于贯彻落实全市民族宗教局长会议精神的情况汇报》《2016年全区外经贸任务目标》《关于落实潍坊市外贸企业融资“助保贷”实施方案的情况汇报》等事项
5月7日 第三次	区长 宋均圻	研究迎接国家卫生城市复审工作专业职责分工问题以及部署的各项复审工作任务
6月28日 第四次	区长 高志秀	研究《开展“创建美丽家园，我与城市共提升”系列活动实施方案》和《关于前期创城工作情况及下步工作的汇报》等事项
8月22日 第五次	区长 高志秀	研究《全区安全生产监督管理工作情况汇报》《奎文区公车改革推进情况汇报》《区十七届人大常委会第三十四次会议对全区2016年上半年国民经济和社会发展计划及预算执行情况的审议意见》等事项
12月2日 第六次	区长 高志秀	研究《关于奎文区病死畜禽无害化处理工作情况的汇报》《奎文区城市居民重特大疾病医疗救助办法（试行）》《关于在新西兰奥克兰市举办2017中国潍坊名优商品展览会（绿色与生活展）工作方案》《关于参照执行区政府投融资体制改革方案优惠政策的汇报》《2017年区直部门预算和2017—2019年部门中期财政规划编制有关情况的汇报》等事项
12月14日 第七次	区长 高志秀	研究区政府领导成员工作分工临时调整问题，听取区政府办公室《关于调整区政府领导成员临时工作分工的意见》的汇报

综合政务

【文电处理】建立健全首接负责、工作补位、风险排查等制度，优化公文处理流程，进一步提升公文审核质量和水平。收转各级文电2037件，制发文电362件。文印工作保持零差错。不断加强保密工作，坚决杜绝泄密事件发生。

【政务工作】规范办会接待，认真落实中央和省市区关于改进工作作风、密切联系群众的有关规定，严格办会程序，实行"标准程序化办会"，注意工作上早衔接，时间上争主动，行动上抓提前，组织各类会议110多次。以少花钱多办事、办好事为原则，进一步规范接待标准，组织各种接待活动80多次。

【日常服务工作】认真学习业务知识，结合工作实际，把理论与实际相结合，科室职责内的工作抓重点、抓成果，克服一切困难，完成工作任务。接待工作中，坚定不移落实中央八项规定精神和《潍坊市党政机关国内公务接待细则》要求，对接待工作的各个环节严格把关，坚持以认真负责的态度接待客人、以勤俭节约的原则办好事情，做到接待费用少，服务质量高。

【行政事务和政工工作】认真办理政府办公室全体人员调资工作及调出、调入人员的人事档案工作。坚持对办公设备的经常性维护，出现故障及时联系维修，保证工作的正常进行。对办公用品定期进行盘点，及时进行补充，保证日常工作需要。对办公室财务收支情况及时核对、报账。按时上报劳资、编制干部年度报表等。

【车辆管理工作】加强公务用车使用管理，规范领导干部的用车行为，不越线搞变相公车私用。规范有序管理公务用车，定期排查公车管理方面存在的问题和不足，研究制定有针对性的管理措施，有效杜绝公车违法违纪现象。强化日常监督，做好车辆使用管理基本信息的登记，规范车辆日常使用手续，每个节假日之前都对车辆进行检查封存，车辆维修和燃油费用明显降低。加强驾驶员队伍管理，确保用车安全。

【完善工作制度】进一步细化值班室的工作职能，制定值班室工作职责等制度，值班室工作职能更加明确，工作更加规范，各项工作有章可循、有案可查。值班工作，有登记、有报告、有落实、有反馈。来电、来访需要答复的问题，件件有着落，事事有回音。

【值班工作管理】在值班工作中，每天安排两人坚持主副班24小时轮值制度，负责当天来人、来信、来电、来访的处理工作，确保值班"全天候"不断档。强化节庆和重大活动前的值班动员安排，由分管领导召开协调会和动员会，统一部署值班、安保、后勤等工作，提高基层政务值班队伍的工作能力和综合素质，为及时、有效处置各类突发事件打下坚实基础。

【重大应急事件处理】完善《奎文区人民政府突发公共事件总体应急预案》，严格按预案要求办理应急突发事件总指挥部办公室日常工作。坚持"早发现、早报告、早处置"的原则，接到报警，及时查明、核实情况，迅速依次向有关领导报告，确保各类突发事件的有效处理。

政府职能转变

【政务信息和政府信息公开】 构建大信息工作格局，编发奎文政务信息80期，上报市级政务信息1000多条，被潍坊市政府办公室采用300多条。2016年，被评为潍坊市“政府系统政务信息工作先进单位”“政务公开工作先进单位”。

【权力清单制度体系】 建立动态调整台账，做好审批事项承接和权力事项的动态调整，根据法律法规调整情况和上级下放承接情况，取消行政审批事项11项，承接上级下放许可事项9项，调整行政权力事项180项。理顺市区管理体制，制定出台《关于印发推进落实理顺市区行政管理体制若干意见具体权力事项清单的通知》，对调整涉及的278项具体权力事项进行细化分解，明确住建、财政、国土、规划等部门职责。2016年，区政府部门权力清单共包含权力事项5744项，其中行政审批事项212项。

【简化优化公共服务流程】 为方便基层群众办事创业，以区委办公室、区政府办公室名义印发《简化优化公共服务流程方便基层群众办事创业实施方案》，采取“试点＋模板”、分组审核、三级联审等方式，完成公共服务事项清单和服务指南编制工作。公共服务事项清单涵盖创新创业、日常生产生活、涉行政权力运行三大服务项目领域，包含就业技能培训类、公共教育类等16类事项。全区45个部门（单位）、8个街道共编制公共服务事项1429项，编制服务指南774项。试点推行建设项目区域化评估评审工作，降低企业制度性交易成本。以区政府办公室名义印发《奎文区推进建设项目区域化评估评审工作实施方案》，明确区域化评估评审事项为环保领域编制规划环境影响评价报告审批和水利领域编制区域化水土保持方案审批，确定奎文区廿里堡街道东片区整体城镇化建设项目（一期）为奎文区开展区域化评估评审区域。区域化评估评审变建设项目评估评审的“单体评价”为“整体评价”，探索解决评估评审手续多、时间长等问题。此次区域化评估评审试点共节省企业时间成本60天，节省财力成本8万元。

【事中事后监管】 印发《关于报送推广随机抽查工作实施方案的通知》，建立“一单、两库”（随机抽查事项清单，市场主体名录库、执法检查人员名录库）工作机制，全力推进“双随机一公开”事中事后监管。在区直24个执法部门（单位）中建立224项执法事项的执法事项清单、393名执法人员的执法人员名录库和44290个检查对象的检查对象名录库。在事业单位监管领域，按照20%的比例随机抽取检查单位，并抽派4名执法检查人员对法人年度报告公示信息的真实性、合法性、规范性进行实地核查，对检查发现的问题按程序整改落实。

【事业单位改革与监管】 研究制定《奎文区“僵尸”事业单位集中清理工作方案》，对纳入范围的“僵尸”事业单位进行集中清理规范。转发潍坊市事业单位改革领导小组下发的《关于进一步推进事业单位分类改革工作的通知》，明确各部门职责分工。深入开展事业单位绩效考评工作，实行考评结果与评先树优、干部使用、经费预算、机构编制调整和区直部门科学发展综合考核“五挂钩”，全区实现事业单位绩效考评全覆盖。在全区教育、卫生、文化系统选取3家公益性较强的中小学、公立医院、文化场馆进行法人治理结构试点工作。

【政务服务标准化建设】 按照全市统一安排，大力推进政务服务标准化建设，切实提升管理服务规范化水平。通过实施政务服务标准化建设，群众满意率显著提高。结合奎文区实际，制定《奎文区重点投资项目审批代办制实施意见》，组建由代办员和10名专办员组成的代办网络，为项目落地提供从立项到竣工验收的“一条龙”代办服务，审批效率得到明显提高，重点投资项目落地加快。参照执行《潍坊市建设工程项目“模块化”审批实施方案》，实行建设工程项目“模块化”审批，打造“流程最佳、环节最少、效率最高、服务最优”的项目审批流程，有效缩短审批时间，优化服务流程，提高服务效能。参照执行《潍坊市非制造业建设工程项目告知承诺制实施办法》，推行“非制造业建设工程告知承诺制”，加快非制造业建设工程的审批进度。参照执行《潍坊市行政审批否定报备制度》文件要求，在全区执行行政审批否定报备制度，保证行政审批事项否定的准确性，进一步提升行政审批服务水平。2016年，全省统一的新的政务服务平台正式启用后，奎文区政务服务平台实现与上级互联互通，推动实体政务大厅向网上办事大厅延伸，实现全区政务服务“一网通”。

政府调研工作

【综合文字工作】 加强文字材料的加工工作，提高办公室的文字处理和服务能力。努力学习新思想，发现新问题、想出新点子、提出新建议，发挥以文辅政的作用。全年完成政府工作报告、经济工作会议、会议纪要和区领导讲话等大型材料30多篇。

【调查研究工作】 围绕区政府中心工作和关注的重点课题，认真开展调查研究，力求为政府决策提供重要情况和有针对性的意见建议，努力提高辅助科学决策的能力和水平。2016年，组织开展产业园区建设、经济开发区转型升级创新发展、提升服务效能优化发展环境等16次专题调研，编发《调查研究交流》8期，形成各类调研报告9篇。

督查工作

【督查制度建设】 制定出台《政务督查工作考核办法（试行）》，进一步完善《区政府督查工作规范》《关于进一步加强政务督查工作的意见》等文件，明确职责，提高工作效率。为优化全区政务督查工作流程，拟定“督查事项审批表”“会议确定事项分解立项督查表”“区政府领导批示转办督查单”“区政府领导临时交办事项督查单”和“督查催办通知单”等规范格式，对整个督查工作从立项、办理、督办到办结都作出明确规定，使督查工作更加制度化、规范化。

【督查体系建设】 建立以区政府督查室为主，各街区、各部门督查联络员为成员的督查责任体系，形成重大事项联合督查督办机制。在各街区、各部门确定督查工作联络员76人，加强区政府督查室与重点工作责任单位的工作联系，确保督查工作信息渠道畅通和充分对称，协调解决重点工作推进中的突出问题，推动重点工作的有效落实。

【政府工作报告督查】 按照可量化、易考察、重实事的原则，对2016年奎文区《政府工作报告》确定事项进行立项分解，明确各项任务目标的责任单位、责任人及完成时限。对《政府工作报告》确定的工作任务107项，实行季调度、半年通报制度，并形成《督查专报》呈领导参阅。对报告中确定的民生实事18件，以查阅资料、现场实地查验等不同形式进行督查。对各项工作任务实行台账式管理，对于完成全年任务目标的工作任务即时销号。

【领导批示办理和临时交办事项督查工作】 全年办理上级和本级党委、政府领导批示61件，办结61件，办结率100%；组织开展各类专项项督查活动110多次。全年共下发《督查通知》31期，形成《督查专报》33期。

【人大代表建议、政协委员提案办理工作】 全年督查区政府责任部门、单位办理市政协委员提案3件，全部办理完毕；督促办理区人大代表建议23件、区政协委员提案35件，全部办理完毕。督办区十七届人大五次会议以来"回头看"建议3件，形成区十七届人大五次会议以来代表所提建议意见办理情况的报告、落实人大常委会对区十七届人大五次会议以来代表建议办理情况审议意见的报告、区政协五届五次会议以来提案办理情况的报告等材料。

应急管理

【信息报送和应急值守工作】 建立突发事件报告制度，出台《关于进一步加强突发事件信息报送工作的通知》《关于进一步加强值班应急和"零报告"制度的通知》等信息报送规章制度文件，在全区22个部门、8个街道建立日报告制度，每日通过奎文区协同办公平台发送突发事件"日报告""零报告"情况，确保突发事件第一时间报告应急办公室。完善应急值守制度，奎文区政府办公室实行24小时值班制度，每天有带班领导1人，实行主辅班值守，确保有值班工作人员2人，做到值班电话"随响随接、随接随办、随办随记"。各类突发事件信息，均按有关规定及时、准确上报。

【应急管理组织体系】 调整奎文区突发事件应急管理委员会，进一步明确应急管理工作的责任分工。规范各街道和区直有关单位应急领导机构和办事机构设置，要求各社区、学校和企事业单位，落实具体人员负责应急工作，构建起全区"横向到边、纵向到底"的应急管理工作组织网络。

【应急预案体系】 根据区情实际和经济社会发展情况，不断完善各类应急预案。至2016年年底，全区突发事件总体预案1个，专项预案15个，部门预案33个，高危、重点生产经营单位和商场、学校等基层单位报备各类应急预案（综合、专项预案和处置方案）约500个。在完善应急预案的同时，不断加强应急演练工作，全区共组织开展各类应急预案综合演练300多人次，其中大型综合演练1次，通过应急演练，不断提高全区应急处置水平。

【应急保障体系】加强应急队伍建设，建立以各单位专业队伍为基本力量，公安、武警为突击力量，企事业单位专兼职队伍和志愿者队伍为辅助力量的应急队伍体系。至2016年年底，全区建成区级综合救援大队1支、专业应急救援队伍14支。强化避难场所建设，继续加强对现有40处避难场所的管理维护，每年对各类指示牌、标志牌进行维修、更换；高标准提升改造潍坊植物园应急避难场所，将潍坊市植物园打造成面积大、基础设施完善的，符合国家I类标准的应急避难场所。保障物资储备，采取定点储存、委托企业代储等方式加大应急物资储备力度，定期维护更新，基本满足生活必需品的应急需求。积极争创安全社区，使居民了解更多的安全知识，改变一些不安全的生活方式，降低危险因素，减少伤害的发生。奎文区全力做好安全社区争创工作，至2016年年底，各街道都有一个社区被授于国家安全社区称号，成为全国唯一一个整建制创建并一次性验收通过的县级行政区，其中东关街道被授予“国际安全社区”称号，是潍坊首个国际安全社区，是山东省第6个国际安全社区。

【应急宣传】重点面向社区、大型商超、重点企业、学校、家庭宣传防灾减灾、应急救援、消防安全、饮食卫生、防台风防汛抗旱和节水等应急知识，发送各类应急宣传材料10万份。组织开展食品安全、消防救援、灾害应急救助、安全生产等培训班，培训1000多人次，通过加强对基层管理工作人员的培训，切实提高应急处置能力。

史志工作

【概况】2016年，奎文区史志工作坚持以“围绕中心、服务大局、发挥作用”为工作总揽，以编史修志工作为龙头，着眼于史志事业发展，以史鉴今、资政育人、求真务实、开拓创新，认真贯彻落实《地方工作条例》《山东省地方史志工作条例》和《全国地方志事业发展规划纲要（2015—2020年）》《山东省地方史志事业发展规划纲要（2016—2020年）》《潍坊市地方史志事业发展规划纲要（2016—2020年）》，加强领导奎文区的史志工作，着力抓好落实，加大自身建设力度，注重实效，充分发挥部门职能作用，不断拓展史志工作新领域，圆满地完成各项工作任务，取得较好的成绩。

【史志工作部署】总结第一部《奎文区志》编纂完成经验，着手部署《奎文年鉴》编纂工作，启动街道、部门志工作，明确要求，全面完成第二轮修志任务和综合年鉴一年一鉴全覆盖。奎文区委、区政府高度重视，奎文区政府常务会议连续2次研究史志工作，探索搭建史志队伍“1+N”建设机制，即围绕史志工作1个中心，多方力量参与共同完成的模式。对外公开招标，充实培训队伍，加快推进部门（行业）志和街道（乡镇）社区（村）志编修工作、信息化建设工作和方志馆建设工作。

【信息化建设】按照全国、省、市政府地方志事业信息化发展意见和“加快信息化建设”的工作要求，进一步提升史志工作信息化水平，围绕奎文区志、鉴、馆、网、用五个方面重点工作，汇报申请史志部分工作服务外包，逐步实现修志编鉴的数字化、网络化，建设地方史志全文数据库，不断升级完善奎文地情网站，开发形式多样的数字化成

奎文区情网网站首页

果，加强地情微信、微博、手机版地情网的推广应用和安全管理，构建多界面、多元化、全方位、安全可靠的综合服务体系。奎文区史志办被评为“潍坊市政府史志工作先进单位”。

【供稿工作】 承担山东省史志、潍坊市志（奎文部分）、潍坊风筝志的组稿工作。奎文区逐年承担《山东年鉴》《潍坊年鉴》组稿工作任务。高质量完成省、市布置的《山东年鉴》《潍坊年鉴》《潍坊人物年鉴》供稿工作。充分发挥自身优势，大力开展史志资源整合开发利用，主动为当地经济建设和社会发展服务，对奎文区历史文化村镇的相关资料进行挖掘、整理、收集，为有关部门提供大量地情资料，促进奎文区历史文化资源的开发和利用，为奎文当地存史资政、传承文明做出卓有成效的工作。

智慧城市建设工作

【基础设施和安全体系建设】 通过在城区 LED 路灯杆上布设“超级 Wi-Fi”设备，实现沿街沿路及公共场所的免费 Wi-Fi 覆盖，为公众提供各种无线终端免费无线上网服务。2016 年年底，奎文区无线城市网一期工程建成并开始试运行，奎文区“三街两路”即东风东街、福寿东街、胜利东街和新华路（北宫东街至宝通东街区间）、四平路（北宫东街至健康东街区间）5 条道路的核心路段开通免费超级 Wi-Fi 服务。在充分调研论证的基础上，筹备建立全区信息安全风控平台，通过建设全区统一的身份认证安全管理系统，对设备安全和数据库安全进行集中管控，为全区机关事业单位提供安全保障。

位于奎文区东风东街 LED 路灯杆上布设的“超级 Wi-Fi”设备为公众提供免费无线上网服务

【智慧政务建设】 深入推行“互联网 + 政务服务”模式，在全市率先实现市、区、街、居四级政务网络的互联互通，网上政务大厅启动试运行。区协同办公平台全年流转公文 1.8 万件、办理审批事项 4 万多件。区社会治理数字化服务平台年转办政务热线诉求 1.6 万件。加强全区网站建设和网络保障，为街道、部门提供上门及电话维护服务 400 多次，顺利完成全国网站普查工作，区门户网站全年上传发布各类政务信息 4000 多篇。组织完成全区网站群集约化建设前期调研工作，配合区政府新政务大厅网络设置进行规划。区电子政务中心机房运转平稳，各系统平台运行全年无重大故障。

【智慧民生建设】 奎文区承担智慧社区、智慧养老、智慧医疗、智慧景区、智慧校园、智慧停车 6 大类智慧民生示范项目建设任务，至 2016 年年底，顺利完成全部项目建设。全区公共自行车站点全部接入“潍 V”公共服务平台，6 家大型商场建成智慧停车，2 家三级以上医院实现手机挂号， 7 所幼儿园可家校视频互动，2 所养老院安装智慧养老设备，11 个社区试点智慧社区，项目建设成果走在全市前列。《大众日报》《潍坊日报》等多家新闻媒体对奎文区智慧民生项目建设进行报道。

【智慧产业建设】 引进深圳竹云科技、颐高等有影响力的企业，推动形成集聚效应和龙头带动。实施“互联网 +”产业培育计划，助力互联网金融中心、全影网、潍坊科教创新产业园、易邻里、欧乐生活等智慧城市新兴产业项目建设，推动互联网与实体经济融合，促进电子商务、科技信息等新兴产业规模化、聚集化。

政务服务热线

【服务热线办理】 2016 年共接收市政务服务热线受理中心转办事项 11748 件，其中，第一季度 2575 件次，第二季度 2282 件次，第三季度 2315 件次，第四季度 4576 件次。办结率 100%，反馈率 100%。

【工作机构变更】 政务服务热线办理工作原由区政府办公室 1 名专职工作人员负责，2016 年 10 月，该项工作由区智慧办承接，具体负责热线诉求的受理、交办、协调、调度、数据统计分析、通报、考核等工作。2016 年 2 月，根据潍坊市委办公室、市政府办公室《潍坊市政务服务热线整合建设方案》，潍坊市市长公开电话受理中心更名为潍坊市政务服务热线受理中心。是年 12 月，奎文区政务服务热线开设区政务服务热线“8912345”，直接受理辖区诉求。市政府完成对国家部委、省属、市直部门（单位）的 39 条服务热线号码的整合和原“12345”业务系统平台升级改造。改造完成后，奎文区依托市政务服务热线业务平台，按照“统一受理、按责转办、限时办结、督办监督、问责考核”办理机制，实行 24 小时全天候运行，诉求承办数量较之前增加 20%。

【工作制度建设】 按照市政府办公室《关于印发潍坊市政务服务热线管理规定的通知》要求，区智慧办明确分管领导 1 人，在编工作人员 1 人，依托市政务服务热线业务平台开展热线诉求办理工作，进一步规范全区诉求处办流程，统一规范上报格式，实行 100% 回访制度。参照市政务服务热线建设模式，于 2016 年 12 月提报关于解决政务服务热线坐席人员的请示，计划以服务外包的方式，配备与工作量相适应的专职工作人员。

【要情专报】 2016 年共编发《政务服务热线办理情况通报》12

期。热线诉求热点问题主要集中在小区供暖效果差、温度不达标、分时供暖、停暖以及停暖退费，小区配套设施不完善、新房质量问题、物业服务差乱收费等房产开发企业遗留和物业管理问题，用人单位拖欠离职职工工资，延期或拒不为职工办理社保等劳动和社会保障类问题，消费纠纷和4S店订金、押金不退等工商管理类问题，占道经营、垃圾清理等城建和市政类问题。

人事工作

【就业创业政策】2016年，积极实施就业政策，组织开展“农民工恳谈日”“2016年春风行动”“文创企业专场招聘会”等系列专题活动，累计提供就业岗位4500多个，缓解企业用工压力。全区实现城镇新增就业5236人，完成全年任务的119%，城镇登记失业率控制在3.5%以内。加快推进创业孵化基地建设，全区已建成创业孵化基地11个，入驻企业2300多家。积极落实创业扶持政策，发放“鸢都创业证”2649个，为符合条件的创业企业发放一次性创业补贴和一次性岗位开发补贴共计27.75万元。加快推进特色就业创业街区建设，成功申报大虞街道、广文街道李家社区和廿里堡街道金宝社区为山东省级创业型街道和创业型社区。东关街道中和园社区成为潍坊市唯一一家山东省级数字就业示范社区。全区市级以上“充分就业和谐社区”达到37个，其中，国家级1个，省级2个。

【社会保险政策】2016年，加大社会保险扩面征缴力度。全区企业职工基本养老保险、医疗保险、工伤保险、生育保险、失业保险参保人数分别达到5.68万人、6.35万人、4.89万人、3.04万人、3.25万人，累计征缴社会保险费6.15亿元，全部超额完成潍坊市的扩面征缴任务。进一步巩固城乡一体化社会保障体系建设成果，全区参加城镇居民养老保险参保人数达到29737人，征缴本期养老保险费1539.55万元；为1.41万名60周岁以上老年人发放养老金2280万元，发放率100%；城镇居民基本医疗保险政府补助标准提高到420元，全区城镇居民基本医疗保险参保缴费人数达到13.71万人。

【劳动保障监察执法工作】2016年，积极实行劳动用工备案制度，规范企业用工行为，奎文区备案立户企业达2320家，备案职工5.09万人。加强劳动保障监察执法工作，共受理各类举报投诉案件578件，结案率达99%以上，为劳动者追回工资、押金达54.9万元。组织开展清理整顿人力资源市场秩序专项行动，对全区6个具备劳务派遣资质的劳务派遣单位和15个用工人数较多的用人单位进行检查。开展用人单位遵守劳动用工和社会保险法律法规情况专项检查，共排查用人单位150多个，涉及职工3567人、农民工935人。年度书面审查用人单位2056个，涉及职工2.38万人。积极推行阳光仲裁，共立案受理各类劳动人事争议案件135件，涉案金额1221.1万元；调解处理33件，涉案金额约110.7万元，实现仲裁案件当期受理结案率100%。

【人才培养工作】2016年，进一步拓宽人才服务平台，帮助企业做好国家审批和省审批项目的申报准备工作，引进外国专家25人。加强专业技术人才的培养选拔，组织3246人参加专业技术考核鉴定，推荐潍坊市级专业技术拔尖人才5人，万人拥有专业技术人员占比列全市四个区前列。加大职业资格证书推广应用力度，组织参加职业技能鉴定人数达6800人，新推荐省级首席技师1人，市级首席技师3人，位列全市四个区第一名。推动民办职业学校上档升级，指导潍坊奇正商务会计培训学校进行升级，成功通过山东省人社厅批复，升格为山东奇正商务会计培训学院，切实提高教学层次，拓展教学规模。

党建工作

【专题学习讨论】 采取个人自学与集体学习相结合，对规定的学习资料认真学习研讨。2016年，结合“两学一做”学习教育，共开展专题讨论4次，结合支部生活日、“三会一课”制度，固定每月2天为党员干部集中学习日，2天为支部生活日，全年共开展集中学习22次，支部生活日24次。

【创新讲党课方式】 区领导班子成员带头讲党课，科级以上党员干部轮流讲党课，根据党课课题自行确定党课内容、时间和方式，在所在党支部或分管领域党支部上党课。2016年，区领导班子成员共上党课8次，科级领导干部共上党课13次。到教育基地现场上党课，是年6月到庄龙甲故居和区检察院预防职务犯罪警示教育基地进行现场教育。

【民主生活会和组织生活会】 全年共召开领导班子专题民主生活会1次，由区委督导组到会指导并全程参加会议。全年召开组织生活会6次，其中，第一、第二、第三党支部分别召开组织生活会2次，区政府领导班子成员、党员科级干部以普通党员身份参加组织生活会。会上，班子成员、党员干部认真开展批评与自我批评。围绕民主生活会、组织生活会查摆出来的问题，班子领导和党员干部主动认领、对号入座，分别制定详细的整改工作方案，逐一进行整改。

【党员民主评议】 全年开展党员民主评议1次，根据评议要求，对照党员标准，按照个人自评、党员互评、民主测评、组织评定等程序进行，共对56名党员进行民主评议，并对每名党员提出评价意见，确定评议等次。

政务服务

【概况】 2016年，奎文区优化审批流程，提高服务水平，搭建优质高效的政务服务平台。全年办理审批服务事项129.9万件，群众满意度100%，实现群众零投诉。2016年，奎文区政务服务中心管理办公室荣获“山东省精神文明单位”“奎文区先进基层优秀党组织”称号。

【企业登记并联审批制度】 2016年，深入推行《奎文区企业登记并联审批实施办法（试行）》，设立专门的“证照合一”窗口，各类表格真正实现“一窗统筹、一表登记、同步启动、内部流转、限时办结、三证联办”审批模式，不断提升审批效能。

【非制造业建设工程告知承诺制】 2016年，奎文区御景苑一期项目、潍坊市白浪河绿洲湿地公园•尚河街项目、崇文新农村综合服务基地项目等实施告知承诺

群众为奎文政务服务中心赠送的部分锦旗

制，总投资额13.2亿元，建筑面积达30.94万平方米，在立项阶段节省审批时间93个工作日。告知承诺制的实施，极大加快非制造业建设工程的审批进度。

【建设工程项目模块化审批制度】2016年9月1日正式实行建设工程项目“模块化”审批制度。通过整合流程环节、规范前置条件、推行并联审批，将项目审批整合为项目立项、供地规划、工程规划、施工许可、竣工验收5个模块，建立“集中受理、同步办理、网上流转、全程监督”的运行机制。

【重点投资项目审批代办制】2016年，制定《奎文区重点投资项目审批代办制实施意见》，为项目落地提供从立项到竣工验收的“一条龙”代办服务。对总投资额超过1亿元的重大产业项目、奎文区政府确定的重点工程项目、总投资超过5000万元的高新技术项目及重点招商引资项目，列为重点投资审批代办项目，奎文区政务服务中心管理办公室组织专人全程免费代办。

【行政审批否定报备制度】2016年，针对在行政审批服务中被否决的行政审批事项，执行潍坊市行政审批否定报备制度，保证行政审批事项否定的准确性。

【政务公开】2016年，结合行政审批制度改革，根据各单位的职能、内容、依据、服务事项，审批和服务事项办事程序、条件、时限、收费标准及服务承诺等编制业务手册和业务指南，建立信息公开目录，通过政府门户网站向社会公示。

【标准化建设】2016年，完善《奎文区政务服务中心工作领导小组窗口和工作人员管理办法》相关制度，针对提升群众满意度，制定《奎文区政务服务领导小组窗口审批服务回访制度》，每月对办理的审批事项按一定比例以抽签的方式进行服务回访，回访结果纳入窗口月度管理考核。

【大厅服务功能完善】2016年，增设一次性告知机，提高办事效率；修改作息时间，实现与潍坊市市级机关同步对接，中午轮流值班，确保全天不空岗；大厅导服人员试行全天候微笑站立轮岗制；增加休息区座椅数量，维修和更换空调设备和灯具，开设报刊阅览区，提供免费开水，科学设置停车区域，使服务环境和服务质量得以明显改善和提高。

外事与侨务

【国际化城市建设】 为确保国际化城市建设工作的顺利推进，各相关单位划拨专项资金，并确保专款专用，其中，潍坊市第二人民医院专门支出50万多元，实现所有诊室、服务窗口双语标识；奎文公安分局拨款60万元，对全区门楼牌进行制作安装，完成门楼牌制作安装157889个，其中，大门牌4669个，小门牌12675个，旁门牌6个，临时门牌3个，楼号牌6693个，单元号牌12265个，楼房户号牌117449个，平房排号牌2757个，平房户号牌3622个；金宝游乐园投入资金9万多元，实现景区内所有标示牌的双语化；区公路局协调潍坊汽车站，投入资金5万多元，安装双语标识牌150块；各街道、国际学校、商城分别根据需要投入资金，实现各类服务标牌的双语化。

【邀请函办理】 服务辖区内进出口企业，对各进出口企业送审材料认真审核，根据规定提出合理化建议，确保奎文区初审材料能在市政府主管部门一次性通过。严格把关，把不符合条件的挡在国门之外。

【APEC卡办理】 亚太经合组织(APEC)成立后，为加强区域内经济合作，促进商务人员自由流动，在经济体内相互为其商务人员提供多边长期签证和快速通关礼遇。根据APEC卡办理的相关要求，本着严格把关和加强服务的宗旨，2016年度办理APEC卡15张，为辖区企业负责人“走出去”提供便利。

【侨务工作】 侨务工作主要是服务侨民，2016年11月，根据相关政策，向奎文区贫困华侨侨眷16人发放补助款39120元，春节前向9个贫困华侨家庭赠送现金和生活必需品。

机关事务管理

【概况】 2016年，奎文区机关事务管理工作的重点是区直机关食堂改革、区政务服务大厅搬迁、全区公务用车改革、区直机关办公用房基建维修、区服务中心管理、区直机关财务管理、安全生产以及公共机构节能等工作，各项工作按照计划有序进行，圆满完成全年各项工作任务。2016年，奎文区机关事务管理局获得“山东省机关事务工作先进单位”“潍坊市机关事务工作先进单位”“全区先进基层党组织”等荣誉称号。

【食堂改革】 2016年，在参考潍坊市直机关和部分县市区机关食堂做法的基础上，结合奎文区实际，对机关食堂进行改革。把过去“对办公区各单位正式在编人员按月发放补贴的办法”改为“财政承担人员工资，固定餐价运营的办法”。调整就餐计费系统，制作新餐卡2600多张。同时，采取中层以上干部包靠食堂的办法，及时解决服务模式改变之后在就餐过程中出现的问题。

【奎文区公共服务中心迁建】 2016年，根据奎文区委、区政府统一安排，严格按程序组织奎文区公共服务中心改造项目的招标和采购工作。是年11月6日，开始对奎文区公共服务中心进行改造装修，组织精干力量靠在施工一线，在现场办公，及时解决工程中遇到的各类问题，确保工程质量和进度。

【公务用车改革】 2016年，全力做好公务用车改革工作，在前期对所有参改单位车辆进行汇总分类的基础上，于2016年6月28日～30日，对全区应封存的300多辆公务用车进行集中封存，并张贴封条，建立电子档案。是年8月至9月，分三批进行公开拍卖。

【服务中心管理】 2016年，认真做好机关餐厅、会议室和周转房的管理工作，为强化日常管理，每天对区直机关办公区、住宅区公共设施进行检查维护，确保正常运转。采取定期与不定期相结合的方式对服务质量、饭菜质量进行监督，不断提高管理水平和服务质量。

【安全生产】 2016年，加大检查力度，采取定期与不定期检查相结合的办法，对办公区各单位及住宅区安全用电、消防等方面进行检查，针对在检查中发现的问题下达隐患整改通知单，督促限期整改。全年组织安全检查11次，发现隐患2处，全部得到整改。

【公共机构节能降耗】 2016年，通过在区直机关办公区张贴宣传画、悬挂条幅、安装宣传版面等措施，大力宣传节能减排工作的重要性和必要性，普遍提高广大机关干部的节能意识。严格落实能耗数据月统计、季报送制度，加强对数据报送的催办、督办、检查、验收，全面掌握第一手资料。通过加强宣传、科技节能、强化统计等措施，实现同比能耗下降2.4%的目标，区直机关办公区水电费用取得连续六年下降的好成绩。

中国人民政治协商会议
奎文区委员会

Kuiwei District Committee of the Chinese people's PCC

【概况】2016年，中国人民政治协商会议潍坊市奎文区委员会（以下简称区政协）举行全体委员会议1次，召开区政协常委会议3次，召开区政协主席会议3次，组织区政协委员进行视察和调研活动6次，组织区政协委员专题学习培训3次，政协友好往来交流协作活动3次，出版发行文史资料1册。区政协五届五次会议期间，收到提案57件，立案35件全部办结完毕，委员对提案答复满意率100%。区政协充分发挥委员的主体作用，围绕区委、区政府的中心工作积极建言献策，切实履行好政治协商、民主监督和参政议政的职能，为奎文区的经济社会发展履职尽责，做出新的贡献。

重要会议

【区委政协工作会议】2016年2月25日，区委政协工作会议在区机关服务中心四楼第一会议室召开。区委书记李辉出席并讲话，区政协主席刘良嘉主持。会上，梨园街道党工委书记王庆汉作《搭建平台，凝聚力量，积极引导辖区委员在改革发展中实现新作为》、区民政局局长张克成作《积极依靠政协力量，推进民政事业发展》、区政协提案委副主任李爱杰作《发挥提案作用，助力奎文发展》的交流发言。区委常委，区人大常委会党组书记、人大常委会第一副主任，区政府副区长，区政协副主席、党组成员、专职常委，区法院院长，区检察院检察长出席会议。各街道，奎文经济开发区、泰华城商务园区、北海路商贸经济发展区党工委书记、副书记；区直各部门（单位）主要负责人；区政协各专委会主任、界别召集人；各社区党组织书记参加会议。

2016年2月25日，区委政协工作会议在区机关服务中心第一会议室召开

【区政协全委会议】2016年3月17日～19日，区政协五届五次会议在国际金融大酒店召开，本届委员234人，本次大会实到219人。会议听取中共奎文区委书记李辉讲话；听取并审议通过区政协常委会工作报告和提案工作报告；审议并批准区政协五届五次会议提案审查情况的报告；与会委员列席奎文区十七届人大第五次会议，听取并讨论区政府工作报告及相关报告；协商讨论《奎文区国民经济和社会发展第十三个五年规划纲要（草案）》；协商讨论奎文区人民法院工作报告和奎文区人民检察院工作报告；大会表彰优秀政协委员42人，表彰优秀提案20件。大会同意，因工作调整甄延亮不再担任五届区政协秘书长，吴茵政不再担任五届区政协常务委员会委员。大会进行人事选举事项，选举辛玉福为五届区政协秘书长，选举刘四海、宁学庆、刘尚波、

高培权为区政协五届常务委员会委员，审议通过区政协五届五次会议决议。

【区政协常委会议】2016年3月12日，区政协五届十六次常委会议在区机关服务中心四楼多功能厅召开。区政协主席刘良嘉讲话，区政协副主席陈立宝主持会议。会议听取关于区政协五届五次会议筹备情况的汇报；审议通过召开区政协五届五次会议的决定；审议通过区政协五届五次会议议程和日程安排（草案）；审议通过区政协常委会工作报告（草案）和提案工作报告（草案），并分别推举报告人；审议通过区政协五届五次会议各工作机构人员名单；会议还听取并审议通过有关人事事项。

2016年11月10日，区政协五届十七次常委会议在区机关服务中心四楼多功能厅召开。区政协主席刘良嘉讲话，区政协副主席陈立宝主持会议。会议听取区政府2016年以来经济社会发展情况和提案办理情况通报；听取潍坊城市投资控股有限公司、潍坊城市创新投资有限公司、潍坊恒建资产经营管理有限公司工作情况通报；审议《区政协关于全区食品安全情况的调研报告》。

2016年12月9日，区政协五届十八次常委会议在区机关服务中心四楼多功能厅召开。区政协主席刘良嘉讲话，区政协副主席陈立宝主持会议。会议传达学习中共十八届六中全会精神、市政协十二届二十六次常委会议精神和中共奎文区委十三届九次全体会议精神。

【区政协主席会议】2016年3月11日，区政协五届十八次主席会议在区政协会议室召开。区政协主席刘良嘉主持会议。会议审议通过区政协五届五次会议议程和日程（草案）；审议区政协常委会工作报告（草案）和提案工作报告（草案），并分别推举报告人；审议区政协五届五次会议执行常委名单、列席单位名单、大会秘书处秘书长副秘书长名单、大会秘书处各组负责人名单（草案）和各组召集人名单（草案）；研究部分委员调整有关事项；审议通过《关于表彰优秀政协委员、优秀提案的决定》；审议通过区政协五届十六次常委会议议程。

2016年4月15日，区政协五届十九次主席会议在区政协会议室召开。区政协主席刘良嘉主持会议。会议研究审议新任常委工作分工；审议《政协潍坊市奎文区委员会2016年工作要点》；通报区几大班子办公室主任会议有关情况。

2016年11月9日，区政协五届二十次主席会议在区政协会议室召开。区政协主席刘良嘉主持会议。会议审议《区政协关于全区食品安全情况的调研报告》；审议区政协五届十七次常委会议议题；通报区政协换届有关情况。

2016年11月10日，区政协五届十七次常委会议在区机关服务中心多功能厅召开

重要工作

【区政协委员学习培训】2016年4月15日下午，在区机关服务中心四楼多功能厅举办“企业转型发展与团队精神塑造”委员专题培训活动，培训活动紧密联系当前经济形势和企业发展实际，就企业转型发展、企业团队精神塑造等内容为委员进行授课。

2016年5月28日，区政协大讲堂——国学专题讲座，在区机关服务中心四楼第二会议室开讲。区政协领导班子成员、区政协委员、驻奎文区的市政协委员、区工商联会员等参加讲座。活动邀请中央民族大学哲学与宗教学学院教授、博士生导师，美国杜克大学中国研究中心兼职教授赵士林开展“国学六法”专题讲座。

2016年10月15日，区政协大讲堂之文化艺术高端讲座中国摄影家协会函授学院“走进潍坊”活动在灵狮·潍坊国际创意港举行，山东省政协委员、山东大学文化遗产研究院副院长、博士生导师刘德龙围绕“齐鲁文化与山东民俗”作专题讲座，中国文联摄影艺术中心主任、中国工业摄影学会副主席、中国新闻摄影学会副秘书长刘宇作题为“看见自己”的摄影艺术讲座。中国摄影家协会函授学院、山东省摄影家协会、潍坊市摄影家协会、区政协领导班子成员出席活动，区政协委员、各街道分管负责人和文体站站长、区直各部门分管负责人、各社区文体干事、区属中小学校部分骨干教师和省市区摄协会员参加活动。

2016年12月2日，区政协组织开展中共十八届六中全会精神专题学习。区委党校党史党建教研组组长、高级讲师寇仁宝作中共十八届六中全会精神宣讲报告，集体观看警示教育片《警钟》，区政协主席、党组书记刘良嘉主持并讲话。区政协领导班子成员、部分政协委员、全体机关干部参加。

2016年9月25日，贵州省铜仁市万山区政协主席一行到奎文区考察并签署两地政协友好合作框架协议

【奎文、万山两区政协友好交流】2016年6月15日，万山书画创作基地揭牌仪式暨万山·奎文书画摄影艺术展在贵州省铜仁市万山区举行，区政协副主席张洪军等出席并致辞。

2016年9月25日，贵州省铜仁市万山区政协主席吴泽军一行到奎文区考察。其间，在奎文区政协座谈交流，并共同签署两地政协友好合作框架协议，区政协主席刘良嘉介绍奎文区经济社会发展和政协工作情况，奎文区政协领导班子成员、万山区政协考察团成员出席座谈会。

【奎文区庆祝建党九十五周年美术摄影作品展】2016年6月28日～7月8日，奎文区政协协同区委组织部、区委宣传部、区文化旅游新闻出版局、市美术家协会等单位，在区文化馆6楼展厅共同举办奎文区庆祝中国共产党成立九十五周年美术摄影作品展。区政协副主席王巍主持启动仪式并致辞。本次活动由区文化馆、区美术家协会、区摄影家协会承办，潍坊学院美术学院协办。

政协各专门委员会

【提案委员会工作】 区政协五届五次会议期间，收到提案57件，立案35件，分别由区卫计局、奎文交警大队、区住建局、区教育局、区文化旅游新闻出版局等15个部门和单位具体承办并按时办结，委员对提案答复满意率100%。实施《区政协领导分工联系督办重点提案制度》，由区政协领导班子成员领衔开展提案办理协商、督办活动。

【经济委员会工作】 2016年9月23日，组织区政协委员对全区金融业发展情况开展调研，实地考察农业银行奎文支行和农商银行奎文支行，组织有关部门、银行从业人员和政协委员召开座谈会，就金融业发展中存在的贷款诈骗、虚假破产、恶意逃废金融债务等问题展开深入探讨，提出有针对性的意见和建议。是年10月19日，组织视察潍坊城市创新投资有限公司运营情况，实地察看奎文门美食文化街、山东互联网金融中心，就公司健康运营发展提出意见和建议。

【人口资源环境委员会工作】 2016年3月，组织开展全区节水型社会建设情况调研，听取区住建局、区农林局、区水利局、区规划局、区环保局等部门的情况介绍，实地察看潍坊华港包装材料有限公司污水处理、潍坊华美标准件有限公司自备井运行、金宝乐园农业长廊滴灌等情况，形成专题调研报告。是年4月，组织开展关于“弘扬中华孝文化传统，促进社会和谐发展”的专题调研。

【科教文卫体委员会工作】 2016年6月23日，组织区政协委员赴潍坊金宝食品有限公司、唐宁府华一少儿托管中心、潍坊市南下河批发市场，就全区食品安全情况开展专题调研。是年7月，又赴西安、西宁等地进行考察学习，形成《区政协关于全区食品安全情况调研报告》，报送中共奎文区委、奎文区政府之后，调研报告中的许多建议被采纳落实。

【社会法制委员会工作】 2016年6月24日，组织区政协委员视察活动，到廿里堡检察室，实地察看基层检察院行政执法监督情况，实地察看后在廿里堡检察室会议室进行座谈，委员们结合实际，对基层检察院行政执法监督工作提出一系列具有参考性的意见建议。

【文史资料委员会工作】 2016年5月17日，区政协文史资料委员会召开工作会议，讨论通过年度文史工作计划，鼓励区政协委员发挥自身特长，多措并举开展奎文区文史资料的搜集整理工作，为传承奎文传统文化遗产、凝聚奎文发展精神力量献计献策。征集出版《古风今韵—奎文诗书画印艺术集萃》，汇聚奎文历代诗文、书法、绘画、篆刻作品。全年，编辑文史刊物《奎文阁》2期，编印《奎文政协》期刊3期。

【各专门委员会组成人员】

提案委员会

主任委员	蔺荣华
副主任委员	王成利
	李爱杰（女）

李福田
李端亮
委　　员　方　滨
尹华斌
杜洪强
李玉芝（女）
李建玲（女）
张　玲（女）
张爱娟（女）
张瑞坤
岳连红（女）
唐建婷（女）
曹大伟
韩海燕（女）

经济委员会

主任委员　陈红萍（女）
副主任委员　王仁华
刘玉秀（女）
吴卫忠
韩素国
委　　员　于　滨
马吉义
王　宇
王文建
王旭祯
刘兴海
刘晋友
任　平
陈　飞
林殿坤
尚荣辉
栾建成
潘金凤（女）

人口资源环境委员会

主任委员　张兰升
副主任委员　王建国
单日强
赵文元
段莉莉（女）
委　　员　马荣静（女）
王占静（女）
王晓杰（女）
权利飞
汤建明
杜其强
李　俊
宋丽媛（女）
赵千里
曾凡良
潘金梅（女）

科教文卫体委员会

主任委员　杨海兵
副主任委员　刘尚波
刘洪益
辛　春（女）
郝长城
委　员　玄成武
吕宝军
刘宝卫
孙　永
张志敏
张国庆
张浩润
罗玉英（女）
郑世良
胡兆奎（女）
胡德宏
赵红梅（女）

社会法制委员会

主任委员　张克成
副主任委员　王世伟
李炳杰
吴茵政
宋晓梅（女）
委　　员　王洪勇
王海东
史继涛
司　瑜（女）
刘冬梅（女）
孙献波
张彩云（女）
张淑云（女）
周金亮
赵大伟
高　明
韩江忠
苑青刚

文史资料委员会

主任委员　王凤胜
副主任委员　付　霆
刘伯胜
刘洪忠
郭　强
委　　员　马伟红（女）
王　波
朱红梅（女）
刘　峰（女）
邱猷福
赵　岳
姜增明
郭　杰（女）
徐　嘉
董立志
滕明群
魏守柱

中共奎文区纪律检查委员会

Commission for Discipline Inspection of the CPC Kuiwei District

【概况】2016年，奎文区聚焦主责主业，把握运用监督执纪“四种形态”，强化执纪监督问责，把纪律和规矩以及警示教育前置，切实履行党风廉政建设监督责任。2016年，中共奎文区纪律检查委员会（以下简称区纪委）共受理信访举报170件次，立查违纪问题33起，给予党纪政纪处分31人。各级党组织和纪检组织提醒谈话13人，谈话函询17人，给予批评教育、责令作出书面检查、通报批评91人，诫勉谈话15人，组织处理1人。

重要会议

【区纪委十三届七次全会】2016年2月4日，召开中共奎文区纪律检查委员会十三届七次全体会议，出席会议的区纪委委员24人，列席186人。全会深入贯彻中共中央总书记习近平系列重要讲话精神，传达学习中央纪委十八届六次全会、山东省纪委十届七次全会精神、潍坊市纪委十一届八次全会精神，回顾总结2015年全区党风廉政建设和反腐败工作，研究部署2016年工作任务。中共奎文区委书记李辉出席会议并讲话，全会审议通过高东洋代表区纪委常委会所作的《坚持从严依规治党，把纪律挺在前面，坚定不移推进党风廉政建设和反腐败工作》的工作报告。

重要工作

【党风廉政建设主体责任督促落实】2016年，协助区委制定街道、区直部门《2016年度党风廉政

2016年6月29日，奎文区委、区政府领导班子成员向区纪委全委会述廉述责

建设责任书》，修订完善党政领导班子成员党风廉政建设岗位职责，开展半年书面调度和年终检查考核，强化管党治党责任。严格落实“一岗双责”，开展区级党政领导班子成员向区纪委全会述责述廉工作；各街道党工委书记、4个部门主要负责人向区纪委全会述责述廉；与各街道、各部门（单位）党政领导班子成员就落实主体责任进行面对面集体谈话，有效传递压力，督促认真履职尽责。落实主体责任定期检查和考核通报制度，书面调度各街道、各部门（单位）半年主体责任落实情况，向部分单位反馈意见并督促问题整改。加强主体责任落实日常工作台账管理，督促各部门各单位推进年度工作任务落实。严肃问责追究，唤醒领导干部责任意识。全区因履责不力受到责任追究的领导干部8人，其中，受到党纪政纪处分的3人，诫勉谈话的5人。

2016年4月8日，中共奎文区纪委组织《中国共产党廉洁自律准则》和《中国共产党纪律处分条例》法规知识竞赛

【“四风”问题纠治】2016年，紧盯“四风”老问题，关注新动向，坚持明察暗访常态化，既盯紧日常又严在重要时间节点，驰而不息纠治“四风”。把违反中央八项规定精神问题列入执纪审查重点，对巡察、信访、执纪审查发现的“四风”问题线索深挖细查、绝不放过，全区查处违反中央八项规定精神问题7个，给予党纪政纪处分的5人，通报曝光典型问题4起。把整治“为官不为”列入纠治“四风”重要内容，查处履职不力、监管失责等问题4个，处理11人。扎实开展机关作风纪律督查，从小事严起，从具体问题抓起，从严从实抓制度立规矩。开展集中督查5次，印发督查通报2期，发现和纠正问题15个，处理责任人17人。

纪律检查体制改革

【纪律审查工作】2016年，修订完善《问题线索管理处置暂行办法（试行）》，加强问题线索集中管理，集体分析研判，严格按照五类标准进行处置。突出“抓早抓小”，督促各级党组织领导班子成员落实主体责任和“一岗双责”，对存在苗头性、倾向性问题的党员干部，及时提醒谈话，使“咬耳扯袖”“红脸出汗”成为常态。对反映的一般性问题或线索不具体难以查证核实的，更多运用谈话函询，提高执纪审查实效。强化执纪刚性，紧盯“六大纪律”，坚持动辄则咎，始终保持惩治腐败高压态势。落实“两书两表”（《奎文区纪检监察机关办案谈话审批表》《奎文区

2016 年 4 月 11 日，全市廉政工作电视电话会议奎文区分会场

纪检监察机关案件调查备案表》《奎文区纪检监察机关安全办案承诺书》《奎文区纪检监察机关办案安全责任书》）等安全制度措施，保证依规依纪安全文明开展执纪审查。突出执纪审理，严把程序和质量关，严格定性量纪和处理决定落实。

【党风廉政教育】 2016 年，围绕“两学一做”主题教育，派员到相关街道和部门组织开展党风廉政建设和反腐败专题讲座 2 场次，参加人数 200 多人。组织全区 2316 名副科级以下干部参加德廉知识测试，及格率 83.6%。组织全区重点岗位相关人员参加旁听职务犯罪庭审活动 2 次，零距离接受预防职务犯罪警示教育。组织全区“两项法规”知识竞赛，提高广大党员干部遵规守纪意识，开展以“家风正、政风清”为主题的家训家规家风故事征集活动，举办全区廉洁家风故事宣讲比赛，推进廉政文化落地生根，在全区营造尊廉崇洁氛围。

【纪检监察派驻工作】 2016 年，探索派驻机构科学开展监督的方式方法，制定《区纪委监察局派驻机构工作要点》，完善日常报告、宣传教育、专项巡查、纪律审查四位一体的工作运行模式，加强对各部门（单位）“三重一大”事项、廉政勤政及“一岗双责”落实情况的监督，督促驻在部门领导班子落实党风廉政建设主体责任。强化巡察监督，对涉及民生方面专项资金使用管理情况的 16 个区直部门、7 个事业单位开展专项巡察。

工商联　社会团体

Association of Industry and Commerce Society

工商联

【概况】 2016年，奎文区工商联合会（以下简称区工商联）深入开展理想信念教育实践活动，与中共奎文区委统战部联合下发《关于以守法诚信、坚定信心为重点深入开展理想信念教育实践活动的实施意见》。打造非公党建品牌，为潍坊市工商联系统非公有制经济组织党建工作现场交流会提供观摩现场。2016年，区工商联被评为全国“五好县级工商联”和山东省“五好县级工商联”。

【培训教育】 2016年，组织专题学习活动5次，培训非公经济代表人士200多人。开展“厚道鲁商”倡树行动，推荐山东金宝集团有限公司和山东潍坊精鹰医疗器械有限公司为全市第二批“厚道鲁商”示范企业。在全区各基层商会组织和广大非公有制经济人士中开展“双学一跟”学习教育活动。

【组织建设】 2016年，成立阳光驿站、创客联盟等楼宇商会以及奎文区文化创意产业协会，在中学街、则尔庄等社区成立社区商会，发展会员85人。推荐优秀年轻企业家20多人加入潍坊市新生代企业家商会，并成立潍坊市新生代企业家商会奎文分会。至2016年12月，全区共有会员443人，其中，企业会员328人，团体会员8人，个体会员107人。

【企业服务】 2016年，搭建对外交流桥梁，与青岛市市南区、江苏省泰州市高港区等6家工商联结成友好商会，赴吉林省参加中国第十三届城市友好商会会长会议。加大联系会员力度，建立健全驻会主席联系会员企业制度。打造非公党建品牌，山东广潍集团有限公司、阳光100置业集团有限公司被潍坊市委组织部确定为第一批非公党建示范点。构建新型政商关系，编印《非公有制企业产业投资政策汇编》，免费向非公有制企业发放。

【回馈社会】 2016年，建立扶贫台账，完善贫困户建档立卡资料，建立扶贫对象帮扶工作信息系统平台。开展结对扶贫，组织潍坊坤泰机械制造有限公司等8家企业与临朐县8个贫困村结成一对一帮扶对子。实施产业扶贫，山东广潍集团有限公司在潍坊峡山生态经济发展区投资3000万元建设矿泉水公司，潍坊金宝集团有限公司在昌邑市和坊子区等地投资6000万多元建设生态旅游项目和观光农场。山东邦泰置业有限公司为残疾人和老年人捐助助步工具50多件，潍坊金源江铃汽车4S店等企业为学校捐赠课外读物1.1万多册。

奎文区总工会

【概况】 奎文区总工会辖8个街道（廿里堡街道、大虞街道、东关街道、潍州路街道、梨园街道、广文街道、北苑街道、北海路街道）总工会，12个委、局系统工会（经信局、商务局、教育局、卫计局、住建局、交通运输局、农林局、国税局、市场监管局、公安分局、机关党工委和供销社）。至2016年年底，全区共有基层工会组织423个，涵盖法人单位2150个，工会会员43872人。

【基层工会组织建设】 2016年，奎文区总工会开展“百日集中建会”行动，与多个部门联合下发《关于开展“农民工入会集中行动”实施方案》，并印制发放2万份《农民工入会和服务工作指南》；新建基层工会组织13个，新发展会员2123人。探索基层工会主席公推直选模式，有10名新人充实到基层工会干部队伍中。

【劳动竞赛活动】 2016年，奎文区总工会开展“当好主力军、建功十三五”劳动竞赛活动，潍坊国际针灸推拿学校杨金花等4人被评为潍坊市“能工巧匠”，沃尔玛潍坊店李伟等10人被评为奎文区金牌职工；潍坊市宝多多企业管理咨询有限公司等两家企业获评“工友创业示范单位”，引领工友开创创业新局面。推荐潍坊神舟重工机械有限公司获得“富民兴鲁”劳动奖状、潍坊市第二人民医院护士长武娜获得“富民兴鲁劳动奖章”荣誉称号；推荐评选奎文区孙家小学刘涛、潍坊嵌银厂有限公司李玉坤、潍坊精鹰医疗器械有限公司李忠林、山东广维集团有限公司邱文花、奎文国税局夏传兵、奎文区潍州路街道韩立新、奎文区广文街道韩崇伦等7人获得“潍坊市劳动模范”荣誉称号。利用工会网站、微信平台、电视台等新闻媒体大力宣传各级工会组织和会员的先进典型事迹。

【民主管理制度创新】 2016年，奎文区总工会开展“推行协商民主、强化社会责任”活动，建会的国有、集体及其控股企事业单位职代会制度和厂务公开制度建制率达到100%，非公有制企业职代会制度、厂务公开制度的建制率达到95%。表彰沃尔玛深国投百货有限公司潍坊东风街分店、潍坊天泰能源集团有限公司等4个单位为厂务公开民主管理示范单位。在全区企业中开展工资集体协商“百日要约集中行动”，推动企业进一步建立健全职工工资共决机制、正常增长机制和支付保障机制。聘任3名区级专职工资集体协商指导员，扎实开展工资协商工作，不断提升工资集体协商工作水平。表彰华润潍坊远东医药有限公司、潍坊居然之家家居建材有限公司等4个单位为工资集体协商示范单位。

【“查保促”活动】 2016年，奎文区总工会运用网站、微博、微信等多种形式宣传安全生产知识，督促全区各街道、企业开展消防培训和演练，共印发《“查保促”知识宣传手册》和《消防常识人人学》宣传挂图共2万份以及“查保促”扑克1万副，举办“查保促”扑克大赛。全区开展集中活动的企事业单位达236个，职工参与2万多人次。各级工会组织安全消防培训125次，职工参与1.5万多人次。全区共组织消防演练23次，职工参与9500多人次。

【帮扶服务体系建设】 2016年，奎文区总工会在春节、端午节、中秋节等传统节日走访慰问困难职工143户，为困难职工送去慰问金和慰问品累计26万元。开展“夏日送清凉”“金秋助学”“慰问优秀教师”“关爱环卫职工”等一系列主题活动。完善工会信息化服务和工会会员普惠化服务，全区优惠服务单位达60个，发放工会会员优惠证约5万个，发放潍坊工会服务卡超1万张，使会员7.8万人次得到实惠。开展困难职工再就业培训，筹集资金7.5万元，培训困难职工286人次。开展职工互助保险活动，不断扩大在职职工互助保障计划覆盖面，有6978人加入职工互助保障活动，为358人发放互助金23.5万元。不断拓宽就业创业平台，是年3月，在万达广场举行“春风行动”大型招聘会；是年4月，在京广书城举办“菁英·双创”优秀文创企业展示暨文创人才专场招聘会；是年5月，在潍坊职业学院滨海校区开展“奎文工会就业援助进校园”活动。

【丰富职工活动内容】2016年，奎文区总工会多次组织举办乒乓球比赛、象棋比赛等活动。加强职工教育阵地建设，积极开展职工书屋创评活动，区总工会被评为潍坊市职工书屋建设优秀单位，奎文国税局“心灵书吧”和孙家社区职工书屋被评为潍坊市职工书屋示范点。加强“节约用水”绿色宣传，印制并发放节约用水宣传画册2000份，举办“节约用水，我们共同的责任”演讲比赛和“节约用水我们在行动”万人签名、文艺汇演等多项节水宣传活动。

共青团奎文区委

【青年表彰活动】2016年，开展区级“青年文明号”创建和“青年岗位能手”评选工作，在教育、卫生、社区服务中心等行业系统的窗口单位命名“青年文明号”集体28个，表彰“青年岗位能手”21人，引导各行业青年在服务全区经济社会发展中贡献青春力量。

【青年创新创业】2016年，全年招商引资4500万元，推荐33人加入潍坊市青年联合会，推荐11人加入潍坊市青年企业家协会，充实完善奎文区青年人才库；跟踪服务青年创业大赛“双创”选手的后续工作，帮助嗨创业公社项目争取专项扶持资金10万元；深化“鲁青基准贷”项目，为2家企业争取青春创业贴息2.74万元，为创业青年发放贷款221万元；联合嗨创业公社共同筹建“青年创业服务实践基地”，定期开展针对高校毕业生的免费创业培训，打造学校与社会的“创业资源对接平台”；结合“1+100”直接联系青年工作，累计联系走访创业青年30多人，协调解决公司注册、融资、资源对接等方面的困难和问题。

【青少年理想信念教育】2016年，在梨园街道樱北社区建立潍坊市硬笔书法家协会青少年书法培训基地；组织全区约2000名青少年参加“国学达人”网络挑战赛，其中潍坊新华中学孙一博在全市选拔赛中获中学组第一名，并在全省“国学达人”挑战赛中获优秀奖；暑期组织各行业团干部在全区各社区为青少年开讲“社区团课”，举行“流动励志学校”巡回展览活动，开展“开学第一课”主题活动16场次，

2016年9月6日，奎文区“青春之声·开学第一课”主题报告会在潍坊中学举行

累计参与文明、环保等爱心公益活动60多场次。

【青少年志愿服务】2016年，组织全区少先队员开展“四城同创”志愿服务行动，印制海报100多张，发放宣传材料3000多份，覆盖青少年400多人；开展品牌化青年主题志愿服务活动，打造“周末英语”“雷锋团支部”等志愿服务品牌，至2016年年底，有“仁医仁爱”“扬帆爱心志愿服务团”“七色花”等多个高校志愿服务团队落户奎文区。

【青少年社会化项目建设】2016年，通过购买服务、自主孵化等方式，在潍州路街道幸福街社区等3个社区运行青少年服务项目6个，整合高校、企业、公益机构等社会资源30多个（所），辐射社区矫正人员子女、待就业大学生等重点群体400多人；“爱溢阳光——助推重点青少年成长计划”项目培养社区青少年志愿者骨干38人，家长志愿者15人，辐射社区青少年群体2000多人次。是年8月，全区首个青少年服务项目培育空间在东关街道工福街社区正式落户，首批培育项目2个。在全区8个街道的11个社区建立“青年之家”社区有形化阵地，试点成立“社区青少年宫”3个。

【弱势青少年群体】2016年，建立全区残疾、留守、家庭困难儿童等困境青少年及家庭档案，整合青年企业家、青年联合会委员等资源开展系列帮扶活动。将爱心物资送至30户青少年家中，为贫困高校学子提供爱心助学金和暑期兼职岗位等帮助。

【共青团网上建设】2016年，“奎文青年”微博、微信累计编发信息900多条，联合潍坊微生活信息科技有限公司组织青年活动10多场次，参与青年人数1000多人；推进“青年之声”网上频道建设，打造O2O“闭环”服务圈，正面引导网络舆论20多次，回答辖区楼宇青年和社区青年提问2300多条，开展微心愿、图书捐赠等线上线下联动活动25次，参与青少年约600人。

【团干部实践活动】2016年，举办全区共青团半年工作推进会暨“青年之声”建设工作培训会、暑期实习生培训计划、“青年之声”团干部培训班等专题培训，组织街道、社区团干部10多人到山东省东营市东营区学习团的阵地和项目建设；举办少先队辅导员专题培训班，购置少先队规范化标识32套，订阅少先队辅导用书50多册；举办2016年度团区委机关开放日暨“团干部直接联系青年”恳谈日活动，邀请社区、楼宇、创业团员青年走进机关，参观机关团组织的有形化活动阵地，进一步密切团青联系、增进感情。依托团中央“团干部直接联系青年”系统，组织基层团干部充分展示工作推进动态、基层感悟和精华分享，发起开展线下活动160多次和线上互动290多次，至2016年年底，全区29名基层团干部实现常态化联系100名青年的预期目标。

奎文区妇女联合会

【概况】2016年，围绕奎文区建设现代化中央商务区的目标要求，以服务经济社会发展为原则，以女性受益为根本，着力提升女性素质，引领女性创新发展，开创新时期妇女工作新局面。2016年，全区有妇女儿童约26万人；社区建立妇女组织67个，区直机关、事业单位建立妇女组织30个，非公经济组织建立妇女组织15个。2016年，奎文区妇女联合会（以下简称区妇联）获得“山东省城乡岗位建功先进集体”“潍坊市文明单位”“潍坊市建设学习型政党组织示范点”等荣誉称号。

【巾帼志愿服务表彰推进会】2016年3月7日上午，在区机关服务中心四楼第一会议室召开奎文区巾帼志愿服务表彰推进会。会议总结全区巾帼志愿服务工作取得的成绩，研究部署当前和今后一个时期巾帼志愿服务工作任务，表彰全区优秀巾帼志愿者22人、优秀巾帼志愿服务项目10个、优秀巾帼志愿服务组织8个和巾帼志愿服务爱心企业6家。区委常委、区委宣传部部长李强出席会议并讲话，受表彰的组织代表和优秀个人代表做典型发言。

【妇女就业创业平台建设】2016年，组织奎文辖区企业提供适合女性创业就业的优质项目，参加潍坊市第十八届“春风送暖”女性专场招聘洽谈暨第十三届妇女居家创业项目展示会。联合区人社局、区总工会等部门举办“春风行动”招聘会和2016春季联合大型招聘会，参加现场招聘企业390个，现场达成用工意向600多人。联合中国妇女发展基金会举办“@她女性创业计划”培训活动，为创业新女性进行电子商务基础知识普及培训。依托潍坊经纬职业培训学校开展巾帼电商居家创业培训20期，培训学员1200多人，在广大女性学员中普及“互联网+”概念和电子商务知识。扶持巾帼家政服务业发展，争取巾帼家政服务员补贴7.5万元。

【维护妇女儿童权益】2016年，“两个规划”（《山东省妇女发展“十二五”规划》《山东省儿童发展“十二五”规划》）任务目标全部达标，制定2016年度为妇女儿童办实事项目并列入全区督查事项，区妇联联合区财政局、区卫计局、区教育局等部门合力解决免费新筛、学前教育等与妇女儿童切身利益相关的重点难点问题。在奎文区福利中心设立奎文区反家庭暴力庇护所，对因家庭贫困、受家庭暴力伤害暂时不能回家居住的家庭暴力受害者进行临时性社会救助庇护，及时为受家暴困扰人员开展心理疏导、矛盾调处和法律维权服务。区妇联联合区卫计局，为全区35周岁至64周岁妇女分期分批开展“两癌”免费筛查，争取专项资金30万元，筛查妇女1900人，圆满完成全年筛查计划，进一步提高全区妇女的保健意识和健康水平。举办“爱心桥”困境家庭关爱行动启动仪式，现场签订帮扶协议，结成帮扶对子16对，捐款1万多元。

【妇女儿童精神文化生活】2016年，开展“最美家庭”创评系列活动，评选出2016年度区级“最美家庭”10户，举办“最美家庭讲家风”巡讲活动，发挥“最美家庭”的榜样力量，弘扬社会正能量。组织开展“美德少年”评选，面向全区6周岁至16周岁的少年儿童，评选出“美德少年”30人，发放荣誉证书和课外读物。联合奎文区台办举办海峡两岸青少年书画作品展，搭建两岸少年儿童文化交流和展示平台。联合区委宣传部、区文化旅游新闻出版局举办第三届秧歌大赛，展现全区公共文化事业发展繁荣的辉煌成果。联合《潍坊晚报》举办“和谐城市 巾帼风采”摄影大赛，共收到全区妇女、家庭和摄影爱好者投稿300多幅，有效推动全区家庭文明素养和社会文明程度的提高。

奎文区科学技术协会

【科普项目建设】2016年，组织实施各类科普项目8个，其中，李家社区、苇湾社区等基层科普行动计划市级项目6个，大英烟公司旧址公园、潍坊市植物园第二批潍坊市科普教育基地创建项目2个。

【科普平台建设】2016年，投资额100万多元，用于改造和提升社区科普大学软硬件资源，确保办学场所高标准建设，丰富科普教学资源与课程，增强科普大学的吸引力。2016年，选定大虞街道孙家社区进行社区科普体验馆试点建设。编印《社区居民科学素质读本》《领导干部和公务员科学素质读本》《奎文科普集萃》等科普图书1万多册，印制科普宣传抽纸2万盒，免费发放到社区居民手中。

【科普网络建设】2016年，树立“奎文科普”微信公众平台科普品牌，借“科技三下乡”“全国科普日”“科普文化晚会”等活动，引导群众扫描二维码加入“奎文科普”微信公众平台，扩大科学普及宣传覆盖面。加强110台“数字科普通”的管理和维护，建立健全“专兼结合、责任明确、监管有力、管护有效”的长效管护机制，构建起区、街道、站点三级管理维护组织网络体系，为设备规范运行、持续发展提供制度保障。

获得全国科普示范县（市、区）荣誉牌匾

2016年奎文区科协科普馆基本情况一览表

名　称	地　址	展览内容	票务电话	门票价格	开放时间
潍坊东方新世纪公园	潍州路铁路桥南路西	植物园展	8807779	15元/人	全年开放
潍坊动物园	潍州路2477号	东北虎、非洲狮、棕熊、梅花鹿、骆驼、孔雀等多种一级保护动物	2608986	70元/人	8：00～17：00
潍坊防震减灾科普馆	潍州路2477号	科普馆内分序厅、可怕的瞬间、探究地震的真相、震中求生、居安思危五个展区，设置地震体验车、5D电影院、360度环形地震体验剧场、磁悬浮地球、震后斜楼等40多个展项	2608169	免费开放	上午9：00～11：00 下午14：30～17：00
大英烟遗址	车站二街83号	20世纪初欧式古建筑、老厂房和老仓库		免费开放	上午8：30～13：30 下午14：00～17：00

奎文区残疾人联合会

【概况】 奎文区残疾人联合会（以下简称区残联），创新工作机制，增强服务能力，围绕残疾人的民生保障、康复救助、教育就业等服务项目，至2016年年底，区残联服务残疾人1.63万人，涉及1.58万个家庭，持残疾人证3425人，其中，视力残疾238人，听力残疾244人，言语残疾32人，体残疾1853人，智力残疾334人，精神残疾443人，多重残疾281人。2016年，奎文区残疾人扶贫基地和残疾人职业培训基地被命名为“潍坊市先进基地”，残疾人肖岚被授予“山东省残疾人自主创业先进标兵”荣誉称号。

【残疾人服务工作】 2016年，区残联组织编写《奎文区残疾人事业“十三五”规划》，开展残疾人生活救助、社会保障、康复服务等基本服务状况和需求专项调查。2016年，调查残疾人家庭3160户，办理残疾人证280个。联合潍坊市电视台图文频道开办电视手语栏目——《关注》，不断丰富全区残疾人精神文化生活。

【残疾人医疗康复】 2016年，依托奎文区辅读学校、区聋儿康复学校、博爱儿童康复中心，开展残疾少年、儿童康复，康复指导残疾人1800人次，康复残疾儿童55人。免费住院治疗贫困精神病残疾人15人，盲人定向行走训练20人次。对全区白内障患者免费手术20例。建立健全社区残疾人康复网络，参加市培训班2期。

【残疾人社会保障】 2016年，纳入社会低保的残疾人家庭504户，发放每人每月120元的生活补助，全年发放补助资金75万多元。为1051名重度残疾人发放每人每月90元的护理补贴，发放护理补贴105万多元。发放残疾人学生及贫困残疾人子女学生救助补贴19.91万元。纳入城镇医保600多人；政策扶持68位残疾人实行居家和集中托养工作；为65户残疾人家庭进行无障碍家庭建设。

【残疾人教育就业】 2016年，组织开展就业援助活动，组织6个企业和50名残疾人参加就业洽谈会；残疾人职业技能培训141人；扶持8名残疾人自主创业，发放扶持资金2.4万元。征收残疾人就业保障金360万元。第一书记结对扶持35名残疾人创业，发放扶持资金7万元。发放残疾大学生励志资金0.6万元。对全区不能入学的20名残疾儿童，联合教育部门送教上门。

军事

Military

奎文人民武装工作

【概况】2016年，中国人民解放军山东省潍坊市奎文区人民武装部（以下简称奎文区人武部）围绕年度工作思路，贯彻执行人武部帮建工作指示，着眼“四部”建设目标，坚持高标准、谋求新发展，“两学一做”专题教育活动、民兵组织整顿、战备训练、征兵工作、安全管理、双拥共建等工作任务圆满完成，党委班子自身建设和队伍能力素质得到提高，全面建设保持良好发展态势。

【民兵组织整顿】2016年，拟定方案下发《奎文区二零一六年度民兵组织整顿工作实施方案》和《二零一六年度民兵整顿工作指示》，按照科学筹划、摸清底数、跟踪督导、检查验收的步骤，完成对基层武装部的民兵组织整顿工作。

【兵役登记方式】2016年，为推进征兵信息化建设，依托“全国征兵网”实施网上兵役登记。全国兵役登记时间为4月1日至6月30日，其间，凡奎文辖区2016年年底年满18周岁的青年公民，可在2016年6月30日前登录“全国征兵网”进行兵役登记，并打印“男性公民兵役登记表”后，持此表到其户口所在地的街道武装部（含高校武装部）进行现场确认，同时提交登记表。奎文区人武部根据报名情况和时间阶段，通知适龄青年进行初检、初审、体格检查等工作。

【预备役管理】2016年，预备役管理包括军官预备役和士兵预备役管理两部分，以严谨的管理系统对每位预备役公民进行跟踪管理，公民在服预备役期间，定期参加军事训练、执

2016年6月20日，奎文区人武部官兵深入基层进行征兵宣传咨询活动

行军事任务，并随时准备应征服现役。

【军事训练管理】2016年，根据上级年度军事工作指示、计划，结合奎文区人武部实际情况制定年度军事工作指示，进一步完善训练计划和训练考核机制，分层次建立健全单位和个人训练资料，及时上报训练情况，有效地促进军事训练管理的规范化、科学化。组织各类集训，提高人武、专武人员的理论知识水平和业务技术技能。

【战备工作】2016年，拟制《2016年奎文区反恐应急预案》和《2016年抢险救灾暨雨雪冰冻方案》。完成元旦、春节、五一劳动节、八一建军节、十一国庆节等重大节日的战备值勤和日常值班任务。

【征兵工作】2016年，紧紧围绕提高新兵质量这个核心，牢牢把握征集高学历青年和应届毕业生两个重点，采取多种形式做好宣传发动，高标准完成年度征兵工作任务。征集的新兵全部是高中以上文化程度，其中大学生新兵数量占全部新兵的55%，兵员质量实现质的跃升。

【政治教育活动】2016年，政治教育学习贯穿全年各项工作中。定期组织学习理论知识、业务技能培训和保密教育学习，利用视频系统参加上级部门组织的各类主题学习教育活动，为确保部队安全稳定和集中统一，提供强大思想保障。

【国防教育活动】2016年，组织参加全市国防教育工作会议，注重把国防教育与七一党的生日、八一建军节、征兵宣传等活动结合起来，采取设立宣传站点，展出宣传画板、出动宣传车和宣传教育进校园等活动，使国防宣传活动进入千家万户，提高宣传效果。

【融合军民关系】2016年，严格按照潍坊军分区要求，对辖区所有驻军单位和所驻社区进行军地军民纠纷隐患排查，与驻军部队政治部门及奎文区相关单位建立联络机制，并把军地军民纠纷作为党委会安全形势分析的一项内容，成立军人、军属法律援助站，进一步加大对军人军属合法权益的维护。

【军事设施保护】2016年，为圆满完成全国、全区军事设施普查工作，安排专人参加在潍坊市国防综合训练基地组织的

2016年8月20日，奎文区人武部组织体检、政治审核双合格应征青年进行服役前训练

"军事设施普查数据会审集训"。对普查情况报告、普查情况统计表、军事设施部署和国防工程部署电子地图进行审查，确保军事设施数据资料全、数据准，高标准地完成军事设施普查任务。

【后勤保障工作】 2016年，严格执行《中国人民解放军后勤工作条例》和《中国人民解放军基层后勤管理条例》，按照年度经费开支计划进行审批，杜绝开支随意的现象。根据计划安排，对办公场所和民兵训练基地以及办公设施进行全面升级改造。建立集训练、学习、健身、住宿、就餐于一体的奎文区民兵之家，可一次性完成60人的室内科目驻训任务。

双拥工作

【双拥优抚工作】 2016年，奎文区民政局被山东省委、省政府、省军区授予"爱国拥军单位"，有力推动了全区经济社会更好更快发展。2016年，春节和八一建军节期间，组织走访慰问辖区部队20支和优抚对象16户，送去价值20万元的慰问品；为军分区四所、五所解决供暖接口经费30万元。认真落实各项优抚政策，及时发放各类抚恤优待金，义务兵家庭优待金标准提高到每人每年16270元，平均提高一至四级残疾军人护理费标准280元；开展"关爱功臣"活动，为伤残军人32人配置假肢等辅助器具；为无工作单位的一至六级残疾军人9人办理城镇职工基本医疗保险。开展街道优抚政策落实情况大检查，建立社区和街道电话回访和见面签字确认制度。扎实做好退役士兵接收安置工作，开展自主就业退役士兵技能培训工作，共培训66人次；安置退役士兵17人，为113人发放自主就业金232万元。

【双拥共建工作】 2016年，奎文区人武部为复查合格区级文明单位。在迎接国家卫生城省级复审工作中，区委、区政府临时指定奎文区人武部包靠东关街道苇湾社区，并轮流到东风东街与潍州路口进行文明劝导志愿服务。在全区食品安全城市创建工作和包居联户活动中，奎文区人武部包靠新华社区，定期组织全体干部职工到社区开展活动，出资金3万元，为社区购置办公电脑，制作宣传版面，与社区7户贫困家庭结成帮扶对子，定期进行走访慰问。

法 治 Rule of Law

政法委和综合治理工作

【概况】 2016年，中共潍坊市奎文区委政法委（以下简称区委政法委）积极深化推进政法系统司法责任制改革，扎实落实维护社会稳定、强化社会治安综合治理、推动平安奎文建设等各项措施，保持全区社会大局持续和谐稳定。2016年，在潍坊市综治办组织开展的社会治安群众安全感、满意度电话调查访问中奎文区位列全市第一；区委政法委被授予“山东省社会治安综合治理先进单位”“潍坊市级文明单位”等荣誉称号。

【维护社会稳定】 2016年，奎文区加强群体性事件应急处置建设，健全完善工作预案、应急保障机制。建立健全维稳信息分析研判制度，及时回应社会关切问题，牢牢把握舆论主动权。进一步加强反恐防暴队伍、装备和机制建设，健全勤务机制、即时处置机制，加强对重点部位及周边区域的有效掌控。扎实开展信访积案化解，突出“事要解决”，加大处置力度，有效规范信访秩序。2016年全区社会大局持续和谐稳定。

【服务经济发展】 2016年，制定出台《奎文区打击和处置非法集资工作方案》，深入开展非法集资等涉众型经济犯罪专项整治活动，对投资理财、购物返现、收藏回购等风险高发领域进行拉网式排查，发现问题及时予以停业整顿。2016年，全区共依法审结民商事案件3492件，受理金融纠纷案件1430件、结案1298件。奎文区人民法院金融审判庭在恒易·宝莲金融中心揭牌成立，是全省基层法院首家金融审判庭，专门为金融企业提供立案、送达、保全、审理、执行“一条龙”司法服务。

【化解社会矛盾】 2016年，全区深化以“专业调解、警民联调、检调对接、诉调对接”和“听证法、律师参与社会矛盾化解”的“4+2”模式为重点，以人民调解为基础的社会矛盾化解机制建设，构建具有奎文特色的“四级联动、专业协同、第三方参与”的矛盾调解工作新格局，基本实现琐事不出网格、小事不出社区、大事不出街区，矛盾不上交。进一步改造提升区级矛盾调解平台，将维稳、司法和人社、卫计、住建、市场监管等部门专职人员纳入中心集中办公，主要调处区级重大矛盾纠纷、复杂疑难案件。成立“律师超市”，每天安排一名律师轮流值班，解答群众咨询，提供法律服务。健全社会稳定风险评估机制，积极引入第三方评估，切实提高风险评估的客观性和公正性。

【平安奎文建设】 2016年，奎文区加强反恐防暴和应急处置建设，坚持严打方针不动摇，因时因地组织开展打击“盗抢骗”“打霸治邪”和冬春季严打攻势等一系列专项行动，始终保持对违法犯罪的高压态势。建立完善集“分析研判、推送预警、挂牌整治、责任查究、考核奖惩”于一体的“平安指数”运行机制，每月综合测算各街道、社区万人案情件数并进行计分，以数据形式直观量化评价反映各街道、社区、小区、重点部位等平安状况和治理成效，精准指导打防管控工作。深化立体化治安防控体系建设，充实配强专职守夜人队伍，配齐电动车、对讲机等巡逻装备，整合专职守夜人、小区物业保安、内部单位保卫、社区群防群治力量等各方面资源，建立协同联动机制，加强信息沟通和协调配合，形成统一组织、统一指挥、统一行动的社会化大巡防格局。加强和完善老旧小区视频监控系统建设，完善物防设施，实施老旧小区“单元防盗门安装工程”，推动居民家庭更换B级以上锁芯，推广“十户联防”“防扒刺安装”“锁窗防盗行动”等活动，有效压减入室盗窃案件。创新建立“平安议事会”制度，开展“五进五讲送平安”“防范电信诈骗宣传月”“百千万治安防范宣传”等一系列防范宣传活动，提高居民群众的治安防范能力。健全完善特殊人群服务管理体系，做好严重精神障碍患者、刑满释放人员、社区矫正人员等特殊人群的教育管理和重点稳控工作，有效预防个人极端案。开展见义勇为人员表彰奖励等工作，表彰被评为潍坊市见义勇为模范3人。2016年，奎文区未发生影响重大的刑事治安案件、群体性事件、安全管理责任事故。

【法治奎文建设】 2016年，制定《法治奎文建设纲要》和《关于在全区公民中开展法治宣传教育的第七个五年规划（2016年—2020年）》。推动“法治校长”长效机制建设，从公安干警、法官、检察官等法律从业人员中选聘政治素质好、业务水平高的职员31人，兼任“法治校长”，加强青少年法治教育，预防和减少青少年违法犯罪。

【奎文区法学会机关成立】 2016年8月，奎文区法学会机关正式批准成立，核定全额拨款事业编制3人。是年11月，召开奎文区法学会成立暨第一次全体会员大会，选举产生会长1人，常务副会长1人，副会长8人，专职秘书长1人，常务理事13人，理事44人。区法学会共有会员90人。

法治政府建设

【概况】 2016年，奎文区完善体制机制、强化工作措施、狠抓任务落实，全面开展规范性文件管理、政府法律顾问、行政执法监督、行政复议应诉等一系列依法行政工作，取得较好成就。由奎文区政府法制服务局牵头负责的依法全面履行职能和严格规范公正文明执法两项考核取得全市四个区第一名的成绩。奎文区政府法制服务局被评为“潍坊市级文明单位”，并获“潍坊市法制信息宣传工作先进单位一等奖”以及“2011—2015年奎文区普法依法治理先进单位”称号。

【规范性文件管理】 2016年，落实规范性文件“统一登记、统一编号、统一公布”制度，开展政府规范性文件清理工作，对2011年12月31日之前以区政府令、区政府文件和区政府办公室文件形式发布的规范性文件进行清理，共清理出区政府规范性文件13件。

【政府法律顾问工作】 2016年，区政府法律顾问积极服务于政府中心工作，在重大项目、重大决策、化解行政争议、代理行政诉讼等方面发挥职能作用。成立奎文区政府合法性审查委员会，印发《奎文区人民政府合法性审查委员会工作规则》。区政府法律顾问、区政府合法性审查委员会专家共参与合法性审查64次，提供法律咨询11次；参与政府合同审查15件，规范性文件审查5件；参加行政复议案件会审6起；代理行政诉讼案件5件。

【行政执法监督】 2016年，开展行政执法主体审核确认工作。公布确认区级具备行政执法职能单位28个。组织全区220名执法人员参加山东省政府法制办统一组织的公共法律考试。对全区34个行政执法单位的176份案卷开展评查，评选出优秀行政许可案卷10宗，优秀行政处罚案卷10宗，优秀行政强制案卷2宗。对行政执法案卷存在问题较多的行政执法单位提出整改意见。开展依法行政示范点创建工作，经过申报、初审、公示三个阶段，经奎文区政府确定7个单位为“2016—2017年奎文区依法行政示范点”。

【行政执法人员培训工作】 2016年，开展3次行政执法人员公共法律知识培训，培训范围覆盖全区46个部门（单位），参训人员达600人次。大力推进法制培训工作责任制落实，建立以区政府法制服务局为承办单位，有关部门为协办单位的法制培训工作新格局。建立以市法制办、市直有关部门、市中级人民法院、潍坊学院法学院、潍坊医学院法学专业、律师事务所的专家、学者为主体的讲师库。统一编制《奎文区依法行政工作读本》《奎文区公正文明规范行政执法读本》《奎文区依法行政培训班学员手册》《2016年度行政执法人员法律知识考试题库》等培训教材。将法制培训参训情况列入依法行政考核体系，建立以现场考试为主要方式的法制培训效果评估机制。

【法制信息宣传工作】 2016年，成立区政府法制信息宣传工作领导小组，明确各行政执法部门和街道分管政府信息宣传工作的领导和专门的法制信息专报人员，形成覆盖全区的政府法制信息宣传工作网络。针对政府法制信息及新闻稿件的写作能力提升，组织专门培训。全区31个部门62名政府法制信息宣传工作的分管领导和信息专报员参加培训。全年，在市级信息平台共发布信息96篇，其中30篇被省级信息平台采纳发布。

【行政复议应诉工作】 2016年，切实改进办案方式，广泛采取公开听证、实地调查、调解和解、集体会审等办案方式。共收到行政复议申请29件，比上一年增加18件，增幅为163.64%；承办区政府为被告的行政诉讼案件5件，行政负责人出庭应诉率100%，无败诉案件。

公安工作

【概况】 2016年，先后组织开展打击“盗抢骗”“打霸治邪”“打击涉众型经济犯罪”和“打击食品犯罪保卫餐桌安全”等一系列专项行动。2016年，侦破刑事案件897件，查处治安案件4573件，查处经济犯罪案件158件；采取刑事强制措施785人次、行政处罚722人次，分别比上一年上升3.8%、10.2%。加强公共安全监管，整改火灾隐患6710处，办理行政处罚案件48件，临时查封26件。全年，妥善处置各类群体性事件277件。2016年，公安奎文分局获得“全市公安机关县级综合考评优秀等次公安局”、全国文明城市创建工作“市级先进单位”、精神文明建设“市级文明单位”荣誉称号，被奎文区委、区政府记集体三等功一次。

【增强维护稳定能力】 2016年，公安奎文分局妥善处置各类事件148件，其中，刑事拘留28人次、逮捕6人次、起诉5人次、行政拘留48人次、训诫60人次，总体实现“六个可控”的目标；组织开展涉及民族、宗教、文化等领域基础调查11次，国保基础工作进一步加强。“国保云实战应用平台”常态化运行；加强反恐防暴队伍、装备和机制建设，2016年1月～6月，组织开展奎文区30多个部门参与反恐处突综合拉动演练。在潍坊市公安局组织的“大练兵大比武”活动中，5公里武装越野和特警战术射击对抗赛两个项目分别取得潍坊市第三名；研发公安综治维稳联动平台，实现重点人员的联动管控、维稳信息的动态共享、可防性案件警情的逐级推送和平安指数的及时发布。对年内发生的14次群体性事件全部做到准确预警；开展信访积案专项整治和零非访创建活动。2016年，公安奎文分局接待来访群众89起、上访人126人次；受理各级来信来访案件252件，息访办结246件，息访办结率达98%。

【提升打防整体效能】 2016年，公安奎文分局侦破刑事案件897件，比上一年上升4.3%；查处治安案件4573件，比上一年上升10.7%；刑事拘留526人，比上一年上升2.1%；逮捕251人，比上一年上升0.4%；行政拘留539人，比上一年上升6.7%。强化侵财案件侦破，2016年，公安奎文分局对侵财嫌疑人采取刑事强制措施235人，比上一年上升15.8%，打击处理（逮捕＋直诉）156人，比上一年上升16.4%。推行合成作战机制，提升警务实战效能。整合指挥调度、情报、刑侦、网安、图侦等人员以及资源和手段，成立合成作战中心实体机构，研发合成作战平台，建立合成作战配套机制。2016年，协助一线办案单位抓获犯罪嫌疑人61名，破案132件，新生成49个系列案件；整理派出所上传案件790件，涉案监控3000多条，生成有价值图侦线索743条；通过合成作战平台处理配侦申请130条，下发线索2条；合成作战中心自调监控300多案6000多条，跟进案件300多件；推送一线办案单位线索123条；通过“天网”协助兄弟单位侦查案件210多件。推行“五位一体”巡防机制，将专职守夜人巡控、内部单位治保组织和物业保安巡逻等纳入巡防考核，全面推行社会化大巡防。2016年，奎文区总警情比上一年下降6%，案件警情下降6.8%，其中，刑事警情下降19.9%；严重影响群众安全感的入室盗窃、扒窃、盗窃沿街门店、诈骗等警情分别比上一年下降50%、10.8%、34.2%、18.2%。

【基层基础工作】 2016年，奎文区平安指数的数据搭建和测算工作全面完成，产生的8630条有效警情全部导入平台，完成6298条有效警情数据的标注维护工作；启动“天网工程”和移动警务二期建设。在一期建设安装1300多个监控探头的基础上，引入人脸识别、视频结构化处理和视频布控等技术系统，提升视频监控应用的深度和广度；“101”系统工程一期建设全面完成，网络防控体系进一步完善。在奎文区次干道、易发案的95条背街小巷布设数据采集点位300个，实现辖区背街小巷有效封控。一期建设完成之后，先后获取MAC数据2亿多条，利用系统直接破案8件，为合成作战提供线索支撑100多次，在多起案件侦破中发挥关键性作用；建立执法监督管理中心，公安奎文分局成立执法监督管理中心实体机构，将执法记录仪、办案区管理、案件管理、涉案财物管理、未破案件管理、执法公开和同步录音录像管理等工作统一纳入其中，运用信息化和智能管控手段，强化执法前端、中端和末端监督管理，实现执法全方位监督、全流程管控。

【服务发展工作】 2016年，通过政府购买服务的形式为派出所配置专职消防文员，辅助开展消防监督检查等工作。全年共检查1486个单位，对27个单位进行行政处罚，临时查封21个单位，责令“三停”单位6个；完善警务服务工作，组织召开“警民恳谈”“平安议事会”398次，上门“锁窗防盗”400多户，引导3600多户居民更芯换锁，帮助居民完善居家防盗措施；开展平安宣传活动，提升群众安全意识和防范能力，先后发放宣传资料15万多份，协办社区广场晚会4场，制作和投放微电影4部，辐射本地受众12万多人。

【公安队伍建设】 2016年，公安奎文分局组织40名业务骨干赴浙江大学培训，到杭州市公安局下城分局跟班学习。组织开展执法办案、电子数据取证、应急处置、“110”接处警、信息化应用、办公文秘等专门业务培训53期，培训各类业务骨干1210多人次，坚持常用法律知识每月一考，每月组织四分之一民警进行法律考试。在潍坊市公安机关“大练兵大比武”活动中，参加的13项总决赛项目，有6项进入前六名。在警种组织的比武项目中，获得潍坊市警卫业务技能对抗赛第一名，潍坊市纪检督察系统业务技能对抗赛第二名，微博、微信、微电影“三微”大赛第二名，潍坊市档案系统业务技能对抗赛第四名，潍坊市出入境系统业务技能知识竞赛第六名，食药环侦业务技能对抗赛第六名。坚持从优待警，有效提高民警的幸福感指数。健全完善表彰工作实时跟进制度，通过表彰会、表彰通报等形式，对“利剑行动”“百日会战”等工作中突出的单位和个人进行表彰奖励，有效调动队伍工作积极性。持续开展“岗位之星”评选活动，充分发挥典型模范的示范带动作用，评选表彰奖励各类“岗位之星”178名。为解决当前事多人少、案增人减，思想多元、活力不足、能力不强等突出问题，在分局大力开展创意警务。2016年1月～6月，各单位警务创意提报373条，其中，创意征召306条，“金点子”56条，“一案一议”11条。在各单位警务创意提报373条中，有81条优秀创意在创意警务专栏挂网展示，14条精品创意提交公安奎文分局党委。2016年5月，潍坊市档案工作科学化管理评测现场会在公安奎文分局召开，公安奎文分局在潍坊市机关单位中率先被评为“省级档案工作科学化管理示范单位”。

【消防工作】 奎文辖区有市政消火栓515具（其中已损坏31具，完好率达93.98%），消防行政执法车4辆，执勤消防车7辆（其中，云梯车1辆、抢险救援车1辆，水罐车5辆），载水量共48.5吨，配备灭火、防护、侦检、救生、警戒、破拆、堵漏、输转、排烟、照明10大类器材，共100种、470件（套）。

城乡社区消防工作。2016年，奎文区落实消防安全“网格化”管理工作机制，辖区内66个社区均完成“网格化”建设，社区、居民楼院和辖区单位落实专（兼）职管理人员，消防安全工作得到常态化开展。

2016年，共检查1798个单位，督促整改火灾隐患485处，下发责令改正通知书428份，办理行政处罚案件33起、临时查封26起，责令“三停”（停产、停业、停止施工）8起，拘留1人，办理火灾调查19起，处理投诉举报案件97起。

2016年，奎文消防大队共接警出动626次（其中，火灾214起，比2015年下降10.7%），抢险救援237次，救助遇险被困群众85人，抢救和保护直接财产价值2100万多元。成功处置“3·24”东方乐园南门民房火灾、“4·11”百货大楼火灾、“10·2”铁路桥轿车被淹救援等多起灭火救援行动。

按照《消防工作目标责任书》要求，组织开展夏季消防专项检查、建筑消防设施专项整治、养老机构消防专项检查、冬春火灾防控等专项工作，全面排查全系统消防安全隐患，建立台账，强化防范措施，有效防止各类火灾事故的发生。

宣传教育培训。2016年，奎文消防大队联合潍坊市消防支队举办学校消防培训演练活动，成立奎文区小小志愿者教育基地、潍坊市奎文区德信现代学校消防志愿者小分队。奎文消防大队开通微信平台，每天推送消防信息 3 篇，至 2016 年年底，已有 1.27 万人关注消防微信公众号。扎实开展消防宣传“进机关”“进学校”“进社区”“进企业”“进家庭”“进网站”六进活动和优秀消防培训教员“百场巡回宣讲”活动，对 93 名居委会负责人，1856 名社会单位消防安全责任人、管理人进行现场培训，对社区、社会单位开展消防演练 93 场次，参与演练人数达 1.54 万人次。

【交通执法】 2016 年，潍坊市公安局交通警察支队奎文大队（以下简称奎文交警大队）担负着辖区 133 条、总里程 200 多公里的道路交通安全管理。其中，主干道 20 条，次干道 14 条，支路 99 条；主要交通路口 108 个，其中灯控路口 85 个。

组建交通执法监督员。从人大代表、政协委员、机关干部、企业代表、群众中聘请 100 多名执法监督员，对奎文交警大队民警、辅警执法执纪情况进行全面监督。组织召开执法监督员座谈会，充分听取监督员的意见和建议，并将意见建议按照职责分发到相关单位进行办理，收到良好的社会效果。

交通秩序管控。开展“春雷行动”、重点车辆集中整治和严重交通违法查处。2016 年，奎文交警大队共查处各类违法行为 26.6 万多起，其中，酒后驾驶 543 起，毒驾 3 起，涉牌涉证 1362 起，危化品严重道路交通违法 4 起（由公安奎文分局治安大队开具大额罚单 4 份，共计罚款 22 万元）。

事故预防及重大案件侦破。2016 年，排查道路交通安全隐患 20 处，并全部提前整改完成。运用大数据思维，对重点车辆违法行为、易发生事故路段进行分析研判，实现精准打击、严管严控。加大对肇事逃逸、危险驾驶罪等重大案件的侦破力度，先后侦破“3·25”交通肇事逃逸致人死亡案、“2·18”肇事逃逸案等重大案件。2016 年，奎文交警大队共受理交通事故案件 5507 起。其中，立案事故 3869 起，经民警协调当事人自行协商处理事故 1638 起。交通事故案件死亡 32 人，伤 285 人，直接经济损失 420 万元，追究刑事责任 27 起，行政拘留 24 人，吊销驾驶证 31 本。四项指数分别比上一年下降 0.02%、23.8%、0.11% 和 0.02%。

机动车及驾驶员管理。2016 年，完成新车挂牌 3.62 万辆，大中型客货车驾驶证审验 1.38 万人次，机动车检测 6.47 万辆，核发“五小”车辆驾驶证 505 人次。深化电话回访工作，回访人数 58758 人。

交通安全宣传。2016 年，奎文交警大队共计发布今日头条信息 500 多条，总阅读量超过 1000 万人次，单条信息最高突破 100 万人次，全国头条号政务周榜排名第二、公安系统排名第一；微信公众号发布信息 200 多条，阅读量达 20 万人次，微信公众号浏览人数全市第二。2016 年，奎文交警大队宣讲团共计开展交通宣讲 87 场。联合奎文区文明办、奎文区教育局等单位深入开展“守护平安幸福童年”活动，印发奎文区实施方案，广泛征集交通安全作品，学生参与人数达 1.6 万人次，各类书画作品 1500 多件。

检察工作

【概况】 2016 年，奎文区制定完善《服务和保障全区经济社会发展的措施》，结合“五进两服务”大走访活动和“包居联万户”活动，发放“五进两服务”手册1万多册，排查化解矛盾纠纷12件，提供法律咨询200人次，开展各类法制宣传活动19次。积极参加片区开发、项目建设、旧城改造、信访维稳等基层综合治理工作组。2016年，奎文区人民检察院（以下简称区检察院）获得“全国检察宣传先进单位”“潍坊市理论大众化示范点”“全市普法依法治理工作先进单位”等荣誉称号；被中共奎文区委、奎文区政府荣记“集体三等功”，爱心护航实践基地被评为“全省未成年人观护帮教示范基地”。

【查办和预防职务犯罪】 2016年，立查职务犯罪案件10件13人，逮捕2人。其中，贪污贿赂犯罪案件9件12人；渎职侵权案件1件1人；累计判决9件11人。开展检察官联系大项目活动，检察官参与联系大项目3个。深入机关、银行、社区、学校等开展预防职务犯罪专题宣讲8场次，受教育基层干部、社区两委成员、企业管理人员400多人次。

【维护稳定】 2016年，受理公安机关提请审查逮捕案件341件437人；批捕各类刑事犯罪244件288人；受理审查起诉案件476件689人；起诉340件535人；移交上级院办理7件10人。妥善处置来访、信访案件79件。对涉罪未成年人实施分案起诉、犯罪记录封存、观护帮教工作，对5名涉罪未成年人作出不起诉决定。

【诉讼监督】 2016年，监督立案6件6人，撤案4人；依法追捕漏犯10人、追诉35人；决定不捕156人、不起诉24人；无撤诉案件。提起刑事抗诉案件2件，改判1件。综合运用检察建议、诉讼违法调查等监督手段，办理督促履行行政执法职责案件4件；对民事审判活动和执行活动中的违法和不当行为发出检察建议3件，已全部被采纳；监督纠正社区矫正违法情形4件；对判处实刑罪犯尚未交付执行刑罚的12人监督收监执行。

【司法规范化建设】 2016年，深入开展规范司法行为专项整治巩固提升工作，排查作风不严谨、行为不规范等问题，督察整改各类问题隐患12个，评查案件129件，发现纠正问题23个。

【检察信息化应用】 2016年，完成电子证据实验室建设和国家司法部的电子证据实验室能力认证工作。通过案件信息公开系统，公开案件程序性信息2139条，法律文书公开48份。成立新媒体工作室，发布各类动态、廉政信息、以案释法等2000多条。

【建设派驻检察室】 2016年，依托派驻检察室，聚焦群众反映强烈的重点领域开展基层行政执法检察监督，依法对行政机关书面报备的320多件行政处罚等案件进行审查，监督公安机关立案5件，向有关机关发检察建议书、检察意见书、纠正违法通知书28份，督促整改问题20多项，建章立制40多条。奎文区人大常委会、奎文区政协常委会对派驻检察室开展基层行政执法监督情况分别进行专题调研，该项工作在潍坊市检察机关2016年度“创新亮点工作”评选中获第二名。

【思想政治建设】 2016年，组织开展“两学一做”学习教育活动，通过线上线下相结合，丰富学习形式和学习内容，定期组织党员进行学习，严格执行“三会一课”制度，抓实专题学习讨论，推动党的思想政治建设常态化、制度化。

【业务能力建设】 2016年，加强实务训练，通过案卷评议、“精品案件”评选、法律文书评比、庭审观摩、公诉人与律师辩论赛等方式，努力培养办案骨干、业务能手和复合型人才，在上级院组织的业务技能竞赛中，4 人取得优异名次。

法院工作

【概况】 2016 年，全年受理案件 6722 件，结案 6884 件，案件结收比 102%。2016 年，奎文区人民法院（以下简称区法院）荣获“全国司法宣传工作先进单位”荣誉称号，区法院金融审判庭荣立“潍坊市中级人民法院三等功”，法官杨相国被评为“全省法院先进个人”，法官崔心波、石玉和荣立“潍坊市中级人民法院三等功”。

【审判执行工作】 2016 年，审结刑事案件 413 件，判处罪犯 664 人，其中，判处 5 年以上有期徒刑 68 人，判处免于刑事处分、管制、拘役及宣告缓刑 305 人。严厉打击生产有毒有害食品、销售假药、污染环境等犯罪，审结案件 12 件，判处罪犯 20 人。妥善审结多发性、团伙性犯罪，审结被告人 4 人以上团伙犯罪案件 21 件，判处罪犯 112 人。依法审结民商事案件 4031 件，调撤率为 34.3%。商事审判中加强对物业服务、公司类纠纷、“僵尸企业”处置、执行转破产等问题的调研，稳妥审结各类合同纠纷案件 560 件。审执结行政诉讼和非诉行政案 46 件，推进行政机关负责人出庭应诉规范化和常态化。不断完善执行征信机制建设，执结案件 2419 件，向社会公布拒不履行义务的失信被执行人信息 1800 多条，联动惩戒失信行为 412 人次，促使 423 名被执行人自动履行法定义务。加大对抗拒执行、逃避执行的惩治力度，采取强制措施 1600 多次，其中查询、冻结 1300 多次，查封、扣押 50 多次，实施搜查 2 次，拘传 30 人次，拘留 13 人。

【服务经济社会发展】 2016 年，奎文区委、区政府提供恒易·宝莲金融中心九楼作为区法院金融审判庭的独立办公场所。金融审判庭为金融企业提供立案、送达、保全、审理、执行的“一条龙”司法服务，全年共审结金融纠纷案件 1581 件。

【司法便民利民工作】 2016 年，按照系统化、信息化、标准化和社会化的“四化”标准，坚持“公开、公正、规范、高效、便民”的原则，以诉讼服务“全方位、零距离、无障碍”为目标，规范诉讼服务大厅建设，合理划分诉讼服务中心功能区，统一名称标识、服务标准、工作流程。完善诉讼服务中心工作制度，建立引导分流、首问负责等工作机制。落实诉访分离制度，全年息访 42 件，审查申诉、申请再审案件 22 件，提起再审 16 件。

【司法公开】 2016 年，网上公布裁判文书 6341 篇，在省、市法院网上直播庭审案件 74 件。利用户外大显示屏和微博、微信发布失信被执行人信息 2 批 156 人次。加强人民陪审工作，陪审率保持在 98% 以上。

【司法规范化建设】 2016 年，认真落实司法责任制，逐步下放裁判文书签批权，落实院长、庭长带头办案制度，院长、庭长承办或参与案件审理 2863 件。建立“1 法官 +1 助理 +1 书记员”的审判团队和“1 执行员 +1 法警 +1 书记员”的执行团队，提升审判执行质效。全面推进司法责任制改革，选出员额法官 34 人。

司法行政

【概况】 2016年，制定《法治奎文建设纲要》和“七五”普法规划、2016—2020年依法治区规划；召开全区普法依法治理工作会议，高标准启动“七五”普法工作。发挥人民调解工作的作用，及时化解发生的各类矛盾。开展公共法律服务工作，为群众提供必要的法律援助。不断创新社区矫正工作方法，为维护社会稳定做出积极探索。2016年，区司法局被中华全国人民调解委员会评为“人民调解宣传工作先进集体”；被中共潍坊市委宣传部、潍坊市人力资源和社会保障局、潍坊市司法局、潍坊市普法办公室评为“2011—2015年全市普法依法治理工作先进单位”。

【普法依法治理工作】 2016年，推动“法治校长”长效机制建设，为奎文区31所中小学配备“法治校长”。开展法律进社区活动60多场次，发放普法材料8500多份，受教育人数达6000多人。开通“奎文普法网”“奎文普法”微信公众号，为公众学法提供更新颖、更便捷的渠道。积极建设普法一条街、法治文化广场（公园）等法治宣传阵地，让群众在潜移默化中受到法治的熏陶。突出社区在普法工作中的主阵地作用，社区全部建有法治宣传室和普法讲堂，成立普法志愿者队伍，定期开展形式多样的普法教育活动。

【人民调解工作】 2016年，推动多部门协作，创建“警民联调”工作室，增强人民调解工作的整体性、协同性，形成调处矛盾的“组合拳”。进一步整合调解力量资源，加强人才选拔培养，组织举办奎文区人民调解员培训班，以各街道、各社区调解骨干为培训对象，从人民调解工作方法与技巧、人民调解卷宗整理相关规定等方面进行培训，着力打造高素质调解队伍。积极落实“以案定补”实施办法，全面提高人民调解员工作积极性，根据各街道上报的调解案件数量和质量，对照个案补贴标准发放案件补贴。

【公共法律服务工作】 2016年，围绕城区经济和社会各项事业发展的中心工作，提供法律服务。依托律师和基层法律服务工作者建立法律服务人才库，已有法律服务人才170多人，全年共接待群众法律咨询1200多人次。加强公证信息化建设，奎文公证处成功上线公证云在线公证平台，方便当事人在线申办公证服务，成为首批入驻“中国公证网公证云在线公证平台”的县级公证处。认真做好法律援助工作，坚持“应援尽援、能援多援”，降低法律援助门槛，扩大援助范围，切实维护弱势群体的合法权益。2016年，办理法律援助案件304件，办结案件282件，补贴案件282件，避免和挽回经济损失380万多元。充分发挥“12348”法律服务热线作用，解答群众法律咨询，提供法律服务。

【社区矫正工作】 2016年，依法规范社区矫正各个环节，定期召开司法所长例会，加强社区矫正业务培训，做到从接收、管理、考核以及解除等环节严格把关，确保不出现任何问题。积极探索开展心理矫正工作，通过心理咨询师的介入，制定心理矫正方法个案，让社区矫正人员释放心理压力，缓解心理矛盾，重塑健全人格。加强社区矫正与安置帮教“一体化”建设，推动社区矫正与安置帮教工作向社会和家庭延伸，帮助社区矫正和刑满释放人员顺利回归社会，努力预防和减少社会不稳定因素。

经济监督管理

Economic Supervision and Management

宏观经济管理

【概况】2016年，奎文区组织"走百栋楼宇、访千家企业、排忧解难促发展"活动，提升群众满意度。集中走访各街区和重点项目单位，开展"重点项目跟进服务"活动。调度各街道健康养老和中介服务业产业项目，组建专家智囊团队，完成方案的编制工作。争取上级政策资金扶持企业工作成效明显。牵头完成全区车改工作，一般公务出行货币化保障机制基本建立。牵头组织建立全区社会信用体系机制。完成辖区高尔夫球场清理整治工作。机关建设成效明显。奎文区发展和改革局被奎文区委、区政府评为"2016年度部门科学发展综合考核先进单位"。

【百日攻坚活动】2016年，起草活动实施方案，协调区直有关部门走访企业5549家，征集到各类问题969个，召开各种会议10多次，把征集到的重点问题纳入区级会商解决机制中予以解决。

【重点项目推进工作】2016年，全区固定资产投资额完成89.2亿元，比上一年增长3.3%，其中有5个项目被列为潍坊市市级重点项目，实际完成投资额7.85亿元。全年完成招商引资落户资金额4.3亿元。

【争取政策扶持】2016年，为山东金宝集团有限公司争取到省级专项切块资金额1500万元，为潍坊银行争取到泰山产业领军人才资金额500万元，为廿里堡街道茂子庄棚户区改造项目争取到中央预算内资金额500万元，为山东诺正检测有限公司争取到山东省省级服务业发展引导资金额300万元，为山东京广书城有限公司、山东诚公律师事务所争取到鸢都产业领军人才资金额各100万元，为潍坊千业色纺有限公司、山东潍坊精鹰医疗器械有限公司、山东诺正检测有限公司争取到市级工程实验室奖励资金额共计30万元。

【党政机关公务用车制度改革】2016年，完成全区党政机关公务用车制度改革，起草《奎文区公务用车制度改革实施方案》，开展方案编报、车辆封存、人员安置、补贴发放、车辆拍卖等一系列工作，至2016年年底完成改革，一般公务出行货币化保障机制基本建立，比改革前预计每年可节约财政支出7.16%。

【信用体系建设推进】2016年，建立29个成员单位参加的联席会议制度。推送登记信息10769条，公示信用信息48430条，建立统一社会信用代码5190个。

【高尔夫球场清理整治工作】2016年，对白浪河高尔夫球场进行全面取缔，共去除8条跑道、1个练习场、12个果岭、26个发球台、填埋沙坑56个，拆除违章建筑200多平方米，消除球场特征，复耕土地15.17公顷。

统计工作

【概况】2016年，奎文区强化基层基础建设，努力保障数据质量，提高服务水平，完成第三次农业普查和全省1%人口抽样调查及各项常规工作任务，充分发挥统计工作的职能作用，促进全区经济社会科学发展。2016年，奎文区统计局获得“全省统计系统文明单位”“市级文明单位”“区直部门科学发展综合考核先进单位”等荣誉称号。

【全区基本单位名录库建设】2016年，及时完成全区基本单位名录库维护工作，全年“四上”（规模以上工业，限额以上批发、零售、住宿、餐饮业，规模以上服务业，资质以内建筑业、房地产业）企业名录库新增、变更和注销企业9000多家，其中，新增6000多家，为统计调查工作顺利开展打下坚实基础。

【企业统计星级管理】2016年，扎实开展企业统计星级管理工作，全区三星级以上企业达到177家，其中，五星级企业43家，为“四上”企业争创“厚道鲁商”积极创造条件。

【统计执法工作】2016年，按照省、市局统一部署，开展统计执法检查工作。完成《推广随机抽查工作实施方案》，制定《随机抽查事项清单》。对6家“四上”企业开展统计执法检查。不断宣传统计法律法规，加强统计基层基础规范化建设。

【统计服务工作】2016年，共撰写统计信息分析316篇。其中，被国家统计信息网采用1篇，山东省统计信息网采用8篇，奎文区《奎文政务信息》采用2篇，奎文区《今日信息》采用8篇；撰写统计分析报告6篇。定时编印发布《统计月报》《统计内参》《统计公报》《统计年鉴》等各种统计数据资料。每月定时向奎文区委、区政府领导汇报全区经济运行情况。

【农业普查工作】2016年，成立奎文区第三次农业普查领导小组和办公室，明确领导小组各成员单位的工作职责，指导各街道成立普查机构。培训街道农业普查业务骨干，选聘和培训普查指导员和普查员，完成普查区（小区）划分和电子地图绘制以及数据摸底上报工作。

【全省1%人口抽样调查工作】2016年10月，组织街道统计站站长、抽样小区指导员、调查员等50多人进行摸底前业务综合培训。相关业务人员深入各街道调查小区进行业务指导，对手持PDA设备进行有效性测试，切实解决调查中遇到的困难和问题，保证调查工作顺利完成。

节能减排工作

【节能目标考核】2016年，按照潍坊市《关于印发潍坊市节能目标责任考核体系实施方案的通知》要求，对全区年度节能目标责任考核内容进行认真分解并组织实施。至年底，全面完成年度节能目标任务，在潍坊市的年度考核中位列全市四个区第二名，没有发生一票否决问题。

【循环经济示范城市建设】在全区全面开展创建活动过程，认真筛选推报符合条件的项目，以重点项目带动面上的工作扎实有效的全面铺开。潍坊万潍热电有限公司的集中供热汽改水节能改造项目全年完成投资额1.05亿元，工程形象进度完成50%；潍坊联能新能源发展有限公司的利用污水源热制冷供热节能改造项目，已通过项目论证。潍坊金宝新型建材有限公司的“利用建筑垃圾制砖项目”在资源综合利用方面具有良好的示范作用，已将其提报为奎文区循环经济发展模式样板，并推荐其为循环经济教育示范基地。

【项目节能评估和审查制度】2016年，认真贯彻执行潍坊市的相关文件精神，立足奎文区的实际情况，完善专家评审制度，细化流程，确保辖区内固定资产投资项目节能评估与审查顺利开展。全年共出具固定资产投资项目合理用能评估意见26个，全区没有新上“两高”项目。

【太阳能专项资金项目申报工作】2016年，根据潍坊市经信项目申报工作的通知》（潍经信节字〔2016〕3号）要求，对奎文辖区符合条件的项目进行严格筛选，将辖区的潍坊市中医院、潍坊华都颐年园居养老服务中心、潍坊市奎文区桃源老年公寓、潍坊市奎文区南屯社区日间托老中心等4家单位予以推荐申报，其中有3家已完成验收。

【煤炭消费总量控制】2016年，全区20家规模以上工业企业实现工业生产总值28亿元，比上一年下降16.6%；综合能源消费量为5.13万吨标准煤，比上一年下降13.1%；煤炭消费量为21.6万吨，比上一年下降6.2%。工业生产与能源消费基本实现了良性互动。根据潍坊市的计划安排，全区2016年至2017年煤炭减量计划为235200吨。为确保完成煤炭减量任务，制定印发《奎文区煤炭消费减量替代工作实施方案》（奎政办字〔2016〕60号），成立工作协调小组，明确工作责任，分解工作任务。2016年，实现重点耗能企业煤炭消费总量比2012年减少30968吨，圆满完成任务目标。其中，潍坊华港包装材料有限公司减少19214吨、潍坊鑫荣制衣有限公司减少11754吨，该两家重点耗能企业全部完成锅炉燃料改造。

【散煤整治工作】根据潍坊市的工作要求，出台了奎文区《散煤清洁化治理和高效利用工作方案》。对全区居民生活、商用煤和农业生产用煤及煤炭经营户状况进行摸底，在此基础上出台《2017年～2019年散煤消费控制方案》，为持续推进全区煤炭清洁高效利用和散煤清洁化治理工作提供保障。

【专项行动工作】认真落实潍坊市环保专项行动、“三八六”十大工程中的“产业提升绿色发展工程”等工作，加强工作调度和情况汇总，确保各项工作顺利开展，全区的环境质量得以明显改善。

国有资产管理

【概况】2016年，完善全区资产管理信息系统，夯实基础管理，重点探索资产管理与预算管理、财务管理有机结合的有效途径，优化资产配置。建立资产调剂使用和共享共用机制，促进国有资产充分利用。加强资产处置管理，确保国有资产安全完整。

【信息统计工作】做好各单位资产管理信息的微机录入，按时汇总上报。对单位报表实行“三核”，即与上年度报表数据核对、与财政决算数据核对、与资产管理工作资料核对。

【资产配置管理】严格执行行政事业单位国有资产配置管理办法和通用办公设施配置标准，对部门单位资产配置数量、价格和技术性能等严格审核把关。2016年，全区136个单位共购置资产1245万元。进一步强化公物仓对国有资产的约束力，严格按规定条件和程序处置行政事业资产。

【国有资产监管】 在奎文区政府机构改革和调整工作中，发挥国有资产的监管职能，做好资产清查、评估、处置和收入收缴工作，为17个单位62辆车办理调拨手续，报废车辆59辆，并出具相关批复，做好国有资产保障权益。

【国有资产清查】 安排部署对行政事业单位国有资产进行全面清查。通过资产清查，对全区126个行政事业单位的10.7亿元资产摸清"家底"，完善行政事业单位资产数据库，为进一步加强国有资产配置、处置管理奠定基础。

国土资源管理

【概况】 2016年，潍坊市国土资源局奎文分局获得"奎文区普法工作先进单位"荣誉称号，建设的"社会治理数字化服务平台"荣获国家级银奖，"奎文区土地执法监管规范化建设与实践"和"基于遥感正射影像精确校正技术研究"项目荣获山东省科学技术三等奖。

【建设用地管理】 2016年，全年报批建设用地3个批次，全部为城市建设用地，面积15.44公顷，其中耕地2.05公顷，已落实耕地异地占补平衡；严格执行国家招拍挂出让、协议出让及划拨供地政策，依法履行供地程序。全年完成土地招拍挂4宗，面积8.55公顷，成交价款额15233.74万元。协议出让土地1宗，面积1.49公顷。划拨土地2宗，面积5.49公顷；根据山东省政府下达的2016年棚户区改造项目目标任务，共需安置1333户，其中实物安置1288户，货币补偿安置45户。已办理土地手续的棚户区改造项目9个，共完成供地面积5.62公顷，保障项目及时落地；根据市级平台应用示范系统推广"智慧奎文建设平台"，至2016年年底，已推广"奎文区社会治理数字化服务平台""奎文区国土资源综合服务平台""奎文区楼宇经济信息管理平台"3个应用项目。奎文辖区共有12个测绘资质单位，每年对其进行测绘资质巡查、测绘地理信息质量监督检查和测绘地理信息保密检查。

【政策法规】 严格执行《中华人民共和国土地管理法》，按照《国土资源违法行为查处工作规程》依法办案；开展"土地日""地球日""宪法日""测绘

2016年12月4日，潍坊市国土资源局奎文分局工作人员进行《土地法》等相关法律知识和"宪法日"宣传活动

日”宣传活动，并把宣传有关法律法规工作深入到社区、企业、机关、学校。

市场监督管理

【概况】 2016年，奎文区市场监督管理局（以下简称奎文市场监管局）落实商事登记改革，创新市场监管方式，突出维权工作重点，推进企业品牌创建和标准化工作，开展特种设备安全监察和隐患治理，结合国家食品安全城市创建工作，开展食品安全整治，督促生产经营主体规范行为，维护食品市场经营秩序，保障全区食品安全。2016年，全区新登记市场主体10734个，新增注册资本金额286.12亿元，比上一年分别增长31.2%和95.1%，市场主体总量达50114个。

【商事登记改革】 2016年，奎文市场监管局进一步简政放权，把个体工商户登记和办理食品经营许可证下放至街道服务大厅，方便业户就近办理。承接潍坊市工商行政管理局下放的冠“潍坊”“潍坊市”的企业名称核准权限及有限合伙、特殊的普通合伙企业、国有企业分支机构、股份有限公司分支机构登记审批权限，方便相关企业就近办理登记审批业务。改革住所（经营地址）登记，学习青岛等地市的住所（经营场所）承诺制做法，起草《奎文区住所（经营场所）登记暂行办法》。落实“五证合一”登记改革，推动市场主体统一“身份证号”，降低市场准入门槛。推动个体工商户“两证合一”改革，2016年12月1日，正式发放承载工商营业执照和税务登记证的个体工商户营业执照。实施商标战略和名牌战略，新注册商标765件，注册商标达到3547件，指导100家企业参加“商标规范品牌提升行动”，争创山东名牌优势企业6家，争创著名商标企业2家。开展“守合同、重信用”活动，获得潍坊市“守合同、重信用”称号的企业68家。创新完成潍坊市首例股权出质境外企业登记工作，综合发挥动产抵押、股权出质、商标权质押等融资服务作用，帮助15家企业融资9.5亿元。全面抓招商引资与服务招商工作，引进资金11亿元。

2016年3月10日，潍坊市奎文区政务服务中心市场监督管理局服务窗口为客户解释办理营业执照流程

【市场监管方式创新】 全面落实审批工作“双告知”。对涉及后置审批的申请人，书面告知其必须取得相关审批部门的批准后，方可开展相关经营业务；同时将新登记的市场主体信息于每个星期一准确传送到奎文区办公协同平台“奎文区通知公告”模块，确保各审批部门、行业主管部门及时掌握市场主

2016年8月18日，奎文区市场监督管理局执法人员对经营业户进行日常监督检查

体情况，履行监管职责。2016年，已推送登记信息11277条。实施信用信息“双公示”，强化企业年报工作，企业年报完成率86.9%，个体工商户完成年报率95.2%，农民专业合作社年报完成率98.4%。对企业登记注册、行政许可和行政处罚案件信息统一公示。对已公示年报信息的市场主体，按照3%的比例随机抽查，对投资担保类企业按照15%的比例进行随机抽查和结果公示。建立监管网格和责任公示制度，奎文区食品流通业户6965户、餐饮服务业户3083户实行点位公示和网格化管理，促进企业主体责任的落实。

【维权工作】 梳理投（申）诉举报平台，畅通群众诉求表达和解决渠道。受理、处结群众各类投诉举报2691件，接受消费者各类咨询16120件，办结率100%。针对消费者投诉热点，行政约谈市场主体176个，督促其依法履行消费维权主体责任。开展以“新消费、我做主”为主题的“3·15”宣传纪念活动，现场接待消费者咨询200多人次，受理消费者投诉15件，发放消费维权宣传材料1200多份。持续开展消费维权“五进”活动，发放宣传材料2000多份。制定《贵金属首饰标识专项整治行动方案》，针对部分单位销售标注“千足金”“万足金”首饰等违法行为，依法立案查处2起，并责令立即整改。巩固跨区域消费纠纷调节协作机制，探索消费调解与行政执法、司法调节联动机制，针对消费热点问题适时发布消费警示，提醒消费者防范消费陷阱。对调解处理的典型案例，通过新闻媒体、政务网站、“奎文发布”等各类平台进行公示。

【行政审批和质量强区】 帮扶辖区争创山东名牌优势企业6家，争取财政奖励资金额10万元。协助市政府接待中心参与制订地方标准3项，协助潍坊市出入境检验检疫局检测中心制订行业标准7项。组织120家制造业企业和特种设备使用、维保单位召开落实企业主体责任工作会议，督促完善质量控制措施、特种设备自查自纠和维保检查工作。清查特种设备底细，清理已报废未办理注销手续和已停用未办理报停手续设备40台，迁出但未办理迁移手续设备209台。对辖区2个重点用能单位开展能源计量审查，督促信息录入，确保能源计量服务的有效性。把行政审批事项全部纳入奎文区公共服务中心统一办理。办理特种设备使用登记1470台，新建及复评计量标准26项，行政审批时效提升31.2%。

【风险管控】 2016年，开展医疗机构计量器具、新闻广电领域法定计量单位、加油站计量器具、“一机两器四表”和安全防护用计量器具各类专项整治活动6个，检查使用单位204个，各类计量器具1024台，查找一般隐患8处，并全部责令企业整改到位。开展建筑防水卷材和食品包装企业质量安全隐患排查工作，对4家企业提出书面整改意见。对风险性较高的食品类、建工类实验室和机动车检测机构进行全覆盖监管。联合公安部门对辖区2个机动车检测机构进行专项检查，配合国家认监委和环保部对潍坊市新东方机动车检测有限公司进行飞行抽查，按照山东省质量技术监督局抽查名单，对辖区内4个实验室进行年度抽查。加大强制性和自愿性认证产品生产企业的监管力度，随机抽取25家认证获证企业进行有效性检查；开展锅炉安全与节能安全整治、大型游乐设施专项整治、自动扶梯隐患排查与整改、大型起重设备安装监控调查与统计工作，组织93个单位召开隐患“大快严”工作会议，部署企业开展自查自纠，并根据自查情况开展现场检查，检查特种设备生产、使用单位120个，发现隐患71处，全部整改完毕。开展打击侵犯知识产权和制售假冒伪劣商品、“强执法、惠民生、促公平”、日用消费品质量、投资担保公司、储值返现平台整治、成品油和加油站治理、红盾网剑等30多项专项整治行动，立案查处一般违法案件169件。

食品药品监督管理

【食品药品智慧监管】 依托食品安全“智慧监管”工程食品经营许可、抽检系统，实现电子档案全覆盖。投入资金额80万多元，提升综合监管平台，实现执法人员每人一台移动执法终端。建立“一次出动、多项检查”的信息化、集约化监管模式，实现执法信息的快速查阅、传输与评估。2016年，自主抽检食品、农产品658批次、餐饮食品443批次、畜产品6批次，抽检结果即时公示，对抽检不合格的经营业户依法进行查处。

【食品安全城市创建】 全面贯彻落实区委、区政府的各项决策部署，按照食品安全“党政同责”和“四个最严”的要求，把食品安全工作作为加强和创新社会管理的一项重要内容来抓。以创建国家食品安全城市为抓手，积极探索建立监管长效机制，扎实开展各类专项整治，不断提升食品安全保障水平。2016年，奎文区“农产品食品药品抽检合格率”定量考核指标位列潍坊市四个区第一名。在潍坊市国家食安城市创建工作中，奎文区作为主查区域代表全市参加省级满意度测评、“双随机”检查和省级验收，均获得第一名的好成绩，被国务院食品安全委员会授予“国家食品安全示范城市”荣誉称号。

【建立“六小”监管长效机制】 采取备案登记管理办法，对存量大、管理难的“六小”单位，落实“五项标准”。在6处大型生活小区、学校周边等流动食品摊点集中区域，划定“便民服务区”，统一标牌公示。鼓励发展连锁经营，实施行业联盟推动，引导327个小作坊、小餐饮主体单位实行联小做大、整合提升，发展规模经营，打造区域品牌。

【公众监督】 深入开展“阳光开放”行动，督促食品生产经营者通过多种途径、多种形式，公开法定资质、原料来源及质量保证证明、质量承诺、食品安全管理制度、产品检验检测报告、现场

2016 年 3 月 31 日，奎文区委宣传部举行的《民生会客厅》“两会”专场

加工场景、有奖举报电话等内容。2016 年，全区已有“亮企”生产企业 13 家、“亮店”经营流通业户 1237 个、“明厨亮灶”餐饮单位 203 个。

质量技术监督

【产品质量抽检】 结合辖区消费品市场业态实际，把消费者关注度高、投诉较多的平板、手机类电子产品、儿童玩具、服装、童鞋、牙膏、轮胎等消费品作为重点监督抽查对象，委托市级和第三方检测机构进行消费品专项抽检。2016 年，配合潍坊市质监局、潍坊市工商局抽检内燃机、洗涤用品、手机、棕纤维床垫等 9 大类商品 105 个批次，自行组织抽检农用轮胎和旅游鞋 2 大类商品 19 个批次，立案查处各类抽检不合格案件 4 件。

【特种设备监测多元共治】 针对辖区特种设备多、事权下放难的问题，出台奎文市场监管局内部事权划分意见，明确基层市场监督管理所承担的职责事权。通过举办培训班、业务骨干现场指导等方式，提升基层技术能力和执法水平，有 10 名基层监管人员通过 B 类特种设备安全监察员考试。推动把特种设备定期检验合格率纳入奎文区政府对街道年度工作考核目标，建立联席会议制度。召集电梯维保单位、特种设备生产单位和超期未检设备单位安全会议，印发特种设备安全管理手册 1000 册，与辖区 8 个气瓶充装单位和 94 个特种设备生产经营、使用单位签订责任书。区市场监管局、区安监局与区住建局联合召开项目对接会议，运用保险的风险控制和社会管理功能，探索建立预防和妥善处理特种设备安全事故的新型管理机制。通过延伸监管、齐抓共管，初步形成多元共治的特监工作格局。

【快检检测模式创新】实施“政府主导购买部分服务、市场开办者委托第三方检测机构进驻”的快检新模式，潍坊南下河市场“第三方托管”“你点我检”工作经验在潍坊市以现场会形式推广，全国人大教科文卫委员会领导人现场考察并给予充分肯定，《东方时空》等30多家国家、省、市级媒体予以报道，山东“融媒体行”活动在潍坊南下河市场开展。

价格管理

【概况】2016年，奎文区围绕“稳物价、促发展、惠民生、提服务、强职能”的思路，强化监测监管，稳定市场价格；加强收费管理，优化发展环境；注重民生价格，服务改善民生；增强服务意识，提升质量效率；抓好执法规范，强化物价职能。2016年，奎文区物价局被国家发展改革委、中国经济导报社评为“价格宣传报道工作表现突出单位”，创建潍坊市级文明单位复查合格单位。

【重点领域价格监管】2016年，在重大节日和活动期间，加大对市场价格的巡查力度。全年累计出动80多人次，巡查各类商户120多户，规范各行业商品销售明码标价，维护消费者的价格权益。

【日常监管检查】2016年，对辖区餐饮企业和商品房销售企业进行专项整治行动，累计检查餐饮企业40家，商品房销售企业13家。积极开展涉企收费、药品价格专项检查。对“我的未来网”进行突击检查，依据物价职能，规范“我的未来网”商品营销明码标价。

【物业收费备案】2016年，按照物业服务收费管理实施办法和物业收费标准，对普通住宅前期物业收费实施备案管理，对47个小区的物业收费进行新备案和变更备案管理。至2016年年底，全区已有102个小区的物业收费完成备案管理和收费公示规范。

【商品房明码标价工作】2016年，继续对辖区的商品房销售实施备案和价格公示管理，严格落实一房一标。全年共对3个小区的2209套商品房（11.83万平方米）价格进行审核、公示和备案。

【停车场备案和明码标价管理】2016年，按照《潍坊市停车服务收费管理办法》和《潍坊城区停车服务收费标准》，对潍坊市人民医院等17处停车场进行价格管理形式确认。对公示牌样式、内容、大小、颜色、放置地点等进行规范，并引导停车场经营者签订承诺书，自觉规范停车收费行为，至2016年年底，全区有34个收费停车场进行收费规范。

【落实价格临时补贴政策】针对2016年9月、10月、12月居民基本生活费用价格指数比上一年上涨超过5%的情况，及时启动联动机制，协调区财政局、区民政局、区人社局等部门对全区低收入居民和领取失业保险金人员发放价格临时补贴。

【处理群众咨询和举报】2016年，通过“潍坊市政务服务热线”“12358”价格服务热线等多种途径，受理群众的价格投诉、举报和咨询。全年共处理价格投诉举报608件，价格咨询97件，办结率和回复率均达到100%。

【价格宣传和信息报道】2016

年，建立收费目录制度，制定《奎文区政府定价或政府指导价经营服务性收费目录（2016版）》《奎文区政府定价和政府指导价管理的涉企经营服务性收费目录清单（2016版）》《奎文区居民缴费指南》《奎文区停车服务收费相关规定》等，对价格和收费进行规范宣传，并通过电子显示屏、网络、文件、宣传手册等向社会公布。

【涉案物品价格认定工作】 2016年，坚持客观、公正、及时的原则，为公安机关和行政机关提供价格认定服务。全年共完成刑事案价格认定144件，标的额120万元，均无重新鉴定和复核鉴定。

安全生产监督管理

【概况】 2016年，加强对辖区内的危险化学品、烟花爆竹、粉尘涉爆、涉氨、职业卫生等行业单位监督管理。对53个危险化学品经营单位、6个烟花爆竹经营单位、7家涉氨企业进行定期检查，发现问题及时整改，杜绝各类事故隐患，确保辖区企业生产和居民生活的安全。

【隐患排查治理】 2016年，建立集中行动联席会议制度，定期对集中行动进行调度和安排部署，切实加强对“大、快、严”集中行动的组织领导。成立8个专项督导组，对集中行动进行督导检查，并强化行政问责。“大、快、严”行动共出动执法检查7562人次，检查企业4281家，查出隐患3897条，整改3859条，每月月底把行动开展情况总结形成材料报市安监局。

【执法监察】 2016年，奎文区安全生产监督管理局下达执法计划任务，与8个街道安监办签订行政执法委托书，明确监管职责。实行企业分类管理和黑名单制度，与辖区3个危化品储存单位、6个烟花爆竹经营单位、115家工商贸企业签订安全生产管理承诺书，有力地促进安全生产工作的落实。强化重点领域集中整治，对全区危险化学品、烟花爆竹、人员密集场所等重点领域进行集中执法检查。至2016年年底，共检查辖区企业185家，出动执法检查人员580多人次，发现隐患1292条，整改1292条，行政立案6起，累计行政罚款7.8万元。

【宣传教育培训】 2016年，累计举办各类培训班53期，培训人员1.7万人次。深入开展安全知识“进机关、进学校、进企业、进社区、进家庭”活动。共发放安全知识宣传手册2万多份、宣传彩页1万多张、设置安全警示牌和制作安全提示图500多幅。为提高全民安全生产意识，聘请专家组织21期安全知识专题培训，对66个社区、2万多人进行培训，增强广大职工、居民、学生的安全意识。

【职业健康监管】 2016年，加大职业卫生宣传教育和培训工作力度，推动企业加强职业健康基础工作，落实职业病危害告知、日常监测、职业监护等措施，有效控制职业病危害。加强对涉及职业危害的执法监察，通过执法监察，督促用人单位加强建章立制、危害检测、人员查体等职业卫生基础建设。全区完成职业危害申报企业32家，完成危害检测企业14家，完成警示标示设置企业32家。按照规定，对所有用人单位全部进行职业危害安全培训。

【安全生产应急管理】2016年，各街道和相关职能部门注重加强对安全生产应急救援工作的领导，完善应急管理组织体系。建立健全安全生产应急预案体系，加强动态管理方案的修订和完善。加强企业应急预案与政府相关应急预案的衔接，提高事故应急处置能力。全区新修订应急预案备案27例，组织指导安全生产应急演练197人次。严格执行24小时值班制度，及时准确发布事故信息，提高事故单位先行处置能力，切实掌握现场应急处置的主动权。

审计监督

【概况】2016年，坚持“围绕中心、突出重点，创新方式、提升成效，量力而行、保证质量”的工作原则，推进公共资金、国有资产、国有资源、领导干部履行经济责任情况等事项的审计全覆盖。根据年度审计计划，重点开展政策落实跟踪审计、财政预算执行审计、民生审计、经济责任审计、政府性投资审计，全面完成年度审计计划任务。全年共完成审计项目27个，查出管理不规范资金额124898万元，查处违规违纪资金额666万元，促进增收节支1.11亿元。2016年，奎文区审计局继续保持“省级文明单位”称号。

【政策审计】2016年，根据上级审计机关统一部署，跟踪审计全区落实“营改增”、社会救助保障、金融支持实体经济、环境保护、高校毕业生就业创业、养老服务等方面政策措施情况，每季度向潍坊市审计局报送一次审计结果，发现问题及时督促整改，促进全区稳增长、促改革、调结构、惠民生等各项政策措施落实。

【财政审计】2016年，开展奎文区2015年度区级财政预算执行和其他财政收支审计。审计奎文区财政局组织执行预算情况、地税奎文分局税收征管情况；延伸审计6个单位的预算执行情况；审计查证山东省地税局提供的12家企业纳税情况疑点；审计居民医疗保险基金、社会抚养费收缴管理使用情况。向奎文区政府和上级审计机关提交审计结果报告，受奎文区政府委托向奎文区十七届人大第三十四次常委会议作预算执行审计工作报告。督促责任单位整改落实审计发现的问题。

【经济责任审计】2016年，根据奎文区委组织部委托，完成18个单位主要负责人离任经济责任审计；首次组织开展并完成6个街道党工委书记、街道办事处主任经济责任同步审计；组织开展领导干部自然资源资产离任经济责任审计试点。查纠贯彻落实政策、重大决策、执行财经纪律、中央八项规定精神等方面存在的问题，界定责任、作出评价。

【政府性投资审计】2016年，加大中介机构政府性投资项目结算审计结果的审查复核力度，确保审计质量。全年完成政府性投资审计项目53个，总报审价值5.33亿元，审定工程造价4.22亿元，审减1.11亿元。

农 业

Agriculture

农业产业

【概况】2016年，按照突出重点、强化措施、主动作为的工作思路，完成国家森林城市创建工作任务，通过国家林业局验收；持续深化农产品质量安全监管，结合国家食品安全城市创建活动，重点抓好农业化学品投入的监管工作，严厉打击高毒农药销售与使用，实行农药经营网上备案、销售实名制度。

【农产品质量安全监管】2016年，区农林局与公安奎文分局联合制定《关于开展打击食药犯罪“利剑Ⅱ行动”暨禁限用农药专项整治行动实施方案》《2016年奎文区农资打假专项治理行动方案》等专项活动方案，组织对奎文辖区农药经营单位进行全面排查，彻底清查收缴高毒农药，严禁销售、使用高毒农药；实行农药经营网上备案、实名销售制度，健全购药人实名登记制度，农药经营者对购药者相关信息进行详细登记，做到购销有台账、信息可查询、流向可追踪；结合辖区农业实际情况推行“四个统一”（统一制定农药进销货制度、统一建立进销货台账、统一签订经营承诺书、统一明示监管责任人），对农药经营实行网格化、规范化管理；对全区6家农药经营店全部实行经营告知制度，共备案农药82种；全面落实耕地保护补贴，以1875元/公顷的标准，通过惠农一卡通发放到种植户手中，全年累计补助资金额19万多元；小麦“一喷三防”落实资金额1万元，喷洒面积120公顷。

【农业机械管理工作】2016年，落实农业机械补贴资金25万元，补贴机具9台（其中，拖拉机3台，小麦联合收获机2台，玉米联合收获机2台，配套机具2台），带动农民投入资金额达50万多元，受益农户和农机服务组织6户；组织农机人员学习贯彻《中华人民共和国农业机械化促进法》《农业机械安全监督管理条例》等法律法规，加强安全教育，提高安全意识；严格拖拉机、联合收获机的检审工作，挂发拖拉机牌照5幅，检验拖拉机、联合收获机16台；跨区作业的小麦、玉米联合收获机14台，跨区作业收入额达60万元。“三夏”“三秋”前对农机具进行检修和保养，共检修农机具60多台（件），保持农机具良好的技术状态；成立跨区机手接待服务站，维护好跨区作业市场秩序，公布热线电话，及时向机手提供作业信息，发放跨区作业证，搞好机械调度，提高机械利用率，促进供需平衡；按照《农

2016年8月，区农林局工作人员在农药经营店进行经营告知

民专业合作社法》规定，坚持“因地制宜、多元创办、政策扶持、市场运作”指导方针，落实扶持政策，规范管理运作，培育发展农机合作社2个；对农机人员进行技术培训、安全教育、新机具介绍；组织300多名农机手参加“2016第10届中国（山东）农业机械博览会”；通过科技下乡活动进行推广宣传，发放宣传资料、现场咨询，让农民充分了解农机新技术、新产品以及惠农政策；利用农机购置补贴工作推广农机新机具，对购买玉米联合收获机、免耕播种机、深松犁、微型机械等重点机具的优先给予补贴，推广先进机具20多台，主要农作物小麦和玉米的机耕率、机播率、机收率分别达100%，已全部实现机械化。

生态林业

【森林资源保护工作】 2016年，全区积极发展生态林业，做好森林防火，调整加强奎文区森林防火指挥部，建立森林火灾群众扑救队伍，森林维护面积达到658.48公顷，实现林业产值金额3132万元；进行多视角、高密度创建森林城市宣传，在全区主要交通干道、休闲旅游景点安装360多块创建国家森林城市公益宣传牌，在社区及沿街门店LED电子屏滚动播放

2016年3月11日，潍坊汽车服务产业园服务中心的工作人员在位于奎文区潍州路的ART汽车主题公园义务植树

创建国家森林城市宣传标语；围绕植树节开展创建国家森林城市系列主题报道；成功举办“中国（潍坊）生物多样性保护暨创建国家森林城市成果展”，提高创建工作公众知晓率和群众满意度；开展植树造林，在潍坊ART汽车公园义务植树基地植树1500多棵、面积约2公顷，参与人数达500多人；将南家社区、梨园社区、道口社区、孙家社区、东庄社区、沙窝社区等社区打造成绿化模范社区；种植樱花、玉兰、女贞、碧桃等高档园林绿化苗木3000多棵，拓展造林面积约11.33公顷，完成林分退化修复14.67公顷，中幼龄林抚育73.33公顷，完善绿色通道建设3.2公里，全民义务植树42万棵；加强监测预报，严格属地管理，强化生物防控，无公害防治率达到100%；制定《潍坊市奎文区保护森林资源专项行动工作方案》，在全区范围内组织开展以打击破坏森林资源违法犯罪行为、保护森林资源为重点的专项治理活动；严厉打击各类涉林违法犯罪活动，维护全区生态林业秩序。

畜牧产业

【概况】 奎文辖区的养殖场（户）分布在廿里堡街道、大虞街道、北苑街道、梨园街道4个街道。2016年，有养殖场（户）83个，其中，有潍坊市水貂狐狸良种场、奎文区道口养殖场等2个较大型养殖场（户），其他业户均为家庭式小规模饲养。养殖用地共计约46.67公顷，其中，潍坊市水貂狐狸良种场占地37.33公顷，坐落在潍坊市经济开发区，奎文区畜牧兽医管理局（以下简称区畜牧局）给予技术性指导，养殖品种主要是水貂、狐狸；奎文辖区内养殖用地约为9.34公顷。全区有兽药经营企业52家、饲料生产企业2家、动物诊疗机构17家。2016年，辖区特种动物饲养量约27万只。

【行使监管职能确保质量安全】 2016年，先后开展一系列集中整治和专项治理行动，严厉打击兽药、饲料生产经营中的违法违规行为。严格兽药经营企业GSP认证，对饲料企业实行等级管理，严厉清缴国家农业部公告禁止使用或未经国家农业部批准的兽药产品及假劣兽药。严格落实兽药产品备案制度，对企业所经营的兽药逐一核查，对经营兽药的进货记录、销售记录、处方等情况进行检查。严厉查处无证生产以及生产、经营、使用假劣饲料和饲料添加剂等违法行为，严厉打击在饲料中添加禁用物质行为。挑选7家兽药经营企业进行试点，圆满完成试点工作。全年累计检查兽药、饲料生产经营企业90家（次），出动执法人员300多人次。受理“12345”市长热线电话23个，成功解决问题23个。投入品采样累计抽检10批次共176个样品，经检测全部合格。

【疫病防控】 2016年，落实国家对高致病性禽流感、口蹄疫、高致病性猪蓝耳病、猪瘟等重大动物疫病实行强制免疫的政策，制定《奎文区重大动物疫病防控实施方案》，认真开展春、秋两季集中免疫和强制免疫，扎实做好疫情监控和应急准备，确保无重大动物疫病疫情发生。全年累计免疫猪5679头、牛50头、羊1405头、禽10万只，使用各类疫苗5.16万毫升（份）。高致病性禽流感、口蹄疫、高致病性猪蓝耳病、猪瘟等重大动物疫病免疫率、免疫证发放率、耳标挂标率保持100%。

【病死畜禽无害化处理】2016年，为有效控制重大动物疫病发生，保障全区畜禽产品质量和公共卫生安全，净化社会环境，根据《国务院办公厅关于建立病死畜禽无害化处理机制的意见》、国家农业部《建立病死猪无害化处理长效机制试点方案》和山东省《病死畜禽无害化处理长效机制试点工作方案》要求，在全区范围内实行病死畜禽无害化处理，并制定印发《奎文区病死畜禽无害化处理暂行办法》。具体实施事宜已由区畜牧局、区财政局与滨海病死畜禽无害化处理中心协商，酝酿签订《病死畜禽无害化处理协议书》。

【治理畜禽养殖面源污染】2016年，加强畜禽养殖面源污染治理，继续推广发酵床养殖技术和沼气池建设，对粪污排泄物进行无害化处理，减轻环境污染。按照《中华人民共和国畜牧法》《山东省畜禽养殖管理办法》等有关法律法规及市政府出台的《潍坊市畜牧产业振兴规划（2011—2015年）》中关于禁养区域划分的要求，对所有涉及畜禽养殖的街道进行调研，为实施全区禁养做好前期准备工作。

【食品安全宣传】2016年，结合创建全国食品安全城市工作，把《潍坊市畜牧局、潍坊市食药监督管理局、潍坊市公安局关于尽快建立病死畜禽无害化处理机制严厉打击相关违法犯罪行为的通告》的宣传与建立病死畜禽无害化处理机制宣传月及创建食品安全城市活动结合起来，统一制作宣传横幅7条，印制并发放通告宣传标语500多份，发放《如何鉴别病死猪肉》消费提示明白纸1000多份，发放《动物食品安全明白纸》《告兽药饲料生产单位及广大养殖场（户）严禁经营使用“瘦肉精”书》《中华人民共

生态奎文，美丽家园（虞河—奎文辖区樱前街至宝通东街段） （摄影：辛爱惠）

和国动物防疫法》等宣传材料1000多份。在《潍坊日报》奎文新闻版设立《畜禽防疫和食品安全》专栏，连续3周、分3期对相关法律法规、病死畜禽的危害、无害化处理方式方法、政策知识、《通告》等进行刊登，在潍坊电视台图文频道《奎文新闻》栏目下方循环、滚动播出病死畜禽无害化处理宣传标语，大力宣传食品安全常识及违法用药的危害，营造良好的舆论氛围。

水　利

【库区移民工作】2016年，奎文区对上一年实施的库区移民8个工程项目进行工程收尾和验收。完成廿里堡街道南屯社区自来水、雨水、污水管网改造项目和武家社区自来水改造项目的规划设计和招投标等前期工作。全年发放库区移民直补资金额66.48万元，发放率达到100%。

【防汛抗旱工作】2016年5月，为缓解旱情带来的灾害，及时投入机动运水车8辆、抗旱设备10台（套），积极配合潍坊市有关部门做好第二轮应急调引客水调水费的筹集工作。认真落实以行政首长负责制为核心的防汛工作责任制，组织7600人的抢险队伍，落实36800条编织袋、6080立方米砂石等常备物料。完善各类预案，加强防汛工作的督导检查，确保安全度汛。

【依法保护水资源】2016年，根据山东省地下水划分标准，奎文辖区的8个街道中有6个属于浅层地下水超采区，根据潍坊市政府的“十三五”规划，区政府及时出台《奎文区地下水超采区综合整治实施方案》，对奎文辖区内的自备井实行有效监管，为每个取用水单位下达取用水计划，定期稽查和随时抽查，确保取用水单位按规定用水、按量缴费。2016年，区水利局处理违法取用水行为4起，完成地下水压采任务41.13万立方米。

【农村饮用水工作】2016年，投资额60万多元，实施农村饮水净化工程，为廿里堡街道所有社区安装直饮水设备，彻底解决辖区居民的后顾之忧，受到当地居民的一致好评。

工 业

Industry

企业转型升级

【概况】2016年，全区工业企业认真贯彻落实中央、省、市经济工作会议精神，创新发展模式，优化服务方式，加快转型升级和供给侧结构性改革，较好地完成各项任务目标，全区工业经济保持健康平稳发展态势。全区20家规模以上工业企业实现工业总产值28亿元，比上一年下降19.6%；实现主营业务收入35.5亿元，比上一年下降2.8%；实现利税23317万元，比上一年增长19%；实现利润13563万元，比上一年增长45.1%。

【工业信息化】2016年，加快信息技术在全区工业企业研发设计、生产制造、经营管理、市场营销等关键业务的综合集成应用。以数字化、自动化技术提升工业装备水平，加快信息技术与以创意引领的包装、服装产业的集成创新、融合创新。依托山东省信息化与工业化融合发展水平评估活动，继续对全区规模以上工业企业"两化"融合发展情况进行评估，形成《奎文区工业企业"两化"融合发展水平评估报告》。利用各种展会、招商推介会、座谈会，电商平台等方式，引导企业加快产品结构调整，加快"两化"融合，充分利用互联网+等多种营销形式，积极围绕智能制造、产品升级、技术创新、制造服务、网络开发等内容，有计划有步骤地组织观摩培训，对标发展，积极开拓国外市场，不断提升企业的市场竞争力。

2016年8月19日，潍坊市首届"市长杯"工业设计大赛颁奖仪式在奎文区潍坊国际创意港举行

【新能源汽车项目建设及推广应用】2016年，重点抓好潍柴奎文厂区新能源汽车动力总成项目建设，进行车间改造、动力总成试验台架建设，SUV车型的乘用车电动型动力总成在样试的基础上研发成功。抓好新能源汽车的推广应用工作，为新能源汽车销售企业和充换电设施运营企业申请并发放财政补助总额37.2万元。

【中小企业和民营企业创新发展】2016年，全区共有非公有（民营）经济单位49548户、从业人员19.1万人、实现纳税额23.7亿元，分别比上一年增长25.2%、15.2%、28.1%。全年非公有制经济纳税额占全区税收的比例达65.1%。其中，私营经济注册户18483户，从业人数74765人，注册资本773亿元，分别比上一年增长29.2%、20.8%、70.7%；个体经济注册户30993户，从业人员62440人，分别比上一年增长23%、13.8%。

载体建设。抓好市、区、创业基地中小企业公共服务三级平台体系建设，完善、服务中小微企业转型升级发展。突出以潍坊市中小企业公共政务服务中心平台为依托，做好市区共建工作，创新服务模式，助力中小微企业转型升级发展。为中小企业提供技术创新、融资担保、信息化、管理咨询与诊断、项目建设、创业辅导、财税代理、市场开拓、法律援助、信用等级评定及授信十大类服务。指导辖区相关机构做好小企业创业辅导基地（平台）创建工作，更好地服务中小企业。做好小企业创业辅导基地推荐上报工作，推进中小企业创业兴业，打造经济发展新引擎，组织申报小企业创业辅导基地和创客空间。推荐上报中天下•潍坊国际、神舟重工创业孵化中心、阳光100凤凰社3个单位为市级小企业创业辅导基地。2016年，区中小企业办公室被评为“潍坊市中小企业公共服务三级平台体系先进单位”。

企业管理者培训。组织企业参加省、市举办的各种讲座、论坛、培训班230多人次。加强企业家专项培训，组织优秀民营企业家18人次分赴北京、厦门、上海等地高等院校研修提升。用最先进的经营理念武装头脑，开阔眼界，拓宽思路，获取经验，增强适应新常态、引领新常态的信心和力量，提升民营企业家综合素质，促进民营企业创新发展、转型升级。

企业营销模式创新。积极组织20多家中小微企业参加潍坊市中小企业办公室举办的“互联网+新资本商业模式”专题培训，引导中小微企业运用移动社交营销新型营销模式，实现营销方式变革和创新，降低营销成本，助力企业转型升级发展。开展中小企业电商服务工作，搞好对“方圆网通”等3家市中小企业电商服务联盟企业的调度，组织参加相关培训和展会，做好全省电子商务推进工作。参加市中小企业工业云平台体验中心“活动周”。充分利用好市中小企业工业云平台，更好地帮助传统制造业转型升级、提高核心竞争力，降低企业成本，组织各街道分管负责人，工业企业负责人、设计管理人员等30多人参加活动。通过参观工业云平台体验中心，听取介绍，进行云产品体验，听取专家讲座等方式，收到较好的效果。

企业参加展会活动。组织山东万邦国际物流等企业参加在济南举办的第三届山东省互联网大会。组织30多家规模以上工业企业和中小企业参加奎文区首届创新创业论坛。

协调服务。推荐山东精鹰医疗器械有限公司加入军队供应商库。及时为85家小微企业开具证明，协助企业参与竞标，开拓市场，健康运营。协调与山东省中小企业网联网工作，实现资源共享，扩大影响力。做好国家工信部重点监测的10家企业的直报和2家省级“专精特新”中小企业经济指标统计工作，做好统计分析数据，用于指导企业生产经营。指导企业做好省级“一企一技术”申报工作，在市级“一企一技术”研发中心（山东潍坊精鹰医疗器械有限公司）、市级“一企一技术”创新企业（潍坊怡诺珐玛医药装备有限公司）基础上，做好省级“一企一技术”申报工作。

中小企业协会会员推荐工作。为更好地服务企业，组织推荐全区12家中小企业申请省中小企业协会会员。

“诚信民营企业”申报评选工作。在街道推荐、企业申报基础上，经过初步审核，筛选潍坊长城复兴门窗幕墙工程有限公司等14家民营企业的材料进行提报，申请潍坊市“诚信民营企业”。

安全管理

【安全生产监督管理】 2016年，认真落实企业安全生产主体责任，加大安全生产投入，加强安全生产教育培训和科学管理，推进安全生产标准化及各项安全工作落到实处。全年排查各类安全隐患40多处，全部进行现场整改。

【油气管道隐患整治工作】 2016年，按照省、市油气管道隐患整治工作要求，全面做好油气管道占压隐患整治工作，按照时间要求，共拆除和清理占压油气管道隐患约5.52万平方米，高质量地全面完成油气管道占压拆除工作，被评为“山东省油气管道隐患整治先进集体”。

企业选介

【潍坊华港包装材料有限公司】 公司成立于1992年，其前身是1979年建厂的潍坊市防潮纸厂，是一家专业从事卷烟用包装材料的研制、生产和销售的中型企业。企业总资产3.9亿元，员工380多人，其中从事技术开发研究人员81人。产品注册商标“银龙”牌。产品主要有烟用接装原纸、内衬纸原纸、烟用接装纸、烟用内衬纸、金（白）卡纸、烟用烫金（打孔）接装纸、真空镀铝纸、转移辐射卡纸、电化铝、涂布纸等，主要销往国内各卷烟企业及配套辅料生产厂家，具有多年的市场信誉和行业知名度，是中国烟草物资公司卷烟配套材料生产基地定点企业。2016年，实现销售收入17392万元，完成纳税额1725万元，年人均利税排全区企业前列。企业注重技术研发工作，1991年公司成立技术中心（原称新产品开发科研所），2011年被认定为省级企业技术中心。企业技术中心针对国内外卷烟包装材料市场发展状况，自主开发研制市场需求的新产品，产品已获得有效专利18项，其中，发明专利3项，实用新型专利15项。“银龙”牌商标荣获山东省著名商标称号，烟用接装纸荣获山东省名牌称号，烟用接装纸原纸荣获中国包装名牌。主持制定全国烟草行业标准烟用接装纸原纸（YC170–2009）并参与烟用接装纸（YC171–2014）行业标准的修订。公司在2000年通过ISO 9001国际质量体系认证，通过ISO 14001环境

潍坊浩泰机械有限责任公司车间一角

体系、GB/T 28001 职业健康安全体系认证。公司先后荣获“山东省高新技术企业”“山东省农行AAA 信用企业”“山东省造纸行业经济效益先进企业”“潍坊市工业利税五十强工业企业”“潍坊市百强民营企业”“潍坊市文明单位”等多项荣誉称号。

【潍坊鑫汇进出口有限公司】 公司设有潍坊鑫荣制衣有限公司、潍坊金鹭时装有限公司、淄博金海针织有限公司、临沂金海针织有限公司、泰安齐力针织有限公司 5 家分公司。公司总部位于奎文经济开发区，公司总资产 6 亿多元，有员工近 3000 人，其中专业技术人员 200 多人。公司配有先进的进口生产设备，其中针织大小圆机 300 多台，染整设备 160 多台（套），印花刺绣设备 60 多台（套），缝纫设备 2000 多台（套）。公司针织布生产能力 4000 吨 / 年，光坯染色能力 6000 吨 / 年，印花刺绣能力 1500 万件 / 年，成衣加工能力 2000 万件 / 年，是集织造、印染、成衣为一体，山东省针织行业大型综合性民营企业之一。公司配有先进的环保设备，污水全部按照环保要求进行处理，各项技术指标达到国际标准。公司通过 ISO 9002 质量体系认证，产品以市场为导向，不断开发出新面料、新款式，产品畅销国内外市场，在日本市场享有较高声誉。

潍坊精鹰医疗器械有限公司生产车间

【潍坊浩泰机械有限责任公司】 公司成立于 2002 年 10 月，占地面积 22 万平方米，用于开发创新、生产经营的厂房面积约 10 万平方米。公司注册资本 2750 万元，是集机械加工、制造、销售于一体的省级高新技术企业，有员工 410 多人，公司产品覆盖乘用车和商用车，专业生产汽车发动机零部件（缸体、缸盖、曲轴箱等），主要配套厂家有潍柴动力、潍柴道依茨、北汽福田等国内主要汽车、发动机生产厂家。公司通过 ISO 9001：2000、ISO/TS 16949：2009、ISO 14001：2004、OHSAH 18001：2007 体系认证。2011 年，公司被山东省科技厅认定为“山东省高新技术企业”，被潍坊市评为“优秀民营科技企业”“自主创新示范企业”“潍坊市百强民营企业”。2012 年，被评为优秀“潍坊市企业技术中心”。公司年生产发动机缸体、缸盖、曲轴箱等商用车、乘用车零部件 80 万多件，成为国内高水平专业化的发动机缸体、缸盖、汽车精密零部件的制造基地。

【山东潍坊精鹰医疗器械有限公司】 公司以制药、电子、食品等行业作为服务对象，致力于制水设备的研发、制造、销售，在机械设计和电控自动化方面均达到国际先进水平。公司主要产品有：提取、浓缩系列设备；LDS 系列的多效蒸馏水机注射水设备；RO2+EDI 系列纯水设备；CZQ 系列纯蒸汽发生器灭菌设备；储液系统、配料系统、管道分配系统组成的产品设计、制造加工链。产品在国内销往北京双鹤、上海华源、山东新华、河北石家庄四药等2000家药厂和700多家医院，产品在境外销往韩国、欧洲、东南亚、南美洲、北美洲、非洲等国家和地区。2016年，公司产品以水处理机、纯蒸汽发生器、多效蒸馏水机、各种注射用水用储罐、配料罐、浓缩提取设备、精酿啤酒设备等为主。2016年营业收入为16712.43万元，利润总额为2062.07万元，纳税额为883.71万元，净资产3395.2万元，资产负债率26%。2017年第一季度，营业收入1621.42万元，纳税额114.76万元，资产总额13680.15万元。

潍坊华天柴油机制造有限公司

【潍坊华天柴油机制造有限公司】

公司是集研发、生产柴油机及机械零部件加工的专业企业，产品主要是295、2100、495、K4100、K4102、K4106、R4105、R6105、R6113、R6126、HT618系列涡流式、直喷式柴油机，功率从13.5千瓦～300千瓦，转速1500转/分～2500转/分。广泛应用于发电机设备、工程机械、农业机械等领域。同时，根据客户的实际需要，公司可以生产普通开架式、低噪音式、全自动型、移动拖车式、智能及高压并网等发电机组。公司生产的产品广泛应用于电力、通信、电厂等各种领域。公司在国内有10个办事处，国外有2个办事处。产品在中国大陆销售占70%，销往土耳其、缅甸、也门和巴基斯坦等国家和地区占30%。2016年，业务收入比上一年增长约10%；税收额130万多元，比上一年增长约20%。

潍坊华天柴油机制造有限公司生产的华天牌——发电类柴油机（k4100系列）

潍坊华天柴油机制造有限公司生产的华天牌——发电类柴油机（485D/490D）

服务业

Service Industry

【概况】2016年，以建设现代化中央商务区为目标，通过完善政策措施，服务业实现持续快速发展。至2016年年底，全区已登记注册企业1.9万多家，实现服务业增加值216.65亿元，比上一年增长7.5%，占GDP的比重达到90.9%，比上一年提高0.91个百分点。服务业投资额完成84.8亿元，比上一年增长3.4%，占固定资产投资额的比重达到95.04%。服务业完成税收31.7亿元，占国税、地税比重达到86.71%。

金融服务

【概况】2016年，奎文区围绕推进金融领域供给侧结构性改革的部署要求，不断完善金融组织体系，提升融资服务功能，优化金融生态环境，实现金融与实体经济互动协调发展。奎文区加大金融招商力度，吸引中银三星人寿、德华安顾保险、青岛银行、利宝保险、天风证券5家传统金融机构落户；举办山东互联网金融中心开园仪式暨潍坊市“互联网+”高峰论坛，近30家国内知名、行业领先的互联网金融、科技类企业入驻办公；引进潍坊中安和济农业产业合伙企业（规模50亿元）、潍坊中安农业产业合伙企业（规模50亿元）等基金在潍坊“基金谷”集聚发展，完善金融组织体系，丰富创新发展内涵；大力推进规模企业规范化公司制改制，帮助20家企业实现“新三板”或齐鲁股权交易中心挂牌，京广传媒通过股权转让方式进行融资；组织开展互联网金融风险专项整治、非法集资风险专项整治、非法集资宣传进社区等活动，助力维护社会和谐稳定。

【金融组织体系】2016年，区金融办积极引进外地银行、保险、证券机构和各类新兴金融组织。中银三星人寿潍坊中心支公司、德华安顾人寿潍坊中心支公司、青岛银行潍坊分行、利宝保险潍坊中心支公司等金融机构在奎文区开业运营，天风证券潍坊四平路营业部落户恒易·宝莲大厦。至2016年年底，驻奎文区的市级金融机构已达75家。潍坊中安和济农业产业合伙企业（有限合伙）、潍坊中安农业产业合伙企业（有限合伙）、潍坊市汉裕企业重组发展合伙企业（有限合伙）、潍坊赛盈股权投资中心（有限合伙）、潍坊市东兴农产品流通产业基金合伙企业（有限合伙）、山东省金融资产管理股份有限公司潍坊分公司等新兴金融业态已注册设立，奎文辖区金融组织体系不断完善，产业发展基础进一步夯实。

2016年12月2日，奎文区19家企业在齐鲁股权交易中心举行集中挂牌仪式

2016 年 12 月 20 日，全国“互联网+婚嫁产业”高峰论坛暨喜庆盒全国发布会在奎文区举行

【规范化公司制改制】 2016 年，区金融办组织召开奎文区规模企业规范化公司制改制培训工作会议，帮助各街道和有关部门进一步了解改制工作任务目标、绩效评价要求、验收程序和标准、配套扶持政策等内容，加大改制工作推进力度；至 2016 年年底，推动 50% 以上的规模企业完成规范化公司制改制，其中，潍坊昌荣机械有限公司、山东泰久国际贸易有限公司等 19 家企业实现在齐鲁股权交易中心挂牌，山东京广传媒股份有限公司实现“新三板”挂牌，并通过股权转让方式融资金额 630 万元；指导帮助全影网络启动“新三板”挂牌程序，中介服务机构已进场辅导。

【缓解企业融资难题】 2016 年，区金融办搭建银企对接平台，组织开展银企对接会 3 次和项目路演活动 1 次，推动近 2 亿元的融资需求与金融机构、投资基金实现有效对接；支持奎文区创投公司引进社会资本设立 3 亿元的中小企业风险缓释基金，至 2016 年年底，累计为经营正常、资金暂时周转困难企业发放过桥资金 3.2 亿元，有效缓解企业资金周转难题，降低短期融资成本和经营、贷款风险。

【金融风险防控】 2016 年，区金融办研究制定《关于集中开展打击恶意逃废银行债务专项行动的通告》，在全区范围内开展打击恶意逃废银行债务专项行动，营造良好金融生态环境；制定出台《潍坊市奎文区互联网金融风险专项整治工作实施方案》《潍坊市奎文区 2016 年度防范和处置非法集资宣传教育工作实施方案》《奎文区非法集资风险专项整治工作实施方案》，组织开展互联网金融风险专项整治、非法集资宣传、非法集资风险专项整治等活动，及时将 12 个涉嫌非法吸收公众存款的公司移交公安机关处置，加强金融风险监测防控和打击处置，维护社会和谐稳定；召开银行不良贷款协调推进会，依托金融审判庭、金融资产管理公司和汉裕企业重组基金，提高金融纠纷案件审判效率，加快核销银行不良贷款；推动银行处置不良贷款 23.72 亿元，其中，通过财政支持方式帮助潍坊农商银行化解不良贷款 8660 万元，进一步帮助银行改善资产质量，增强发展运营活力。

2016 年奎文辖区市级银行机构一览表

序号	机构名称	办公地址	联系电话
1	工商银行潍坊分行	胜利东街 5099 号	0536-8237768
2	农业银行潍坊分行	东风东街 8493 号	0536-8193032

续表

序号	机构名称	办公地址	联系电话
3	中国银行潍坊分行	胜利东街 387 号	0536-5166012
4	建设银行潍坊分行	四平路 33 号	0536-8286001
5	交通银行潍坊分行	东风东街 358 号	0536-8190229
6	中信银行潍坊分行	胜利东街 246 号	0536-8056002
7	光大银行潍坊分行	胜利东街 5151 号	0536-8056170
8	招商银行潍坊分行	胜利东街 5111 号	0536-8582209
9	浦发银行潍坊分行	胜利东街 288 号	0536-8100888
10	民生银行潍坊分行	胜利东街 5087 号金融服务区 E 座	0536-8052997
11	平安银行潍坊分行	东风东街 343 号	0536-2086011
12	恒丰银行潍坊分行	胜利东街 376 号	0536-8306565
13	潍坊银行	胜利东街 5139 号	0536-8050067
14	青岛银行潍坊分行	福寿东街 6636 号	0536-8066516
15	齐商银行潍坊分行	北海路 4931 号	0536-8822366
16	东营银行潍坊分行	四平路 31 号	0536-8151618
17	威海市商业银行潍坊分行	新华路 1589 号	0536-8293589
18	潍坊市农村信用合作联社	北宫东街 5007 号	0536-8069907
19	潍坊农商银行	北宫东街 5007 号	0536-8668816
20	奎文中成村镇银行	樱北花园商业楼 15 至 22 号	0536-8051761

保险业

2016 年奎文辖区保险机构一览表

序号	机构名称	办公地址	联系电话
1	中国人民财产保险股份有限公司潍坊市分公司	胜利东街 228 号	0536-8787808
2	中国人寿保险股份有限公司潍坊分公司	文化路 1813 号	0536-8220555
3	中国人民人寿保险股份有限公司潍坊中心支公司	新华路以西胜利东街以南 4616 号	0536-8535397
4	新华人寿保险股份有限公司潍坊中心支公司	胜利东街 4616 号	0536-8237002
5	安邦财产保险股份有限公司潍坊中心支公司	新华路 2882 号吉祥大厦 1401 号房	0536-2227855
6	恒安标准人寿保险有限公司潍坊中心支公司	东风东街 227 号德蒙商务中心 1 号楼	0536-6103266

续表

序号	机构名称	办公地址	联系电话
7	华泰财产保险有限公司潍坊中心支公司	北海路4931号财富国际商务大厦	0536-5076767
8	利宝保险有限公司潍坊中心支公司	胜利东街4799号宝鼎花园1号楼13楼东侧	15866188766
9	农银人寿保险股份有限公司潍坊中心支公司	四平路1350号融丰广场A区五层	0536-2227179
10	建信人寿保险有限公司潍坊中心支公司	四平路33号建设银行北楼4层	0536-8286726
11	幸福人寿保险股份有限公司潍坊中心支公司	鸢飞路735号内6号楼	0536-8235778
12	紫金财产保险股份有限公司潍坊中心支公司	胜利东街宝鼎花园1号大厦15层	0536-5077136
13	北大方正人寿保险有限公司潍坊营销服务部	东风东街360号泰华商务大厦A座702	0536-8295222
14	华泰人寿保险股份有限公司潍坊中心支公司	东风东街以北、鸢飞路以西鸿鸢商务大厦19层	0536-8259918
15	中国太平洋财产保险股份有限公司潍坊中心支公司	东风东街7870	0536-8865036
16	富德生命人寿保险股份有限公司潍坊中心支公司	胜利东街5111号金融街B座17层	0536-8207268
17	信达财产保险股份有限公司潍坊中心支公司	东风东街8131号东泰大厦8楼	0536-8080337
18	信泰人寿保险股份有限公司潍坊中心支公司	健康东街13911号天恒科技创业大厦13层	0536-5076716
19	中德安联人寿保险有限公司山东分公司潍坊营销服务部	鸢飞路958号1号楼3-1115-1119	0536-5076371
20	天安财产保险股份有限公司潍坊中心支公司	虞河路268号	0536-2109212
21	中银保险有限公司潍坊中心支公司	胜利东街金融服务区E座15层	0536-6103088
22	中国太平洋人寿保险股份有限公司潍坊中心支公司	东风东街201号	0536-8655012
23	百年人寿保险股份有限公司潍坊中心支公司	东风东街299号1号楼601室	0536-5078123
24	长城人寿保险股份有限公司潍坊中心支公司	健康东街13911号天恒科技创业大厦11层	0536-8088117
25	都邦财产保险股份有限公司潍坊中心支公司	四平路与卧龙东街交汇处西南角君泰商务楼三层	0536-2988239
26	同方全球人寿保险有限公司山东分公司潍坊营销服务部	虞河路470号左岸华庭4号楼	0536-2254868
27	合众人寿保险股份有限公司潍坊中心支公司	新华路4220号合众财富大厦11楼	15910117608
28	中国人民健康保险股份有限公司潍坊中心支公司	胜利东街226号	0536-8292336
29	泰康人寿保险有限责任公司山东潍坊中心支公司	虞河路与胜利东街交汇处西南角288号泰康大厦	0536-8465550
30	英大泰和人寿保险股份有限公司潍坊中心支公司	四平路1350号融丰广场5楼B区	0536-2081302
31	民生人寿保险股份有限公司潍坊中心支公司	东风东街8081号	0536-8269251
32	天安人寿保险股份有限公司潍坊中心支公司	健康东街14175号金御皇廷24号	13326360508
33	安邦人寿保险股份有限公司潍坊中心支公司	虞河路2696号维京小区8号商务楼	0536-2085086
34	国泰财产保险有限责任公司潍坊中心支公司	健康东街361号天恒科技创业大厦20层	13853687888
35	德华安顾人寿保险有限公司潍坊中心支公司	东风东街8326号艾丹罗蒙三楼	0536-2229070
36	中银三星人寿保险有限公司潍坊中心支公司	四平路86号潍坊国际金融大厦七层	15662507168
37	大众保险股份有限公司潍坊中心支公司	潍州路14282号金御皇廷商务大厦四楼	0536-8249800

续表

序号	机构名称	办公地址	联系电话
38	阳光人寿保险股份有限公司潍坊中心支公司	胜利东街 5087 号金融服务区 2 号楼 28 楼	0536-6100033
39	民安财产保险有限公司潍坊中心支公司	北海路 2555 号	0536-2229636
40	中意人寿保险有限公司潍坊中心支公司	虞河路与东风东街交汇处东泰大厦 7 楼	0536-8868299
41	中英人寿保险有限公司潍坊中心支公司	东风东街 7870 号新基立商务大厦 22 楼	0536-2221712
42	平安养老保险股份有限公司潍坊中心支公司	东风东街 239 号甲	0536-2223026
43	中国平安人寿保险股份有限公司潍坊中心支公司	东风东街 239 号甲	0536-2223003
44	太平人寿保险有限公司潍坊中心支公司	东风东街 227 号	0536-8191711

证 券 业

2016 年奎文辖区证券、期货机构一览表

序号	机构名称	办公地址	联系电话
1	西部证券股份有限公司潍坊东风东街证券营业部	东风东街 311 号	0536-8207711
2	中信证券（山东）有限责任公司潍坊四平路证券营业部	四平路 33 号甲	0536-8210818
3	中信证券（山东）有限责任公司潍坊鸢飞路证券营业部	鸢飞路 1078 号 3 号楼 07	0536-2108118
4	国泰君安证券股份有限公司潍坊东风东街证券营业部	东风东街 360 号泰华商务大厦 A 座	0536-8111666
5	长城证券股份有限公司潍坊胜利东街证券营业部	胜利东街 5051 号潍坊阳光 100 城市广场（一期）1 号楼 7 单元 7-105 号	0536-5079577
6	天风证券股份有限公司潍坊四平路证券营业部	民生东街 1070 号恒易·宝莲金融中心宝莲大厦 B301	13791666971
7	中泰证券股份有限公司潍坊四平路证券营业部	四平路 19 号	0536-8227557
8	中泰证券股份有限公司潍坊东风东街证券营业部	东风东街 8131 号东泰大厦	18678002966
9	中泰证券股份有限公司潍坊北海路证券营业部	北海路以西胜利东街以北（怡和星国际商业网点 D 座南，6、7 号门头房）	0536-8881605
10	恒泰证券股份有限公司潍坊福寿东街证券营业部	福寿东街 5603 号 1 号楼金诺大厦 601 室	0536-8986553
11	华林证券股份有限公司潍坊胜利东街证券营业部	胜利东街 5051 号 1 号楼 7-1902	0536-2113193
12	海通证券股份有限公司潍坊东风西街证券营业部	东风东街 8081 号东盛广场 1904 室	0536-8859978
13	永安期货股份有限公司潍坊营业部	胜利东街 5087 号潍坊金融服务区 2 号楼 270122708	0536-8236917
14	英大期货有限公司潍坊营业部	东风东街 360 号泰华大厦 15A02	0536-8118666

银行选介

【中国建设银行股份有限公司潍坊分行】 2016年，以有效落实监管要求为重点，紧紧围绕供给侧结构性改革，优化金融服务、拓宽融资渠道、推进转型发展、守牢风险底线，全力做好执行稳健货币政策与支持实体经济发展相结合。

重点项目建设。注重密切跟进和服务交通建设、能源电力、热力管网、中小学大班额、城市地下管廊、棚户区改造、城镇化建设等领域的重点项目。2016年，全行累计储备项目39个，大中型客户人民币非贴贷款累计实现投放125亿元，全力助推全市基础设施建设水平的提升。

服务企业发展。紧密围绕"1669"重点产业，2016年，全行优先支持行业贷款增速18%，高于对公贷款平均增速30.34个百分点，强力推进"税银互动"守信激励项目，截至2016年年末，全行小微企业贷款余额达到82.84亿元，比2016年年初增长8.11亿元，增速10.85%，全面完成"三个不低于"监管指标，有效支持小微企业的成长和发展。

综合融资。2016年，全行累计为潍坊当地等多家重点客户办理中期票据、超短期融资券、股权投资理财产品、融资租赁、政府债务置换等投行类融资产品80亿多元，满足客户的多样化融资需求。

普惠金融。秉持和落实"普惠金融"的发展理念，2016年，全行累计发放个人贷款45.7亿元，实现分期等消费信贷交易额8.9亿元，"快贷"新增额9331万元，投放个人支农贷款6258万元。

风险防范。始终坚持"风控优先、合规为本"的原则，落实各项规定动作，切实把牢风险关口，加大不良贷款化解力度，总体资产质量在当地同业和全省建行系统继续保持较好水平。牢固树立"以客户为中心"的服务理念，完善过程控制体系，持续推进服务品牌的塑造，各型智慧柜员机的数量达到237台，有效提升业务处理智能化程度和客户服务体验。

【中国农业银行股份有限公司潍坊奎文支行】 截至2016年年末，农行潍坊奎文支行各项存款余额48.13亿元，比年初增长8.09亿元。各项贷款余额21.21亿元，比年初减少1093万元，其中，不良贷款余额6056万元，比年初减少9334万元，实现不良贷款余额和占比双下降。

支持全市重点项目发展。围绕全市中小学大班额建设项目，努力加强信贷介入支持项目开展，2016年，发放全省系统内首笔省级统筹大班额贷款1.05亿元。不断强化与社保中心的沟通支持，开发并上线社保个人微信缴费项目平台。助推潍坊医学院附属医院病房楼改造项目开展，与院方在信贷支持、"银医通"等方面开展深入合作。对接区域内经营企业票据融资需求，发展票据置换、票据贴现业务，2016年累计办理各类票据贴现2.33亿元。对接市级、区级政府投资平台，积极支持城市改造项目和基础设施建设融资，助推潍坊城市发展。

增强城镇化建设突破支持能力。针对居民收入水平不断提升、金融服务多样性不足、相对滞后的问题，依托经营经验，积极创新产品服务，破解发展难题，取得良好成效。成立支行个贷分中心，启动个人贷款集中经营，提升专业化运作水平。以满足区域居民住房需求为导向，大力发展住房贷款业务。同时注重加强与潍坊市公积金管理中心的有效沟通合作，实现公积金账户与农行个人账户直连。2016年，累计投放个人住房按揭贷款2.66亿元，公积金贷款3.17亿元。

城镇化建设基础服务。将物理网点和电子渠道作为服务城镇化建设的基础，根据区域群众金融需求，优化调整营业机构和电子渠道建设，加大网点装修改造和电子设备布放力度，坚持文明标准化服务，在全市系统内率先开展营销技能再提升项目，有效提升网点形象和服务功能。大力发展网银、掌银、电子商务、K码支付等电子银行业务，使广大客户足不出户就可以享受到优质便捷的服务。

企业文化建设和员工队伍建设。组织开展“工作作风整顿”活动，加强支行队伍执行力建设，统一干部员工思想。加强支行集中培训和晨夕会管理，完善周报、日报、考勤管理。组织青年员工座谈会，开展员工专项业务技能培训，鼓励青年员工参加各项技能考试和技术比赛。扎实推进“幸福家园工程”建设，拿出专项资金对已建成的网点小伙房、小休息室进行补充。

【招商银行股份有限公司潍坊分行】 2016年，招商银行潍坊分行立足当地经济发展实际，服务实体经济，开拓业务市场，实现各项业务的稳健发展。截至2016年年末，资产总额64.27亿元，其中各项贷款余额60亿元；负债总额64.44亿元，其中各项存款余额60.21亿元；全年实现利润1.68亿元，纳税额2690万元。

服务实体经济。在信贷规模总体偏紧的情况下，积极向上级银行争取信贷规模，降低贷款集中度，将资源重点向中小、小微企业和居民消费倾斜，满足中小客户短期融资需求；不断创新融资渠道，围绕资本市场、交易市场、同业市场，以债券承销、信托融资等非信贷融资业务和融资性担保业务为抓手，保证当地大型集团企业及实体经济的健康有效发展。

服务小微企业。针对小微客户推出“周转易”功能，按日计息、不使用不计息，客户无需通过银行便可自助进行贷款使用和还款，真正实现7×24小时服务，客户的实际贷款利率大大低于行业整体水平。对于经营困难的客户，主动为其变更还款方式，将按月付息、到期还本的方式变更为自主月供还款方式，在减轻客户还款压力的同时，有效降低客户利息成本。

精神文明建设。始终坚持“因您而变”的服务理念，开展“招行服务动人心弦”感动服务场景化活动，以服务提升为契机推动厅堂互动。开展各项服务及消保宣传，开展普及金融知识万里行、服务团队及服务明星评选活动，开展“金融知识普及月”“金融知识进万家”以及“加强信息保护和支付安全、防范电信网络欺诈”等宣传活动。在服务品牌创建方面，招商银行潍坊寿光支行参加并获评“中银协千佳示范网点”荣誉称号；招商银行潍坊青州支行参加并获评“2016年度山东省银行业普惠金融示范单位”称号（社区金融服务奖项）。文化活动方面，举办“三八”妇女节趣味运动会、“悦跑越年轻·我与招行共成长”行庆生日跑、“和你跑迎8周年”行庆悦跑赛、第四届职工羽毛球赛、乒乓球团体赛等文体活动，增强员工的凝聚力和向心力。积极开展社会捐赠等公益事业，员工通过总行，向云南省永仁县、武定县贫困家庭学生捐款4.71万元，向社区困难居民捐赠物资，支持老年文体活动，履行社会责任。

【上海浦东发展银行股份有限公司潍坊分行】 2016年，浦发银行潍坊分行按照“调转创”的工作部署，坚持“区别对待、有保有压”的原则，优化信贷投向，调整信贷结构，加大信贷投入，防控信贷风险，强化内部管理，各项业务实现稳步发展。截至2016年年末，浦发银行潍坊分行辖区共有营业网点5个，其中，城区2个，分别是分行营业部、龙山街小微支行；县域网点3个，分别为诸城支行、寿光支行、青州支行。截至2016年年末，各项贷款余额87.83亿元，比上一年增长12.4%；各项信用总量达到182.3亿元，全年实现利润1.08亿元，纳税额3365万元。

浦发银行潍坊分行在总行星级网点评定中，潍坊分行营业部荣获五星级网点、诸城支行营业部荣获四星级网点，寿光、青州支行营业部荣获三星级网点，分行党委被总行授予“2016年度全行先进党组织”称号，被济南分行评为2016年度“风险管理先进单位，被奎文区委、区政府授予“2016年度突出贡献企业”称号。

支持重点企业。大力支持重点企业、支柱产业、支持科技创新和绿色经济，主动压缩“两高一剩”行业贷款、僵尸企业贷款；落实普惠金融政策，推出浦银点贷、浦银快贷等线上产品。2016年，累计发放网络点贷3267万元、网络快贷2776万元，较好地满足小微客户“短、频、快”的贷款要求，提升小微企业金融服务水平。强化信贷管理，不良贷款率0.34%，比2016年年初下降0.71个百分点，资产质量在潍坊各家金融机构中排名前列。

【中国民生银行股份有限公司潍坊分行】 中国民生银行潍坊分行，秉承“服务大众，情系民生”的经营理念，致力于建设成为潍坊地区具有特色和竞争力的商业银行。截至2016年年末，各项存款余额128.98亿元，较年初增加18.65亿元。各项贷款余额77.63亿元，较年初增加13.58亿元。累计投放公司类贷款517笔，共计183亿元；累计投放小微类贷款2207户，共计9.2亿元。

2016年，成立中国民生银行潍坊分行慈善公益基金，本着“关注弱势群体，致力公益事业，以实际行动履行社会责任”的指导思想，开展捐资助学、资助贫困儿童、帮扶困难员工、走访孤寡老人等活动，共捐赠62308元，资助人数达到110多人，有效提升银行的品牌形象。

优化信贷布局。2016年，中国民生银行潍坊分行支持实体经济发展，对公贷款余额68.5亿元，其中，投向制造业27.42亿元，投向租赁和商务服务业8.55亿元，投向批发和零售业5.54亿元，投向建筑业4.67亿元，投向电力、热力、燃气及水生产和供应业7.52亿元，投向水利、环境和公共设施管理业8.2亿元，投向交通运输、仓储和邮政业2.15亿元，投向教育行业2亿元，其他行业2.45亿元。主动对接国家战略实施和重大工程建设。支持重点领域重大工程项目建设，探索创新多元化金融服务，有效满足资金需求。支持企业“走出去”。依托丰富的贸易融资产品，强化信贷流程管理和风险管控，支持“走出去”企业以境外资产和股权、矿权等权益为抵质押获得贷款。借助自贸区促进跨境投资融资便利化，为“走出去”企业提供跨境的并购贷款、项目贷款、资产管理等金融服务。实施“有扶有控”的差异化信贷政策。坚持“有保有控”“有所为、有所不为”，加快退出“两高一剩”客户，加大对绿色经济、新兴产业、中小微企业和三农企业的授信支持力度。支持企业并购重组和实体经济去产能、去杠杆。提升精细化管理水平和落实国家产业政策有机结合，对过剩产能行业实施分类名单制管理，从行业、客户、环保、产品等多个维度完善授信标准。

坚持自身特色，助力小微企业。2016年，通过持续发放小微企业贷款、发展住房按揭贷款业务以及开展“薪悦生活”等财富类项目，推动经济的进一步发展。为小微企业提供必要的资金支持的同时，配套提供一系列的小微产品。针对小微企业经营周转困难的问题，推出主动续授信业务，经系统名单推送和人工识别，对优质的小微客户提供贷款转期服务。通过主动续授信业务，降低企业的经营风险和财务负担，使企业资金实现良性循环。为优质客户推出二维码收银台，极大的方便小微商户的日常结算。加大按揭贷款投放力度。提高各环节效率，加快审批和放款流程，提高服务水平和效率。2016年，准入按揭楼盘46个，按揭贷款余额5.48亿元，投放按揭贷款1270笔4.68亿元。推出零售业务主打品牌——“薪悦生活”项目。整合、优化民生银行的零售客户营销流程、维护流程，梳理客户服务和产品体系，引进品牌服务商配套非金融服务，为客户提供包括代发薪等“一揽子”金融、非金融服务。2016年，“薪悦生活”项目下关联项目有65个，关联客户数11203个，金融资产余额1.56亿元。小微贷款推行贷款到期“转期”业务，缓解小微企业再融资压力。通过建立客户分类模型，开展存量客户筛选分层，并采取差异化续授信策略。

优化金融产品。2016年，按照总行公司业务改革以及业务发展核心要求，不断调整客户、产品和业务结构，在模式创新、综合贡献、渠道扩展等方面，均取得良好的成就。引进外部资源，扩展企业融资的渠道、模式和规模，不断创新产品和业务模式，通过与租赁、基金、券商等外部客户加强合作，引导融资渠道向多元化扩展。在融资租赁方面，先后引进8个租赁公司，有效解决企业中长期融资需求。在债券市场方面，先后与4个证券公司建立合作关系。推动同业业务、委托贷款、银行账户直投、理财直融等创新性的银行融资品种。2016年，先后与9个机构建立业务联系，主动获取信息，成功办理同业存放业务、SPV业务、同业理财业务。在“大众创业、万众创新”的时代，进一步完善网络金融平台体系，持续优化网上银行，同时重点构建手机银行、直销银行和网络支付三大平台，不断推出适应市场需求的产品和服务。为护卫市民资金安全，率先推出“安全账户”服务，为市民的账户加上“防盗锁”，在电信诈骗前筑起“防火墙”，为市民的资金保驾护航。与银联联合开发，基于条码技术，推出民生付产品，可支持个人客户间、个人与商户之间便捷支付。

优化客户体验。不断简化网络金融业务操作流程，减少客户填写信息环节，做到简单易用，优化客户电子账户开立流程，在保障客户信息安全、资金安全前提下，简化操作步骤，提高客户体验。普及公众教育。先后开展“3·15”消费者权益保护宣传活动和2016年“金融知识进万家”宣传服务月活动。

【潍坊银行股份有限公司】 截至2016年年末，潍坊银行资产总额1020.6亿元，比上一年增长12.6%；各项存款722.6亿元，比上一年增长13.3%；各项贷款452.2亿元，比上一年增长5.7%；实现经营利润18.9亿元、净利润6.89亿元，纳税额6.56亿元，位列潍坊市纳税前10强。不良贷款1.3%，比上一年下降0.63个百分点，资本充足率11.49%，拨备覆盖率263.06%，经营指标平稳向好。

支持实体经济发展。2016年，潍坊银行累计投放银行贷款507.46亿元，同时坚持有保有压，助力“大众创业、万众创新”，与潍坊市财政局、潍坊市人社局联合发放创业财政贴息贷款，连续多年举办“潍坊银行杯”全市创业大赛和潍坊青年创业大赛，累计为创业选手发放创业扶持资金100亿元，带动就业10万多人次；推进“文化潍坊”建设，举办中国艺术金融年会，发布中国艺术金融发展年度研究报告、第二期中国艺术金融指数报告，与山东财经大学合作建立艺术金融教学实践基地，艺术金融创新实践获评“山东省泰山产业领军人才工程”。

积极开展企业“进走访”活动，走访企业300家，主动对接企业金融需求，一对一为企业提供差别化金融服务；围绕企业需求加强产品创新，推出“工薪贷”“营运贷”等产品；清理压缩12项各类收费，强化对中小企业的免费服务支持机制；降低企业贷款利率。截至2016年年末，潍坊银行贷款平均利率定价较年初下降0.76个百分点；缩短企业授信审批时间，推出续贷、即时贷、借新还旧等业务，拓宽抵质押物范围，减少企业过桥资金成本，提高中小企业申贷获得率。

潍坊银行与山东城商行联盟共同举行“首期大数据研究成果发布暨大数据服务签约仪式”，开创全国城商行以大数据手段提升网点服务的先河，网点服务能力不断提升；电子银行渠道建设不断优化，电子银行业务综合替代率达78.6%。2016年，潍坊银行增设各类自助设备212台，居民办理业务更加便捷；鸢都绿卡发行量达42.8万张，自行车骑行功能基本实现潍坊各区域互联互通，不断优化水、电、暖等生活缴费功能，推进工会会员卡等项目开展；推进理财“双录”建设，推出机构专属理财产品、专享理财产品以及增值活动；大额存单发行实现常态化，成功研发如意存单、付息宝等多种计息方式产品，居民金融投资选择不断丰富；互联网金融发展提速，风筝银行持续优化，引进应用人脸识别技术等，注册客户超过3万人，资金交易量7380万元；利用流动银行服务车提升无网点地区金融服务质量，流动银行车服务获得潍坊市“优质服务项目奖”。提升农村金融服务能力，新设机构向县域及农村倾斜；2016年，助农服务点开业163个，覆盖乡村500个，服务人口90万人；引入财政资金建立风险补偿资金池，解决农村抵押物处置流转难题，争取试点融资增信业务并成功办理15笔2140万元。

位于奎文区胜利东街的潍坊银行办公楼

践行社会责任。2016年，潍坊银行积极推进金融精准扶贫工作，提供资金、人才、技术等扶贫支持，向贫困村派驻第一书记，为32家企业发放“富民生产贷”扶贫贷款，贷款余额8340万元；强化金融消费者权益保护，积极开展“3·15”金融消费者权益保护日等宣传活动，畅通投诉维权渠道，提升公众权利意识；承办“潍坊银行杯”广场舞大赛、开展“花为媒”评剧鉴赏等活动，丰富市民精神文化生活；热心公益事业，积极开展爱心支教活动和“小小银行家”主题教育活动，推出“爱心存单”等产品，探索“金融+公益”的合作模式。

【青岛银行股份有限公司潍坊分行】 青岛银行潍坊分行于2016

年6月16日正式对外营业。银行秉承“合规经营、稳健发展”的理念，各项业务保持持续、快速、健康发展的良好态势。坚持以助推地方经济和社会发展为己任，以“温馨加放心，我们更努力”的服务理念，提供优质的金融服务和金融产品。

*防控风险。*不断强化内控管理，提高全员风险管理意识，加强各项贷款业务的审查及贷后管理工作，始终以防控风险作为业务发展的第一要务，贯彻总行对信贷风险“零容忍”的政策，在业务发展过程中严控风险、合规操作。

*组织社会公益活动。*2016年与地方政府共同举办“青岛银行潍坊分行（筹）关爱潍坊中学新疆学子微心愿助学公益活动”“青岛银行之夜——迎七一红歌大合唱”晚会、“国际足球明星弗朗哥—巴雷西潍坊球迷见面会”。参与贫困家庭走访活动，被地方政府授予“优秀社区服务队伍”等荣誉称号。成立青岛银行潍坊分行金融志愿者服务队，组织开展金融知识宣传及金融消费者保护活动，提高消费者自我保护意识和公众防范金融风险的能力，树立金融机构切实履行服务社会责任良好的形象，为经济社会稳健发展起到促进作用。

【齐商银行股份有限公司潍坊分行】齐商银行潍坊分行于2013年4月17日正式对外营业。该行坚持以“市民银行”“中小企业主办行”为市场定位。截至2016年年末，齐商银行潍坊分行共辖有3个县级支行（青州支行、高密支行、安丘支行）、2个社区支行（青州古城社区支行、青州黄楼社区支行）、1个小微支行（潍坊十笏园小微支行），内部设置6部1室和小微企业金融服务中心，有正式员工131人。截至2016年年末，存款余额31.15亿元，贷款余额28.11亿元。

*优化信贷结构。*齐商银行潍坊分行自开业起，借助银企对接会、产品推介会、企业家论坛等活动，推进符合实体经济发展需要的金融产品创新，为客户量身定做“一揽子”金融服务方案。在稳定业务增长、满足实体经济合理资金需求的基础上，不断优化信贷结构，助力实体经济的发展，为客户提供层次更加丰富、手段更为多样的融资服务，响应国家“大众创业、万众创新”的号召，推进战略转型，不断提升小微企业的服务水平，小微金融规范化、批量化、精细化程度不断提高。针对小微企业的特点，为小微企业量身定做的四大系列、50多款产品，在支持科技、出口、“三农”、文化创意等不同类型小微客户方面取得积极成效，截至2016年年末，齐商银行潍坊分行小微企业贷款户数418户，小微贷款余额为23.96亿元，比年初增加6.68亿元，占全部贷款的85.26%，增速为36.99%，超出全年各项贷款增速5.83个百分点，小微企业申贷获得率99.74%，与上一年申贷获得率持平，全面完成小微企业贷款“三个不低于”监管要求。2016年12月31日，齐商银行潍坊十笏园小微支行隆重开业，潍坊十笏园小微支行是潍坊分行第7家营业网点，小微支行的顺利开业迈出齐商银行在潍坊地区同城经营的新步伐，也翻开齐商银行潍坊分行服务小微助力普惠金融发展新的一页。

*践行社会责任。*齐商银行潍坊分行在抓好业务发展的同时，不断加强精神文明建设，强化优质文明服务管理，为完成全年各项任务目标奠定坚实基础。按照各级部门和总行要求，把履行银行业社会责任作为工作重点，开展金融宣传、普及金融知识，通过发展新业务、提供新服务，为金融消费者打造良好的消费环境和权益保护平台。2016年，齐商银行潍坊分行开展持续、成规模、成系统的公益活动，持续弘扬民族文化、关心弱势群体、支持教育事业，先后在

扶危济困、抗灾救灾、教育、城市文明建设等领域开展实施多个公益项目。在履行社会责任时，如何避免“面子工程”，做到真实有效的帮助困难家庭，助力文明城市建设，齐商银行潍坊分行结合自身实际，积极探索，创新模式，不断提高履行社会责任的针对性和有效性，倡导广大党员干部发挥示范引领作用，将活动落到实处，从而实现“造血型”公益的成效，勇担当有作为传承齐银文化，用实际行动诠释齐银文化。通过一系列的行动和措施，社会影响力和美誉度不断提升，得到市民的一致认可，2016年，被授予山东省“牵手关爱行动”爱心贡献奖，潍坊安丘支行被安丘市委、安丘市人民政府评为“2015—2016年市级文明单位”。

【潍坊农村商业银行股份有限公司】 截至2016年底，潍坊农商银行下辖13个一级支行、1个营业部、104个二级支行，注册资本26.76亿元，在岗员工1720人。全行资产总额564.37亿元，较年初增加88.55亿元，其中，各项贷款余额201.84亿元，较年初减少16.81亿元；负债总额522.8亿元，较年初增加82.63亿元，其中，各项存款余额389.9亿元，较年初增加36.28亿元；所有者权益41.57亿元，较年初增加5.92亿元；实现经营利润6.75亿元；纳税额1.67亿元；新资本充足率12.65%；贷款损失准备充足率215.55%；拨备覆盖率104.85%。2016年，潍坊农商银行获得山东省文明办授予的“省级文明单位”、潍坊市中小企业办公室授予的“中小企业公共服务三级平台体系先进单位”、潍坊市农信联社授予的“信贷结构调整优胜奖”等荣誉称号。

*服务“三农”。*立足“三农”，发挥金融服务“三农”主力军作用，大力推广“土地流转一抵通”“农村集体股权质押”等贷款业务，着力破解农业现代化、规模化发展的融资难题。2016年，共发放涉农贷款67亿元。立足小微，创新金融服务，持续推进“提前介入”和“无缝隙”信贷服务，实现客户续贷“零等待”。2016年，共发放小微企业贷款61亿元，累计办理“无缝隙”贷款9054笔、金额48.94亿元，为客户节约财务成本480万元。立足助力“大众创业、万众创新”，全力跟进实体经济新业态，积极对接高新科技朝阳企业、节能环保类、高端装备制造类等新兴产业发展，2016年，支持科技企业54户、金额2.2亿元。

*民生建设。*优化网点布局，提高物理网点与金融资源、客户资源的匹配度，2016年，迁址及重建4个、撤并6个。关注民生建设，对辖区内55个网点进行零星维修，对30个网点的伙房、宿舍等基础设施进行修缮，从根本上改善基层网点工作、生活环境建设。丰富业余生活，组织开展“巾帼集体、巾帼能手”评选、拔河比赛、摄影比赛、素质拓展、爱心捐助等多项活动，有效增强员工凝聚力和向心力。

【潍坊市奎文区中成村镇银行股份有限公司】 奎文中成村镇银行于2014年2月27日正式对外营业，银行秉承“根植地方、立足‘三农’、服务小微”的理念，积极支持实体经济发展。截至2016年12月31日，银行资产总额26212.09万元，负债总额6063.24万元，实现净利润73.74万元。各项存款余额5947.42万元，比年初增加2883.8万元，增幅94.13%；各项贷款余额6002.66万元，比年初增加2144.15万元，增幅55.57%，其中，中小微企业贷款余额5306.13万元，农户贷款余额985万元，小微企业贷款和农户贷款占各项贷款比重为88.98%。

*业务拓展。*为有效对接实体经济资金需求，加大小微信贷投放力度，奎文中成村镇银行自

2015年起推出批量市场授信业务产品，截至2016年年底，已在潍坊市开拓5个专业市场。根据当地区域的环境情况、针对特定行业、产业圈、商圈、村（社）、市场、园区、单位等具有相同、相似特点的客户群体，依托现有成熟信贷产品开展定向营销。根据各专业市场的特点制定不同的授信条件，推出小额信用、担保、抵押多种方式的信贷产品组合，批量市场授信业务金额约867万元，服务贷款客户73户。不断创新金融产品服务，拓展普惠金融服务渠道，加快业务模式、机制、流程和产品创新，在充分摸清市场需求同时，推出具有快捷经营贷、便捷经营贷、便捷消费贷、薪酬贷、资质贷、车贷险等业务产品。

社会公益。加大金融宣传，维护消费者权益。2016年3月，奎文中成村镇银行组织开展金融消费者权益保护日宣传活动。是年9月，组织“金融知识进万家”“金融知识普及月”等集中宣传活动。通过设立宣传台、张贴宣传标语、深入社区等方式向公众讲解涉及风险防范、防范非法集资、防范电信诈骗、依法维护自身权益等多种金融知识，切实履行银行业保护金融消费者权益的职责。2016年，奎文中成村镇银行响应落实国家关于降低企业融资成本，减费让利的系列要求。对客户进行优惠定价，及时减免相关收费，不对贷款发放附加不合理贷款条件，有效缩短企业融资链条，以最大限度减少客户的资金成本压力。

风险防控。根据经济形势的变化，奎文中成村镇银行建立健全案防管理体系，完善案防管理制度和流程，推进案防长效机制建设，实现案防关口前移，防范和化解案件风险。强化制度执行，严格规范操作，风险防控扎实有效。做实日常警示教育、员工行为排查、季度风险排查等各项工作，提升案防体系运行质量，统筹做好信用风险、操作风险、声誉风险和其他各类风险的防控以及不良资产的处置化解工作，实现安全稳定运行和“零发案”的目标。

证券机构选介

【长城证券潍坊胜利东街证券营业部】 长城证券潍坊营业部成立于2012年5月，位于阳光100城市广场7-105号，营业部面积300多平方米，共有员工15人。营业部秉承“合规经营、规范发展”的经营理念，不断加强员工展业行为的规范与督导，健全和落实反洗钱内控制度，加强投资者教育和客户适当性管理，通过专业投资分析能力，提升客户服务体验，着力打造潍坊地区服务最优的证券营业部。大力践行总部分行模式，积极开展机构创新业务，为机构客户提供股权融资、IPO、新三板挂牌、公司债、中小企业私募债、可交换债、银行委外业务等服务。2016年，营业部客户开户数达6216户，托管资产3.4亿元。

【恒泰证券股份有限公司潍坊福寿东街证券营业部】 恒泰证券股份有限公司潍坊福寿东街证券营业部是恒泰证券在山东省潍坊市设立的唯一一家营业部，营业部位于潍坊市奎文区福寿东街5603号金诺大厦6楼，于2015年4月正式营业。营业部成立之后，始终秉承公司“创新、务实、诚信、合作”的企业核心价值观和“全心全意为客户服务”的经营服务宗旨，严控风险，合规经营。围绕客户需求，积极打造“恒泰证券您身边的理财顾问”的服务品牌，建立“首问负责制”和“快速反馈机制”，已开设股民学校、投资大讲堂、投资策略解读等系列活动项目，为广大投资者提供更贴近市场的投资服务。2016年营业部实现证券成交量50亿元。

总部经济

【概况】 2016年，奎文区汇集金融保险、高端商贸、现代商务、城市工业等企业总部（分支机构）440个。比2012年增加379个，其中企业总部（分支机构）232个，比2012年增加222个；金融类企业总部（分支机构）129个，比2012年增加84个，社会组织总部7个，比2012年增加4个，事业单位和中介机构23个，全部为2012年后引进落户。其中世界500强总部分支企业14个，行业百强41个，有力带动区域经济科学发展、转型发展。至2016年年底，全区共有世界500强企业22个，行业百强79个。

【特征分析】 在引进落户总部企业数量上，2016年奎文区共招引总部企业（分支机构）109个，居全市首位。在引进落户项目规模上，新引进项目中世界500强企业（分支机构）2个，行业百强企业（分支机构）10个，占招引项目的9%。在进驻的总部企业（分支机构）和总部企业的行业分类上，房地产、建筑业及衍生行业14个，中介机构4个，文化科技12个，现代工业4个，高端商贸15个，现代商务13个，信息科技20个，市级以上银行及分行1个，金融保险13个，证券公司1个，金融衍生类12个。在总部企业分布区域上，奎文辖区总部企业主要分布在万达商业区，金融街、新华路、胜利东街为主线的中心区域内。同时，高端商务楼宇的招引作用凸显，65%的总部分支企业入驻商务楼宇，51%的总部分支企业选择万达广场、阳光100城市广场、金融街、世纪环球中心、中天下潍坊国际等建设条件好，管理服务优的重点楼宇落户。

2016年12月6日，位于奎文区廿里堡街道的潍坊壹号仓启动及招商大会顺利举行

汽车服务业

【概况】 潍坊汽车服务产业园服务中心（以下简称潍坊汽车园服务中心）是潍坊市最早、规模最大、服务项目最全的省级重点汽车服务业园区，有汽车会展中心1个、大汽车4S店聚集区2个、二手车交易市场3个。潍坊汽车园服务中心内有汽车4S店80多个，精品店120多个，配件与车饰门店360多个，从业人员1万多人，交易品牌涵盖奔驰、奥迪、宝马、福特等国内外200多种车系。潍坊汽车园服务中心在满足汽车交易流通、维修服务、配件供应和信息处理的同时，建设机动车检测线2条，车管服务大厅2个，机动车驾校5所。潍坊各大保险公司、银行等金融机构均入驻潍坊汽车园服务中心，为客户提供保险、贷款等便利服务，增强汽车产业服务功能。2016年，实现汽车销售收入230亿元，汽车销售量占潍坊全市销量的70%左右。

【汽车产业链延伸】 2016年，奎文区加大招商引资力度，“内引外联”，做强园区、辐射周边。通过建立汽车维修连锁店，弥补品牌汽车专卖店的服务盲区，形成多层次全方位的服务体系。把汽车维修网点向外逐渐延伸，构筑布局合理的汽车维修网络，使汽车维修连锁化、网络化。组织举办两届（春、秋）金宝汽车博览会、新能源汽车博览会以及广潍二手车博览会等系列汽车文化活动，促进汽车销量稳步增长，进一步巩固汽车服务业在潍坊市的龙头地位。

【汽车产业带提升建设】 潍坊汽车园服务中心结合汽车产业特点，加快旧机动车拆解项目、汽车主题公园、新能源汽车城等汽车后服务相关项目建设，对潍州路汽车市场进行环境整治和形象提升，凸显汽车文化内涵，推动园区更好更快发展。2016年，已有中鑫之宝、和谐汽车、华盛汽车3个全国维修保养连锁机构入驻园区，有宝沃、汉腾等3个汽车4S店建成投入使用，新建方宜二手车市场。

【旧机动车拆解项目】 潍坊旭东旧机动车回收有限责任公司坐落在奎文区凤凰大街以南的金宝工业园内，公司的车间、场地建设完成，汽车拆解流水线设备安装调试完毕，消防、环保等配套设施已完善，已申报验收。

【汽车主题公园建设】 进行公园绿化种植，完成园区绿化工作。市场原有业户拆迁，建设试乘试驾车道、场地，以及新车和老爷车展位、汽车影院、婚纱摄影基地。南区汽车试乘试驾场地建设、道路硬化工程已完成，房屋装修完毕，正在完善其他各项工作和施工筹备。

【金宝新能源汽车城建设】 加快金宝新能源汽车展厅建设，完善充电站、充电桩等配套设施，完成道路、水电等基础设施建设。已建成新能源汽车形象店10套，建筑面积约3600平方米，进一步完善各项功能配套设施建设。

【潍州路汽车市场整治提升】 制定潍州路汽车市场综合整治提升方案，联合城管执法局、奎文经济开发区等部门下发整治问题清单及整改要求，对潍州路环境卫生、汽车4S店乱搭乱建、乱设广告牌匾等进行清理整治。

商 贸

Trade

商业贸易

【概况】2016年，奎文区突出抓好重点项目、外经外贸、商业贸易工作。全年完成重点项目4个，完成进出口贸易额39.1亿元，实际利用外资额3.6亿元，实现境外投资额4989.2万美元。至2016年年底，全区累计建成专业市场28处。2016年，奎文区商务局（以下简称区商务局）获得“奎文区部门科学发展综合考核先进单位”荣誉称号。

【商业贸易】2016年，继续推动早餐亭建设，提高经营网点覆盖率，至2016年年底，早餐工程服务人群约45万人，年营业额4000万多元，为社会增加就业岗位160多个。以家政服务网络中心为载体，打造“互联网+”电子商务平台，培育新型现代服务业智慧社区，全区建成社区家政服务中心30个，其中，优秀家政服务品牌3个。以梨园街道樱园社区“易邻里”、北苑街道金都社区“惠家家”、大虞街道孙家社区“欧乐生活”为代表的智慧型现代服务业社区，每天服务项目达30多项，服务3000多人次。2016年，制订提升改造建设广潍汽车博览园、广潍二手车交易市场、金宝新能源汽车交易市场、金宝汽车市场等4个骨干商品交易市场。实施改造建设南下河水产品批发市场、君泰商城、福新园市场、金宝农贸市场、玉清东街新华路口西北角标准化菜市场（筹建）5个农产品交易市场。至2016年年底，全

2016年6月20日，潍坊市委书记杜昌文到位于奎文区广文街道的潍坊市南下河市场进行创建国家食品安全城市工作调研。市、区有关领导参加调研（前排左三为潍坊市委书记杜昌文，前排左四为奎文区委书记李辉）

2016 年 11 月 17 日，中共奎文区委宣传部、奎文区文化旅游新闻出版局承办的画都 O2O 青年艺术平台上线新闻发布会在潍州大讲堂举行

区累计建成专业市场 28 个，占地约 168 公顷，其中，年交易额过 1 亿元的商品交易市场 6 个（潍州路汽车市场、医药物流园、轻纺城、南下河水产品批发市场、科技市场、京广书城）。新能源汽车产业园项目进展顺利，建设精品新能源汽车展厅 32 套，至 2016 年年底，项目一期形象店进入钢构安装阶段。市场运行监测数据工作扎实推进，至 2016 年年底，全区安装城乡市场统计监测平台重点商贸流通企业 20 家，安装潍坊市商务大数据平台重点商贸流通企业 47 家，纳入国家商务部直报重点商贸流通企业 6 家。

【2016 年重点项目】 2016 年 1 月 15 日，经过改造的奎文门美食文化街正式开街，改造完成后，由潍坊城市创新投资有限公司负责后期管理运营；是年 4 月 16 日，山东曜海国际贸易有限公司承办“世界互联网创业就业论坛”大会，参加电商企业 203 家；是年 5 月 13 日，潍坊市大学生创业服务管理中心对产业园调研后，初步认定符合大学生创新创业基地的申报条件，并组织材料申报。至 2016 年年底，产业园 A 区改建

位于奎文经济开发区的山东潍坊医药物流园医药仓储物流分拣线

完成，面积4600平方米，入驻园区企业31家；中国纺织服装电商产业园项目由山东恒易投资有限公司建设，总建筑面积13万平方米，总投资额5.5亿元，项目的北楼为互联网金融中心和山东纺织服装设计创意中心，项目的南楼为纺织服装批发O2O电商孵化基地。2016年，互联网金融中心投入运营，O2O电商孵化基地竣工并通过验收；与阿里巴巴山东地区合作方山东网商投资有限公司合作打造的优势产业电商产业园项目，按计划顺利推进；与“广州白马”“杭州四季青”等全国一级批发市场的对接合作也在稳步推进。

对外经贸

【概况】2016年，深入开展外贸企业大走访活动，通过分类召开座谈会、到企业调研等形式，了解企业发展中的实际困难、问题、需求和对商务工作的建议，把企业的意见建议汇总并逐步帮助解决；在调研的基础上酝酿成立外贸企业协会，是年6月29日，奎文区外贸企业协会成立，有成员单位36个。2016年，完成进出口贸易额39.1亿元，比上一年下降12.5%，其中，出口总额35亿元，比上一年下降5.5%，进口总额4.1亿元，比上一年下降46.3%。

【工作举措】2016年，根据全区产业发展重点及涉外公司布局情况，以“五库一图”（招商项目信息库、客商资源库、招商合作资料库、政策资料库、高新技术合作信息库、对外招商地图）为导向，提高与重点客商、重点企业合作的针对性、成功率，安排专人对每个项目和企业“盯上包靠”，提供专业化咨询服务，帮助协调解决突出问题。2016年，完成实际到账外资3.6亿元，比上一年增长25.4%；完成合同利用外资6.6亿元。2016年，落实国家、省对外投资、工程承包、劳务合作政策措施，提升企业“走出去”的层次和水平。围绕奎文区培育现代产业体系的决策，创新与世界500强、行业领军企业及知名院所机构合作的方式，实现与其深度融合、互利合作。2016年，外派劳务130人次，境外实际投资额4989.2万美元。

2016年6月29日，奎文区外贸企业协会成立大会在潍坊电商产业园举行

招商工作

【概况】 2016年，奎文区把握新常态，聚力新突破，“四招四引”并举，不断提高招商引资工作的成效和水平，促进产业转型和城市发展升级。全年组织全区性专题招商推介活动20次，宣传推介重点招商项目45个，接待考察洽谈客商600多人次，新签约项目12个，引进资金130亿元。2016年，奎文区招商局（以下简称区招商局）获得“奎文区招商引资工作先进单位”“奎文区利用外资工作先进单位”“奎文区楼宇总部经济发展工作先进单位”“奎文区文明单位”等荣誉称号。

【招商宣传推介】 2016年，筛选8个园区项目、7个片区项目、30个在建和建成楼宇项目进行包装策划，印制中英、中日、中韩文对照版的奎文区投资指南、招商地图、楼宇招商手册，利用外出招商和客商到奎文区洽谈的时机进行广泛宣传推介。委托高水平专业团队制作奎文区招商宣传片，多维度、多视角对奎文区的生态环境、人文环境、产业布局等进行全方位宣传。

【项目对接洽谈】 2016年，赴“京津”“长三角”“珠三角”等地进行项目考察和对接洽谈，与中国科学院、北方华录文化科技有限公司、北京潍坊商会、上海创智天地等知名院所和企业，分别就院地合作、技术合作应用开发、城市文化建设、招商平台合作等事宜进行洽谈并达成初步合作意向。邀请美康惠管理咨询集团、颐高集团、微医集团、明泽伟业、韩国新罗文化传播有限公司等多批次客商到奎文区进行考察，就社区医疗合作、文化产业、电商产业园、城市智慧广场、美食城等项目进行对接。签约落地北海路街道北胡片区开发、韩国美食城、潍坊艺创小镇、钛酸锂新能源动力电池生产等项目12个。

【招商渠道拓宽】 2016年，开展驻外招商工作，驻外招商小分队邀请西部环保公司、上海龙元集团、山东大学、碧桂园集团及韩国企业等多家客商和院校，到奎文区就建设潍坊国际学校、以PPP模式参与区重点项目建设等事宜达成初步意向。探索中介招商、以商招商、代理招商等方式，改变单纯依靠专题推介招商、驻外招商的单一方式，加强与各类商会、行业协会、投资咨询等机构合作，与山东诚信建设促进会、北京潍坊商会、广东山东商会、上海潍坊商会、深圳潍坊商会及深圳中投公司等机构建立合作关系，探索采取购买服务等方式，不断拓展招商渠道，提高招商针对性和成功率。

【招商工作机制】 2016年，出台《关于进一步完善招商引资工作机制的意见》，建立健全在招商引资不同阶段，由一个责任主体牵头、各单位配合，职责明确、协调有序、运转高效的服务新机制，实行项目信息收集、登记确认、项目洽谈、项目决策、项目落地“一条龙”推进。加大招商信息收集上报力度，在及时收集整理招商信息的基础上，区招商局牵头组织相关单位进行项目洽谈、评审，相关部门跟上服务推动，力促项目快签约、快落地、快开工，实现招商引资前端“多个渠道”收集信息，中间“一个口子”引进洽谈，后端“多个部门”服务管理、协调推进。

【招商引资活动】 2016年，以

“大干一百天，全力超目标”为主题，以创新招商引资方式、拓展招商引资领域、优化招商引资服务为重点举措，积极“走出去”“请进来”，开展各类招商活动。活动期间，赴“长三角”“珠三角”“京津”“环渤海”等地区，组织各类外出招商活动65次，邀请客商到奎文区进行现场对接和项目考察81批次。经过3个月的集中对接，对中房台湾城、陈家村开发、后栾鱼鸟花卉市场改造、“互联网+”潍坊市慢性病防控平台、检验检疫分支机构、体检康复中心等项目进行对接推动。

【督查考核】 2016年，确定重点在谈在办项目68个，其中，已签约项目12个，在谈项目40个，在办项目16个。修订完善招商引资工作考核细则，把招商资源宣传推介、招商活动开展、项目洽谈签约等工作量化指标纳入考核体系，突出对潍坊辖区以外项目、大项目、实际到位资金的考核。至2016年年底，经过综合考核，全区70个责任单位，引进资金130亿元。

供销合作经济

【机构改革】 奎文区政府财政预算中设立的供销社改革专项资金，用于奎文区供销合作社联合社（以下简称区供销社）系统的组织机构和运营方式等方面的深化改革。2016年年初，奎文区委组织部对区供销社领导班子情况进行专门的调研和指导，并对监事会机构、农民合作社联合社的设立进行指导。2016年年底，奎文区供销社农民合作社联合社、监事会经批复后，按程序成立。

【流通营销创新】 2016年，打造绿色有机农产品实体店，使其成为区供销社有机名优农产品直营店，通过整合地方名优特色产品资源，成为当地名优土特产的重要组织者和经营者，为与各县市区对接名优农产品进店工作打下基础。创新农产品流通方式，实现以实体店为依托发展电子商务。2016年，为实体店注入资金用于装修扩建和更新货源品种，提升城市供销社沟通城乡、服务“三农”的辐射带动能力；引入专业人才，组建运营团队，启动运营“潍坊供销地贝尔电子商务有限公司”，使之成为奎文区供销社发展电子商务的重要抓手和依托；寻找合作企业，逐步推进，为知名农产品品牌入驻“供销e家”做好基础工作；按照加快推进山东省电商“一张网”建设要求，与省联社“供销e家”电商平台进行对接，实现县域版的特色电商平台；在“淘宝网”“美团网”“饿了吗”等知名平台开设运营网店，加强对本地农产品和饮食文化的网上宣传和推介；提升社区便民有机生活体验店，为社区居民提供优质服务；组织开展“电子商务讲堂”活动，通过培训、微信、宣传画等方式，普及电商基本知识。

【解决历史遗留问题】 2016年，认真抓好维护社会稳定和群众信访处理工作，争取多方支持解决历史债务，对于社员股金、集资、供销社财务挂账、金融债务等历史遗留问题，与有关部门沟通，争取低成本化解。2016年，近20年拖欠约40万元的一件合同纠纷案圆满解决。

【党建工作】 2016年，在推进综合改革工作中，将党建、社建、社区“第一书记”有机结合，切实做好联系社区服务居民工作。完善党内激励帮扶机制，做好困难党员的帮扶工作，在重大节日帮扶慰问困难党员共计30人；做好“包居联万户、为民办实事”工作。区供销社全体机关干部为中学街社区购买和捐赠科技致富图书100多册，为社区60岁以上老党员60人赠送点播机，为社区添置价值5000元的打印机，走访慰问社区困难居民50多人，得到社区居民的好评。

烟 草

【概况】 奎文区烟草专卖局（营销部）主要负责奎文辖区烟草专卖管理、卷烟销售及1513家卷烟零售客户的服务工作，承担国有资产保值增值责任。2016年，全年销售卷烟18794箱，单箱销售额28874元；实现税利12847万元，上缴地方财政2193万元；查获违法涉烟案件61起，查扣总量340.6万支，案值74.4万元，移送公安机关立案涉烟刑事案件2起，破获国标网络案件1起，县标网络案件4起。

【工作导向】 2016年，积极应对新常态下的压力和挑战，以开展“两学一做”学习教育为动力，围绕“树立一个信心，完成一个任务，打牢三个基础，实现五个突破”的工作部署，以“实真细精”为工作标准，坚持“做细做细再做细”的工作原则，聚焦主业抓落实，夯实基础促发展，各项工作稳中有进。

【专卖管理】 开展“齐鲁之盾（2016）”专项行动，深化联合执

奎文区烟草专卖局（营销部）营销业务办公楼

法协作机制，联合各职能部门，对辖区各类经营业态实施常态化监管，狠抓源头治理，严厉打击各类涉烟违法犯罪行为，保持市场高压态势。强化互联网、快递领域监管，加大互联网涉烟违法行为的调研取证和打击力度。查办的“10·13”互联网涉烟案件中，共查明涉案假冒卷烟案值553.09万元，涉案人员27人，达到国家公安部、国家烟草专卖局网络案件标准。探索建立“12112”许可工作制度，明显缩短行政相对人证件办理时间，赢得社会好评。狠抓普法宣传教育，认真开展“3·15”“6·29”“12·4”等法制宣传日活动，强化专卖执法监督，做好法律风险防控，做实内部监管，辖区卷烟市场秩序平稳有序。

【卷烟营销】 全力做实做细终端建设、客户拜访、品牌培育等基础工作，市场基础不断夯实。加强婚庆市场、餐饮市场开发工作，发挥城区市场优势，深挖市场潜力，全年婚庆宣传覆盖面3872对，成功推介对数931对，共订购卷烟100.9箱，单箱销售额35558元。狠抓鲁产卷烟品牌培育，全年销售鲁产卷烟10615箱，占市场份额的56.5%，比上一年提升2.9个百分点。大力培植细支烟市场，对泰华、万达、新华路等繁华商圈零售客户进行细支烟专题经营指导，开展细支烟终端陈列创意大赛活动，全年销售细支卷烟1867箱，比上一年增长48.8%，细支卷烟在辖区市场认可度快速提升。

【企业管理】 深入开展“双基”提升活动，市场基础和管理基础得到不断夯实，企业发展环境日趋优化。把精益管理贯穿于企业管理的始终，强化精益管理培训，深化精益管理理念，精益管理氛围日益浓厚。开展“制度建设年”活动，新建制度3项、修订制度10项、废止制度14项，为各项工作开展提供制度保障。开展队伍基础、工作基础和市场基础“三大提升”活动，深入查摆工作中的问题与不足，针对问题制定可操作、可量化、可检查、可考核的工作措施，各项工作得到持续提升。严格落实中央八项规定，深入自查整改，进一步规范业务接待、车辆维修、会议费等业务开支程序，从严从细控制支出，可控费用比上一年减少15万元，节约开支9.8%。

【队伍建设】 认真贯彻落实中央、行业上级和地方党组织有关要求，深入开展“两学一做”学习教育，做好“学”“做”结合文章，将“两学一做”学习教育扩展到日常工作的各个方面，党员干部党性修养和工作作风进一步提升。开展学雷锋、传承“五四”精神以及户外拓展训练等活动，有效激发队伍活力，提升队伍凝聚力与向心力。注重政风行风建设，不断提高行政效能和服务水平。开展爱心公益活动，全年共捐助各类款项1.2万多元，用实际行动赢得社会的信赖和支持，部门形象得到进一步提升。

交通　邮政　通信

Traffic Postal Communication

交通运输

【概况】 奎文区交通运输局（以下简称区交通局）以日常养护为基础，以处治公路病害和完善安保设施为工作重点，挖补存在病害的农村公路2300多平方米，沥青罩面9000多平方米，维修更换井盖11套，维修更换水篦子23套，完成投资额76.8万元。在潍坊市率先实现村村通柏油路、村村通公交。奎文区与潍坊市各县市区连接全部实现一级公路贯通，潍坊市属四大运输企业有三个总部（交运、公交、长远）落户在奎文区。至2016年年底，奎文辖区有高速公路1.46公里，国道2.637公里，县级道路20.2公里，乡级道路12.3公里，村级道路60.5公里；有客运企业5家，客运汽车196辆；有驾校7所，驾培车辆737辆；有货运汽车3830辆，出租车527辆；有物流企业54家，维修企业179家（其中，一类企业4家，二类企业72家，三类企业103家）；平均道路运输客运周转量21220万/人·公里，道路运输货运周转量244860万/吨·公里。

奎文区交通运输局机关办公楼

【安全生命防护工程】 2016年，根据山东省交通运输厅和潍坊市交通运输局对农村公路安防工程进行再部署、再加强、再完善的总体要求和彻底消除辖区道路安全隐患的总体思路，对辖区道路进行深入排查，对存在的隐患点进行整改完善，完成农村公路安全生命防护工程建设投资额61万元，工程里程25.17公里。

【交通法治建设】 全面完成权力清单和服务清单事项的梳理、分类、登记、上报、审查等工作，区交通局所属有关单位共有行政权力事项299项，其中，行政审批事项11项，行政处罚228项，行政征收1项，行政强制17项，行政给付2项，行政监督检查20项，其他权力20项。

【运输企业质量信誉考核】 2016年，完成运输企业质量信誉诚信考核227家，其中，物流企业完成48家，汽修企业完成179家；办理驾驶员（从业资格证年审）继续教育和诚信考核5000多例，办理营运证年审、车辆落户转籍等日常业务3000多例；县级以上客运车辆营运年审工作首次下放，顺利完成193辆客运车辆的审验工作；机动车驾驶员培训业务管理工作也下放到县区一级，完成驾培单位年审换证6个，审验教练车696辆。

【执法监察】 2016年，奎文辖区开展“春运”“南下河‘夜猫子’市场整治”“出租车市场集中专项整治”“集中治理道路运输违法违规”等专项行动。累计投入执法人员2000多人次，执法车辆500多辆次，检查车辆2000多辆，确保道路运输市场安全、稳定发展。

【安全管理培训】 以全区76家交通运输企业从业人员为重点，针对“春运”和冬季安全生产，加强对200多名交通领域企业负责人、安全管理人员及相关从业人员的培训。重点培训综合性安全生产法律法规、行业安全生产法律规范、安全技术、安全管理及事故案例等内容。

【服务品牌打造】 2016年，潍坊市奎文区出租汽车服务公司的“和谐车队”先后荣获“全国创先争优先进基层党组织”“全国工人先锋号”“全国出租汽车行业和谐劳动关系创建活动先进集体”“齐鲁先锋基层党组织”“山东省‘雷锋号’先进集体”“山东省职工职业道德建设先进单位”“山东省青年文明号”等荣誉称号。2016年，“和谐车队”在艺考、高考期间免费接送考生460多人；出租车司机主动上缴乘客遗失手机40部，现金1.8万多元，银行卡、身份证、驾驶证、衣物等物品370多件，收到感谢信4封，锦旗9面。

公　路

【概况】 2016年，全力做好工程养护、路域综合治理、ETC（电子收费系统）工作，顺利完成各项年度任务目标，区公路局继续保持“省级文明单位”称号。大力实施精细化养护管理，挖补路面1.6万平方米，小修保养完成灌缝3.3万米。深入推进路域综合治理，清除违法非公路标志696块，清理违法占道经营摊点318处，全年无新增违法建筑、乱堆乱放和占用公路用地打场晒粮现象。青银高速公路改扩建工程穿越奎文区北苑街道、大虞街道和北海路街道3个街道辖区，路段全长1.46公里，奎文区公路局负责协调完成奎文段地上附着物的征迁和土地组卷工作。ETC网点实施规范服务，提升内部管理，实现充值金额287万多元，售出鲁通卡148张，安装电子标签136部。2016年，奎文区坚持围绕保障国道的安全、畅通，营造“畅、安、舒、美”的通行环境，全面完成奎文辖区内国道的修建、养护、路产路权管理等。

【养护工作】 大力实施精细化养护管理，突出“精管”，完善应急中心规范化建设，内部业务资料实行“无纸化”管理，调配两名工程专业技术人员充实到工程养护队伍，提高业务工作水平；扎牢“养护365”（全年养护）理念，严格落实日巡工作机制，第一时间发现管养路段通行状况，对影响行车安全的病害及附属设施缺损及时发现随时处理；实现“小修高标准、管养常态化”，对辖区路段进行日常管养和小挖小补的施工过程，都做到警示标志齐全、高标准施工。突出“细养”，细化工程监管，与施工单位签订安全合同、施工合同和廉政合同，厘清监管责任；细化路面保洁考核标准，结合日常考核中发现的养护保洁薄弱点，量化细化考核内容和要求。细化应急预案，根据不同季节应急保障侧重点不同，适时调整细化应急预案。

【路域综合治理】 深入推进路域综合治理，抓好路政巡查，做好工作日巡查，加大节假日巡查和恶劣天气不间断巡查，形成全天候路政巡查机制；推行人性化执法，坚持依法办事，执法过程中，实行“三公开”（公开执法监督电话、公开亮明执法身份、公开办事程序和依据）；抓好执法队伍素质建设，每月组织路政人员学习公路法律法规，开展执法人员业务技能培训，对执法人员文明用语、标志服着装、解答群众咨询情况不定期抽查，抽查情况在全局通报；抓好服务升级，完善公路路政服务大厅，增设便民服务窗口。

【沟通协调工作】 积极推进青银高速公路改扩建工程奎文段协调工作，及时完成地上附着物的征迁工作和存土场用土合同的签订。涉及奎文辖区4个单位9处穿越高速公路的管线，积极协调有关单位做好管线迁改和土地组卷工作。2016年5月起，协调国土部门及相关单位进行土地组卷工作，至2016年年底，完成图纸盖章、占地面积确定、土地补偿款的拨付。积极协调管线产权单位提交迁改方案，并报山东高速集团有限公司批准，协调管线产权单位进行管线迁改。至2016年年底，完成6处管线迁改，占总量的66.7%。是年4月，协调完成青银高速公路奎文区段永久占地地面附着物清点、评估，提交正式评估报告。是年6月，兑付全部拆迁补偿款。是年8月，协调大虞街道与山东高速集团有限公司签订12万立方米土方供应合同，北苑街道与山东高速集团有限公司签订6万立方米土方供应合同。是年10月31日，全部完成奎文辖区的征地拆迁工作。

【ETC网点工作】 ETC网点工作不断创新，积极构建人本化、服务化、规范化的管理体系，以客户满意为根本，提供优质服务，提升内部管理，ETC窗口实行AB角工作制，保证服务窗口不空岗。为客户提供预约服务和上门服务，并及时把新政策和信息告知客户，方便客户办理业务。

邮　政

【概况】 中国邮政集团公司潍坊市营业局（以下简称邮政潍坊市营业局），隶属中国邮政集团公司潍坊市分公司。服务区域涵盖潍坊市奎文区、潍城区、高新开发区、经济开发区等。有在职员工163人，所辖邮政服务网点23个。经营的主要业务有国内和国际信函寄递业务，国内和国际包裹快递业务，报刊、图书等出版物发行业务，邮政汇兑业务，邮政金融业务，邮政物流业务，电子商务业务，各类邮政代理业务和国家规定开办的其他业务。

【创新转型】 邮政潍坊市营业局坚持创新转型、服务民生，深植以人为本、诚信合规、和谐共赢的企业价值观，认真履行普遍服务义务和特殊服务职责，加快实施“一体两翼”经营发展战略，着力发展成为社区和农村普惠金融服务的领导者、区域寄递服务市场的领先者、社区配送和区域农村电商服务的引领者、数据和平面文化传媒的创新者、“邮政+互联网”创新发展的先行者和政府倡导服务“三农”、精准扶贫的重要渠道。努力建设成为经营创新、管理规范、质量一流、客户满意、员工幸福、行业领先的规范化、国际化、现代化邮政企业。

【开拓增效】 2016年，邮政潍坊市营业局认真贯彻集团公司、省公司、市公司的工作部署，更新发展观念，凝聚发展共识，发扬“坚定信念、艰苦奋斗、实事求是、勇于胜利”的工作作风，努力实现“促发展、强管控、增效益”目标。以安全、经营（高效业务）为重点，加强板块联动和专业联动互动，2016年业务收入实现较快发展，比上一年增长14.7%；计划完成率居潍坊市（邮政）第4位。2016年，和平路支局被命名为“山东邮政工人先锋号”“潍坊市巾帼标兵岗”；樱园支局被命名为“潍坊市青年文明号”。

奎文移动

【概况】 中国移动通信集团山东有限公司潍坊奎文分公司隶属中国移动通信集团山东有限公司潍坊分公司，在助力全区经济可持续发展的同时，以自身技术、网络优势推动“智慧城区”建设，满足社会需求，实现企业与客户价值的双赢。秉持“客户为根、服务为本”的服务理念，落实“服务考核”“责任追究”机制，建立健全预警通报等措施，不断提升客户的满意度。2016年，客户综合满意度居潍坊市第二名。

【移动城乡服务】 至2016年年底，全区移动用户数量40万多户。投入资金额约1亿元用于移动通信网络的扩容建设，建成移动通信2G、3G、4G基站300多个，网络覆盖率达99.9%，各项网络指标综合排名均保持全省第一，网络质量整体保持领先。建设社区（村）级移动业务代办点400多个，形成自办营业厅、合作营业厅、专营店、社区（村）代办点等多种形式的完善的营销服务网络。

【精品移动网络】 落实“宽带中国”“互联网+”国家战略部署，响应国家“提速降费”号召，加快光纤网络建设，大幅提高网络速率。至2016年年底，移动有线宽带用户达4万多户，家庭带宽达100M。

【移动合作服务】 与区司法局共同推广“社区矫正”系统，促进社会治安的稳定。与区卫计委合作开展“医院分娩专线”项目，提高人口出生数据统计监测的准确性、及时性。与区教育局合作推广“家园教育幼视通”系统，丰富幼儿园与家长的交流渠道，提高幼教系统的信息化建设；搭建“平安校车”4G视频监控系统，借助4G网络，实现学校对校车运行的实时监控、远程调度、轨迹回放，家长通过手机查看校车运行实时图像，及时收到孩子的上、下车信息提醒。与区市场监管局全面推出“在线即时监督监测和移动执法工作系统”。与区环保局合作推出移动视频监控系统，提供掌握全区环境状况的第一手资料。借助移动专线VPN认证、MAS、移动4G手机等技术和产品，供电公司成功建立起电话、短信、“电力E行”手机客户端、微信、支付宝、有线电视六位一体的“智能互动服务平台”，实现电费余额查询、用电提醒、自助缴费、用户资料即拍即传、维修派单手机导航等功能。与公安奎文分局合作开展“移动卫士通”物联网防盗工程，提高电动车、摩托车的防盗系数。与区水利局合作建成“水利通”平台，实现移动办公、远程监控、野外巡检以及现场调度等功能。为区质量技术监督局搭建移动办公系统、“12365”短信平台、门户网站，提供信息发布平台，提升单位社会形象。与山东平安消防工程有限公司合作开发推广“平安消防监督管理系统”，实现消防设施信息管理及查询、维保任务自动生成、维保执行情况现场报告、维保结果自动研判、火灾报警器件实时监控、地图导航等功能。与潍柴动力股份有限公司签署战略合作意向书，双方在物联网、专线、IMS等信息化业务中进行深度合作，在智能制造和工业4.0发展方面开展探索实践。

奎文联通

【概况】中国联合通信有限公司潍坊奎文分公司隶属中国联合通信有限公司潍坊分公司，在助力全区经济可持续发展的同时，以自身技术、网络优势打造光网城区，推动“智慧城区”建设，满足社会需求，全力服务民生。开发信息化应用，推进大服务体系建设，强化专业线服务协同，建立健全预警通报等措施，不断提升客户满意度。2016年，客户综合满意度居潍坊市第一名。

【精品联通网络】2016年，出台《2016年精品移动网络提升方案》，至2016年年底，完成奎文区联通移动网物理站址149个，其中2G逻辑站点76个，3G逻辑站点129个，4G逻辑站点139个；室内分布小区2G计149个、3G小区344个，4G小区369个。因奎文区域属潍坊城区，其高铁、高校及商超等口碑场景较多，共计367个口碑场景小区，需重点进行网络保障。MR覆盖率在潍坊各区县中排名第二，仅次于高新开发区；4G无线资源利用率排名第三，仅次于高新开发区、滨海开发区。各项网络指标综合排名均保持全市前列。全区移网用户数量10万多户，固网电话4万户。建设城区、街道、社区（村）联通营业厅、合作厅及业务代办点200多个，形成营业厅、合作营业厅、专营店、社区（村）代办点等多种形式的营销服务网络。开启“匠心网络”打造工程，加大、加快基站建设力度，聚焦“市区、校园、交通干线、酒店、医院、商场、城区密集住宅区域、旅游景点”等热点地区，开展一系列4G网络建设工作，从广度和深度两个维度全面完善4G网络优化覆盖。潍坊市区无线覆盖率达到99%、人口覆盖率达到96%。校园、景区、动车线、跨省高速和国道实现全覆盖。工程建设进度位居全省前列。落实“宽带中国”“互联网+”国家战略部署，响应国家“提速降费”号召，加快光纤网络建设，大幅提高网络速率。互联网出口带宽达到1100G，可满足用户100Mbps以上的高速率、大带宽的业务需求。

【履行社会责任】为满足企业信息化需求，充分发挥在移动通信、互联网、综合信息服务等方面的优势，推动移动互联网、云计算、大数据、物联网等与现代制造业、服务业相结合，探索实践产业互联网落地实施的新方法、新举措，搭建“产业互联网”“幸福工厂”“物联网运营”“联通沃云”等信息化平台，推出“互联网专线”“冰激凌不限量”产品。聚焦工业、制造、物流、商贸等诸多领域，累计为全区30多个行业提供2000多种信息化解决方案，在智慧城市、智慧园区、智慧农业等多个领域都有成功的案例和实施经验。

【提升服务水平】深入实施“1+0”纠错机制，共提交解决19类158个热点问题。畅通投诉处理流程，投诉处理及时率、合格率位居全省第一位。实施不满意工单位内部升级处理机制，客户满意率位居全省第四位。客户口碑NPS值不断提升，宽带四季度客户推荐值位居全省第一位。通过网页推送、网厅和微厅等多渠道积极宣传提速，名单用户提速已完成95%，有效提升宽带品牌的影响力。全方位推行“480”服务承诺，提速后的客户感知大幅度提升。

建设　环保

Build and Environmental Protection

【概况】 2016年，奎文区认真贯彻落实中央、全省城镇化会议和全市城镇化工作以及提升市区动员会议精神，坚持以人为本、优化布局、生态文明、传承文化，加快构建新型城镇化体系，全面提升城镇化发展的质量。科学编制规划，提升规划、建设、管理的水平和档次，打造特色、亮点。强化产业支撑，顺应产业演进的规律，围绕打好转方式调结构攻坚战，加快建设现代产业体系，通过产业发展引领人口转移，推动城镇化健康发展。坚持小城镇建设和项目建设两手抓、齐推进，在产业发展上要按照区政府制定的十大片区的规划往前推动，调动各方面的积极性，形成招大商、大招商的浓厚氛围，强化服务，加强管理，力求项目早落地、早开工、早建设、早见效。搞好基础设施，推动基础设施城乡联网、共建共享，大力提升城市综合承载和运行保障能力。研究楼宇经济的发展方向和产业定位，确定科学的发展目标和招商方向，不断提升楼宇经济发展水平。在社会事业管理上，各街道、各部门协调配合，充分利用数字化管理平台，优质、高效的为群众解决困难和问题，打造优秀的社会管理模式。各街道、社区进一步深化社区网格化建设，根据各自特点，打造不同的管理特色，加强养老和社会救助服务体系建设，不断创新服务模式，提高服务水平，以满足群众实际需求。提升市区，着眼未来，抓住全面深化改革、城镇化发展的机遇，充分挖掘潜力，发挥比较优势，建设成为有独特优势的区域性中心城区。

城区规划

【概况】 围绕加快建设现代化商务中心区和“五个奎文”（富裕奎文、文明奎文、文化奎文、生态奎文、幸福奎文）的奋斗目标，着力推进重要规划编制、规划审批管理和重点工程建设工作，圆满完成各项任务目标。

【重要规划编制】 根据潍坊市规划局统一安排，完成奎文辖区内7个片区（北苑、大虞、樱园、潍州、风筝、张面河、金宝）控制性规划审查及上报审批工作。控规成果在《潍坊日报》进行公示，并根据公示意见进行修改完善。2016年，为进一步促进奎文区南部发展，积极配合廿里堡街道组织编制总体规划，总体规划已通过专家评审，规划编制单位根据专家意见进行修改完善。

【规划审批管理】 削减审批环节、理顺审批流程、缩短审批时限、规范审批行为，使规划审批流程更加精简，建设项目审批更加规范。2016年，核发规划用地许可证8个，用地面积30.19公顷；为4个地块核提规划设计条件，用地面积3.41公顷；审批工程规划项目112个，建筑面积63万平方米。核发建设工程竣工规划验收合格证2个，竣工面积1.8万平方米。核发潍坊市政建设工程规划许可证6个，工程总长度9.62千米。

【专项规划审查】 2016年，为《潍坊市中心城区体育设施布局专项规划》《潍坊市城乡电网规划》《潍坊市奎文区医疗卫生服务体系规划》《健康街快速路建设规划方案》《潍坊历史文化名城保护规划》《潍坊市轨道交通专项规划》《中心城区供热管网改造规划》《潍坊市中心城区防洪专项规划》等专项规划进行的审查，分别给奎文区政府和潍坊市规划局书面回复审查意见。

【依法行政】 加大对项目审查批复之后的管理力度，坚持事前防范与事后查处相结合的工作方针，把动态巡查和批复之后的管理工作制度落到实处。2016年，在奎文辖区内巡查133次，发现违法建筑6个，全部移交城市管理行政执法部门，在建项目批复之后跟踪管理81次。根据国家住房和城乡建设部对奎文区2016年度利用遥感技术辅助规划督察工作中发现的奎文区疑似违法图斑情况，奎文规划分局监督检查科立即组织人员进行现场调查、勘验，查阅相关资料，并对确认的7起违法建设及时移交相关部门。

城区建设

【市政基础设施建设】 2016年，奎文区高标准改造梨园路南段、早春园南巷等6条背街小巷。组织对潍坊南下河市场道路、广场等项目进行“四城同创”改造，重点对潍坊发电厂到奎文供热主管道进行供热管网建设铺设，累计完成供热管网“汽改水”改造面积650万平方米。

【老旧小区改造】 改造潍坊华光精工西、市三产办、潍坊职业学院等10个老旧小区，改造面积86万平方米，重点做好设施完善、环境整治、外墙保温等方面改造。2016年年底，累计投入改造资金额9317万元，对287幢居民楼、11762户居民住房进行改造，受惠居民4万多人。

【棚户区改造】 奎文区加大棚户区改造的融资贷款力度，有17个项目拟申请贷款，第一批筛选出3个项目，申请棚改资金额4.77亿元。2016年，全区棚改任务确定实施项目为9个、居民1333户，实际开工数量达到1771户，申请邮政储蓄银行贷款额6.1亿元，至2016年年底，全区棚户区改造任务完成序时进度计划。

2016年10月20日，潍坊市委书记杜昌文（前排右一）到奎文区潍州路街道马少野片区调研棚户区改造情况。奎文区委副书记、区政府区长高志秀（前排左一），市、区主管部门负责人等参加调研

2016年奎文区背街小巷建设一览表

单位：米、万元

序号	道路名称	位置	建设规格（长×宽）	投资概算（不含拆迁补偿）	备注
1	高速公路宿舍巷（暂命名）	卧龙东街以南、白浪河以东	190×15	130	
2	梨园路南段	龙山街至九龙街	450×25	350	需拆迁电器设备厂房360平方米

续表

单位：米、万元

序号	道路名称	位置	建设规格（长 × 宽）	投资概算（不含拆迁补偿）	备注
3	71146 部队道路	通亭街至 71146 部队	350×12	180	
4	光明街	虞河路至鸢飞路	478×18	460	
5	下河路	东风东街至福寿东街	750×15	562.5	
6	早春园南巷	早春园西巷至福寿东街	324.598×5	150	
	合计		38154	1682.5	

2016 年奎文区棚户区改造一览表

单位：套

序号	所属街道	项目名称	改造套数
1	廿里堡街道	外贸土产	123
2		董家片区三期	428
3	北苑街道	则尔庄片区	70
4		丁家片区三期	192
5	北海路街道	湖西片区	160
6		赵疃片区	100
7	梨园街道	梨园片区二期	144
8		西河西片区二期	88
9	广文街道	原潍坊市委党校片区	28
合计			1333

【项目征收】 市委党校老校片区一期征收面积 2700 平方米，28 户全部实行货币化安置。二期应拆 202 户，实际完成 170 户，腾空房屋建筑面积 1.7 万平方米；梨园路南段依法征收小型企业厂房 420 平方米，腾空土地 840 平方米，为梨园路贯通提供有力保障；原潍坊轴承厂 2 号宿舍楼拆危工作按照相关程序依法推进。重点道路拆迁稳步进行，其中，崇文街（文化路—虞河桥）、鸢飞路（宝通东街—金宝街）拆迁工作全部完成，凤凰大街（北海路—潍州路）做好拆迁准备，乐川街完成续拆 9 户。

【园林绿化】 2016 年，按照“生态园林、民生园林和文化园林”的绿化理念和“五无”（无缺苗、无死枝、无垃圾、无尘土、无残缺）的绿化养护管理标准，全力抓好主次干道、背街小巷、公园游园绿地及社会绿化的精细化管理，全面提升城区绿化养管水平和标准，打造和谐、优美、整洁、靓丽的城市绿化环境。全年共完成绿化投资额 3500 万元，栽植各类乔灌木 265 万棵，城区绿化覆盖率达 41.7%。

奎文区住房和城乡建设局机关办公楼

提升城区绿化水平。2016年，区园林处全面进行绿化养护管理综合整治工作，按照横到边、竖到沿、拉网式的绿化要求，对城区行道树缺苗、绿地缺苗及裸露土地进行绿化提升，共补植乔灌木78.5万棵；加强对新建居住小区的绿化督促和指导，确保辖区内新建居住小区按照规划设计要求进行绿化；对潍州路、新华路等主次干道裸露树穴进行综合整治，共铺装五指树框石7500多棵。

提高植被养护水平。绿化养护推行全覆盖、无缝隙、全天候管理模式。2016年，区园林处在对辖区绿地搞好修剪、施肥、松土、保洁、除草、补苗、清理死株、护栏维修等日常养护管理的基础上，重点抓好国家卫生城市复查工作，动员各方力量集中财力、人力、物力，全方位搞好卫生综合整治。清理树挂320处，清理枯树死枝560处；夏季干旱高温季节，组织辖区13家绿化养护企业和区园林处全体职工，全力进行抗旱保苗，出动水车3200辆次，浇水26万立方米，出动人员2.8万人次；以探索防治技术为重点，全力抓好病虫害防治工作，建立奎文区病虫害防治网络，组织各街道、有关部门及养管企业，对负责管护的绿化带及辖区内单位庭院和居住小区的园林绿化植物普遍喷洒农药，全年集中喷洒4次，动用喷药器械680部，喷洒农药1.8万公斤。

【数字化平台】 2016年，奎文区修订完善管理规章制度，制定数字化城市管理考核细则，确保整改到位，及时反馈，共受理表单14243件，处理反馈14241件，处置率达99.99%。

住宅与房地产业

【房地产转型发展】 根据市政府出台的《关于促进房地产转型升级健康发展的意见》，认真剖析房地产转型发展过程中存在的问题，科学合理控制土地供应总量，保持供需总体平衡。通过控增量、优结构、扩需求等措施，保持全区房地产项目和开发面积稳中有增；积极推进建筑产业现代化进程，着力培育建设一批高品质住宅小区和商务楼宇，侧重引导企业加大纯住宅地产开发比重，适当控制非住宅地产开发比例，加快全区房地产业转型发展步伐。

【房地产去库存】 2016年，认真落实区政府关于房地产去库存的意见和实施细则，着力做好“去存量、控增量、优结构、扩需求、防风险”五篇文章。认真做好购房补贴资格认定、材料审核、补贴发放等工作；对全区房地产开工面积实行总量调控，力求供需平衡；灵活掌握新建商品房商住比例；加强房地产供求分析，发挥“风向标”作用；加强开发企业信用管理，推动房地产业健康发展。2016 年，全区房地产在建面积约 387.89 万平方米，新开工面积约 110 万平方米，累计销售商品房 16038 套、销售面积 196 万平方米、销售额 98.2 亿元，分别比上一年增长 16.93%、19.21%、35.93%。

城区管理行政执法

【市容和环境卫生管理工作】2016 年，奎文区参与“四城同创”，加大市容和环境卫生管理力度。全年开展整治行动 19 次、清理主次干道流动摊点 2600 多处、规范店外经营商贩 3200 多处、整治乱堆乱放区域 1200 多处；加大露天烧烤管控力度，整治违规烧烤业户 206 家，取缔露天烧烤流动摊点 24 处；开展户外广告牌匾整治行动，整治不规范、陈旧破损的广告牌匾 1290 多块、探出状 LED 发光牌 490 多块；打击“三无”食品摊贩 110 次；在合同中划定属奎文区管辖的 84 公里主干道和 111 条背街小巷的小广告清理工作，安排专人进行全面督查，辖区市容和环境卫生水平明显改善。

【市容和环境卫生宣传工作】2016 年，奎文区下发《潍坊市奎文区人民政府关于开展城市环境综合整治活动的通告》《致全区市民的一封信》《露天烧烤通告》等 2 万多份，通知 5000 多家经营业户积极配合市容和环境卫生管理工作；在各级媒体发表 183 篇稿件，微信公众号发布 21 期 95 篇稿件，编辑《奎文城管简报》10 期。通过全方位宣传和引导，营造良好社会氛围，助推辖区环境和卫生管理工作迈上新台阶。

【工作方式创新】2016 年，奎文城管大队采取定点守候与巡查执法相结合、企业盯守与执法联动相结合、重点片区与面上巡查相结合等多种方式，有效开展环境卫生治理工作；按照“先难后易、逐个击破”原则，开展重点区域集中整治行动；制定专项行动实施方案，对原有摊点重新进行实地测评、调查摸底，执法活动中，对违规当事人以教育说服为主，签订保证书为辅；制定防控整治方案，派设行动保障组、组织协调组，及时对通报区域进行巡查管控；加强制度考核，把全区城市管理月度检查列为重要考核内容，纳入街道“科学发展观综合考核”成绩；采用评比方式督促各中队加强管理，对群众反映强烈、媒体多次曝光、严重影响秩序和扰民的违规行为采取分时段、交叉巡控检查的方式持续监督，严防反弹；通过定期或不定期召开会议，研究部署联合执法工作的重点、难点，着重对群众反映强烈、投诉相对集中的

2016 年 7 月 29 日，“绿手环”在行动，奎文环卫“萤光”志愿服务队正式成立，区委常委、区委宣传部部长李强出席成立大会

奎文辖区所设公厕名称及位置一览表

序号	公厕名称	详细位置
1	青年公寓公厕	东风街与四平路口东南角
2	苇湾小区公厕	苇湾小区北巷子路东
3	中和街公厕	四平路中段中和街小区内
4	潍柴北门公厕	民生街潍柴北门西侧
5	民生东公厕	民生东街路南
6	卧龙桥公厕	卧龙桥东头路南
7	则尔庄公厕	则尔庄小区内
8	十三中公厕	十三中西操场
9	潍洲路北公厕	潍洲路北段路西
10	录音机厂公厕	北宫街与潍洲路东北角
11	潍洲路中公厕	潍洲路中段西工福街市场南
12	十中公厕	鸢飞路十中街路北
13	东方商场公厕	北宫街东方商场东侧
14	虞河桥公厕	北宫街与鸢飞路东南角
15	大拖公厕	北宫东街东交宾馆对面
16	公交公司公厕	鸢飞路公交公司东侧
17	丁家道口公厕	丁家道口村东
18	南大街公厕	南大街小区内
19	新华路公厕	新华支路中段路北
20	南胡公厕	南胡小区公安巷南段路东
21	人民医院公厕	人民医院东侧
22	医学院公厕	医学院操场西侧
23	老市府公厕	老市府东北角
24	樱南公厕	樱南村委西侧
25	南下河市场公厕	文化路南下河市场西门
26	庄家公厕	文化路晨明庄园
27	新华路北公厕	北宫街与新华路口西南角
28	海关公厕	胜利街海关对面
29	芳华园公厕	文化路胜利街交叉口西南角
30	三运宿舍公厕	鸢飞路（健康街南）三运宿舍内
31	地毯厂宿舍公厕	北宫街地毯厂宿舍

续表

序号	公厕名称	详细位置
32	床单厂宿舍公厕	南大街圣荣大厦北侧
33	制药三厂公厕	北宫街制药三厂
34	新华社区公厕	华丰西巷机械局宿舍院内
35	东苑公园公厕（东南角）	东苑公园东南角
36	樱园社区公厕	文化路樱园广场对面
37	信息学院公厕	东风街信息学院东侧
38	健康街东绿地公厕	健康街北海路西北角
39	广播电台公厕	东风街文化路口西南角
40	东郊信用社公厕	东风街凤凰桥东南角
41	潍柴南公厕	健康街潍州路西北角
42	翔天园公厕	健康街虞河桥西北角
43	东苑公园公厕（西北角）	东苑公园西北角
44	卫校公厕	清溪街与鸢飞路东北角
45	新华路南公厕	樱前街与新华路西北角
46	健康西汽车站公厕	健康街汽车站对面
47	电力三公厕	玉清街与通亭街路口东南角
48	八一宾馆公厕	东风街与潍州路路口东南角
49	福寿街公厕	福寿街与潍州路东北角
50	早春园公厕	早春园西巷与东庄街西南角（市场内）
51	虞河路北公厕	虞河路北宫街北 100 米路东
52	全宝会展中心公厕	潍州路全宝会展中心大门南侧
53	邵家公厕	凤凰街邵家小区内

奎文辖区所设垃圾转运站一览表

序号	垃圾转运站名称	垃圾转运站详细位置	类型
1	潍柴垃圾转运站	潍柴小区内	车载式
2	十三中垃圾转运站	卧龙街十三中北	车载式
3	新元垃圾转运站	奎文区新元小区内	车载式
4	丁家道口垃圾转运站	健康街与道口路路口南 100 米路东	车载式
5	樱南垃圾转运站	虞河路南首樱园小区内	车载式
6	医学院垃圾转运站	虞河路与东风街路口南 150 米路东	车载式

续表

序号	垃圾转运站名称	垃圾转运站详细位置	类型
7	南下河市场垃圾转运站	奎文区南下河市场	车载式
8	人民医院垃圾转运站	虞河路与胜利街路口南500米路西	车载式
9	院校街垃圾转运站	院校街与鸢飞路路口西200米路南	车载式
10	中和街垃圾转运站	四平路建行东北200米	车载式
11	行政街垃圾转运站	行政街与潍州路路口东50米路北	车载式
12	新华路垃圾转运站	奎文区新华巷内	车载式
13	茂子庄垃圾转运站	机场路南苑街办茂子庄村	举升式
14	王家垃圾转运站	廿里堡王家村西	车载式
15	华丰垃圾转运站	华丰小区内	立压式
16	早春园垃圾转运站	早春园小区西北	立压式
17	苇湾垃圾转运站	苇湾小区内	立压式
18	庄家垃圾转运站	文化路南首路西	立压式
19	南胡垃圾转运站	南胡小区西南	立压式
20	南屯垃圾转运站	车站一街铁路东南角	立压式
21	汽博园垃圾转运站	潍州路汽博园东侧	立压式

问题区域进行整治；通过创新工作方式、拓展工作方法对违规当事人起到良好的教育作用，有效遏制违规行为，辖区市容环境与卫生管控工作取得新突破。

【环境卫生管理】 2016年，奎文区以“四城同创”为契机，围绕“一三四八”工作思路，打造特色亮点工作。全面清理卫生死角，进一步完善生活垃圾分类试点工作、建筑垃圾“预约收运”服务，开展“公厕开放联盟”活动；开展志愿服务工作，首次成立由环卫工人组成的“萤光”志愿服务队及党支部；奎文区环境卫生管理处（以下简称奎文区环卫处）宣传工作取得成效，信

奎文环卫管理工作获得的荣誉牌匾

2016年12月22日，区环卫处的服务品牌被认定为山东省服务名牌

奎文区环卫处配备的部分作业车辆

息宣传工作在奎文区各部门（单位）中位列第二名，“奎文环卫”微信公众服务号在全区新媒体综合排名中稳居前六名；在全国公厕建设与管理工作评比中荣获3个奖项，品牌建设工作荣获“山东省服务名牌”奖，奎文区环卫处被潍坊市精神文明建设委员会评为“市级文明单位”，奎文区环卫处党支部荣获“奎文区先进党支部”称号。

全区环境卫生管理和作业工作。奎文区环卫处负责全区23条主次干道共计430万平方米的保洁管理工作，105条背街小巷共计158万平方米保洁工作，负责43个一体化村居的卫生保洁及管理工作，管理21座生活垃圾转运站和53座公共厕所。有环卫专业车辆130部，日转运、清运生活垃圾450多吨。负责辖区内建筑垃圾处置核准、生活垃圾处理费的收取、餐厨废弃物管理等工作。

道路深度保洁试点工作。2016年，奎文区在东风东街、胜利东街等6条主要道路上开展道路保洁“以克论净”试点工作，实行“三洒一冲”（每天三次洒水，并避开高峰期，每天早上6点前，晚上10点后进行道路冲洗作业），达到主路面每平方米浮尘不超过5克，人行道不超过10克，道路保洁质量有明显提升。

更新环卫设施设备。2016年，奎文区投入资金额440万多元购置14辆生活垃圾转运车（容量为8吨/辆）；投入资金额100万多元，对部分公厕、转运站进行改造提升，为潍柴南门公厕、潍柴北门公厕、汽博园转运站接入自来水；投入资金额70万多元，在奎文辖区主次干道、背街小巷安装果皮箱1200个。

奎文区环卫处配备的公厕大巴车

建 筑 业

【概况】 2016年，全区建筑企业完成产值20亿元，实现利税6600万元，比上一年增长25%，收缴养老保障金1775万元，招标及建设单位直接发包工程项目24个，建筑面积99万平方米，组织企业负责人、建造师、关键岗位人员、技术工人、专职安全管理人员及特种作业人员等各类培训1800人次。

【建筑市场管理】 2016年，奎文辖区有建筑企业123家，其中：施工总承包二级企业19家、三级企业12家、装饰企业44家、专业承包企业44家、商品混凝土企业4家。创建“全国建筑工程装饰奖”2个，创建“泰山杯”装饰工程2个，“鸢都杯”装饰工程9个，办理安全施工措施备案单体工程116个，创建省级安全文明工地1个，市级安全质量标准化达标验收示范工地3个，有效维护建筑市场的稳定。

【质量安全管理】 开展春、冬季建筑施工拉网式检查和深基坑、起重机械等安全专项整治，查处安全隐患1000多条，下达隐患整改通知书120多份，责令停工整改工程12个。严格落实施工现场安全检查，开展建筑施工拉网式检查和违法违建、建筑机械、基坑支护、防火等专项整治，确保建筑工程施工安全。严格项目现场安全质量达标验收，落实重大危险源警示制度。设立重大危险源警示牌，对危险源及可能出现的危险情况作出警告公示，建筑施工机械进行标签式登记备案，维护建筑施工以及人民群众生命财产的安全。

建设科技与建筑节能

【既有建筑节能改造】 2016年，完成新增太阳能应用面积37.9万平方米，实施既有建筑节能改造40.98万平方米，新建工程执行节能标准达到100%，新建建筑应用新型墙材达到100%。为项目争取省、市级奖励资金额共计2593万元，严格执行公共建筑节能65%，居住建筑节能75%的节能设计标准。完成道口小区、南湖小区、卧龙社区、市工商局宿舍、星国际小区、九龙山金水苑小区6个既有居住改造项目。

【绿色建筑】 创建省级绿色建筑示范项目2个，苇丰大厦改造项目获评“山东省被动式超低能耗绿色建筑示范项目”、东方太阳城小区获评“山东省绿色智慧住区示范项目”。金鸾御景城、德润康城二期、中央生活城、虞河生活城、盛世御景苑5个项目通过绿色建筑二星级评价标识评审并获得标识证书。

社区建设

【概况】成立"四全一特"（功能配套齐全、生活服务周全、基础设施安全、治理机制健全和特色优势鲜明的社会发展基本单元）社区建设领导机构和办事机构，每个小区制定具体提升方案。完成樱园社区、孙家社区等13个"四全一特"示范社区创建。其中，樱园社区被打造成市级示范社区，南屯社区等4个社区被打造成区级示范社区。

2016年，加强社区服务设施建设，确定区级社区服务基础设施建设项目6个（大虞社区、南屯社区、苇湾社区、梨园社区、则尔庄社区、中学街社区），组织社区工作人员培训，印发《奎文区社区及社会工作文件选编》，提高社区工作人员业务素质。推进社区网格化管理，下发《关于细化社区网格管理工作的通知》，召开全区网格管理推进会，现场观摩试点网格，全区8个街道、66个社区，建立二级网格385个，配备网格管理员1315名。加强社会工作人才队伍建设，组织社工师资格考试和考前培训，截至2016年年底，全区有持证社工450人，其中，获得"全国社会工作领军人物"荣誉称号2人；获得"齐鲁和谐使者"称号3人；大虞街道孙家社区和东关街道工福街社区获得"全国社会工作示范社区"称号。深入推进社区协商工作，出台《关于进一步深化"由民做主"理念，加快推进社区协商的实施意见》，完成协商项目720个。深入推进"四社联动"工作，潍坊市社区"四社联动"工作座谈会在奎文区举行，将社会建设专项资金纳入政府财政预算，购买专业社会工作岗位25个、社工项目26个，登记社区志愿者注册人数2.9万人。"情暖夕阳""工福晴雨"、老年"暖心工程"等一批项目成为社工服务品牌，北苑街道金都社区的"四社联动、助爱同行"入围潍坊市社会组织公益创投优秀项目奖，获得省级财政支持。

环境保护

【概况】2016年，奎文区以"改善环境质量、确保环境安全"为主线，紧紧围绕深化"三八六"（潍坊市2013年提出的环保战略行动。围绕三个目标、打响八大战役、强化六项保障，确保到"十二五"期末实现环境质量改善）环保行动，实施"十大工程"（产业提升绿色发展工程、清洁能源替代改造工程、工业点源深度治理工程、车辆污染综合管控工程、城建环卫精细管理工程、集中供热优化整合工程、城镇废水综合利用工程、河流湿地生态保护工程、农业面源污染防治工程、环境安全风险防控工程），加快绿色发展工作，充分发挥职能作用，把加强环境保护与奎文区经济发展相结合，强化源头控制、狠抓过程监管、严格末端把关，为推动奎文区经济社会发展提供良好的生态环境保障。

【深化"三八六"环保行动】推进行业废气治理，完成超低排放改造和有机物废气治理。完成潍坊万潍热电有限公司二分厂（南厂）1～2号（2×45吨/小时）、3号（1×75吨/小时）循环流化床锅炉超低排放改造、潍坊城南热电有限公司1号（1×45吨/小时）循环流化床锅炉、2号（1×35吨/小时）链条炉脱硫脱硝设施超低排放改造、潍坊昌能热源有限公司1～3号（3×35吨/小时）循环流化床锅炉超低排放改造；完成山东新华印刷厂潍坊厂挥发性有机物治理，原酒精润版改为润版液润版，由汽油清洗改为油墨清洗剂清洗，淘汰原有油墨改用大豆油墨，每年可减少排放6.23吨。开展辖区内销售、使用Ⅳ类、Ⅴ类放射源，生产销售和使用Ⅲ类射线装置的核技术利用项目审批和验收工作；对辐射安全现场加大监督检查和执法力度，实现辐射安全现场监督检查工作制度化、日常化和规范化，对辖区内核技术利用单位现场检查1次；联合青岛啤酒（潍坊）有限公司开展模拟液氨泄漏事故应急演练，提高环保应急能力；2016年，共启动重污染天气预警6次，开展对辖区内环境风险企业全面检查，建立环境风险企业动态档案，全区共有29家企业进行应急预案备案；完善辖区内危险废物单位规范化管理工作，确保危险废物规范化管理抽查合格率达到100%。

【空气质量监测】 2016年，根据奎文区3个空气质量监测站平均监测数据显示，空气平均浓度值分别为：二氧化硫38微克/立方米、二氧化氮38微克/立方米、可吸入颗粒物（PM10）124微克/立方米、细颗粒物（PM2.5）66微克/立方米，全部达到预期目标值。空气优良天数达到245天，空气质量良好率67.1%。

【水环境质量持续改善】 辖区内重点河流水质全面消除劣五类，至2016年年底，省控白浪河柳疃桥断面基本达到五类水水质，因污水箱涵存在溢流现象，导致断面水质达标情况不稳定。

【总量减排重点工程】 2016年，全区共有减排工程9个，其中，二氧化硫减排工程4个，预计减排量为262.58吨；氮氧化物减排工程5个，预计减排量为70.69吨。至2016年年底，所有工程均已完工并发挥减排效益。

【建设项目管理】 严把建设项目的审批、验收关，严禁污染严重项目的审批。与市场监管、发改等部门联合，加大环保执法力度，对辖区内所有建设项目严格审批。2016年，共审批建设项目56个（其中，报告书8个、报告表24个，登记表5个，备案19个）；执行“三同时”（建设项目中防治污染的设施，必须与主体工程同时设计、同时施工、同时投产使用），防治污染的设施必须经原审批环境影响报告书的环保部门验收合格后，该建设项目方可投入生产或者使用。加大竣工项目环境保护验收力度，全年共验收“三同时”建设项目17个；对新审批项目、开工项目、投运项目、竣工验收项目、违法违规项目分别建立管理台账档案，对建设项目实行全过程分类管理。

【环境整治执法】 2016年，开展环保大检查专项行动，出动检查83次，抽查20个一般及区控以上重点单位。对辖区内污染防治设施、在线监控设施、环境风险源、建设项目等实施现场监督检查247人次，填写检查表168份；2016年，对5起环境违法行为进行调查、取证、立案，共计罚款13.28万元、缴纳滞纳金3万元，使违法行为得到及时改正。处理来信来访案件，对582件环境信访调查处理，其中，涉及废气的421件、涉废水的19件、涉噪声的115件、其他27件，已全部结案；执行排污申报收费制度，2016年，对33个单位实施排污申报登记，共核定征收排污费301.02万元；加强部门协调联动，与街道、公安、城管等部门沟通协调，完成5台工业燃煤锅炉及10台服务业小型燃煤锅炉拆改任务，完成禁烧秸秆巡查、保障高考巡查、市容环境联合执法等任务。

【环境监测】 2016年，完成国控、省控、市控和辖区内一般污染源废水、废气在线比对和监督性监测工作；完成辖区内声环境噪声共79个测点的监测工作；完成虞河、白浪河出入境断面监测工作；完成辖区内雨水及入河入海口断面监测工作。共取得监测数据6932个，其中，废水监测数据742个，废气监测数据2518个，区域环境、交通干线、功能区噪声监测数据3212个，白浪河、虞河出入境断面监测数据共436个，入河入海口断面监测数据24个。完成信访监测30多次，取得数据118个。2016年，广文街道的松鹤园社区、西上虞社区、虞虹桥社区3个社区被评为“第七批市级绿色社区”。

位于奎文区东风东街横跨虞河的凤凰桥

财政　税务

Finance Taxation

财 政

【概况】 2016年，奎文区积极应对“营改增”改革，全年实现公共财政预算收入26.03亿元，完成调整预算的100%。加大资金统筹力度，不断提高保障标准，构建起公平普惠可持续的民生保障体系。全区用于教育、社会保障和就业、医疗卫生、文化体育等方面的民生支出约12.76亿元，占一般公共财政预算支出的71.5%。2016年，区财政局被山东省财政厅表彰为“全省财政‘六五’法制宣传教育工作先进集体”荣誉称号。

奎文区财政局机关办公楼

【组织收入】 2016年，奎文区积极应对“营改增”改革，针对地方税收结构变化实际，调整产业培育和招商重点，积极争取潍坊市总部管理服务平台落户奎文区，并积极协调汇总纳税；抓住“营改增”后纳税地点由劳务发生地改为机构所在地的契机，及时转换招商思路，重点引进地理核算的法人机构；认真开展纳税影响分析，研究新形势下财源建设新思路，维护好地方财政当前和长远利益。认真分析影响财政收入的各种因素，建立财税、金融、国土、住建等部门联席会议制度，强化收入趋势跟踪；深度融合配合，建立“进一家门、办两家事”的联合纳税服务机制；探索研究新的税源控管手段和模式，加快建立智慧云平台，实现各类涉税信息共享；财税部门与行业主管部门及街道社区协调配合，建立共同参与的协税护税新格局，确保财政收入平稳增长。抓好非税收入日常征管，强化财政票据源头控管，进一步规范非税收入征缴行为，不断加强非税收入科学化精细化管理，确保非税收入任务的完成。

【民生投入】 2016年，投入财政资金额14640万元，缓解学校“大班额”问题。将十里堡小学、北苑实验学校建设项目纳入市级提升工程，获得融资补助金额1.95亿元。投入资金额3455万元，提高生均公用经费标准及普通小学、初中、特殊教育、公办性质幼儿园生均经费标准；投入资金额5208万元，推进社区建设；投入资金额1725万元，提高居民基本养老保险政府补助标准；投入资金额1838万元，落实创业就业政策；投入资金额5651万元，落实居民基本医疗保险政府补助；投入资金额3118万元，落实国家基本药物制度，提高政府购买基本公共卫生服务标准；投入资金额4035万元，改造提升老旧小区6个，惠及居民6703户；投入资金额1933万元，改造和绿化背街小巷13条；投入资金额5026万元，支持城乡环境卫生保洁，全部免费开放公厕53座，主要道路23条和背街小巷105条达到城区保洁标准。

【助推产业发展】 2016年，拨付财政资金额1845万元扶持金融中心、项目招商、载体建设和总部经济等重点领域产业发展。落实国家税收政策性减免、小微企业税收优惠等扶持政策，全年减免税收9.9亿元。争取各级政府的支持，全年争取到国家、省、市各类补助资金额4901万元，通过以奖代补、项目补助、贴息等多种形式支持企业发展。把握政策机遇，用好政策性贷款。扩大奎文区产业基金规模，成立"奎文区金桥一号企业过桥专项基金"，为28家企业提供担保融资服务资金额1.2亿元，缓解企业资金周转困难。联合青云创投合作成立战略性投资基金，撬动社会资本投入资金额3亿元，支持实体经济发展。大力发展总部经济，以政策和投入畅通市场流动渠道，积极争取市总部经济服务中心、市城市建设投资发展集团、上海中艺建设集团等区域性总部落户奎文区。加大对潍坊市科教创新产业园区、潍坊市科技孵化中心、山东互联网金融中心等重点园区、重点项目的投入，为新兴产业发展搭建平台载体。

【财税改革】 2016年，全面落实"营改增"试点任务，开展纳税宣传辅导，推动国税与地税联合办公，提升纳税服务水平，减轻企业税负。深化预算管理改革，强化全口径预算管理，公开四本政府预算（一般公共预算、政府性基金预算、国有资本经营预算和社保预算），将部门预算公开内容明细到支出功能分类的项级科目和经济科目，提高财政透明度。扎实推进预算绩效管理，选择11个专项资金进行绩效评价，涉及项目资金额7574万元，增强支出效益。清理盘活财政存量资金额7696万元，统筹保障重点项目建设。加强国库集中支付改革，全面推行公务卡制度，公务支出进一步透明规范。强化预算单位财务管理，举办全区行政事业单位财务管理培训班，完善预算执行动态监控系统，有效遏制违规开支。严格执行厉行节约规定，开展财政资金专项治理、津贴补贴发放专项检查，进一步规范差旅费、会议费、培训费等开支标准和管理办法，严格控制支出范围和标准，提高财政资金效能。加强政府性债务管理，严控新增政府债务，积极争取置换地方高息债务，降低债务成本，缓解支出压力。推进政府与社会资本合作（简称PPP模式），成立奎文区PPP管理中心，加强与业务主管部门沟通协作，进一步规范推进PPP项目建设。创新政府采购监管方式，明确部门单位主体责任，完善机制、简化流程，提高工作效率和服务质量。

国家税务

【概况】 2016年，奎文区坚持干好税务、带好队伍，努力完成以组织收入为中心的各项工作任务，全年共完成税收收入17.14亿元，落实各项税收优惠资金额6.36亿元，累计办理出口退（免）税额3.85亿元。先后被潍坊市总工会、潍坊市妇联、潍坊市委宣传部授予奎文国家税务局（以下简称奎文国税局）"富民兴潍"劳动奖状、"巾帼文明岗"和"理论大众化示范点"等10项荣誉称号，被山东省国家税务局授予全面推开"营改增"试点工作突出贡献单位称号。

奎文国税局机关办公楼

【依法治税】 2016年，“营改增”改革全面落地。抽调业务骨干组成3支服务团队，搭建“营改增”专区，完成7985户试点纳税人的户管确认、涉税业务办理和“营改增”政策培训等工作；是年5月1日，承办潍坊市“营改增”首票开票仪式和委托地税代开发票仪式；持续加强“营改增”行业的后续管理。作为山东省国家税务局直报点，先后提报问题57条，解决问题62个。税收执法行为不断规范，《国家税务总局关于公开行政审批事项等相关工作的公告》发布的80项非行政许可审批事项全部清理完毕。坚持依法行政，小微企业优惠、“三证合一”“一照一码”政策均落实到位，严格执行国家税务总局出台的税收征管、纳税服务、国税地税合作、出口退税4个规范，认真落实税收执法责任制，深入开展执法督察和专项督察，税收执法水平进一步提升。

【纳税服务】 国税与地税纳税服务前台业务深度融合，与地税奎文分局共同打造国税地税联合办税服务厅，服务纳税人能力进一步提升；改进纳税服务举措，增加导税人员，优化发票代开业务流程，建立简单业务“快速通道”，强化大厅服务事项动态管理，分流疏导纳税人，缩短办税等候时长，纳税人前台服务满意率始终保持在100%；大力推行自助设备，在办税服务厅设立自助办税区，配备自助办税设备12台，月均自助代开率达50.7%，月均自助发放各类发票2万多份，网上认证率和抄报率分别达到80%和99%，有效缓解办税服务窗口工作压力；参与潍坊市国家税务局出口退税信息化平台搭建工作，出口退税业务实现从纳税人多次跑“当面办税”到足不出户“居家办税”，再到随时随地“掌上办税”，企业退税申报耗时减少50%。

【税收征管】 2016年，全年召开4次国税地税联席会议，与地税奎文分局互派干部开展为期一年的挂职交流，实现人才互动、经验共享；成立奎文区税警联络机制办公室，联合查处有问题发票11752份，补税金额1969万元，联合清理欠税纳税人9户，配合公安机关查处涉嫌虚开专用发票案件14起，挽回国家税款损失金额达100万多元；加大委托代征单位监管，先后抽取各专业市场代征管理业户开票信息1406笔，发现并整改问题28项；全年通过委托代征、委托缴纳征收车辆购置税金额2.26亿元；积极开展税收风险防控工作，发起纳税评估380户次，有问题336户次，有问题解除率88%，共入库税款、滞纳金金额1467万元，发起提醒11户次，入库税款金额887万元，强化大企业风险提醒，增加入库税款金额2347万元，前移企业所得税风险防控关口，实施企业所得税汇算清缴申报前政策辅导，增加入库税款金额6600万元；积极总结风险防控工作经验，先后承接山东省国家税务局、潍坊市国家税务局风险管理模板撰写、测试、重点行业风险指标测算等工作，为山东省国家税务局提供3个风险管理模板，承接4次指标测试业务；严格落实《出口退（免）税风险管理工作指南》，对出口未申报退（免）税进行重点核查，确保退税安全规范；反避税和非居民税源的管理工作取得新进展，组织入库非居民税收收入金额287.4万元。

地方税务

【概况】 2016年，奎文区积极应对全面实施“营改增”的新形势，深入分析“营改增”后税种结构和税源规律特点，探索建立以“地房人”为管理主线，以外部资源整合为基础，以内部要素重组为支撑，以风险识别管理为核心，以部门协作管税为保障，初步形成税务部门主责税收风险识别、社会力量有效参与风险应对，内外协同共治的税收管理新机制。参与奎文区政府制定出台《潍坊市奎文区地方财源协同共治办法》，建立“政府主导、部门配合、社会参与”的协同共治税收征管社会化网络体系，形成部门、街道、社区三级联动的工作合力，提高税收社会化治理水平，促进税收收入的增长。

2016年，潍坊市地方税务局奎文分局（以下简称地税奎文分局）扣除“营改增”因素影响，组织入库各项地税收入总额19.41亿元，比上一年下降18.14%，减收金额2.98亿元。其中，区级收入完成15.08亿元，比上一年下降25.99%，减收金额3.92亿元，占公共财政预算收入的57.92%。

地税奎文分局创新税收管理机制的做法，分别在《中国税务》《山东地税情况》和《山东地税》杂志等专题刊发。荣获2016年度全市地税系统“绩效管理优秀单位”称号和“优秀创新项目一等奖”。

【营改增】 2016年5月1日起，国家全面推开“营改增”试点，地税征管工作基本面发生根本变化。地税奎文分局及时调整征管工作重心，探索建立以土地、房屋、自然人为管理重心的协同共治税收征管新机制。加强地税与国税合作，配合国税部门分3个批次移交核查纳税人信息10095条，开展“营改增”代征增值税和代开增值税发票业务，保障“营改增”过渡期间纳税申报以及其他涉税事宜办理有序运行。

2016年5月1日，奎文区实施“营改增”在鸢飞大酒店顺利开出潍坊市第一张服务业增值税发票

【税政管理】 积极适应“营改增”地税业务工作的变化，以“地房人”为管理主线，从管理起点、管理手段、管理方式、税收治理四个方面创新探索，建立

2016年1月5日，奎文区委副书记、区政府区长宋均圻到地税奎文分局进行调研

协同共治税收管理新机制。提高税收社会化治理水平，探索研发奎文区“智慧财税云平台”，推进税收管控创新、集成、高效管理。

【税收征管】 围绕“地房人”，实现管理主线由“盯户管户”到“源头控税”的转变，形成新形势下地税部门的主攻方向和征管“主业”。整合外部资源，实现管理手段由“以票控税”到“数据管税”的转变，做到靠数据管税。重组内部要素，实现管理模式由“平均用力”到“聚焦重点”的转变。分类分级开展递进式风险应对，把潜在的税源变为实实在在的税收。对奎文辖区企业进行税收评估和检查，围绕73个重点税源企业开展专项涉税风险监控分析，新增入库税款额230万多元，滞纳金金额30万多元。累计处理税收风险数据69.66万条，税收风险处理率由原来的85.98%提高到98.15%。

【纳税服务】 全年开展“下基层、进企业、促和谐、谋发展”大走访活动，努力打通服务纳税人“最后一公里”，累计座谈调研398人次，走访纳税企业1002个，收集意见建议402条。严格落实延时服务制度，针对年底办税业务激增的情况，通过窗口提前上岗、延时服务、中午轮岗等方式为纳税人办理业务，为纳税人提供便利。下发《关于做好营业税改征增值税纳税服务工作的通知》，进一步深化地税与国税联合办税举措，纳税人在地税与国税任意一家办税服务厅，可办理所有税务登记（信息补录）、纳税申报、税款（费）征收等5大类、25项业务，切实实现“进一家门办两家事”。

2016年6月16日，地税奎文分局领导班子成员走访辖区企业，带头开展“下基层、进企业、促和谐、谋发展”大走访活动

住房公积金管理

【概况】 2016年，奎文区归集住房公积金15374万元，比上一年增长15.9%；提取住房公积金金额8813万元，比上一年增长26.2%；发放贷款额14521万元，比上一年增长141.9%；新增缴存人数3017人。

【政策宣传工作】 2016年，充分发挥新闻媒体作用，采用多渠道、多形式解读政策，宣传新政策，提高社会认知度。大力推行政务公开，公示业务流程，公开管理信息，增加透明度，提高单位和职工参与意识，助推扩面促缴。

【住房公积金制度覆盖范围扩大】 2016年，根据增资政策，奎文区财政筹措资金，及时提高公积金缴存基数和缴存比例，维护职工的合法权益，切实推动扩面工作开展。全面落实灵活就业人员缴存政策，逐步把进城务工人员、个体工商户及其他灵活就业人纳入住房公积金制度覆盖范围，确保归集额年均增长幅度稳步增长。

【公积金贷款服务优化】 2016年，全面落实潍坊市住房公积金管理中心出台的优惠政策，放宽贷款条件，降低贷款门槛，大力试点新增委托银行办理贷款业务，方便职工办理贷款，促进贷款总量增长。强化征信管理，确保贷款资料真实完整，严格审核审批，防范骗贷行为。开展“温馨服务”活动，注重细节，贴近民心，提升贷款服务质量。强化责任落实，清理逾期贷款。建立管理部、委托银行、担保公司联席会议制度，各单位配备专人，建立催收台账，及时掌握动态信息。定期召开联席会议，调度、研究催收措施，区别情况采用多种方式予以催收，收到较好效果。

【服务质量提升】 2016年，严格落实、及时执行政策规定，放宽公积金使用条件，扩大使用范围。提高资金使用效率，解决职工购房融资难问题。优化流程，简化手续，缩短办理时间，提升办事效率。丰富服务手段，为职工提供更多的便利。定期深入社区，宣传惠民政策，解决群众实际问题，提升群众满意度。全年集中办理提取住房公积金130人次，金额190万元；现场集中办理住房公积金贷款45人、贷款额830万元。主动参与社会公益事业，解决居民实际问题12项，走访困难居民和老党员9户；解决包靠社区实际问题3项，更新维护社区监控措施，建造社区文化长廊和文化专栏，为社区图书馆捐书300册。

国有投资公司

【潍坊恒建资产经营管理有限公司】 2016年，潍坊恒建资产经营管理有限公司（以下简称恒建公司）以建设特色园区、培植重点产业为主导，成立6个分公司（山东珠联天下企业管理有限公司、潍坊壹号仓物流有限公司、潍坊珠联天下文化发展有限公司、潍坊恒宇广厦建设发展有限公司、潍坊北海新城投资管理有限公司、潍坊市潍鸣物业管理有限公司），推进资产融资和运营管理工作，培植发展新兴产业。

资产融资和运营管理工作。 2016年，恒建公司积极对接金融机构，拓宽融资渠道，加大融资力度，保障重点项目建设支出。恒建公司完成融资总额15.18亿元；接管潍坊市科技孵化器中心、滨海产业园、电商产业园、泰康大厦等项目的建设、运营、管理等工作；成立潍坊北海新城投资管理有限公司；参与阳光100、春晖园、宝通六号等相关物业运营与管理，保证国有资产有效增值，取得良好社会效益和经济效益。

培植新兴产业发展。 恒建公司积极推进潍坊市科教创新园项目，核心项目于2016年4月开工建设，总建筑面积15万平方米，至年底，工程建筑主体封顶；成立壹号仓物流有限公司，分为仓储配送平台、B2B网络平台、B2C网络平台、城市物流信息平台和农村电商五大板块，促进现代物流业集聚奎文；对廿里堡烟厂老厂区进行提升改造，创建1532时尚文化产业园项目，建设成集创意文化、旅游观光、休闲体验与商业运作为一体的开放性、公益性、现代文化产业园区。

【潍坊城市投资控股（集团）有限公司】 2016年，潍坊城市投资控股（集团）有限公司（以下简称潍坊城投公司）对内加强队伍建设，提高执行力，以构建规范、高效、廉洁企业为目标，对外依法经营，打造品牌工程，树立诚实守信、认真负责的公司形象，公司呈健康、快速发展趋势。潍坊城投公司下设5家全资子公司和2家参股公司，逐步形成投资、开发、建设、销售、建筑材料供应、测绘服务、物业管理服务等完整的产业链。潍坊城投公司及其子公司全年经营状况良好，共计实现利税1000万多元。获得“2015—2016年度全区‘四德工程’建设示范点”荣誉称号。

（滨海）中韩工业园项目。 2016年，配合恒建公司完成滨海工业园区把临时用电转为正式用电、补种园区绿化工程苗木、工程维修维护、工程审计（9座厂房、道路工程、硬化工程）、工程款拨付等工作。工程的消防验收、综合验收等手续已开始办理，并全力做好滨海工业园区项目的后续工作。

棚户区改造项目。 2016年年底，通过山东省财金公司统筹统贷模式，争取到潍坊市邮政储蓄银行棚户改造资金额4.27亿元，为改善社区居民的居住条件提供有力的支持。

城区重点开发项目。 2016年，潍坊城投公司推进潍坊国际创意港二期工程及市委党校老校区项目的整体规划设计与开发建设，打造集创新创业、居住、休闲于一体的高端综合创意园区。至2016年年底，项目拆迁工作有序进行。

金山居小区项目。 2016年，投入资金额3000万元与潍坊同易置业有限公司合作开发金山居小区项目。规划建设商品房住宅约10.9万平方米，其中，沿街2层商业房面积约1.04万平方米，总投资额约5亿元。至2016年年底，完成民房拆迁和土地招拍挂、规划审批、开工许可证办理等工作，并正式开工建设。

世博国际大厦项目。 2016年，按照潍坊市关于建设创业孵化和加速平台的系列文件要求，潍坊城投公司与潍坊富迪投资公司合作，以潍坊世博国际商务大厦为载体，全力打造创新创业产业平台，助力楼宇经济发展。至2016年年底，项目正在建设中。

【潍坊城市创新投资有限公司】 2016年，潍坊城市创新投资有限公司（以下简称潍坊创投公司）围绕“政府主导、市场化运作、科学管理、合法经营”的指导思想，秉承“创新致远、融通百业”的理念，致力于产业平台建设、基金运营管理和基础建设三大领域，搭建创新创业平台，承接奎文区美食文化街的运营管理工作，全力推进白浪绿洲生态旅游景观带内杭白菊园建设，推进山东互联网金融中心开园及运营，入股齐商银行和潍坊全影网络有限公司，参与股权基金管理，参与现代科技、文化产业、健康医疗等产业投资，建立奎文区首支中小企业风险缓释基金，有效提升市区建设和现代产业发展。2016年，潍坊创投公司荣获“奎文区文明单位”称号，由潍坊创投公司牵头打造的创业街区被授予“奎文区鸢都创业街区”称号。

搭建创新合作平台。2016年，潍坊创投公司与赛伯乐投资集团合作，成立潍坊创新创业企业管理咨询服务有限责任公司，对山东互联网金融中心进行运营管理，至2016年年底，有入驻企业30家，完善路演大厅、众创空间、金融审判庭、赛创英雄会等功能区；搭建创业联盟和创新创业投资基金，搭建“互联网+科技+资本+国际化”模式，形成金融科技业态集聚的“特色楼宇”；打造“立足潍坊、服务全省、辐射全国”互联网金融产业孵化器和互联网金融创新平台；成立资金规模达3亿元的奎文中小企业风险缓释基金，向经营正常、符合现代产业体系布局、资金暂时周转困难的企业提供应急资金服务；出资金额达1000万元引导基金，引进青岛半岛港湾控股集团有限公司等多家社会资本方，与浦发银行、平安银行、齐商银行、广发银行等9家银行签署合作协议，至2016年年底，完成6.5亿元资金额投放，运行状况良好；与潍坊市金融控股集团有限公司签署合作协议，建设战略合作平台，建立投资决策委员会，充分利用双方在资金、人才和政府资源等方面的优势，为双方项目提供优质、高效、安全、便捷的金融及相关配套服务，做好项目前期考察、尽职调查、项目规划、项目投资、投后管理、风险管控和项目退出等工作，开展各项投资和业务，成为共投、共担、共赢的战略合作伙伴；与山东大学材料科学与工程学院达成合作成立“山

2016年，奎文经济开发区奠基施工的“齐鲁创智·智慧半岛”项目布局图

东泰纳新材料科技有限公司”，共同运作锂离子电池纳米硅负极材料项目和该研究所其他中试项目。

资产有效配置。2016年，潍坊创投公司积极对接参与齐商银行的股份认购，认购齐商银行269万股股份；出资认购潍坊全影网络有限公司10%的股份，成为第三大股东。通过资源助推，加速“新三板”挂牌上市进程，实现投资资本裂变。

承接市区重点项目。2016年，潍坊创投公司引入专业运营公司对奎文门美食街进行管理，举办“彩妆跑”“元宵灯会”“VR视觉体验”等活动，开发“奎文门”“梧桐树下”等品牌，利用“大潍坊”“生活帮”等优势媒体及互联网平台统一营销，重点打造奎文门庙会、年货大集、创意夜市等一批品牌活动；积极牵头“鸢都创业街区”建设，引入符合街区业态的企业入驻，丰富街区文化内涵，完善基础设施配套，提升奎文核心商圈的凝聚力；推进白浪绿洲生态旅游景观带内杭白菊园建设，与廿里堡街道、社区共同成立菊园建设工作小组，积极对接区财政局、区水利局、区农林局、区发改局等相关部门，对接工商银行、山东文冠果业开发有限公司、潍坊鸿晨景观工程有限公司、浙江大龙绿化公司和青州蝴蝶兰种植专业合作社，寻求融资与合作。

2016年5月8日，位于奎文区院校街的灵狮创意港项目举行开园仪式

教　育

Education

综　述

【概况】2016年，奎文辖区共有31所中小学，其中，小学23所，初中4所，九年一贯制教育学校4所，特殊教育学校1所；在31所中小学中，有省级规范化学校12所、市级规范化学校16所、区级规范化学校2所。全区在校小学生30359人，初中学生8218人，小学和初中普及率为100%。全区在校残疾学生62人，入学率为98.5%。全区中小学学校有外来务工子女10836人，占在校学生总数的35.7%。

【教师队伍建设】奎文全区在职教职工2654人，教师学历达标率100%。全国、省、市优秀教师104人，省、市、区特级教师、名师73人，省、市、区级教学能手747人。2016年，丰富教师补充方式，在招聘30名在编教师的同时，首次招录聘用制教师100人。盘活教师资源，通过交流轮岗、支教等方式交流97人。深化教师职称评聘改革，推进校内岗位聘用制管理，落实学校用人自主权。继续推进名师培养工程，评选第五批奎文区特级教师10人；4人入选第三期齐鲁名师和第二期齐鲁名校长建设工程人选；3人获评潍坊市特级校（园）长。组织中小学校长和机关干部赴华东师范大学参加专业发展研修，不断提升教育管理水平。

【教育投入】2016年，奎文区教育经费总收入为6.19亿元，其中教育事业费拨款金额4.4亿元，教育费附加金额0.36亿元，用于教育事业的彩票公益金金额0.03亿元，事业收入金额1.32亿元。其他教育经费金额0.08亿元。全年公共财政教育支出金额4.77亿元，占全区公共财政预算支出的26.73%；全年安排公用经费金额3155万元，及时足额拨付学校；投入资金额1200万元为中小学、幼儿园采购电子白板、实验教学仪器设备等教育装备，加快推进中小学现代化图书馆建设，保障教育教学工作的正常开展。完善中小学教育经费预算管理与资金使用效益考核机制，对单位财务收支、学校（幼儿园）负责人进行经济责任审计7人次；审计基建、维修项目11个，审定值金额6635万元，核减金额1372万元，节约教育建设资金，确保资金使用更加科学、合理、规范。

教师节之前，2016年9月8日，奎文区委副书记、区政府区长高志秀（左三）到奎文区德润国际双语学校走访慰问学校教师并进行座谈

【改善办学条件】2016年，为解决奎文区普通中小学大班额问题，开工建设十里堡学校、虞园实验学校、潍坊十中小学部。规划总投资额约2.98亿元，新增校舍建筑面积10.12万平方米，新增学位5190个。新建十

里堡学校总投资额约1.1亿元，规划占地面积3.11公顷，总建筑面积约3.69万平方米；新建虞园实验学校预计总投资额约1.73亿元，规划占地面积约10.7公顷，总建筑面积约6万平方米；新建潍坊十中小学部总投资额约1500万元，总建筑面积约4330平方米。投资额约918万元，完成潍州湖小学和育华学校等34所学校（幼儿园）、园舍、变电箱、换热站的维修改造。投资主体全部为财政投资。

义务教育

【概况】 2016年，调整义务教育学校招生范围，增设30个教学班，在起始年级全面消除大班额现象；持续深化生态课堂建设，强化教学常规管理力度、优化校本教研服务，落实阅读能力提升工程和英语提升工程，完善区域性义务教育学业质量监测制度，教学质量稳步提高。

【工作成果】 举办中小学体育节、风筝放飞比赛、足球比赛、实验技能大赛、劳动技术教育创新作品展评、网上夏令营等活动，组建学生合唱团，大力推广“快乐课间”，丰富学生社团活动，为学生个性化成长搭建广泛平台，全年共有1000多名学生在市级以上各类大赛中获奖；4名考生分别被海航、民航录取，奎文区被评为“海军招飞工作先进区”；编制国内第一本《防校园欺凌学生实用手册》，作为校园安全教育实用教材，《中国教育报》做专题报道。

潍坊新华中学的师生课余时间进行友谊比赛

奎文区属教育机构分布图

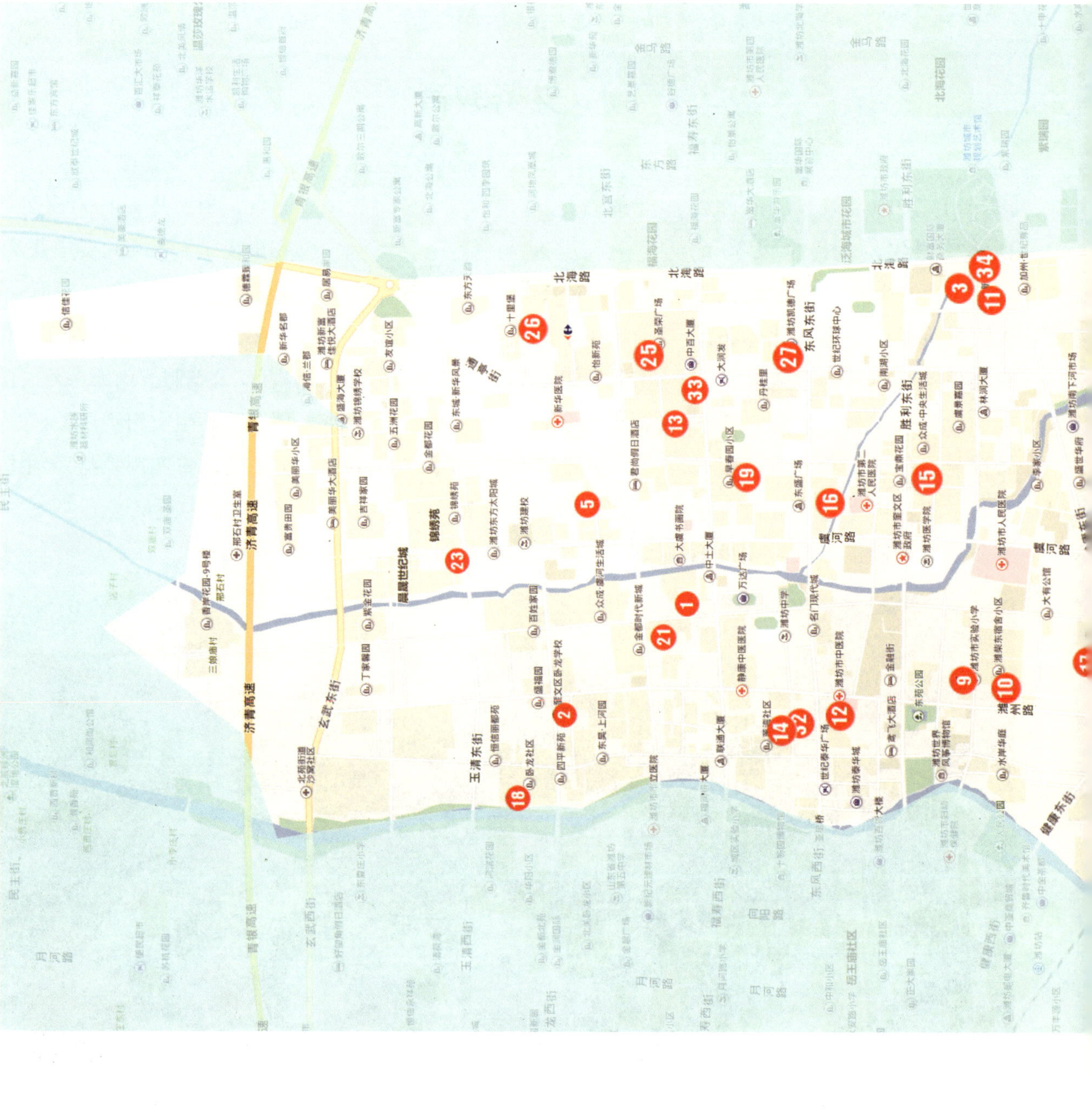

图 注
1 潍坊十中
2 奎文区卧龙学校
3 潍坊新华中学
4 潍坊育英学校
5 潍坊市育才学校
6 奎文区德润国际学校
7 潍坊市育华学校
8 奎文实验初中
9 潍坊市实验小学
10 潍坊市民生街学校
11 潍坊日向友好学校
12 奎文区实验小学
13 潍坊中新双语学校
14 奎文区潍州路小学
15 奎文区胜利东小学
16 奎文区德信现代学校
17 奎文区幸福街小学
18 奎文区先锋小学
19 奎文区早春园小学
20 奎文区樱园小学
21 奎文区北宫大街小学
22 奎文区樱桃园小学
23 奎文区孙家小学
24 奎文区金宝双语小学
25 奎文区圣荣小学
26 奎文区十里堡小学
27 奎文区南湖小学
28 奎文区南苑学校
29 奎文区宝通街小学
30 奎文区潍州湖小学
31 奎文区廿里堡小学
（潍坊市育华学校分校）
32 奎文区辅读学校
33 奎文区直机关幼儿园
34 潍坊新华幼儿园
35 奎文区樱园幼儿园
36 奎文区实验幼儿园
37 奎文区育华幼儿园
潍坊植物园
清溪街
北海路
潍坊南苑机场
机场路
潍州路
白浪河湿地公园

学校简介

【潍坊日向友好学校】潍坊日向友好学校是为纪念潍坊市与日本日向市缔结友好城市十周年成立的全日制小学。有教学班34个，学生2203人，教职工116人。学校秉持“和谐友好，立字立人”的办学理念，围绕友好学子“明礼守正、乐学善思、体健气华、审美雅趣、力行立新”的核心素养，努力实践和谐教育。先后荣获“全国教育系统先进集体”“全国写字教育实验学校”“国家级规范汉字书写特色学校”“山东省规范化学校”“山东省绿色学校”“山东省小学教学示范学校”“山东省校本教研先进单位”“山东省语言文字规范化学校”“山东省中小学德育工作先进单位”“潍坊市写字育人特色学校”等多项荣誉称号。

2016年3月16日，潍坊日向友好学校组织学生进行社会实践活动

【潍坊新华中学】潍坊新华中学是一所公办义务教育初级中学，是全国创新教育实验学校、山东省规范化学校、省级教学示范学校、省级科普示范学校、潍坊市文明单位。有3个年级50个教学班，学生2800多人。在编教职工240人，其中，省级教学能手5人，市级教学能手34人，区级教学能手40人，区学科带头人19人，市特级教师1人，区特级教师3人，国家二级心理咨询师6人，国家三级心理咨询师27人。潍坊新华中学学生因“有活力、有潜能、学习后劲足”受到大学、高中学校的广泛赞誉。连续4年荣获潍坊一中高考文、理科第一名，先后有3人受到国务院总理李克强接见，4人获“郭沫若奖学金”；在第二十二届全国青少年信息学奥林匹克联赛中，潍坊新华中学入围学生占奎文区入选学生总数的67.2%。

潍坊新华中学校区

学前教育

【概况】奎文辖区有各级幼儿园78所，其中，公办幼儿园30所，民办幼儿园48所；在78所幼儿园中，有省级实验、示范幼儿园28所，市级示范幼儿园22所，其他类别幼儿园26所；有山东省十佳幼儿园2所。2016年，在园幼儿14827人，3岁～6岁幼儿入园率达99%，学前一年幼儿入园率达100%。

【重点工作】2016年，奎文区投资4700万多元新建、改扩建幼儿园23所，新增幼儿学位数1000个。区教育局会同区财政局制订《普惠性民办幼儿园管理办法》，支持对民办幼儿园提供普惠性服务。幼儿教师资格证持证率达到82%，幼儿教师队伍整体素质进一步提升。推进公办幼儿园集团化发展，扩大优质学前教育资源覆盖面，学前幼儿入园率达到99%。

幼儿园选介

【潍坊新华幼儿园】潍坊新华幼儿园隶属奎文区教育局，是一所全日制省级十佳幼儿园。全园占地面积5719平方米，建筑面积4849.5平方米。有教学班15个，在园幼儿480多人。全园在编教职工58人，有30多名教职员工获省、市、区级荣誉称号，其中，省级教学能手1人，市级教学能手5人，省优质课获得者4人。幼儿园先后获得过“省级实验幼儿园”“市级首批‘十佳’幼儿园”等多项荣誉称号；被中国学前教育研究会命名为“全国学前家庭教育指导实验基地”。

潍坊新华幼儿园的老师在辅导儿童做游戏

2016年奎文区幼儿园基本情况一览表

单位：人

序号	单位名称	性质	幼儿数	地址	负责人
1	潍坊市奎文区樱园幼儿园	公办	410	文化路2463号	周桂芳
2	潍坊市奎文区直机关幼儿园	公办	406	福寿东街6255号	项　敏

续表 单位：人

序号	单位名称	性质	幼儿数	地址	负责人
3	潍坊市奎文区新华幼儿园	公办	492	民生东街6号	李振梅
4	潍坊市奎文区机关幼儿园	公办	839	行政街90号	张秋艳
5	潍坊市奎文区广文街道李家社区幼儿园	公办	83	广文街李家小区院内	李洪伟
6	潍坊市奎文区宏伟幼儿园	公办	176	潍州路马少野社区	王公芹
7	潍坊市奎文区大虞街道陈家社区幼儿园	公办	74	大虞街道陈家庄居民小区内	杨秀东
8	潍坊市奎文区南苑学校幼儿园	公办	175	机场路2033号	鞠国香
9	潍坊市奎文区育才学校幼儿园	公办	217	通亭街与虞河路交叉路口北200米路东12679号	曹红芹
10	潍坊市奎文区孙家小学附设幼儿园	公办	199	虞河路与乐川街北首	张　萍
11	潍坊市奎文区潍州湖小学附设幼儿园	公办	121	潍州路北王村内	刘新波
12	潍坊市奎文区樱桃园小学附设幼儿园	公办	345	虞河路3317号	丁秀梅
13	潍坊市奎文区胜利东小学附设幼儿园	公办	196	文化路409号	谭晓升
14	潍坊市奎文区实验小学附设幼儿园	公办	160	后门街6号	刘晓娟
15	潍坊市奎文区宝通街小学附设幼儿园	公办	318	宝通陆号小区院内	罗玉霞
16	潍坊市奎文区育华学校幼儿园	公办	473	宝通街庄检路南车站三街	黄玉梅
17	潍坊市奎文区廿里堡幼儿园	公办	90	廿里堡村	赵清华
18	潍坊市奎文区英华幼儿园	公办	149	道口社区道口新街东段	张秀芝
19	潍坊市奎文区金宝幼儿园	公办	398	廿里堡街办南屯新村南邻	田玉竹
20	潍坊市帛方纺织有限公司幼儿园	公办	490	健康街虞河路大有公馆内	刘素兰
21	潍坊市奎文区文化幼儿园	公办	620	文化路2238号	乔丽厦
22	潍坊市奎文区梨园街道庄家幼儿园	公办	199	文化路南首庄家社区内	武彩梅
23	中国人民解放军71375部队铁骑幼儿园	公办	214	院校街23号	冷　霜
24	潍坊华光精工设备有限公司幼儿园	公办	243	北宫东街341号	陈韵英
25	潍坊市奎文区工福街幼儿园	公办	305	游麟路10号	李　红
26	中国人民解放军71146部队长城幼儿园	公办	292	东风东街8376号	左俊萍
27	潍坊市奎文区樱北幼儿园	公办	190	樱前街鸢飞路以东50米路南	王雪梅
28	潍坊市奎文区南胡社区幼儿园	公办	52	胜利东街4667号	潘东礼
29	潍坊开发区华光房地产开发有限公司幼儿园	公办	152	鸢飞路735号	闫凤菊
30	潍坊巨龙纺织有限公司幼儿园	公办	148	鸢飞路349号巨龙小区	张学秀
31	潍坊市奎文区瀚闻幼儿园	民办	63	光明街光明小区东	王彩红
32	潍坊市奎文区纺织小区幼儿园	民办	57	潍棉小区幼儿园	马俊骄
33	潍坊市奎文区阳光贝贝幼儿园	民办	183	早春园南巷	李小俊

续表 单位：人

序号	单位名称	性质	幼儿数	地址	负责人
34	潍坊市奎文区华夏童年幼儿园	民办	53	宝通街与鸢飞路交叉路口往南150米路东宝通家园小区内	李乃臻
35	潍坊市奎文区昌大幼儿园	民办	146	潍州路702号	赵　燕
36	潍坊市奎文区世纪宝贝幼儿园	民办	61	大虞村	刘树芬
37	潍坊市奎文区天之骄子北胡幼儿园	民办	49	新华路福寿街北胡社区院内	刘璐璐
38	潍坊市奎文区幸福泉乐静幼儿园	民办	164	虞河路与东风街往南300米路东	徐　雷
39	潍坊市奎文区星光幼儿园	民办	164	东风东街239号	高　敏
40	潍坊市奎文区阳光幼儿园	民办	235	鸢飞路十中街1号	张华江
41	潍坊市奎文区世纪之星幼儿园	民办	235	新华路与健康街交叉口向南100米路西	王　玲
42	潍坊市奎文区紫金花幼儿园	民办	135	北苑街道丁家村	李文花
43	潍坊市奎文区广文启蒙幼儿园	民办	220	广文街1号	张庆霞
44	潍坊市奎文区东方之子幼儿园	民办	297	九龙山庄小区	高永霞
45	潍坊市奎文区北国之春幼儿园	民办	154	通亭街12221号北国之春小区	辛银芝
46	银座·英才幼儿园潍坊市奎文区领秀华城分园	民办	260	健康东街422号领秀华城小区内	戴　伟
47	潍坊市奎文区盛世福娃幼儿园	民办	73	潍州路与凤凰大街交叉口东200米路北	管淑莲
48	潍坊市奎文区好孩子幼儿园	民办	151	潍州路北王尚城500号	于海荣
49	潍坊市奎文区京宝幼儿园	民办	172	樱前街13129号唐宁府小区内	丁汝霞
50	潍坊市奎文区明天幼儿园	民办	82	潍州路街道北王村	任爱芹
51	潍坊市奎文区昌大启智幼儿园	民办	182	潍州路与玉清街路口西北角	赵　燕
52	潍坊市奎文区蒲公英幼儿园	民办	154	西上虞小区	孙玲玲
53	潍坊市奎文区花儿朵朵幼儿园	民办	135	光明街68号	曹立霞
54	潍坊市奎文区外国语幼儿园	民办	145	东关街道苇湾小区内	艾　哲
55	潍坊市奎文区德馨幼儿园	民办	136	文化路1696号名门世家小区	朱彩英
56	潍坊市奎文区蒙特梭利·春天幼儿园	民办	298	圣荣广场	郭美凌
57	潍坊市奎文区育苗幼儿园	民办	53	潍州路街道北王社区	王心花
58	潍坊市奎文区大虞街办东郊幼儿园	民办	48	北宫东街北宫佳乐家对面	程乐梅
59	潍坊市奎文区丹桂里幼儿园	民办	91	新华路1567号	杨　莉
60	潍坊市奎文区贝贝幼稚园	民办	110	公安巷中段	李　明
61	潍坊市奎文区东方之子道口幼儿园	民办	297	道口北街17号4号楼	胡西莹
62	潍坊市奎文区新爱婴蒙台梭利早教中心	民办	43	胜利东街209号南胡社区办公楼二楼	田　妮
63	潍坊市奎文区小雨点幼儿园	民办	89	文化南路1810号天润清源小区	张媛媛
64	潍坊市奎文区天昱幼儿园	民办	290	潍柴宿舍内	张莉平

续表　　　　单位：人

序号	单位名称	性质	幼儿数	地址	负责人
65	潍坊市奎文区新星幼儿园	民办	95	北宫街106号	吕金翠
66	潍坊市奎文区帝景苑幼儿园	民办	193	民生东街帝景苑小区内	贺红红
67	潍坊市奎文区小牛津幼儿园	民办	50	鸢飞路578号	孙　洁
68	潍坊市奎文区皇家幼稚园	民办	272	金都时代新城	徐建林
69	潍坊市奎文区爱心幼儿园	民办	165	早春园小区内	贾可凤
70	潍坊市奎文区启蒙中央丽景幼儿园	民办	147	潍州路766号中央丽景小区内	王苏英
71	潍坊市奎文区盛世豪廷幼儿园	民办	80	民生东街366号	徐瑞莲
72	潍坊市奎文区虞景嘉园幼儿园	民办	210	民生东街369号	韩　丽
73	潍坊市奎文区武家幼儿园	民办	29	涧头院社区	武秀荣
74	潍坊市奎文区华府一品幼稚园	民办	255	健康街鸢飞路口华府一品小区内	毛忆霏
75	潍坊市奎文区大风车幼儿园	民办	155	光明小区	杜臻臻
76	潍坊市奎文区加州大地幼儿园	民办	164	北海路梨园街路口西	杨　莹
77	潍坊市奎文区君泰幼儿园	民办	208	四平路1058号	何歆颖

特殊教育

【概况】 奎文区坚持教育公平，积极探索特殊教育办学模式，加强随班就读工作，生均公用经费提高到6000元，新建高标准资源教室7间，残疾儿童入学鉴定与教育指导更加

2016年6月1日，奎文区辅读学校组织师生到青云山游学

科学，惠及142名随班就读学生，随班就读工作覆盖28所普通中小学，送教上门有序开展，残疾儿童入学率达到96.6%。

【工作荣誉】“普特融合”模式成效凸显，荣获“潍坊市2016年度教育改革创新优秀奖”。2016年12月，成功承办山东省特殊教育工作推进会，奎文特教经验在全省得到推广。

民办教育

【概况】奎文辖区有民办学校136所，其中，全日制民办学校4所，在校生7245人；非学历培训民办学校84所，年培训5万多人；民办幼儿园48所。

【工作举措】创建以行政为主导、以协会为依托、以行业监管为主体的民办教育新型管理模式，激活民办教育发展活力；规范审批程序、加强事中事后监管，强化服务与指导，促进教育培训行业的健康良性发展；在全市率先全面落实民办学校自聘教师社会保险待遇。促使民办教育内涵式发展，整合各种教育资源，创新社区教育模式，26所民办学校采取“送课进社区”等方式，开展教学内容丰富多彩，教学形式多样的公益性培训活动，受到社区居民的普遍欢迎，在社区教育建设方面起到非常积极的作用，收到良好的社会效益。

2016年奎文区属学校基本情况一览表

单位：人

序号	单位名称	性质	在校学生数	地　址	负责人
1	潍坊第十中学	公办	514	鸢飞路896号	刘素雁
2	潍坊市奎文区卧龙学校	公办	269	卧龙东街420号	韩海燕
3	潍坊新华中学	公办	2758	民生东街80号	付　霆
4	潍坊市育英学校	公办	864	潍州路1262号	石玉明
5	潍坊市育才学校	公办	2026	通亭街12679号	李　红
6	潍坊市奎文区德润国际学校	民办	2358	樱前街以南九龙山庄以东	陈　静
7	潍坊市育华学校	公办	1830	文化南路16号	张雪梅
8	潍坊市奎文区南苑学校	公办	448	机场路2031号	刘美芹
9	潍坊市奎文实验初中	民办	2404	民生东街37号	郭宗友
10	潍坊市实验小学	公办	1398	民生东街931号	王长彦
11	潍坊日向友好学校	公办	2213	新华甲巷180号	王鹏飞
12	潍坊市奎文区实验小学	公办	1712	后门街6号	罗　军
13	潍坊中新双语学校	民办	2084	福寿东街新华西路	王新华
14	潍坊市奎文区潍州路小学	公办	1156	油房沟街2号	王秀芹

续表 单位：人

序号	单位名称	性质	在校学生数	地 址	负责人
15	潍坊市奎文区胜利东小学	公办	2389	虞新街1号	谭晓升
16	潍坊市奎文区幸福街小学	公办	1880	幸福街14号	张则香
17	潍坊市奎文区先锋小学	公办	1132	四平路北20号	王玉英
18	潍坊市奎文区早春园小学	公办	983	东风街文化路早春园小区内	武洪波
19	潍坊市奎文区樱园小学	公办	1098	文化路南首86号	管恩霞
20	潍坊市民生街学校	公办	1411	潍州路1002号	季冠梅
21	潍坊市奎文区北宫大街小学	公办	816	北宫东街6252号	王宝君
22	潍坊市奎文区圣荣小学	公办	1298	圣荣广场内	姜 华
23	潍坊市奎文区德信现代学校	民办	452	东风东街8024	颜 诺
24	潍坊市奎文区辅读学校	公办	98	东风东街苇湾小区北巷子	管明阳
25	潍坊市奎文区樱桃园小学	公办	1355	虞河路3317号	武法亭
26	潍坊市奎文区孙家小学	公办	1194	虞河路1981号	刘 涛
27	潍坊市奎文区金宝双语学校	民办	399	潍州路与金宝街交叉路口西200米路南	吴华鹏
28	潍坊市奎文区十里堡小学	公办	302	北海路与卧龙东街交叉口西南200米	郭 凤
29	潍坊市奎文区南湖小学	公办	371	东风街与新华路交叉口东北角	王 军
30	潍坊市奎文区宝通街小学	公办	648	宝通街宝通陆号小区东南	王爱芹
31	潍坊市奎文区潍州湖小学	公办	712	潍州路与玉泉街路口西200米路南	刘新波

注：奎文区廿里堡小学是潍坊市育华学校的分校

科　技

Science and Technology

科技工作

【科技创新】2016年，奎文区紧紧围绕提高自主创新能力，深入实施创新驱动发展战略，不断集聚优势科技资源，全力推进大众创新创业，为经济社会发展提供强有力的科技支撑。至2016年年底，招商引资额为13656万元，列入潍坊市科技计划项目7项，获得潍坊市无偿科研经费扶持资金额175万元，荣获潍坊市科技进步二等奖1项、三等奖3项。

催生培育一批科技项目成果。2016年，在科技计划项目培育方面，通过下达申报通知、受理申报材料、聘请专家进行评审等公开公平评审程序，总计下达区科技计划项目25项，共匹配区级科技计划项目经费金额285万元。根据潍坊市有关政策，列入市级的众创空间项目，奎文区匹配科研经费扶持资金额25万元，全年共匹配区级科研经费金额75万元。

潍坊市科教创新园项目建设。2016年，在奎文经济开发区南部，建设占地约2平方公里的潍坊市科教创新园。重点建设科研教学区、“双创”孵化区、综合服务区、生活服务配套区等功能区，园区一期项目建筑面积15万平方米，已开工建设。

科技孵化中心工作。2016年，建设的科技孵化中心，累计报名企业达500多家，入驻企业64家，涉及电子信息、科技中介、软件开发等多个新兴行业和领域，入驻率达到90%以上。

完善“产、学、研”平台培育情况。2016年，通过向孵化器内在孵企业发放调查问卷、到区内多个企业进行走访调研，了解企业自主创新情况，帮助解决其在技术、合作等方面的难题，积极为其申报建立企业研发中心，重点实验室，推动技术进步。至2016年年底，已申报市级工程技术研究中心3个，市级重点实验室2个。

高新技术企业申报调研工作。2016年，积极开展产业转型升级调研活动，先后完成高新技术企业年报统计、科技服务业统计、科普统计、科研机构统计、计划项目统计、地方财政拨款统计、国防科技调查统计等科技调研和统计工作，为推动产业转型升级提供第一手资料和依据。至2016年年底，全区高新技术企业产值占工业总产值的21.8%，比上一年增长1.3%。

【知识产权】2016年，全区完成发明专利申请588件，增幅92.16%，发明授权76件，增幅43.4%。积极帮助辖区专利权人争取省、市专利补助，全年办理申请项目227件，争取到补助资金额20万元。开展知识产权专题培训20场次，(其中，孵化器培训4场次)，培训人数达3000人。依法开展专利行政执法工作，集中执法6次，查处冒充专利和假冒他人专利行为，检查涉及全区8个街道、20多个药店、80多种专利产品。

【科普宣传活动】2016年，联合各街道、有关部门共同组织各种形式的“五进”宣传活动50多场次、发放资料6万多册。发挥报纸、电视、新闻网站等媒体和政府门户网站的优势，做到电视上有节目、报刊上有文章、网络上有内容，不断扩大宣传效果。

防震减灾

【预防体系建设】2016年，奎文区提出争创国家级“防震减灾示范区”的目标，大力加强地震监测预报工作，夯实防震减灾基础。做好建设工程抗震设防程度确认工作，提高地震灾害防御能力。以地震应急预案为核心，开展演练、培训队伍，健全指挥系统，加强物资储备，提升应急救援能力。动员全区力量开展防震减灾科普宣传工作，增强全民防震减灾意识，全区防震减灾总体能力得到全面提高。全年对10个建设工程进行抗震设防事项审批工作。2016年，奎文区地震局获得“区级文明单位”荣誉称号。

健全地震监测网点体系。2016年，制定震情跟踪工作方案，及时掌握震情动态。强化震情值班工作，严格执行24小时值班制度，密切关注周边震情和社会舆情。根据人员变动情况，对各街道防震减灾助理员、社区的观测员、速报员、宣传员组成的“三网一员”队伍进行调整。根据《潍坊市地震群测群防观测点管理办法》，对全区的群测群防观测点进行调整并重新审核登记，确定Ⅲ类观测点1个，Ⅳ类观测点6个。

加强震害防御管理。2016年，将全部审批事项纳入政务服务中心窗口办理，继续依法完善行政审批事项清单。进一步推进防震减灾法制建设，树立法治观念，坚持依法管理、依法行政。加大行政执法力度，建立“双随机”制度并在网上公开，开展行政审批、行政执法案卷评查工作，强化事中事后监管。

【应急救援体系建设】2016年，提升改造潍坊植物园应急避难场所，投入资金额18.69万元，建设暗坑式厕所蹲位120个。积极与规划等部门对接，做好全区地震应急避难场所规划落实工作。健全地震应急预案体系，加强对现有的317个地震应急预案的动态管理。修订《奎文区地震应急救援装备库管理制度》，对发电机、背负式电台、手持单兵设备、卫星电话等应急设备定期检查维护并作好记录。奎文区地震现场工作队积极参加潍坊市地震局组织的地震应急演练，不断提高应急处置能力。组织开展奎文区第八届地震应急救援技能培训，来自各街道、有关部门的43名地震救援队员和地震志愿者参加培训。

潍坊防震减灾科普馆

潍坊市奎文辖区应急避难场所分布图

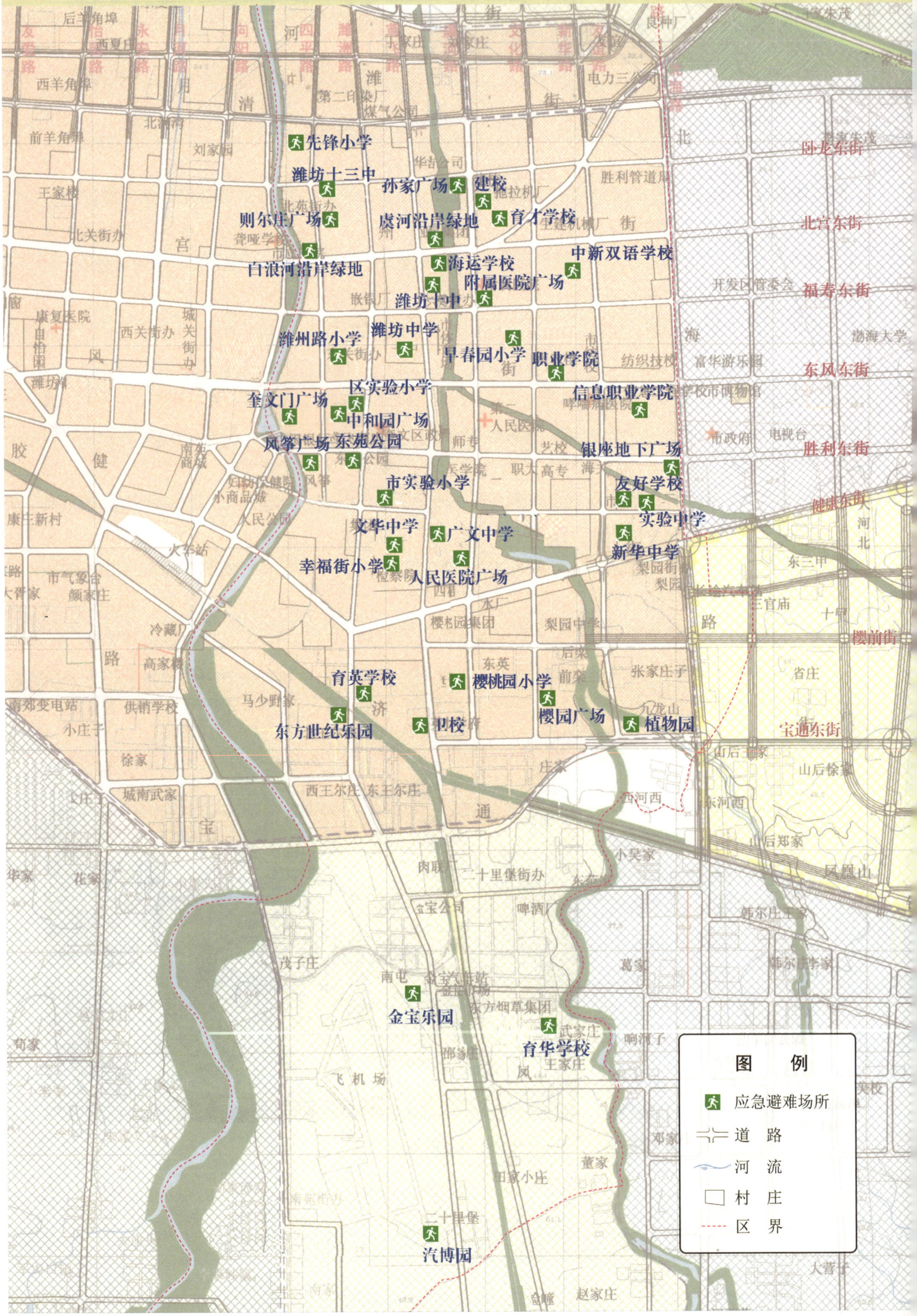

文化　卫生　体育

Cultural Hygiene Sports

文化事业

【概况】 2016年，奎文区免费开放奎文区文化馆、图书馆，为100家“百姓书房”配送图书1万多册，为各社区艺术团配备演出设备、服装和道具，放映公益电影1134场次、受益群众达30万多人次；开设文化创意课程，举办戏、曲、剧创作，书画鉴赏，古琴技艺，核雕培训，广场舞培训等10多种培训项目100多场次，受益群众2000多人；开办传统文艺课程860多场次，参学群众达1.1万多人次；举办各类群众文化活动360多场次、相关培训200多场次、展览30多次，惠及群众60万多人次；加大对东关古城墙、廿里堡火车站、潍县乐道院等文物的保护与修缮力度；重点打造核雕技艺、潍坊刺绣和古琴制作3个项目传习场地；指导率先在潍坊市成立文化产业电商联盟，联盟首批成员单位113个，打造线上与线下相结合、品牌和投资相结合的“互联网+文化产业”品牌。

广文街道松鹤园社区举办庆“七一”群众文艺晚会

2016年，组织举办“送福进社区，欢乐到万家”等系列文化活动300多场次，受到居民群众的好评。奎文区文化馆业务干部下基层培训辅导文艺活动20多期，参与辅导各类大型群众演出10多场。奎文区图书馆全年共接待读者近6.9万多人次；流通书刊10万多册，整理、装订、分编期刊杂志398种；整理、装订各类报纸37种；收集地方文献12种；分编各类新购图书400多种，14296册，采购图书及设备金额50万多元。“两馆”（文化馆和图书馆）积极推动公共文化服务运行新机制，实施免费开放，为广大群众提供更多更好的公共文化产品和服务。

2016年8月，社区剪纸艺术爱好者与山东艺术学院考察团开展剪纸艺术座谈

【文化创意旅游基地建设】 打造文化旅游品牌。2016年，奎文区优化产业布局，加快园区运

奎文旅游指南

吃 FOOD

南宫庭和乐(行政街)
韩重庆朝天锅
城隍庙肉火烧
潍县青萝卜的销售点
肯德基
麦当劳
德克士
必胜客

住 ACCOMMODATION

山东鸢飞大酒店 ★★★★
潍坊国际金融大酒店 ★★★★
潍坊大酒店 ★★★★
潍坊政府接待中心 ★★★
潍坊普雷斯酒店 ★★★
潍坊汇泉饭店 ★★★
潍坊君尚假日酒店 ★★★
潍坊富豪国际大酒店 ★★★
潍坊三江大酒店 ★★★
潍坊佳悦快捷酒店
格林豪泰酒店(潍坊虞河路店)
如家快捷酒店(潍坊日报社店)
汉庭酒店(东风东街店)

行 TRANSPORTATION

火车站
飞机场
汽车站
公交车
公共自行车

游 SIGHTSEEING

奎文区重点旅游景点

金宝乐园
东方新世纪乐园
白浪河
虞河
张面河
风筝博物馆
齐鲁古玩城
大虞古玩城
植物园
乐道院旧址
奎文门
金泉寺
十笏园
富华游乐园
白浪绿洲湿地
人民公园
东苑公园
大英烟旧址
古炮台
风筝广场
烈士陵园

购 SHOPPING

万达广场
银座
泰华
佳乐家
沃尔玛
大润发
振华商厦
潍州路汽车长廊

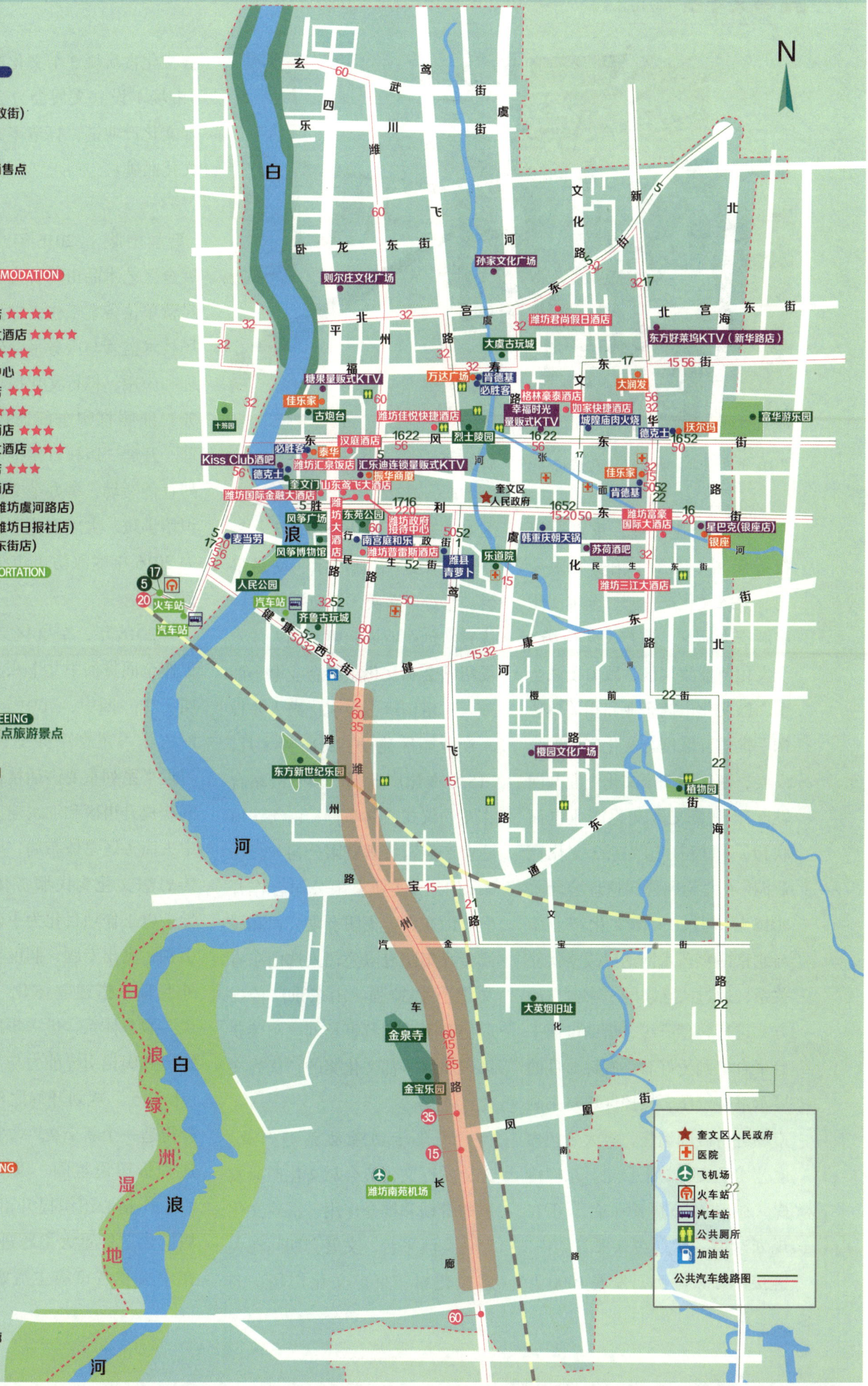

2016 年 4 月 15 日，中俄友谊桥·俄罗斯画展在奎文区京广文化广场开幕

作、服务企业发展，重点升级打造保利（山东）拍卖有限公司、大虞文化产业园、金宝文化旅游产业园区、京广文化广场 4 个文化产业集聚区，致力于联合奎文区文化电商企业和相关单位携手推进互联网与文化产业融合发展，辖区内 7 家文化企业共同发起组建奎文区文化产业电商联盟，积极打造“1532 文化产业园”（大英烟公司遗址公园），2016 年 6 月，大虞文化产业园与北京博宝艺术网达成战略伙伴关系，通过“互联网 + 书画”的方式进行转型升级，借助电商平台聚合书画爱好者，有针对性的展示书画资源，按照区域对书画市场进行区隔销售，大大开拓大虞艺术品交易的平台化。京广传媒“画都 O2O 画廊平台”正在规划建设，计划在未来五年内，链接 1 万家画廊，发展 1000 万名 VIP 会员，形成全国最大、最权威的 O2O 书画展示、交易平台。举办“菁英·双创”奎文区优秀文创企业展示暨文创人才专场招聘会和文化旅游企业电子商务人才培训班，吸引优秀人才投入产业园区建设。2016 年 8 月，“1532 文化产业园”项目战略合作签约仪式成功举行，由潍坊恒建资产经营管理有限公司与潍坊泰山 1532 实业有限公司合作开发。山东金宝集团有限公司和晨鸿传媒集团有限公司入选山东省文化企业 30 强。山东京广传媒股份有限公司董事长刘晓阳荣获第三届风筝都文化奖的“优秀文化人才奖”。

文化活动带动旅游产业。充分发挥文化节会对文化产业发展的带动和推介作用，搭建文化产业交流平台，文展会期间在大虞文化村、京广文化广场、齐鲁文化古玩城 3 个文化产业园区（市场）设立文展会分会场，延伸文化产业链，打造奎文独有的文化品牌。

【新闻出版】 2016 年，积极开展全区艺术品市场普查和艺术品经营单位备案工作，加强文化市场技术监管与服务平台建设、管理和应用，推行文化市场审批业务、证照打印全部通过平台办理。开展“版权宣传推广月”系列宣传活动，举办奎文区版权知识培训班。大虞文化产业园被评为 2016 年度潍坊市市级版权示范园区。

2016 年，奎文区新闻宣传工作全面贯彻中共十八大和十八届三中、四中、五中全会精神，深入学习贯彻中共中央总书记习近平系列重要讲话精神，紧紧围绕提升市区和加快建设现代化中央商务区总体布局，以建设宣传思想文化为民服务体系为指导，以工作项目化为手段，特色引领、突出专题，制度推进、内外互动，搭建立体化“新闻为民”服务体系，进一步提升新闻宣传和舆论引导能力与水平，为“十三五”规划开局之年和“五年再造一个新奎文”收官之年营造积极舆论氛围。围绕全区中心工作精心组织提升市区、“四城同创”等重大主题进行宣传，在中央和省市级主流媒体发稿

3700多件。中央电视台、山东卫视、《大众日报》等先后对奎文区亮点进行报道。在区属各媒体推出“心声”栏目，搭建党委政府与民众沟通交流的平台。全区政务微博、微信矩阵建设深入推进，微信矩阵群微信号数量达102个，总浏览量突破80万人，整体影响力在潍坊市政务微信中位居前列。“奎文发布”政务微信被评为“山东最具影响力外宣头条号”。推出奎文手机报，拓展主流媒体阵地。

【文化执法】2016年，奎文区开展文化市场监管检查、卫星电视传播秩序整治、打击非法出版物、文化市场安全督查、法制宣传教育等一系列工作，均取得明显成效。奎文区文化市场综合执法局（以下简称区文化执法局）被国家版权局授予“2016年度查处侵权盗版案件有功单位（三等奖）”，被潍坊市“扫黄打非”工作领导小组授予“2016年度全市‘扫黄打非’先进集体”称号，被潍坊市授予“2016年度文化市场执法工作先进单位”“2016年度全市卫星电视传播专项整治工作先进单位”称号，被奎文区委、区政府表彰为“2016年度全国文明城市创建工作先进单位”称号，“省级文明单位”复核合格，被潍坊市委宣传部确定为“潍坊市建设学习型党组织示范点”。

文化市场监管检查。2016年，区文化执法局坚持日常巡查和暗访检查相结合，以错时检查、划片执法、定人包靠、技术监控、社会参与“五项监管措施”，加强网吧、娱乐场所等文化市场监管。加强对重点时段、重点区域和重点场所的监管，维护文化市场安全稳定。

卫星电视传播秩序整治。2016年，加强卫星电视地面接收设施集中整治，遏制非法销

2016年8月27日，中共中央宣传部副部长孙志军到奎文区梨园街道樱园社区调研公共文化服务体系建设工作。省、市、区有关领导参加调研（前排左三为中宣部副部长孙志军，前排右二为山东省委常委、宣传部部长孙守刚，前排右三为潍坊市委书记杜昌文，后排右二为奎文区委书记李辉）

售、安装卫星电视地面接收设施行为，共出动执法人员192多人次、车辆58辆，发放、张贴各类宣传材料3600多份，查处收缴非法卫星电视地面接收设施12套（件），拆除7套（件）。积极组织开展卫星电视传播秩序专项整治活动，推进山东省无“小耳朵”社区（村）、乡镇（街道）创建，全区有1个街道与10个社区被命名为潍坊市2016年度无“小耳朵”街道和社区。

打击非法出版物净化市场环境。2016年，以封堵政治性有害出版物、清理网络淫秽色情信息、打击侵权盗版出版物为重点，开展“扫黄打非”专项行动。加强出版物市场日常监管，加大巡查力度，取缔非法游商和无证经营摊点，查处各类非法图书报刊和电子音像制品。加强印刷企业日常监管，从源头上杜绝非法印刷侵权盗版出版物的行为。认真履行奎文区“扫黄打非”办公室职责，联合奎文公安部门开展网上“扫黄打非”，破获10多起利用网络传播淫秽物品的案件，批准逮捕或取保候审犯罪嫌疑人22人（全省备案重大案件潍坊市18起，其中，奎文区有13起；有2起案件被省“扫黄打非”办公室挂牌督办）。2016年，共查缴各类非法出版物7033册（盘），立案查处4起，移交司法机关案件1起，办案数量和质量均居全市首位。

文化市场安全督查。2016年，组织开展重点领域专项整治、文化市场“安全生产月”专项治理、“消防安全保卫战”3次文化市场安全生产大检查活动，将放映厅、歌舞厅、网吧、游戏娱乐厅、印刷企业等经营场所列为重点，逐个检查易燃装修材料场所的消防安全和消防设施配备情况，逐户建立安全生产检查台帐，排除安全隐患。全年累计检查各类文化营业经营单位650多家，与各文化经营单位签定《安全生产责任书》193份，下发整改通知书20份。出动检查人员234人次，检查文化娱乐经营场所169个，督查整改有安全隐患的场所18个。

法制宣传教育。2016年，组织开展“12318”文化市场法制宣传教育、知识产权宣传周和艺术品市场法制宣传周等活动，广泛宣传文化市场政策法规，增强广大居民群众知法、懂法、守法的自觉性。

广播影视

【新闻服务软实力】创新广电报道形式与内容，电台《奎文新闻》大幅压减时政类新闻，专门开辟“街道之声”版块，对街道社区的动态进行集中、专题播报，提升电台新闻节目质量。组织媒体提供舆论支持，组织参与重大主题集中宣传活动40多次。做好潍坊电视台图文（奎文）频道、潍坊人民广播电台《奎文新闻》等宣传平台的运营、监管、协调等工作，通过强化监管指导，积极争取资金扶持，狠抓节目质量等一系列稳妥有效的举措，确保频道合作高效、人员状态稳定、节目安全播出。2016年，潍坊电视台图文（奎文）频道无事故播出《都市报道》270期、《大教育》50期，完成潍坊人民广播电台《奎文新闻》150期的组稿上传工作。联合大众网打造的全新新闻宣传服务平台奎文手机报开通运行并实现全区推送。

【媒体融合发展工作】充分运

用互联网+思维，改造提升传统广电媒体。为便于受众灵活收视，把广电新闻节目上传至数字奎文、奎文宣传网和新媒体等平台，实现广电节目互联网化、收视即时化。探索推进“新闻大厨房”工作模式，联合奎文区区属各媒体平台，围绕策划、采集、编辑、发布各环节进行资源调配，实现一次采集、多次生成、多元传播，各媒体记者和基层宣传工作人员共享新闻线索和媒体资源，及时组织媒体采编。联合开展新闻媒体进社区，形成为民服务合力，先后协调市、区广播电视媒体和区属报纸、网络、新媒体开展媒体进社区活动，文艺演出、便民服务、健康查体、厨艺大赛等一系列接地气的活动，满足百姓生活和文化需求。2016年，奎文广电媒体已协同奎文区区属报纸、网络、新媒体联合开展人大政协两会、“四城同创”、集体经济组织、全面深化改革等宣传报道任务，继续配合开展反映民生栏目《民生会客厅》，打造全媒体互动民意征集栏目《心声》，推出创业典型宋琦、神化培训学校、爱心退休职工王兰英等典型10多个，集中宣传报道赛伯乐互联网金融中心、潍坊国际创意港等产业提升重点项目。

【主流舆论宣传】 先后策划推出“提升市区创建国家卫生城市”“提升市区创建国家食安城市”“集体经济组织专访”“提升群众满意度”“全面深化改革”等专栏10多个，进行持续性、集中化报道，营造全区领导干部只争朝夕、干事创业的良好舆论环境。同时，也逐步探索完善新闻宣传服务全区科学发展、转型发展的长效机制，不断推动新闻宣传上档升级。在自身深挖细采的基础上，加强与上级电视台、广播电台的沟通交流，外宣发稿数量质量显著提升。积极通联各级各类媒体，外宣渠道进一步畅通。先后邀请中央电视台、山东电视台等媒体记者到奎文区采访、集中采风30多次。统筹协调，重头新闻引领外宣新常态。奎文区相继在中央和省级广电媒体发稿30多篇。其中，央视《午间新闻》、山东卫视《早间新闻》分别播出《潍坊奎文：感受“成人礼”难忘青春记忆》，山东卫视《新闻联播》播出的《山东第三轮专项巡视》新闻专访区委主要负责人，山东卫视《早安山东》播出的《潍坊（奎文）设立五处爱心墙》等一批重头新闻、特色新闻。市级发稿持续发力，先后播出稿件400多条，其中，潍坊电视台《潍坊新闻》播发《奎文区：算好加法 补齐短板 提高公共服务水平 共享发展成果》《国际创意港启航 打造潍坊版工业4.0园区》等重点新闻100多条。市广播电台《潍坊新闻》播发《奎文引入第三方核查让低保更阳光》等重点新闻150多条。

文物博物

【重点文物保护单位】 奎文区入选省级重点文物保护单位的5处文物单位涵盖3种类别，分别为廿里堡街道“孙吕家古墓群”、广文街道“潍县乐道院暨西方侨民集中营旧址”、东关街道“潍县东关城墙”、廿里堡街道“大英烟公司旧址”、廿里堡街道“廿里堡火车站”。

【重点工程】 区文物主管部门积极推进第一次全国可移动文物普查工作，准确掌握和科学评价全区文物资源价值情况，建立健全文物登录备案机制，

奎文区虞河岸边保存完好的乐道院建筑群之一

充分发挥文物在全区国民经济和社会发展总体布局中的积极作用。重点推进辖区省级文物保护单位修缮保护工作，精心组织编制《潍县东关城墙二期修缮保护方案》，积极协调上级文物主管部门，对保护方案进行优化调整；已严格按照政府采购程序完成施工与监理的招标工作，施工企业已进驻现场进行施工。同时积极沟通区财政、招标公司等有关单位，着手开展廿里堡火车站修缮保护方案政府采购工作。

非物质文化遗产保护工作

【概况】 2016年，积极开展非物质文化遗产知识宣传活动，重点打造核雕技艺、潍坊刺绣和古琴制作3个项目的传习场地打造，改造和装修场地约600平方米，已投入使用。传习中心已引进各级别项目16个，入驻非遗项目代表性传承人和民间艺人总计20多人，培训学员1000人次以上。

【非遗保护体系建设】 奎文区高度重视非遗文化的传承、保护工作，经过整理和申报，形成了较为完善的非遗保护体系，为开展非遗保护和传承工作打下良好基础。已有省级非遗代表性项目2项，市级非遗代表性项目9项，区级非遗代表性项目7项，共有11位潍坊市级代表性传承人和23位区级代表性传承人；拥有“潍坊民间手工艺综合传习中心、大拙琴韵古琴艺术中心、铜印铸造技艺传习所、潍坊朝天锅制作技艺传习所、庄氏正骨疗法传习所”等传习基地（所）。

市级非物质文化遗产——梨园街道庄家社区《九头船》表演

卫生计生

【概况】 2016年，奎文区所属各级医疗卫生机构有283家（含诊所），卫生技术人员3229人，床位2194张，门急诊疗126.14万人次；医疗卫生机构资产总值12.98亿元，年度总收入为6.49亿元，总建筑面积为17.11万平方米，其中用于医疗卫生业务的房屋面积有14.65万平方米；价值1万元以上的医疗设备有976台（套），总价值为1.64亿元。实施全面“两孩”政策，深化计划生育服务管理改革。全年全区出生人口数为5480人，其中男性2810人，女性2670人，出生人口性别比为105.2，人口自然增长率为12.71‰，死亡率为2.72‰。2016年，区卫生和计划生育局（以下简称区卫计局）被评为“奎文区‘四城同创’工作先进单位”“奎文区妇女儿童工作先进单位”“奎文区级文明单位”“奎文区工会工作先进单位”。

【医药卫生体制改革】 2016年，启动城市公立医院改革，全面取消城市公立医院药品加成及调整医疗服务价格。出台《落实潍坊市公立医院综合改革重点工作任务分工及时间进度安排表》，启动山东省公立医院综合改革监测系统，全面落实医改工作。

【医疗质量管理】 2016年，推进院士专家工作站建设，举办第二届潍坊呼吸论坛，成功承办全国县级医院管理及医疗服务能力提升项目（极光计划）——2016年县级医院呼吸系统疾病医学教育潍坊站培训班；潍坊市第二人民医院实施医疗“互联网+”工程，开展远程医疗，与中日友好医院建立病理远程会诊系统；推进实施科技培训计划，参与潍坊市级“临床医学重点学科”和“基础支撑学科”创建活动，潍坊市第二人民医院结核科、临床感染及微生物科、放射科被评为“潍坊市市级临床重点专科”，检验科被评为“潍坊市市级基础支撑学科”；举行“服务百姓健康行动”大型义诊活动周，为1000多名群众发放宣传材料；实施“进一步改善医疗服务三年行动计划”，推出10大类33项群众需求最强烈的惠民便民实事。全年圆满处置医疗事故争议11起，承担市区医疗保障任务36次。

【中医药管理工作】 2016年，有5家社区卫生服务机构申报第三批“市级中医药特色社区卫生服务机构”，并通过潍坊市卫计委初审；2家建成奎文区第二批“市级中医药特色社区卫生服务机构”；有4家社区卫生服务中心建成中医药“国医堂”、3家基层医疗卫生机构完成“中医馆”建设并投入使用；参与基层名中医评审，1人被评为“潍坊市基层名中医”；落实国家基本公共卫生服务中医药健康管理项目，0岁～3岁儿童中医调养和65岁以上老年人中医体质辨识健康管理覆盖率达40%。

【计生宣传工作】 2016年，针对计生政策的新变化，利用报纸、电视、广播等主流媒体开展国情国策宣传教育活动，在市级以上媒体发稿224篇、区级以上媒体发稿480篇。开通区卫计局官方微信、微博，全方位打造计生政策权威信息发布平台。

【公共卫生服务】 2016年，潍坊市第二人民医院门诊大楼项目主体封顶，改造充实后的潍坊市第二人民医院健康体检中心及广文街道社区卫生服务中心投入使用，奎文区中心医院整体修缮全部完成。基本实现社区卫生服务机构和基本公共卫生服务项目100%覆盖、居民在社区卫生服务机构“基本公共卫生服务项目零收费和居民社区基本用药零加成”的“双百双零”目标。全区有26家社区卫生服务机构全面实施基本药物制度，实行零差率销售。2016年，在省平台招采基本药物金额1090万元。

【疾病预防控制】 2016年，奎文区传染病报告发病率比上一年增长32.12%，全部进行及时处置，继续实现奎文区无重大传染病暴发和流行的目标。完成纳入2016年潍坊市科学发展综合考核的国家免疫规划疫苗全程、及时接种率指标值。报告肺结核、肝炎等17种传染病计1613例，比上一年减少15例；报告死亡病例513例，比上一年减少62例；报告肿瘤997例，比上一年减少108例；报告脑卒中、冠心病559例，比上一年增加417例；报告食源性疾病82例。2016年12月1日，省政府和市政府等相关领导到奎文区参加“世界艾滋病日”宣传活动，看望慰问社会组织志愿者和艾滋病防治工作人员，对全区艾滋病防治工作给予充分肯定。区疾控中心连续13年保持“山东省级文明单位”称号，被团省委授予“山东省‘五四’红旗团支部”荣誉称号。

2016年奎文区属医院信息一览表

单位：人

医院名称	地址	院长姓名	联系电话	职工人数
潍坊市第二人民医院	院校街7号	杨国儒	0536−8233405	436
奎文区妇幼保健计划生育服务中心	健康东街276号	苑芳胜	0536−2259329	54
奎文区中心医院	潍州路1892号	宋寅波	0536−8520088	34
奎文区新华医院	通亭街11628号	高　强	0536−5078369	31

重点医院选介

【潍坊市第二人民医院（潍坊呼吸病医院）】 潍坊市第二人民医院位于奎文区院校街7号，是集医疗、教学、科研、预防、保健和康复于一体的现代化综合性三级医院。医院占地面积6.7万平方米，总建筑面积5.1万平方米。截至2016年年底，医院有大型医疗设备（器械）524台（套），有编制病床320张、开放病床1006张，全年门诊接诊量22.5万人次。在专职医务人员中具有正高职称的29名、副高职称的77名，各类专家人才106名。医院先后获得“山东省卫生保健协会先进单位”“潍坊市先进基层党组织”“全市适龄儿童免费牙齿窝沟封闭防龋项目先进

位于奎文区院校街的潍坊市第二人民医院外观效果图。图中右侧的门诊病房大楼已近竣工

集体”“全市卫生计生系统工会工作先进集体”等荣誉称号。

医疗业务提升。圆满完成“三基三严”（临床医学的基本理论、基本知识、基本技术和严格要求、严谨态度、严肃作风）年度培训计划，为全院医疗人员培训33场次。根据业务需要成立呼吸与危重症医学四部、五部、六部、七部，推动潍坊呼吸病医院专科特色发展。参加国家及省、市级多项比赛活动，并获得优异成绩。其中，呼吸七部主任张晓琦获京港感染论坛“影像大观园”比赛二等奖；呼吸五部主任严琨获国家结核病临床技能竞赛个人三等奖、团体三等奖、山东省一等奖；检验科程娟获山东省结核病实验室理论考核个人一等奖、团体一等奖；潘兆宝获山东省结核病实验室理论考核个人三等奖、团体一等奖。

医院文化建设。针对医疗卫生政策的新变化，利用报纸、电视、广播等主流媒体开展医疗健康知识宣传教育，在市级以上媒体发稿68篇、区级以上媒体发稿100篇。开通潍坊二院、潍坊呼吸病医院官方微信，全方位打造医院医疗、教学、科研等知识的发布平台。

基层卫生工作。2016年，组织鉴定病退人员2000多人次。建立规范化电子档案31981份，建档率占总服务人口的72.7%，开展健康教育讲座和健康教育咨询活动24场次，发放健康教育印刷材料12种，播放健康教育音像材料30种；在基本公共卫生服务宣传年活动中印制手册3000份、联系卡3000份、提示卡3000份，开展签约活动3次，更换宣传栏12次，悬挂宣传横幅6条，开展项目大讲堂2次。0岁～6岁儿童健康实际管理2983人次，管理率为89%；孕产妇健康实际管理929人次，管理率为85%；建立预防接种证1283个，建证率100%，实施基础免疫12642人次，实施加强免疫7292人次，漏种儿童补种4966人次，接种率为95.9%；65岁以上老年人健康管理2658人次，管理率为50%；高血压患者健康管理2276人次，管理率为25%；糖尿病患者健康管理990人次，管理率为28.8%；重性精神疾病患者健康管理174人次，管理率为100%；全年无法定传染病报告；管理肺结核病患者11人次，管理率为100%；累计协助开展职业卫生、饮用水卫生安全、学校卫生、非法行医和非法采供血实地巡查330次，发现上报线索14条。全面实施基本药物制度，实行零差率销售，全年在省平台招采基本药物金额41万元。

体 育

【概况】2016年，奎文区把增强人民体质、提高健康水平作为体育工作的目标，以满足广大人民群众日益增长的体育文化需求为出发点，组织开展丰富多彩的群众体育活动，积极组队参加上级体育赛事，大力兴建全民健身工程，免费开展国民体质检测，开展健身志愿服务活动，壮大社会体育指导员队伍，实现群众体育、竞技体育和体育产业协调发展，进一步推动全区体育事业健康有序发展，圆满完成各项工作任务。2016年，奎文区体育局获得“山东省2016年度体育总会组织建设先进单位”“2016年度县市区体育总会工作突出贡献奖”“区级文明单位”等荣誉称号。奎文区徒步协会、奎文区国际象棋协会获得“2016年度县级体育社团组织先进单位”荣誉称号。

【主要赛事】2016年，组队参

2016 年 8 月 15 日，区体育局组织奎文区全民健身运动会职工游泳比赛活动

加潍坊市青少年系列锦标赛，共获得奖牌 129 枚，其中，金牌 66 枚、银牌 32 枚、铜牌 31 枚，荣获 3 个“体育道德风尚奖代表队”荣誉称号。组队参加潍坊市全民健身运动会系列项目比赛、山东省“百、千、万”三项赛事潍坊赛区预赛、潍坊市中小学生体育联赛、潍坊市老年人系列体育健身活动。

【全民健身活动】 2016 年，组织举办足球、篮球、乒乓球、围棋、国际象棋、自行车、老年门球、健步行、登山、毽球等 10 多类项目的全民健身系列活动，参与人数达 2 万多人，进一步推动全民健身活动的开展。

【全民健身工程】 2016 年，加快建设城市“十分钟健身圈”，满足社区居民就近、就地参与健身的愿望，为社区配建全民健身工程 15 套。

【国民体质监测】 2016 年，进一步提高各行业、社会各界、不同人群的身体健康水平，提高生活品质，区体育局每年都免费举办国民体质监测工作。为参加监测的机关干部、企业职工、社区居民出具运动处方，使其了解自身实际健康水平，指导选择适合自身锻炼的体育健身项目。

【健身志愿服务活动】 2016 年，动员辖区各级社会体育指导员和社会力量积极开展全民健身志愿服务活动；丰富全民健身的内容，扩大竞技体育的群众基础；普及健身项目相关知识，提高全民健身志愿服务队伍的专业化水平和服务质量。

【社体指导员队伍建设】 2016 年，发挥各级社会体育指导员在进行日常指导、服务方面的作用，做好社会体育指导员管理服务工作，提高社会体育指导员综合素质和指导能力。做好社会体育指导员的在岗培训，创新培训方式，扩展培训项目，提高培训质量，形成比较完善的社会体育指导员培训体系。健全城乡居民身边的全民健身指导服务网络。

【体育社团组织】 2016 年，通过政府购买服务等方式，鼓励、引导区属体育协会、俱乐部充分发挥自身优势，组织举办形式多样的健身活动，吸引广大人民群众参与到全民健身行列中。

社会　民生

Social　Livelihood

人力资源和社会保障工作

【落实就业创业政策】2016年，积极实施就业政策，组织开展“农民工恳谈日”“2016年春风行动”“文创企业专场招聘会”等系列专题活动，累计提供就业岗位4500多个，缓解企业用工压力。全区实现城镇新增就业5236人，完成全年任务的119%，城镇登记失业率控制在3.5%以内。加快推进创业孵化基地建设，全区已建成创业孵化基地11个，入驻企业2300多家。积极落实创业扶持政策，发放“鸢都创业证”2649个，为符合条件的创业企业发放一次性创业补贴和一次性岗位开发补贴资金额27.75万元。加快推进特色就业创业街区建设，成功申报大虞街道、广文街道李家社区和廿里堡街道金宝社区为山东省级创业型街道和创业型社区。东关街道中和园社区成为潍坊市唯一一家山东省级数字就业示范社区。全区市级以上“充分就业和谐社区”达到37个，其中，国家级1个，省级2个。

【落实社会保险政策】2016年，加大社会保险扩面征缴力度。全区企业职工基本养老保险、医疗保险、工伤保险、生育保险、失业保险参保人数分别达到5.68万人、6.35万人、4.89万人、3.04万人、3.25万人，累计征缴社会保险费6.15亿元，全部超额完成潍坊市的扩面征缴任务。进一步巩固城乡一体化社会保障体系建设成果，全区参加城镇居民养老保险人数达到29737人，征缴本期养老保险费1539.55万元；为1.41万名60周岁以上老年人发放养老金2280万元，发放率100%；城镇居民基本医疗保险政府补助标准提高到420元，全区城镇居民基本医疗保险参保缴费人数达到13.71万人。

【劳动保障监察执法】2016年，积极实行劳动用工备案制度，规范企业用工行为，奎文区备案立户企业达2320个，备案职工5.09万人。加强劳动保障监察执法工作，共受理各类举报投诉案件578件，结案率达99%以上，为劳动者追回工资、押金达54.9万元。组织开展清理整顿人力资源市场秩序专项行动，对全区6个具备劳务派遣资质的劳务派遣单位和15个用工人数较多的用人单位进行检查。开展用人单位遵守劳动用工和社会保险法律法规情况专项检查，共排查用人单位150多个，涉及职工3567人、农民工935人。年度书面审查用人单位2056个，涉及职工2.38万人。积极推行阳光仲裁，共立案受理各类劳动人事争议案件135件，涉案金额1221.1万元；调解处理33件，涉案金额约110.7万元，实现仲裁案件当期受理结案率100%。

【人才培养工作】2016年，进一步拓宽人才服务平台，帮助企业做好项目国批、省批的申报准备工作，引进外国专家25人。加强专业技术人才的培养选拔，组织3246人参加专业技术考核鉴定，推荐潍坊市级专业技术拔尖人才5人，万人拥有专业技术人员占比列全市四个区前列。加大职业资格证书推广应用力度，组织参加职业技能鉴定人数达6800人，新推荐省级首席技师1人，市级首席技师3人，位列全市四个区第一名。推动民办职业学校上档升级，指导潍坊奇正商务会计培训学校进行升级，成功通过山东省人社厅批复，升格为山东奇正商务会计培训学院，切实提高教学层次，拓展教学规模。

居民生活

【居民消费】 2016年，全区社会消费品零售总金额完成168.30亿元，比上一年增长9.2%。分行业看，批发零售业零售金额145.6亿元，比上一年增长7.6%；住宿餐饮业零售金额22.7亿元，比上一年增长20.4%。

【居民收支水平】 居民收入持续增加，生活水平不断提高。2016年，全区城镇居民人均可支配收入资金额33609元，比上一年增长8.2%；城镇居民人均消费性支出资金额20976元，比上一年增长8.5%。

创新创业

【概况】 紧紧围绕稳增长、惠民生、保稳定的工作大局，坚持“民生为本、人才优先”为主线，始终把创业就业工作作为工作的重中之重，坚持以创新促进创业、以创业带动就业。全区实现城镇新增就业5236人，完成全年任务的119%；失业人员再就业1555人，完成全年任务的119.6%；就业困难人员就业433人，完成全年任务的108.25%。城镇登记失业率控制在2.2%全市最低的水平。

【就业政策落实】 严格按照《关于印发〈潍坊市支持创新创业财税政策30条〉的通知》要求，落实发放一次性创业补贴和一次性岗位开发补贴。根据财政部《普惠金融发展专项资金管理办法》规定，落实创业担保贷款政策，共发放创业担保贷款1417万元，切实发挥政策效力，有力地推动就业工作，维护全区就业局势稳定。

【创业载体建设】 把创业载体建设作为促进创业成果转化、激发创新创业活力的重要平台，建成阳光100凤凰社省级创业示范园区、神舟重工市级创业孵化示范基地、17个区级创业孵化基地（园区）。依托全区定点培训机构和创业大学同学会积极组织开展创业培训和创业实践活动，全年组织创业培训401人，完成潍坊市下达培训任务的102%；组织创业大学小微企业家创业能力提升培训116人，完成全年任务的105.5%，提高他们驾驭市场的能力，切实形成“大众创业，万众创新”的浓厚创业氛围。

位于奎文经济开发区的潍坊神舟重工工程机械集团公司孵化基地

【公共就业服务】完善人力资源市场服务功能，优化调整服务流程，创新“有微有位”服务模式，就业服务效率和水平明显提升，全区共举办各类招聘洽谈会5场次，提供就业岗位达1.5万多个。组织开展“灵狮杯”奎文区2016创业大赛，实现四个第一，进一步营造促进大众创业的良好氛围。

社会保障体系建设

【养老保险】稳步推进机关事业单位养老保险制度改革，及时调整政策，对符合新保险制度参保人员的基本信息、单位基础信息数据进行采集，规范录入机保改革数据库。继续完善企业养老保险待遇调整机制，连续第十二年调整提高企业退休人员养老金，全区12106名企业退休人员月人均增长金额165元。调整完善各项社会保险政策，城镇居民基础养老金金额提高到每人每月100元，为1.4万名城镇居民发放养老金金额2485万元，发放率100%。

【失业保险】稳步推进扩大失业金支出范围试点，加强失业动态监测，失业保险金金额标准由每人每月950元提高到1000元，失业保险保生活、促就业、防失业的功能得到进一步发挥。

【医疗保险】加快完善职工医保制度，及时调整职工重特大疾病保障及门诊特殊慢性病支付政策，医疗保障能力不断增强。积极开展职工长期护理保险试点工作，严格按政策进行审核，全区有148人次享受到长期护理保险待遇。

【工伤保险】完善以工伤保险为主体、商业保险为补充的多层次工伤保险体系，将从事房屋建筑和市政基础设施工程建设的建筑企业纳入工伤保险范围。积极开展工伤预防培训工作，集中开展6个班次的工伤预防培训班，参加集中培训的人员达到2000多人次，进一步强化对重点行业、重点人群的工伤预防工作，避免和减少工伤事故和职业病的发生。

【生育保险】2016年，全区有投保生育保险的30829人，为1981名育龄妇女发放生育保险费2451万元。加大生育保险的征缴力度，缓解日益增长的支付压力。

【保险业务平台建设】积极开展全民参保登记试点工作，基本完成入户调查登记工作，户籍人口有效采集率98.38%、有效入库率达到98.25%。推进电子社保城市建设工作，开通奎文社保中心微信平台公众号，通过公众号平台，参保群众可以办理在线缴纳保险费、查询个人参保情况、社保卡余额、查阅办事指南及政策法规等业务，切实为参保人员提供方便。

老龄工作

【概况】2016年，奎文区养老事业处在快速发展时期，初步构建起以居家养老为基础，社区养老为依托，机构养老为补充的社会养老服务体系。全区有养老机构15个，其中，新增养老机构1个；有养老床位1816张，其中，新增床位200张，每1000名老人拥有养老床位34张。东关街道老年日间照料正式运营，建筑面积3054.35平方米，设置床位71张，入住老人60多人。设立潍坊市老年护理院，用于开展医养结合、医疗养老工作，入住失能老人48人。

【管理服务保障】 加强养老机构安全监管，与养老机构签订《安全生产责任书》，多次开展安全检查，提高养老机构安全意识。推进养老服务信息化建设，发挥潍坊吉祥养老服务平台作用，开展老年人信息搜集，录入老年人信息4万多条，招募加盟企业38多家，为老人提供保健陪护、精神慰藉、医疗卫生和餐饮等服务，为失能老年人、重度残疾人等400多人提供政府购买居家养老服务。争取省级资助项目17个，补贴资金额203.4万元；市级资助项目20个，补贴资金额132.9万元。下发《关于开展困难残疾人生活补贴和重度残疾人护理补贴发放工作的通知》，为失能老年人发放护理补贴金额10140元。推进老龄事业发展，完成全区60岁以上老年人银龄安康全覆盖，全年为全区80岁至89岁老年人发放补贴金额约100万元、为90岁至99岁老年人发放补贴金额58万元、为100岁及以上老年人发放补贴金额10万元。

民政工作

【概况】 2016年，奎文区民政局（以下简称区民政局）落实中央“四个全面”战略布局和省、市、区委决策部署，坚持创新、协调、绿色、开放、共享的发展理念，以建设“现代大爱民政”为总目标，增强服务观念，深化改革创新，推进依法行政，规范服务管理，扎实履行民政“保障基本民生、创新社会管理、服务国防建设、提供社会服务”四大职能，推进全区民政事业加快发展。2016年，奎文区获得“第三批全国农村集体三资管理示范县”荣誉称号，区民政局获得“山东省爱国拥军模范单位”荣誉称号。

【社会救助体系建设】 2016年，对全区低保家庭进行核对，低保核查率100%。在东关街道、北海路街道试行第三方参与低保审核，进一步规范实施“一门受理，协同办理”业务，统一规范救助窗口服务标准，受理救助申请1000多人次。城市低保由每人每月500元提高到520元，发放低保金808万多元，取暖补贴46.4万元。开展临时救济工作，出台《奎文区“救急难”工作实施意见》，为106户困难家庭发放春节特困生活补贴10.6万元；救助临时困难家庭488户，发放救助资金151.3万元。实施城市医疗救助，出台《奎文区城市居民重特大疾病医疗救助办法（试行）》，建立“一站式”医疗救助平台，资助参加城镇居民医疗保险的居民1636人，资助资金21.2万元；为413户家庭发放医疗救助款118.6万元。建立自然灾害信息员队伍，明确责任分工，开展防灾减灾宣传周活动，为19.6万户家庭参加民生保险56.4万元。北苑街道金都社区被评为“全国防灾减灾示范社区”，广文街道东上虞社区和北海路街道胡西社区被评为“山东省防灾减灾示范社区”。开展《慈善法》宣传和实施，开展“慈心一日捐”活动，接收社会各界捐款捐物合计176万多元。开展贫困大学生、失独家庭、“三无”老人以及困难环卫职工等一系列慈善救助活动，发放慈善救助款102万多元。组织、设立慈善基金4400万元，发展慈善义工3500人，成立慈善公益组织11个，开展慈善公益活动100多场次，组织慈善宣传17多次。

【社会组织管理和党建工作】2016年，规范社区社会组织管理，实行垂直管理与区域化管理相结合，登记管理与备案管理相结合。完成社会组织登记证书换发工作，换发新证270个。加大社会组织培育力度，建成广文街道、东关街道和大虞街道等3个社会组织孵化器，争取省级财政扶持资金30万元。成立“益民”和“一家亲”2个区级社会组织培育中心，培育发展社区社会组织312个，新登记注册区级社会组织7个，其中，民办非企业5个，社会团体2个。开展社会组织年检和评估活动，年检社会组织202个，新评估社会组织4个。推进社会组织党建示范点创建工作，金色阳光养老服务中心、德润国际学校被确定为首批示范点。

【专项社会事务管理服务】2016年，扎实推进全国地名普查工作，落实专项普查资金71.90万元，完成地名普查信息5176条，并审核上报。加强婚姻登记管理，开展心理辅导咨询，完成3A登记机关复审，办理结婚登记2568对，离婚登记1037例，登记合格率100%。继续落实殡葬惠民政策，为1600户家庭发放殡葬补贴。加强流浪乞讨管理，完善区、街、社区三级联合救助网络，形成无缝隙、全覆盖流浪乞讨救助管理体系，救助流浪乞讨人员10人。严格收养登记管理工作，办理收养登记21宗。

民族宗教

【概况】2016年，奎文辖区有少数民族24个，共1465人。宗教活动场所10个，其中，基督教教堂和固定活动场所9个，信教群众2263人；佛教寺庙1个，信教群众890人。奎文区人民政府民族宗教事务局围绕外来少数民族流动人口服务管理、民族团结创建工作以及宗教活动规范化建设等方面开展工作，维护民族宗教领域的和谐稳定。

【服务外来少数民族流动人口】加强少数民族外来流动人口服务体系建设，在少数民族外来流动人口较多的社区设立服务站，为他们提供“一站式”服务。同时加强对他们的服务管理，为他们解决经营、子女入学难方面问题3起，及时处理涉及少数民族的矛盾纠纷，维护民族领域和谐稳定。

【民族团结进步创建工作】2016年，分别在北苑街道卧龙社区、北海路街道胡西社区、潍坊神舟重工有限公司设立民族团结进步示范点，以点带面，在各社区建立起相互嵌入式的民族关系。是年9月，潍坊市民族团结进步创建活动经验交流会在奎文区举行。

【宗教活动规范化建设】健全民族宗教工作“三级网络，四级责任制”，夯实基层工作基础，提高宗教工作干部的能力素质。做好宗教管理工作，规范宗教活动建设，加强对宗教活动的管理，保障宗教活动规范化，维护宗教领域和谐稳定。

街 道

Street Profile

廿里堡街道（奎文经济开发区）

【概况】 廿里堡街道位于奎文区城区的南部，东起虞河，西至白浪河，南起白浪河水库，北至宝通东街。2016年，辖区面积23.05平方公里，有耕地面积151.8公顷，居民1.47万户，户籍人口约5.05万人。辖10个社区（新茂社区、南屯社区、宝通街社区、鑫叶社区、凤凰街社区、崇文街社区、广潍社区、南家社区、金沙窝社区、涧头院社区）。2016年，街道完成地方财政收入1.99亿元；完成规模以上工业销售收入28.9亿元、完成工业利税1.5亿元；完成规模以上服务业营业收入4951万元。2016年，荣获“省级文明单位”“潍坊市森林街道”等荣誉称号。

奎文经济开发区，前身为潍坊城南工业园区，2006年经山东省政府批准升级为省级开发区，2010年经省政府批准更名为奎文经济开发区。奎文经济开发区与廿里堡街道实行街区合一的管理体制，开发区管理委员会与廿里堡街道办事处合署办公，实际辖区与廿里堡街道辖区重合。

【机构设置】 廿里堡街道办事处（奎文经济开发区管委会与其合署办公）内设党政办公室、经济发展办公室、社会事务办公室、社会管理综合治理办公室4个行政办公室，核定行政编制41人，实有30人；设有社区综合服务站、计划生育服务站、社会保障服务站、财经工作站4个服务站，核定事业编制39人，实有26人。奎文经济开发区管理委员会设有经济发展局、社会事业局、建设局、市场监督管理局、党政办公室5个事业局（办），核定事业编制35人，实有27人。

【经济和社会事业发展状况】 *产业园区稳步发展*。2016年年底，齐鲁创智园智慧半岛部分主体建成，签订入驻协议企业63个；依托大英烟公司旧址欧式建筑开发的“1532文化产业园”启动，签约入驻文化创意企业6个；汽车服务产业园成功引进宝沃4S店、中鑫之宝全国连锁维修商、旭东回收拆解有限公司，产业链得到进一步完善，汽车服务产业

奎文经济开发区公共服务中心

园全年实现销售收入230亿元。

招商引资成效突出。完成招商引资到位资金13.2亿元，成功引进潍坊壹号仓、泰纳新材料、中源医药、兆源智能科技等优质项目30多个，成功签约引进国家“千人计划”人才1人，为经济持续健康发展注入新活力。

城市建设有新进展。2016年，奎文区崇文街建成通车；董家村、茂子庄村一期安置顺利完成；天润浅水湾三期、万基橙上城二期、双裕世纪城等项目全部竣工；东黄输油复线6万平方米占压建筑整治全面完成，获得山东省政府的表彰。

市容环境显著提升。在辖区内开展环境卫生集中整治，清理建筑垃圾3000多立方米，清理“三大堆”（草堆、粪堆、垃圾堆）400多处，全面清理卫生死角。对占道经营、乱搭乱建、乱设牌匾等违章行为进行严厉查处，清理占道经营、乱堆乱放等违章行为5000多起，清理流动商贩800多起，清理广告牌匾、灯箱600多块，辖区内环境得到全面提升。对北汽福田厂区周边和车站、金宝、南家南、刘西等集贸市场实行物业化管理，加强流动摊点清理整顿，市容卫生和交通状况得到显著提升，圆满完成“四城同创”工作。

创新联系服务机制。以“十大社区”为网格，开展机关干部和社区工作人员“入百家企业、进千家商户、访万户居民”的“十百千万”大走访工程，充分掌握辖区企业、居民的真实情况和迫切需求，及时处理辖区企业、群众关心的现实问题，促进各项工作顺利开展。

社会救助规范有序。2016年，发放各类救助资金300万多元，惠及450多户困难家庭。

教育卫生稳步加强。2016年，对辖区内无证幼儿园进行清理整顿，关停、合并幼儿园1处。为辖区内63岁以上老年人开展免费体检，深受群众欢迎。

文体活动多姿多彩。组织开展春节文化展演、象棋比赛、广场舞大赛、电影进社区等各类文化娱乐活动40多场次，培育新的文艺队伍4支，极大丰富群众的文化生活。

【社区简介】 新茂社区。新茂社区位于东至规划四平路，西至白浪河东岸，南至民航机场，北至宝通东街，社区面积4.83平方公里。有居民小区4个，居民楼30幢，居民1054户，人口约3472人，有驻辖区单位4个。社区主要姓氏有王、马、胡、吕、武、徐等。社区得名于原茂子庄村，革命烈士王全斌、王永庆、王兆恭、胡殿武出生于此。

南屯社区。南屯社区位于东至潍州路，西至规划四平路，南邻飞机场，北至宝通东街，社区面积1.7平方公里。有居民小区3个，居民楼36幢，居民1667户，人口约6268人，有驻辖区单位11个。社区主要姓氏有崔、蒋、汤、田、成、赵、卢、于、戴等。社区内设调委会、社区矫正协管工作站、群众诉求工作室、计生办、生育关怀服务室等组织。主要产业有工业、商业、旅游业、文化产业。有面积3500平方米的社区办公楼1幢，有文娱健身广场2个。

宝通街社区。宝通街社区位于东起虞河，西至潍州路，南到金宝街，北至宝通东街，社区面积0.82平方公里。有居民小区6个，居民楼56幢，居民1475户，人口约4420人，有驻辖区单位18个。社区办公地点设在东范家村的东北部，内设调委会、治保会、人口和计划生育委员会等组织。

鑫叶社区。鑫叶社区位于东起虞河，西至潍州路，南起龙泉街，北至金宝街，社区面积0.97平方公里。有居民小区15个，居民楼80幢，居民3954户，人口约9840人，主要姓氏有张、刘、李、赵、孙、王、田、武、陈、杨。社区办公地点设在鑫叶公司宿舍院的东北部，内设调委会、治保会、人口和计划生育委员会等组织。辖区有工业企业

100多家，主要大型企业有潍坊泰山壹伍叁贰实业有限公司、青啤（潍坊）公司等。主要驻区单位有潍坊市育华学校、公安奎文分局廿里堡派出所。社区有500平方米广场1个，600平方米老年活动中心1个。

凤凰街社区。凤凰街社区位于潍州路以东、虞河以西、龙泉街以南、凤凰大街以北，社区面积2.45平方公里。有居民小区4个，居民楼8幢，居民1770户，人口约5553人，有驻辖区单位28个。主要姓氏有武、汤、刘、丁、王、仉、郑、邵等。社区内有千年树龄松柏1棵，石碑1块。

崇文街社区。崇文街社区位于文化南路以东、虞河以西、凤凰大街以南、潍胶路以北，社区面积1.5平方公里。有居民小区2个，居民楼35幢，居民1080户、人口约2900人，有驻辖区单位2个。社区有300平方米办公场所，位于兴华园小区，有面积800平方米的居民活动中心和日间照料中心。

广潍社区。广潍社区位于东邻文化南路，西至机场路，南至潍胶路，北至凤凰大街，社区面积2.8平方公里。有居民小区4个，居民楼11幢，居民1126户，人口约4340人，有驻辖区单位17个。主要姓氏有庄、李、刘、张、徐、王、韩等。社区内设调委会、治保会、人口与计划生育委员会等组织。社区以工业、服务业为主，农业主要作物为玉米、小麦。

2016年6月8日，广潍社区党员在端午节期间包粽子慰问困难户

南家社区。南家社区位于白浪河以东、广潍社区以西、新茂社区以南、涧头院社区以北，社区面积0.6平方公里。有居民小区2个，居民490户，人口约2100人，有驻辖区单位20个。主要姓氏有于、郭、张、邓、南、王、李等。

金沙窝社区。金沙窝社区位于东起南苑路，西至白浪河，南起潍胶路，北至飞机场，社区面积2.47平方公里。有居民小区4个，居民1042户，人口约3600人，有驻辖区单位18个。辖区有汉族、回族、满族构成，主要姓氏有刘、王、李、杨、姜、房、于、郭、哈、安、韩等。社区有象棋协会等社区组织5个，马拉松等各类兴趣小组6个，成立以共产党员为骨干的敬老、助残、治安、文体等志愿服务队5支。

涧头院社区。涧头院社区位于西至白浪河水库，东面、南面与坊子区毗邻，北至潍胶路，社区面积6.3平方公里。有居民小区4个，居民818户，人口约3080人，有驻辖区单位1个。有中共党员115人，居民代表71人，主要姓氏有武、宋、孙、吕、于、郭、刘、高、王、李、张、梁等。社区设有民事调解、妇女计生委、综治维稳办、低保评审委员会、民兵等组织。有占地面积930平方米敬老院1个，小学校1所，社区卫生室1间。

大虞街道

【概况】大虞街道位于奎文区东北部，东到新华路、西至鸢飞路、南接东风东街、北临青银高速公路，辖区面积6.1平方公里，有居民36554户，人口8.3万人。辖9个社区（东庄社区、孙家社区、大虞社区、陈家社区、东园社区、虞中社区、北虞社区、福寿街社区、玄武东街社区）。2016年，街道完成地方财政收入1.89万元，完成固定资产投资额8.96亿元，招商引资实际到位资金额10.3亿元。2016年，街道荣获山东省首批“省级创业型街道”“山东省档案管理工作先进单位”“山东省文明单位”“全国科普示范社区”“潍坊市先进基层人民武装部”“潍坊市理论大众化示范点”“潍坊市学习型党组织建设示范点”“潍坊市政府系统政务信息工作先进单位”“潍坊市先进劳动保障监察中队”等荣誉称号。

【机构设置】大虞街道办事处内设党政办公室、社会事务办公室、经济发展办公室、社会管理综合治理办公室4个行政办公室。核定行政编制43人，实有30人。设有网格化综合管理中心、市民文化活动中心、民生保障服务中心等4个事业单位，核定事业编制39人，实有32人。

【经济和社会事业发展状况】2016年，大虞街道完成建设资金投入9亿多元。总投资额20亿元、总建筑面积35万平方米的江山帝景、东庄股东楼、天鹅

大虞街道机关办公楼

2016 年 4 月 19 日，第六届大虞文化艺术节挂牌仪式

湾等项目已交付使用；投资额 3.5 亿元、建筑面积 10 万平方米的玫瑰熙园工程封顶。重点对辖区闲置商务楼宇进行品牌招商，加快楼宇去库存的步伐，对东生建片区等新开工项目进行高起点规划，引入中国冶金科工集团有限公司等知名综合地产开发企业。利用北部闲置土地资源及商务楼宇，引进装修设计、家居建材、家政服务等配套产业。以潍坊医学院附属医院教学科研病房综合楼项目建设为带动，推进潍坊市人民医院健康管理中心等项目运营和肾病分院项目建设，整合周边红旗医院、安定医院等医疗资源，构建区域性的健康保健、医疗护理和数据服务中心。

2016 年，推进虞中老宿舍、虞新花园等老旧小区改造提升工程，按步骤推进老旧小区水、电、路、气、暖等基础设施改造，优化居住环境。开展“四通一治”便民工程，完成东庄便民市场建设和十中街便民市场等规范整治工作，创新提升集贸市场管理水平。继续推进“386”环保行动，加强虞河周边管护，促进生态环境持续改善。投入资金 150 万元，建设建筑面积 1200 平方米的大虞社区服务中心，打造“文化大虞•乐融家园”品牌。划分二级网格 58 个，三级网格 195 个，打造建设二级网格示范点 4 个。培育和引进社会组织约 80 个，开展丰富多彩的便民活动。借助“大虞发布”“网易零距离”“大虞社区报”等新的载体，组织开展“大虞好人”“大虞道德模范”等评选活动，宣传推介优秀典型 30 多个，积极弘扬社会主义核心价值观，提升辖区居民的参与度和认同感。

2016 年，推进辖区“两新”组织党支部建设，完善东盛广场、盈隆广场、中土大厦楼宇党群服务中心建设，向 9 个社区、11 个基层党支部、13 个“两新”组织党支部配备党建指导员、信息员，实现非公企业党组织全覆盖。结合辖区楼宇资源特点，加快创新楼宇党建服务形态，以东盛广场党群服务中心“三合一”模式为样本，优化升级楼宇服务平台，将“互联网 +”模式引入盈隆广场、中土大厦等商务楼宇，建立完善运行机制，加快楼宇党建规范化、信息化进程，为中小企业提供“一站式”公共服务。

【社区简介】 东庄社区。东庄社

区位于虞河景观带东临，东至文化路，南接东风东街，北到福寿东街。社区面积0.98平方公里，有居民小区31个，居民楼165幢，居民6309户，人口约2.2万人。辖区楼宇有企业单位195个，事业单位10个，商业店铺371个，建有美食商贸街1条。社区投入资金3万多元建立社区党校，达到电教设备齐全和“三室”“五有五上墙”要求。走访慰问贫困、大病、失独、军烈属、生活困难党员等126户，慰问财物价值1.5万多元。为1023户居民办理不动产登记。帮助洗衣粉厂小区解决供暖高温水改造和污水外溢等问题，清理淤塞雨水井37个、清运垃圾72车。投入资金130万多元，配合街道办事处和区直有关部门对早春园南巷和西巷的店外经营、流动摊点进行集中清理，对沿街店铺门帘、招牌、雨棚、外墙等进行改造提升，对南巷路面进行维修。

大虞街道孙家社区服务中心

办理医疗救助3人，临时性救助11人，申请护理补贴34人，申请教育救助金4100元，为低保户、重度残疾人申请居民医疗保险资助4650元。办理医疗保险550多人，建立全民参保档案600多人。被评为“山东省文明社区”。

孙家社区。孙家社区位于东至文化路、西临虞河风景带、南到卧龙东街、北接玉清东街。社区面积1.12平方公里，有居民小区7个，居民楼88幢，居民4583户，人口0.83万人，有驻辖区单位4个。2016年，完善社区服务中心功能配套，设有“一站式”服务大厅、社区卫生服务站、社区警务室、“由民做主”议事厅、社区党校、调解室、心理咨询室、四点半学校、书林漫步、e站冲浪、体艺空间、翰墨结缘等功能设施。与广州好孝心连锁机构开展战略合作，投资建设“好孝心中老年生活馆”，采用有偿、无偿和低偿相结合的模式，为社区老人提供康复护理器具、养生保健食品、健康知识讲座、保健理疗服务、观光旅游服务等，填补潍坊城区养老用品服务和社区旅游服务的空白。提升智慧社区服务水平，开发智慧社区和社区O2O生活服务平台“欧乐生活”，居民可以足不出户实现政务办理、在线咨询、物业报修、购物娱乐、餐饮家政等服务。被评为“全国社会工作服务示范社区”“全国科普示范社

大虞街道东庄社区服务中心

区”“山东省示范农家书屋”“山东省文明社区”“潍坊市首批创业型社区”“潍坊市社会组织统战工作示范社区”。

大虞社区。大虞社区位于东至文化路、西临虞河风景带、南邻福寿东街、北靠北宫东街。社区面积1.06平方公里，有居民小区10个，居民楼70幢，平房524户，居民3887户，人口约1万人，有驻辖区单位4个。被评为“潍坊市慈善总会‘12343’工作站爱心共建社区”。

陈家社区。陈家社区位于东到新华路、西到文化路、南至东风东街、北至福寿东街。社区面积0.89平方公里，有居民小区11个，居民楼53幢，居民2772户，人口0.83万人，有驻辖区单位3个。社区被评为“潍坊市绿化美化十佳社区”“潍坊市明星文化社区”“潍坊市工会工作先进单位”“奎文区计划生育先进集体”“奎文区爱国卫生先进单位”“奎文区政法维稳暨平安建设工作先进基层单位”“奎文区第三届‘和谐邻里节’优秀组织社区”“奎文区文明社区”“奎文区充分就业社区”“奎文区城市建设先进基层单位”“奎文区‘五四’红旗团支部”“奎文区创先争优先进基层党组织”。

东园社区。东园社区位于东至新华路、西至文化路、南至北宫东街、北至通亭街。社区面积0.46平方公里，有居民楼51幢，居民小区9个，居民3344户，人口约1.01万人，有驻辖区单位4个。

虞中社区。虞中社区位于东临虞河、西至鸢飞路、南到福寿东街、北起北宫东街。社区面积0.32平方公里，有居民小区7个，居民楼53幢，居民1781户，人口约0.6万人，有驻辖区单位4个。被评为“山东省文明社区”。

北虞社区。北虞社区位于东起新华路、西至虞河、南至通亭街、北至卧龙东街。社区面积1.17平方公里，有居民小区23个，居民楼98幢，平房247户，居民6159户，人口约1.6万人，有驻辖区单位9个。社区划分二级网格9个，配齐二级网格长16人，划分三级网格39个，从集体经济组织、物业公司、居民代表和中共党员中选拔出网格管理员39人。被评为“潍坊市文明社区”。

福寿街社区。福寿街社区位于东至新华路、西至文化路、南至福寿东街、北至北宫东街。社区面积0.67平方公里，有居民小区7个，居民楼74幢，居民4123户，人口约1.2万人，有驻辖区单位4个。被评为“山东省文明社区”。

玄武东街社区。玄武东街社区位于东至虞河路、西至虞河、南至玉清东街、北至青银高速公路。社区面积1.21平方公里，有居民小区4个，居民楼50幢，居民4984户，人口1.4万人，有驻辖区单位1个。社区划分二级网格6个，配备网格长10人，按照200户至300户的标准划分三级网格22个。被评为“潍坊市慈善总会‘12343’工作站爱心共建社区”。

梨园街道

【概况】 梨园街道位于奎文区东南部，东起北海路，西至鸢飞路，南临宝通东街，北到健康东街，辖区面积5.15平方公里，有居民3.3万户，户籍人口10.38万人。辖10个社区（樱北社区、西英社区、张家庄子社区、樱南社区、梨园社区、樱园社区、九龙山社区、栾家社区、庄家社区、龙源社区）。2016年，街道完成公共财政收入1.24亿元，实现固定资产投

梨园街道机关办公楼

资额 13.65 亿元。

【机构设置】 梨园街道办事处内设党政办公室、党建办公室、经济发展办公室、社会事务办公室、社会管理综合治理办公室、安全生产监督管理办公室（加挂道路交通安全监管办公室牌子）、社区规划建设监督管理办公室等 7 个党政工作机构。核定行政编制 39 人，实有 24 人。设有社区综合服务站（加挂环境保护办公室牌子）、计划生育服务站、社会保障服务站、财经工作站 4 个事业站所。核定事业编制 39 人，实有 38 人。

【经济和社会事业发展状况】 2016 年，梨园街道围绕“六抓六促六突破”（抓拆迁，促收尾，在土地征收上实现新突破；抓开工，促进度，在项目建设上实现新突破；抓培育，促转型，在产业提升上实现新突破；抓网格，促服务，在社区建设上实现新突破；抓化解，促防范，在安全维稳上实现新突破；抓班子，促规范，在基层党建上实现新突破）的工作思路和建设滨水生态宜居宜业片区的目标定位，主动引领新常态，积极挖掘新动力，统筹推进稳增长、促转型、谋创新、惠民生等各项工作，街道经济社会事业平稳健康发展。通过全面细致把握转型升级、服务为民、精致长效的工作思路，促重点工作任务稳步推进。其中，拆迁征收稳妥突破，项目建设全面推进；产业转型初见成效，招商引资进展顺利；市容环境整治不断推进，“四化”工程有效实施；社区建设不断深化，群众文化迸发活力。2016 年，街道获得“山东省级文明单位”“山东省档案工作科学化管理先进单位”“山东省示范农家书屋”等荣誉称号。

【社区简介】 樱北社区。樱北社区位于东起文化路，西至虞河路，南至樱前街以南，北临健康东街。社区面积约 0.62 平方公里，有居民小区 13 个，居民楼 76 幢，居民 4377 户，人口约 1.2 万人，有驻辖区单位 2 个。2016 年，樱北社区设立便民服务大厅，开放文化活动场所，打造设施齐全的社区文化广场；设立网格工作站，成立网格党支部，对网格进行编码管理，对自管区域进行巡查，每月对社区内门店进行安全隐患排查、督促、及时整改；与社区沿街商户签订“门前三包”（包卫生、包绿化、包秩序）责任书 51 份，并全部续签契约化管理服务协议书；完成小微企业调查登记 70 多个；社区短信服务平台号码库共计录入 3000 多条；解决老旧小区路面硬化、墙面粉刷、楼道内墙面粉刷、改造小区线路等 10 多项为民服务项目；社区内志愿者人数达 200 人，开展志愿服务活动 35 次；开展文化活动 32 场次，社区内奎文民族乐团参加潍坊市文艺会演 4 次；社区内邓华家庭获得全国“书香之家”称号，被评为全省“书香农家”。

梨园街道西英社区服务中心

西英社区。西英社区位于东接虞河路，西临鸢飞路，南起清溪街，北至健康东街。社区面积约 0.9 平方公里，有居民小区 16 个，居民楼 99 幢，写字楼 1 幢，居民 4034 户，人口约 1.26 万人，有驻辖区单位 5 个。2016 年，西英社区对服务中心进行全面提升改造，将社区分为社区服务中心、党建服务中心、便民服务中心，开设社区文化活动中心；划分 5 个二级网格站点，配备医药箱、服务联系卡、便民工具箱，开展大走访、文明创建、文体活动等系列活动共 36 次；社区有直管党员 103 人，完善党员档案，抓好党员培训学习和“两学一做”学习教育等工作；更新社区短信用户 300 多个，用户覆盖率达到 90%；开展文明创建宣传活动 200 多次；社区志愿者发展至 60 多人；各级新闻媒体投稿及发稿 211 多条；以“茶人会馆”为重点，结合“糗猴子喜乐汇”、核雕、泥塑，打造民俗特色文化，获得“奎文区党建云平台十佳社区”“奎文区党建

梨园街道樱北社区服务中心

示范社区”等荣誉称号；成立由居委会成员、小区保安、民兵组成的群防群治队伍40多人，维护居民区治安稳定；与社区沿街门店、商铺签订“门前三包”协议87份，与物业签订责任书9份，企业商务楼宇走访54户；对社区内87户门店商铺建立一户一档，开展安全检查12次。

张家庄子社区。张家庄子社区位于奎文区东南角，东起梨园路，西至虞河，南接宝通东街，北到健康东街。社区面积约0.9平方公里，有居民小区7个，居民楼75幢，写字楼1幢，居民3005户，人口约9455人，有驻辖区单位5个。2016年，社区内非公企业77家；社区党校开展宣传讲座13次，开设老年类、青少年类课程等12种，有社区志愿者老师7人；在市级刊物发表3篇；社区推荐的征文《为人处世诚信始》获得中共潍坊市委宣传部“厚道征文大赛三等奖”；进行群众满意度走访工作，收集群众意见、建议并及时处理；为梨园路交运小区安装150米马路护栏；与社区内35个企业签订环境卫生管理责任书，建立管理台账；与社区107个商户签订年度契约化管理协议书，全部实行实名制管理。

樱南社区。樱南社区位于东至庄樱东路，西到虞河路，南到清溪街，北至樱前街。社区面积约0.9平方公里，有居民小区5个，居民楼60幢，写字楼1幢，居民约4438户，人口约1.33万人，有驻辖区单位1个。2016年，樱南社区改造升级一站式社区公共服务中心；建立4个网格工作站，每个网格配备网格长、子网格长、楼长，建立网格化管理台账，设立网格化管理站点，配备医药箱、网格服务联系卡、便民工具箱；做好“三务”信息公开，上传信息160条，组织开展党员集中学习26次；社区短信服务平台号码库总录入信息3978条；提报为民办事项目9个，资金额16万元；成立“你我心连心，社区一家亲”志愿服务联盟，开展活动4次，服务居民200多人；清理老旧小区2个，更换小区单元门12扇、清理粉刷鼎正城市花园楼道15个；与社区内沿街经营门店共签订“门前三包”责任书97份，续签契约化管理服务协议书97份。

梨园社区。梨园社区位于东邻北海路，西邻梨园路东侧，南邻樱前街，北邻健康东街。社区面积约0.7平方公里，有居民小区6个，居民楼64幢，写字楼1幢，居民4128户，人口1.2万人，有驻辖区单位4个。2016年，梨园社区根据各自包片情况，坚持每天片区巡访2小时，征求群众意见建议，做实群众工

2016年5月18日，台湾高雄市内丰社区考察团到梨园街道调研社区建设工作

作；以“奎文区社区党组织为民服务”活动为契机，综合各方建议，合理提出为民办事项目；依托社区文艺队伍，举办多场文艺会演活动；建立安全稳定工作台账，制定安全稳定应急预案，成立应急队伍；改善小区物业管理工作，对意见集中的卫生环境、治安保障、车辆停放等热点、难点问题进行全面整治；开展安全隐患排查整改，对辖区内存在的安全隐患随时发放限期整改单，做到安全达标。

2016 年 11 月 8 日，潍坊市互联网行业团建推进会在樱园社区召开并对樱园社区及“易邻里”进行调研

樱园社区。樱园社区位于东起庄樱路，西至虞河路，南至樱前街，北至宝通东街。社区面积约 0.8 平方公里，有居民小区 5 个，居民楼 134 幢，写字楼 1 幢，居民 6350 户，人口约 2.2 万人，有驻辖区单位 6 个。2016 年，樱园社区划分 8 个二级网格，26 个子网格，打造 8 个二级网格便民服务站；引入“狮子会”公益组织，开展“益起回家”项目，社区实现 Wi-Fi 无线网络全覆盖，对各个功能室进行提升打造；对社区号码库进行新增统计和补录 340 多条；组织党员干部按“1+5”进行联户，实现社区贫困户全覆盖精准帮扶；打造“微心愿”行动、“直达回家的路”“舆情大家谈”“你的平安，我来守护”等十大党建服务项目；微信公众平台固定浏览人数达 481 人，推送图文消息 233 条；推送新闻稿件 153 篇，其中，国家级媒体 3 篇，省级媒体 16 篇，市级媒体 11 篇，区级媒体 12 篇；开展宣传文化活动 50 多次，为社区居民免费播放电影 10 场；对社区内卫生死角进行彻底清理，对乱搭乱堆、破损道路、楼道、地下室、杂物垃圾进行整改；组织开展大型文化活动 35 次，获得年度“山东省五星级‘科学关爱和谐’示范社区”“山东省文明单位”“山东省妇女儿童最喜爱的家园服务项目优秀奖”“潍坊市五四红旗团支部（总支）”“潍坊市慈善爱心共建社区”“潍坊市四德工程示范点”“奎文区先进基层党组织”等荣誉称号。

梨园街道樱园社区服务中心

九龙山社区。九龙山社区位于东起北海路、西至梨园路、

梨园街道举行庆祝建党95周年重温入党誓词活动

南接宝通东街、北到樱前街。社区面积约0.7平方公里，有居民小区5个，居民楼97幢，居民3956户、人口1.2万人，有驻辖区单位3个。2016年，九龙山社区设置4个二级网格党支部，形成社区网格化管理模式；建立数字化管理服务平台、微信公众平台，提高工作效率；提报社区党建活动动态信息106条；与辖区沿街70多家门店重新签订“门前三包”责任书，加强对龙山街流动摊贩的管理。清理卫生死角、处理各类垃圾、修复硬化小区路面1500多米，新增绿化面积600平方米；开展“除四害”活动，树木花草打药2.52万平方米，清理乱摆乱放门店20多家，拆除不合格广告牌10多处；积极开展森林城市创建工作。

栾家社区。栾家社区位于东至虞河、西至文化路、南至翰林街、北至健康东街。社区面积约0.45平方公里，有居民小区9个，居民楼62幢，写字楼4幢，居民2693户，人口约0.8万人。2016年，栾家社区以“两学一做”学习教育为契机，抓好党员集中学习培训；积极推送新闻宣传稿件，其中，在国家级媒体发表7篇，在省级媒体发表20多篇，在市区级媒体发表50多篇；建有铁樱门球队、铁樱乒乓球俱乐部等文体队伍，开展系列文体活动；投入1.67万元，为翔天园教师公寓小区安装智能车牌识别系统，提高小区车辆安全管理；投入1.5万多元，重新安装后栾小区高清监控设施，加强小区治安管理；投入1万多元，对铁路樱园小区和颐和大院单元楼道进行彻底清理改造，种植绿化苗木60多棵，使小区整体卫生环境得到明显改善。

庄家社区。庄家社区位于东至虞河，西至东王社区，南至宝通东街铁路桥两侧，北至清溪街。社区面积约0.8平方公里，有居民小区1个，居民楼13幢，居民1429户，人口0.43万多人，有驻辖区单位1个。2016年，庄家社区扩建200多平方米的社区服务中心，投资额达20万元；社区划分为6个网格，每个网格配置1名网格管理员；每月13日、29日组织全体党员

梨园街道专职安全消防员启动仪式暨新闻发布会

进行学习研讨；对乐民园小区1号～5号楼楼前地面进行整修，对庄龙甲故居房顶进行防水堵漏；对“四德榜”（社会公德、职业道德、家庭美德、个人品德）进行评选；辖区派出所干警与社区工作人员共同进行夜间排查登记暂住人口；与辖区内临街的单位、门店、住户签订市容环境卫生管理责任书；开展春季灭鼠除蟑活动，积极配合“四城同创”工作。

龙源社区。龙源社区位于东起北海路，西至虞河东岸，南接胶济铁路，北到宝通东街。社区面积约0.6平方公里，有居民小区3个，居民楼49幢，写字楼1幢，居民2698户，人口0.7万人，有驻辖区单位5个。2016年，创立“五携三联”（社区工作携手抓、服务设施携手建、社区治安携手治、环境卫生携手搞、文化活动携手办；网络联心、社会联动、志愿者联盟）工作法，“德孝龙源·和谐家园”成为社区品牌；建立三级社区党组织网络服务体系，成立针对社区居民反映热点难点问题的社区议事会和监督委员会；协调解决宝通小学污水处理问题、为小区居民安装信息公示平台100多块，把宝通陆号小区广场打造成孝义道德文化广场；利用儒学讲堂、市民学校等阵地，开展各类学习活动8次；打造龙源社区“心连心”志愿服务联盟，下设6支志愿服务队伍，共有志愿者198名，开展志愿服务活动30多次，总计时长约100小时，参与志愿者达150人左右，受益人数约700人；组织义务巡逻队，辅助做好夜间巡逻，全年共调解各类矛盾、纠纷10起，结案率100%。

潍州路街道

【概况】 潍州路街道位于奎文区城区的中西部，东起鸢飞路，西至白浪河，南起宝通东街，北至民生东街。2016年，辖区面积5.65平方公里，有居民3.4万户，户籍人口约5.23万人，有流动人口约2.6万人。辖10个社区（道口社区、黄家社区、北王社区、东王社区、西王社区、马少野社区、幸福街社区、健康街社区、潍柴社区、星河社区）。2016年，街道完成地方财政收入1.36亿元；完成工业主营业务收入1.08亿元；完成工业利税675万元，比上一年增长43.5%；完成固定资产投资额11.13亿元；完成批零住餐销售额14.67亿元；完成规模以上服务业营业收入2.62亿元。

【机构设置】 潍州路街道办事处内设党政办公室、经济发展办公室、社会事务办公室、社会治安综合治理办公室、安全生产监督管理办公室、社区规划建设监督管理办公室6个行政办公室，核定行政编制39人，实有31人；设有社区综合服务站、计划生育服务站、社会保障服务站、财经工作站4个服务站，核定事业编制39人，实有24人，其中，在职23人，离岗1人。

【经济和社会事业发展状况】 园区建设取得新成效。2016年，中国（潍坊）纺织服装电商产业园，核心项目恒易·宝莲金融中心建成使用；是年5月13日，潍州文化创意产业园龙头企业京广传媒正式完成“新三板”挂牌上市，成为奎文区首个“新三板”挂牌上市企业，是中国实体书店第一股；潍州文化创意产业园区已聚集各类文化企业50多家，承载力进一步增强；是年5月31日，项目北楼赛伯乐互联网金融中心正式开园，有32家企业陆续入驻运营；项目南楼纺织服装电商产业园已与阿里巴巴

潍州路街道机关办公楼

旗下山东网商集团初步达成合作协议。

项目建设取得新进展。2016年，全年完成街道辖区内马少野、草庙“城中村”改造征收扫尾等历史遗留拆迁任务。恒易·宝莲金融中心、信圆金融服务中心、水岸华庭、国网变配电服务中心2号楼、恒信·伯爵庄园一期、香榭丽舍·郡王府二期、富强沿街商业楼7个项目陆续建成使用，辖区产业承载力明显提高。

社区服务不断优化。新打造星河社区标准化服务中心1处，街道楼宇社区服务中心1处，幸福街“四全一特”（治理机制健全、功能配套齐全、生活服务周全、基础设施安全和产城融合特色鲜明）示范社区1个，

2016年7月7日，潍州文化创意产业园龙头企业京广传媒“新三板”上市

逐步完善社区服务配套，提升社区服务功能。细化设置二级网格68个，配齐“四长三员”（网格长、楼组长、楼长、单元长、网格管理员、民情巡访员、信访调解员）工作队伍1452人，做强做优精细化管理服务品牌。深入推行“四社联动”（社区党委统领、社工支撑、社会组织、社会志愿者共同参与），各社区均引进专业社工机构参与社区服务，培育各类社会组织50个，登记志愿者1581人，新培养持证社工师22人（累计49人），共推社区服务专业化、精细化、多元化。

社会民生持续改善。深化“由民做主”四事工作法（网格议事、会议定事、联动办事、群众评事），落实社区为民服务专项经费200万元，“由民做主”事项60个、民生实事31件全部完成。深入实施老年人关爱工程，新打造幸福街、道口等社区日间养老服务中心5个，为老年人提供免费查体和营养餐；全面保障困难群众基本生活，全年共发放城市低保金182户、370人、13.2万元，发放临时救助金51人次计14.85万元，为辖区15名贫困残疾人子女和残疾学生申报助学补贴金；落实优抚政策，加强双拥工作，全年发放优抚金54.77万元，发放义务兵优待金45人计67.17万元；做好残疾人服务工作，为136名残疾人申请2016年度护理补贴14.69万元，为110名残疾人申请生活补贴15.84万元，为辖区所有残疾人发放免费乘坐公交车的乘车贴；开展“2016就业援助月”专项就业服务活动，为各社区申领公益性岗位补贴、退休人员代管费等费用100.07万元；加强社会保险扩面工作，完成医疗保险收费17546人，养老保险收费5020人。

城市管理全面提升。圆满完成“四城同创”工作任务；集中实施道口社区老旧小区改造、便民市场整治，幸福街、前进街、光明街、道口北街、道口路5条背街小巷和潍州路（宝通东街至胶济铁路段）两侧综合整治等惠民工程，居民生活居住条件明显改善；组建街道城市管理专门工作队伍，建立健全城市管理精细化、网格化长效管理机制，有效提高城市管理水平、提升城区功能品质。

发展氛围日趋和谐。全力做好信访维稳工作，全年共接待群众来访78件、182人次，有效化解74件、179人次；网上投诉261件、282人次，有效化解261件、282人次；成功化解5起信访积案以及华府一品、领秀华城、北王尚城等因物业

2016年5月31日，位于奎文区潍州路街道的“赛伯乐”互联网金融中心举行开园仪式。市、区有关领导出席（前排左二为奎文区委书记李辉）

管理和供暖问题引发的集体上访问题。深入推进平安潍州建设，对潍棉小区、领秀华城等可控性案件多发区域加密视频监控系统安装；在幸福街社区投资17.75万元为老旧小区安装防爬刺，并试点推行“十户联防”，实现该社区入室盗窃案件“零发案”；增聘专业保安人员8人，充实专职“守夜人”队伍，加强夜间巡逻；集中开展社会治安集中整治“安民”行动、安全生产隐患大排查快整治严执法集中行动等专项行动，有效确保辖区和谐稳定。

基层基础不断夯实。2016年，扎实开展“两学一做”学习教育，在辖区共产党员中全面推开日常积分管理，强化党员教育管理，打造过硬队伍；全面优化街道机关及社区、网格党组织设置，在辖区165家非公有制企业和社会组织法人单位全部建立联合党支部并派驻党建指导员，新打造京广文化广场、中国（潍坊）纺织服装电商产业园2个党群服务中心，全面构建街道大工委、社区大党委、二级网格大支部区域化党建“三制”组织体系，有力强化基层党组织建设；组织开展第二届“幸福潍州”系列评选活动，评选表彰“最美潍州人”10名；开展各类文化活动40多场，进一步丰富群众文化生活，提升居民文明素质，营造文明向上社会风尚。

【社区简介】 黄家社区。黄家社区位于东至潍州路，西至四平路，南至胶济铁路，北至健康东街。社区面积0.4平方公里，有居民小区24个，居民楼97幢，居民3138户，人口约8900人，有驻辖区单位8个。社区党委下设黄家党支部、潍坊锅炉厂党支部、社区服务中心党支部、潍坊玛丽妇产医院党总支、潍坊京广传媒股份有限公司联合党支部等7个基层党组织，其中包括4个两新企业党组织，有中共党员109人。社区以“零距离沟通，心贴心服务”为服务理念，全面推动经济社会各项工作有序开展。

道口社区。道口社区位于东起四平路（规划中），西至白浪河，南起胶济铁路，北至健康东街。社区面积0.49平方公里，有居民小区11个，居民楼97幢，居民4880户，人口约1.5万人，有驻辖区单位2个。社区“两委”班子成员9人，其中党委班子成员6人，居委会班子成员4人，1人交叉任职，社区有中共党员124人，低保户10户，残疾人27人，低保边缘户19户。

东王社区。东王社区位于西靠潍州路，南临宝通东街，东与梨园街道庄家社区搭界，北与北王社区相邻。社区面积0.47平方公里，有居民小区1个，居民楼10幢，居民1072户，人口约3800人，有流动人口约300人，有驻辖区单位3个。社区内有潍坊市旧机动车交易中心、钢材市场，维修中心、加油站、社区文化活动中心、社区文化艺术指导中心等各类便民服务网点。

西王社区。西王社区位于东起潍州路，西至白浪河，南起宝通东街，北至宏伟南路南侧。社区面积约1平方公里，有居民小区3个，居民楼77幢，居民1342户，人口约4026人，有驻辖区单位5个。社区划分七个二级网格，分别是第一网格西王小区、第二网格北王茶城AB区、第三网格北王茶城CDE区、第四网格北王茶城FGH区、第五网格天润浅水湾小区1号～12号、第六网格天润浅水湾小区13号～30号、第七网格禾翔阳光小区。

北王社区。北王社区位于东起鸢飞路，西至潍州路，南起东王社区，北至前进街。社区面积7.5平方公里，有居民小区6个，居民楼42幢，居民4054户，人口约1.9万人，有中共党员266人，有驻辖区单位4个。2016年，社区内各类企业经营收入完成6.16亿元，居民全年人均收入达11195元。社区已建

潍州路街道北王社区服务中心

成北王国际汽配城、北王茶城、北王尚城3个大型贸易市场，市场设有经济发展小组，负责管理3个市场的日常运营。北王国际汽配城的经营业户入住率已达91%，每年可实现经济效益收入300万多元；北王茶城的经营业户入住率达71%，正在逐步规范市场的内部管理；北王尚城的房产每年可实现经济效益收入150万多元。

马少野社区。马少野社区位于鸢都湖东岸、潍州路以西、胶济铁路以南、玉泉街以北。社区面积0.87平方公里，有居民小区5个，居民楼52幢，居民2609户，人口约7000人，有驻辖区单位25个。社区有建筑面积400平方米的社区服务中心，可随时为社区居民提供“一站式”便民服务。

幸福街社区。幸福街社区位于东起鸢飞路，西至潍州路，南起健康东街，北至潍柴社区。社区面积0.29平方公里，有居民小区5个，居民楼126幢，居民6957户，人口1.99万人，有驻辖区单位8个。社区有工作人员13人，其中“两委”班子成员10人，社区专职工作者1人，社区民情巡防员2人。社区的工作目标是——让居民感受幸福，让社区充满幸福，让大家享受幸福，让居民生活在一个幸福的大家园里，提高幸福指数，成为真正幸福的一家人。

潍州路街道健康街社区服务中心

健康街社区。健康街社区位于潍州路以东、鸢飞路以西、健康东街以南、光明街以北。社区面积约0.7平方公里，有居民小区9个，居民楼157幢，居民6793户，人口2.04万人，有驻辖区单位8个。社区以“健康、和谐、友爱、奉献”为理念，全面推动社区各项工作有序开展。成立夕阳红艺术团、领秀舞团、领秀华城腰鼓队、领秀剧社、领秀俏夕阳腰鼓舞蹈队、潍棉太极队、领秀华城太极队等文艺团体，丰富居民的业余生活。

星河社区。星河社区位于

东起潍州路，西至白浪河，南起健康东街，北至民生东街。社区面积约0.8平方公里，有居民小区8个，居民楼29幢，居民2194户，人口6582人，有驻辖区单位1个。社区以“便民、利民、为民”为服务宗旨，社区服务中心内设“一站式”便民服务大厅、居民代表会议室、党员活动室、图书阅览室、人大代表活动室、社区救助站等便民服务场所。构建起针对弱势群体生活需求的社会帮扶网、针对群众精神文化需求的社区文化网、针对防范和化解矛盾纠纷及维护治安秩序的社区安全网。推行社区党委领导下的社区居委会、社区服务中心、业主委员会、物业管理单位“四位一体”管理模式，形成齐促共创的工作局面。

潍柴社区。潍柴社区位于东起鸢飞路，西至潍州路，南起幸福街社区，北至民生东街。社区面积约0.19平方公里，有居民小区4个，居民楼96幢，居民4362户，人口1.69万人，有驻辖区单位3个。社区打造出“快乐文化园”社区品牌，设立24孝文化长廊展板和论语的“仁、义、礼、智、信”及治家格言展板，激励居民传承民族传统美德。成立老年艺术团协会、台球协会、乒乓球协会、门球协会、棋类协会、书画协会、钓鱼协会、花鸟奇石协会、太极拳协会等，定期组织开展由辖区居民参与的各类活动，丰富居民的业余文化生活。

东关街道（潍坊市泰华城商务园区）

【概况】 东关街道位于奎文区中西部，所辖区域东起虞河、西至白浪河、南到民生东街、北接北宫东街，辖区面积4.75平方公里，有居民3.6万户，户籍人口12.2万人，辖9个社区（中和园社区、苇湾社区、奎文门社区、新华社区、民生街社区、工福街社区、中学街社区、院校街社区、李家街社区）。2016年，街道完成地方财政收入2.12亿元，完成固定资产投资额13.2亿元，规模以上工业企业主营业务收入2513万元。街道先后荣获“国际安全社区”“中国街道之星”“全国服务型党组织建设示范街道”“全国人口和计划生育依法行政示范街道”“山东省级文明单位”等荣誉称号。街道连续五年荣获全区街道科学发展综合考核一等奖。

【机构设置】 东关街道办事处（潍坊市泰华城商务园区管委会与其合署办公）内设党政办公室、经济发展办公室、社会事务办公室、社会治安综合治理办公室4个行政办公室。核定行政编制41人，实有27人。设有社区综合服务站、计划生育服务站、社会保障服务站、财经工作站、安全生产监督管理所5个事业服务站（所）。核定事业编制39人，实有32人。

【经济和社会事业发展状况】 2016年，东关街道主动适应经济新常态，积极落实发展新理念，较好地完成各项工作。产业转型在创新突破中成效显著。金融创新产业园已初具规模，“潍坊基金谷”基金总规模达110亿元。辖区建成商务楼宇47幢，引入规模以上企业50家，总部分支机构353家，税收过千万元的楼宇10幢，占全区的1/3。投资100万元，建立万达、阳光100、泰华3个楼宇园区服务中心。

民生福祉在共建共享中不

东关街道机关办公楼

断增进。全国“社会工作服务示范社区”落户东关。细化完善二级网格治理结构，共建立二级网格40个，三级网格348个，选聘网格管理员401人。持续改善城市环境，全力推动“四城同创”，投资700万多元，对重点区域进行提升整治。

党的建设在从严从实中全面加强。研发全市首个党员数字化管理平台，成立全市首家街道区域化党建指导中心，承接全市区域化党建现场会。街道党工委、金融创新产业园综合党委被评为“潍坊市先进基层党组织”，雷锋党支部被评为“山东省先进基层党组织”。

【社区简介】 **中和园社区。**中和园社区位于东起潍州路，西至四平路，南至胜利东街，北起东风东街。社区面积0.26平方公里，有居民小区4个，居民楼62幢，居民3384户，人口1.02万人，有驻辖区单位16个。各类大小商业网点366个，

东关街道中和园社区服务中心

是集商贸、金融、文化、餐饮于一体的老社区。社区荣获“山东省文明社区”“山东省廉政文化示范点”“潍坊市党风廉政建设示范社区”“潍坊市模范人民调解委员会”“潍坊市文明和谐社区”“奎文区充分就业和谐社区”“奎文区十佳书香社区”等荣誉称号。

苇湾社区。苇湾社区位于东起潍州路，西至四平路，南到东风东街，北至福寿东街。社区面积0.36平方公里，有居民小区12个，居民楼127幢，居民4859户，人口约1.8万人，有驻辖区单位5个。有商业网点468个，是潍坊市商住较集中的社区。社区荣获“全国充分就业示范社区”“全国社区建设示范社区”“全国商业示范社区”“山东省文明和谐社区”“山东省充分就业星级社区”“潍坊市先进基层党组织”等荣誉称号。

奎文门社区。奎文门社区位于东起四平路，西至白浪河，南接民生东街，北至东风东街。社区面积1.6平方公里，有居民小区5个，居民楼62幢，居民6120户，人口2.3万人，有驻辖区单位5个。社区荣获“山东省文明社区”“山东省绿色社区”“山东省青少年科普工作先进单位”“潍坊市先进基层党组织”“潍坊市敬老模范先进单位”“奎文区党外代表人士队伍建设年活动先进单位”等荣誉称号。

东关街道奎文门社区服务中心

新华社区。新华社区位于东起鸢飞路，西至潍州路，南接福寿东街，北至北宫东街。社区面积1.01平方公里，有居民小区6个，居民楼60幢，居民3068户，人口8816人，有驻辖区单位3个。社区荣获“山东省文明社区”“潍坊市文明和谐社区”“奎文区和谐示范社区”“奎文区文明单位”“奎文区党风廉政建设示范社区”“奎文区先进民兵连”“潍坊市城市居民生活状况调查先进单位”“奎文区先进基层党组织”“奎文区人口和计划生育工作先进单位”“奎文区敬老模范

东关街道苇湾社区服务中心

东关街道新华社区服务中心

单位”等荣誉称号。

民生街社区。民生街社区位于东起鸢飞路，西至四平路，南起民生东街，北至胜利东街。社区面积1.21平方公里，有居民小区37个，居民楼160幢，居民4647户，人口1.86万人，有驻辖区单位10个。社区获得“山东省双拥工作社会化管理示范单位”“山东省商业示范社区”“全省分类引导青年试点单位”“潍坊市充分就业和谐社区创建先进单位”“潍坊市农村基层党风廉政建设示范点”“奎文区党风廉政建设示范社区”“潍坊市绿色社区”“平安奎文建设先进基层单位”“奎文区和谐党建示范点”“奎文区先进基层团组织”等荣誉称号。

工福街社区。工福街社区位于东起潍州路，西至白浪河，南起福寿东街，北至北宫东街。社区面积0.9平方公里，有居民小区22个，居民楼97幢，居民3880户，人口1.23万人，有驻辖区单位3个。社区有直管党员85人，下设5个网格党支部，2个非公党支部。社区工作经验被省、市、区多家媒体报道。社区荣获“山东省文明社区”“创新争优先进基层党组织”、全市“十佳人民调解委员会”“奎文区规范化人民调解委员会”“奎文区城镇住户调查统计工作先进单位”“奎文区城市管理先进单位”“奎文区‘五四’红旗团支部”等荣誉称号。

中学街社区。中学街社区位于东起虞河，西至潍州路，南至东风东街，北至福寿东街。社区面积0.62平方公里，有居民小区18个，居民楼101幢，居民3861户，人口1.43万人，有驻辖区单位12个（驻有奎文区人武部、潍坊市城市管理局、潍坊市公交公司、潍坊市烈士陵园、潍坊中学、潍坊万达广场等单位）。社区是集商务办公、文化教育、体育运动、饮食娱乐、人文商居于一体的大型综合社区。社区获得“省级文明单位”“市级绿色社区”“市级第六次人口普查先进集体”“奎文区先进基层党组织”“全省构筑社会消防安全‘防火墙’工

东关街道工福街社区服务中心

程深化年活动先进社区”等荣誉称号。

院校街社区。院校街社区位于东起虞河，西至潍州路，南接胜利东街，北至东风东街。社区面积0.91平方公里，有居民小区16个，居民楼98幢，居民5907户，人口1.75万人，有驻辖区单位6个。社区辖区的金融街有高层商务楼3幢，聚集潍坊主要银行、保险、电子、科技等400多个单位，是集金融商贸和高档住宅小区为一体的城市中心社区。社区获得“省级文明社区”“市级十佳卫生社区”“区级计划生育先进单位”“奎文区和谐邻里节优秀组织奖”等荣誉称号。

李家街社区。李家街社区位于东至四平路，西接白浪河，南至东风东街，北起福寿东街。社区面积0.28平方公里，有居民小区7个，居民楼29幢，居民2812户，人口8721人，有驻辖区单位7个。有商业服务网点600多个，是城区商住集中的社区。社区荣获“山东省文明社区”“潍坊市和谐社区”“潍坊市敬老爱老助老先进社区”“潍坊市爱国卫生先进单位”“潍坊市充分就业和谐社区”“奎文区和谐社区”“奎文区文明单位”“奎文区环境卫生管理工作先进单位”“奎文区计划生育工作先进单位”“奎文区工会工作先进单位”等荣誉称号。

北苑街道

【概况】 北苑街道位于奎文区城区的西北部，东至虞河，西起白浪河，南临北宫东街，北至青银高速公路，鸢飞路、潍州路、四平路纵穿南北，北宫东街、卧龙东街、玉清东街、

北苑街道机关办公楼

乐川东街、玄武东街横贯东西。2016年，辖区面积5.75平方公里，有居民2.18万户，户籍人口约6万人。辖5个社区（则尔庄社区、丁家社区、沙窝社区、卧龙社区、金都社区）。2016年，街道被评为“山东省书香之乡示范单位”“潍坊市建设学习型党组织示范点”“潍坊市四德工程机关示范点”。

【机构设置】 北苑街道办事处内设党政办公室、经济发展办公室、社会事务办公室、社会治安综合治理办公室、安全生产监督管理办公室、社区规划建设监督管理办公室等6个行政办公室。核定行政编制39人，实有28人（另有内退1人）。设有社区综合服务站、计划生育服务站、社会保障服务站、财经工作站等4个事业服务站。核定事业编制39人，实有26人（另有内退3人）。

【经济和社会事业发展状况】 2016年，辖区12个在建项目总投资额达47.6亿元、总建筑面积193万平方米，全年新增楼宇51幢，完成投资额11.7亿元，新增建筑面积60万平方米。签约引进健康养老、生态宜居产业项目3个。推动征迁腾地，着力实施四大征迁项目（丁家城中村、北苑实验学校、青银高速公路改扩建、乐川街征迁排障），圆满完成1.2万平方米的青银高速公路改扩建项目地上附着物的拆除，顺利推进丁家村旧村、北苑实验学校、乐川东街共计66户居民的征迁工作。

全面开展“三网融合、二级网格、一社一品”的“三二一”（织密综治维稳、安全生产、食品安全三张安全网，深化二级网格，推进社区品牌打造，实现一社区一品牌）全模式社会服务管理体系。组建则尔庄社区安检巡防队，进行安全生产、食品安全等专项检查40多次。深化二级网格，在辖区5个社区43个二级网格实施网格化社区管理、服务新模式，共配备网格长、网格管理员83名。全年5个社区共梳理群众意见建议398条，解决民生“微实事”258件。2016年，街道共调解、化解纠纷案例70多起。在卧龙社区协助承办奎文区社区二级网格建设现场观摩推进会议。

开展老旧小区自我服务管理试点，发展社区O2O居家养老服务和智慧社区养老服务，推动“一社一品”建设。2016年，为中共中央组织部督查社区党建、国家民政部开展社区工作与三社联动专题调研等市级以上调研提供现场30多次。全面展开则尔庄、金都同乐园、亚星等棚户区和老旧小区的“8+2”提升改造工程（同乐园、亚星、华光精工西等8个老旧小区的提升改造和则尔庄、丁家2个棚户区的拆迁施工），在全区率先探索实施“物业前置+整治改造”的老旧小区物业管理办法，在35个老旧小区实施自治管理全覆盖，惠及居民1500多人。成立丁家心桥文化艺术团等多支特色品牌表演团队，参与人数达800多人。建立以卧龙众炎为代表的志愿者队伍30多支，成功打造志愿服务项目40多个。举办“最美老人”颁奖晚会、“走进文明、榜样引领”等大型主题文化活动30多次。

圆满完成“四城同创”、城乡环卫一体化、拆墙透绿等专项整治。“四城同创”期间，街道投入创城资金260万元，清理居民小区33个，整治重点区域11处，取缔违法摊点200多个，新增绿化面积1.33万平方米。

【社区简介】 则尔庄社区。则尔庄社区位于白浪河以东，潍州路以西，南起北宫东街，北至卧龙东街。社区面积1.8平方公里，有居民小区23个，居民楼120幢，居民7413户，人口约1.8万人，有驻辖区单位8个。

北苑街道则尔庄社区服务中心

社区有管理和服务工作人员（社区两委和专职工作者）17人，其中，中共党员人数占80%，大专以上文化程度的占47%，年龄在35岁以下的占35%。2016年，新的则尔庄社区服务中心开工建设，服务中心建筑面积1300平方米，分上、下两层，内设“一站式”便民服务大厅、增能工作室、青年之家、心理咨询室、手工室、图书室、棋牌室、老年日间料理中心等服务场所。根据社区地域面积大、居民多的特点，将辖区划分为10个网格片区，每个片区设1名片长，从居民代表中推荐产生楼长，实行片长区域负责制、楼长楼栋负责制，并在部分老旧小区设立居民事务民主管理小组和共产党员志愿平安使者，对小区卫生、治安等实行民主自治管理。

丁家社区。丁家社区位于青银高速公路以南，东起虞河，西至潍州路，南至玉清东街。社区面积2平方公里，有居民小区6个，居民楼30幢，居民2356户，人口7068人，有驻辖区单位4个。

沙窝社区。沙窝社区位于白浪河以东，四平路以西，青银高速公路以南，玄武东街以北，是奎文区与潍城区和潍坊市经济开发区的结合部。社区面积0.25平方公里，有居民272户，人口578人。社区设有占地4公顷的工业园区，内有各类企业17家，全年可实现经营收入1亿多元，每年可为社区增加效益收入金额140万多元。社区旧村改造已建居民楼5幢，建筑面积1.9万平方米，入住180户。已完成城中村改造控制性规划和改造综合方案，并与圣达房地产开发有限公司签订城中村改造协议。

卧龙社区。卧龙社区位于白浪河以东，潍州路以西，南邻卧龙东街，北至玄武东街。社区面积0.98平方公里，有居民小区17个，居民楼105幢，居民6066户，人口1.85万人，有驻辖区单位6个。社区有管理和服务工作人员11人，是奎文区创建和谐社区示范点之一。

金都社区。金都社区位于潍州路以东，虞河以西，南邻北宫东街，北至玉清东街。社区面积1.1平方公里，有居民小区16个，居民楼128幢，居民5676户，人口1.59万人，有驻辖区

北苑街道金都社区服务中心

单位9个。社区有管理和服务工作人员10人。2016年，社区获得全国“最美志愿服务社区”“全国减灾示范社区”“潍坊市先进基层党组织”“潍坊市最佳志愿服务社区”“潍坊市全民参保登记试点工作先进单位”“潍坊市五四红旗团支部”“潍坊市巾帼文明岗”等荣誉称号。2016年，接待上级和外地到社区调研参观、交流学习的团队达210多人次。

广文街道

【概况】广文街道位于奎文区城区的中心位置，所辖区域东至北海路，西至鸢飞路，南至健康东街，北至东风东街。辖区面积4.05平方公里，有居民35438户，人口8.6万人，辖6个社区（李家社区、东上虞社区、中上虞社区、西上虞社区、文化路社区、松鹤园社区）。2016年，街道完成地方财政收入金额1.62亿元，比上一年增长9.18%；完成固定资产投资额10.55亿元，比上一年增长12.24%；完成招商引资金额9亿元。规划建设重点项目10个，总投资额17.5亿元，建筑面积93.71万平方米，其中，商业商务建筑面积34万平方米。

2016年，广文街道“省级文明单位”复查合格，被潍坊市文广新局授予“基层综合性文化服务中心建设先进单位”称号，被奎文区委、区政府授予“‘四城同创’工作先进单位”“全区“三八六”环保行动先进单位”“妇女儿童工作先进集体”称号，被奎文区政府授

广文街道机关办公楼

予“依法行政示范点”称号，被团区委授予“青年文明号”等荣誉称号。

【机构设置】 广文街道办事处内设党政办公室、经济发展办公室、社会事务办公室、社会管理综合治理办公室、安全生产监督管理办公室、社区规划建设监督管理办公室6个行政办公室，核定行政编制39人，实有28人；设有社区综合服务站、计划生育服务站、社会保障服务站、财经工作站4个事业服务站，核定事业编制39人，实有32人。

【经济和社会事业发展状况】 街道经济发展的转调步伐不断加快。2016年，成功引进利宝财险、山东诚泰工程等总部分支机构14个，世纪环球等3大创业孵化中心共入驻“双创”企业132个。潍坊国际创意港一期顺利开园，国内知名的32个设计企业入驻运营，成功举办首届“市长杯”工业设计大赛。新开工中央生活城三期、西虞天成三期、碧水蓝天3个项目，久盛聚福苑、潍坊市人民医院外科病房楼等6个续建项目有序推进，超额完成年度建设任务。

社区居民福祉稳步增进。开展春季招聘会、慈心一日捐、免费为社区65岁老年人查体提供早餐、文化进小区等工作，全年发放低保、救助、高龄、伤残等保障金150万元，为民办事经费135万元。作为卫生、文明、食安、森林城市创建的主要场地，完成潍坊南下河市场、李家支路便民摊点群提升改造，联合整治潍坊南下河市场周边马路市场，为全市创建卫生城市提供主要现场。在奎文区组织的群众满意度测评中取得4个单项第一、总分第一的好成绩。

党的建设全面加强。扎实开展“两学一做”学习教育工作，打造区域化党建中心，新建新华路商圈综合党委，率先成立街道大工委，构建起“一核五级”(以街道党工委为核心，构建“街道大工委—社区大党委—网格大支部—楼栋党小组—党员中心户”区域化党建新格局)区域化党建组织体系。严格落实中央和省市区委一系列作风建设要求，努力为“幸福活力新广文”建设做出新贡献。

【社区简介】 李家社区。李家社区位于东至文化路、西至鸢飞路、南至健康东街、北至虞河。社区面积0.9平方公里，有居民小区40个，居民楼182幢，居民7384户，人口2.22万人，有驻辖区单位6个。2016年，李家社区紧紧抓住城中村改造、农村集体资产改制、村改居带来的发展机遇，围绕“建设一流社区、提供一流服务”的工作标准，不断加大高端化开发、网格化管理、均等化服务力度，着力打造“和畅家园”品牌，完成潍坊南下河市场整体改造、李家支路改造提升、弱势群体帮扶等一系列惠民实事，真正让发展成果惠及社区每个家庭，不断提升居民生活舒适感和满意度。

东上虞社区。东上虞社区

广文街道东上虞社区服务中心

位于东至北海路，西至文化路，南至健康东街，北至民生东街。社区面积1.06平方公里，有居民小区31个，居民楼116幢，居民约5044户，人口约1.5万人，有驻辖区单位6个。2016年，社区不断加大网格化管理、均等化服务力度，着力打造“和融家园”品牌。

中上虞社区。中上虞社区位于东至北海路，西至文化路，南至民生东街，北至胜利东街（张面河段）。社区面积0.74平方公里，有居民小区20个，居民楼115幢，居民7039户，人口约1.19万人，有驻辖区单位10个。2016年，社区工作重点在细化社区二级网格建设，深化“由民做主”工作模式上下功夫，全力抓好困难群体帮扶、辖区环境整治、矛盾纠纷化解、社区文化建设等便民惠民实事好事，有力地提升群众满意度和幸福感，努力打造一个管理有序、服务完善、环境优美、治安良好、生活便利的现代化文明社区。

西上虞社区。西上虞社区包涵西上虞居委会和虞虹桥居委会。西上虞居委会位于东至文萃巷，西至虞河路，南至虞河，北至胜利东街。居委会面积0.15平方公里，有居民小区3个，居民楼55幢，居民3581户，人口1.04万人，有驻辖区单位5个。2016年，居委会以人为本、服务社区、科学发展，不断加大居委会工作力度，完善服务功能，以增强居民素质，提高居民生活质量和居委会文明创建为工作重点，努力打造“和润家园”品牌。虞虹桥居委会位于东至文化路，西至虞河，南至虞河景观带，北至胜利东街。居委会面积0.26平方公里，有居民小区8个，居民楼54幢（161个单元），居民3167户，人口1.11万人，有驻辖区单位5个。2016年，居委会扎实有效地开展服务、治安、文化、卫生、教育、环境等工作，居委会的面貌得以提升。

文化路社区。文化路社区位于东至新华路，西至文化路，南至胜利东街，北至东风东街。社区面积0.53平方公里，有居民小区25个，居民楼99幢，居民3723户，人口1.1万人，有驻辖区单位8个。2016年，文化路社区依托“六大中心”，完善服务功能，实行民主议事，深化网格管理，实施“四社”联动，打造特色项目，构筑“和顺家园”。

松鹤园社区。松鹤园社区位于东至文化路，西到虞河，南至胜利东街，北到东风东街。社区面积0.55平方公里，有居民小区19个，居民楼109幢，居民5500户，人口约1.65万人，有驻辖区单位10个。2016年，社区圆满完成张面河小区的改造提升，并对其实行市场化物业管理。社区成立群众顾问团，松鹤之春艺术团以及和谐邻里志愿服务队等团体，努力培育打造管理规范、环境优美、功能完善、社区服务良好、人际关系和谐的新型社区。

广文街道文化路社区服务中心

北海路街道机关办公楼

北海路街道（北海路商贸经济发展区）

【概况】 北海路街道位于奎文城区的东部，东起北海路，西至新华路，南接张面河景观带，北至通亭街。辖区面积3.1平方公里，有居民2.8万户，户籍人口5.3万人。辖7个社区（十里堡社区、赵疃社区、北宫东街社区、北胡社区、胡西社区、南湖社区、南胡住东社区）。2016年，街道完成地方财政收入8823万元，完成固定资产投资额7.14亿元。

【机构设置】 北海路街道办事处（北海路商贸经济发展区管委会与其合署办公）内设党政办公室、经济发展办公室、社会事务办公室、社会治安综合治理办公室、安全生产监督管理办公室、社区规划建设监督管理办公室6个行政办公室。核定行政编制39人，实有28人。设有社区综合服务站、社会保障服务站、计生服务站、财经工作站4个事业服务站。核定事业编制39人，实有23人。商贸经济发展区核定编制16人，实有在职在编5人。

【经济和社会事业发展状况】 2016年，北海路街道完成公共财政收入金额8823万元，其中，国税金额2366万元，地税金额6457万元。完成固定资产投资额7.1亿元，贸易企业商品零售金额完成1584万元，完成招商引资到位资金额12.3亿元。在项目建设上，北海路街道辖区内的北胡银领国际签订合作开发建设协议，书林苑项目顺利开工建设，奎文区十里堡学校主体建设完成，和扬·紫金名都2幢住宅楼交付使用，浙鑫广场东区主体建设完成，十里堡城中村改造、东方天韵等续建项目稳步推进。破解项目发展瓶颈，累计实现拆迁 9200 平方米。在楼宇经济上，北海路街道辖区内的浙鑫广场协议招商入驻业态面积已达 40% 以上；金宝商务中心与潍坊市大学生创新创业服务中心签订协议，全力打造潍坊市大学生创业加速器；圣邦·东领道建筑业总部基地进行装修扫尾，对外产业招商顺利推进；潍坊市科技孵化中心入驻企业达 67 家，业态涉及新能源、新智能制造、航空科技、农业科技、软件开发等领域；北海壹号·成泰大厦与山东成泰控股有限公司签订订购协议，设立成泰化工总部基地，注册手续顺利推进。

2016 年，北海路街道集中推进南湖老旧小区等“六大”改造，累计改造面积 22 万平方米，惠及群众 2212 户。围绕“四城同创”，成立综合整治领导小组和综合整治队伍，与 800 多家门店及辖区单位签订《门前五包责任书》，组织联合执法 200 多次，规范门店经营秩序并清除店外经营、露天烧烤近 700 家。累计投入资金额 600 万多元，对辖区环境进行综合整治提升。全面创新社会管理方法，完善“警民联调室”功能，对重点小区重点部位进行通报并下发预警通知书，对 5 个重点小区、部位进行挂牌整治。社区二级网格实体化建设完成，基础工作顺利开展。“四社联动”引进培育社会组织约 30 个，实现品牌特色项目开展经常化。

2016 年，北海路街道扎实推进“四德工程”建设，组织开展“北海大明星”评选活动，推选各类典型 41 人，评选明星人物 10 人；打造“信息门诊”志愿服务品牌，开展志愿活动近 10 场次；组织开展群众文艺展演、文化进社区等文体活动 30 多场次；组织各社区老年人参加省、市、区委老干部局组织的知识竞赛、征文比赛、摄影诗词书画大赛等活动（7 幅作品中有 6 幅入选区委展览并获优秀奖，1 幅入选市委展览）。成立街道百姓宣讲团，广泛开展各类宣讲活动约 20 场次，邀请区级以上宣讲骨干及专家，举办讲座 4 场次。在国家级媒体发稿 1 篇，省级媒体发稿 35 篇，市级媒体发稿 481 篇，区级媒体发稿 238 篇。开展“潍坊好人”“身边好人”“感动奎文十佳先模人物”主题宣传活动 10 场次。

2016年，北海路街道狠抓党建引领，启动基层大调研、大走访、大讨论活动，形成 10 个方面的意见建议。集中开展“抓党建、强基础、明法治、惠民生”党员大培训活动，举办专题讲座 12 场次，接受警示教育 3 次。制定《北海路街道社区干部教育培训三年规划》，组织开展业务大培训和异地培训 2 次。成立“大工委”，协商共建事项 11 个，开展共驻共建活动 23 个。打造创客汇·楼宇创业商圈党群服务中心，下设 6 个非公党支部，组织开展 13 项主题实践活动。

2016 年 12 月 15 日，北海路街道党工委举行选举出席中共奎文区第十四次党代会代表的投票现场

北海路街道十里堡社区服务中心

【社区简介】十里堡社区。十里堡社区位于东至北海路，西至新华路，南至卧龙东街，北至玉清东街。社区面积约0.6平方公里，有居民小区7个，居民楼83幢，写字楼1幢，居民6594户，人口1.24万人。2016年，十里堡社区打造高标准的社区“一站式”便民服务中心，设立“社区议事亭”、建立社区微信群，通过网上议事等多种方式收取群众意见，不断调整和提高为社区居民服务的质量和效率。

赵疃社区。赵疃社区位于东至北海路，西至新华路，南邻新北宫东街，北接卧龙东街。社区面积约0.12平方公里，有居民小区5个，居民楼61幢，居民3008户，人口约7500人。社区引进动漫产业基地、智能化数字社区、高档商务楼宇等新型高端产业。2016年，社区获得北海路街道“平安建设工作先进单位”“‘四城同创’共建先进单位”等荣誉称号。

北海路街道赵疃社区服务中心

北宫东街社区。北宫东街社区位于东至北海路，西至新华路，南至福寿东街，北至北宫东街。社区面积约0.8平方公里，有居民小区14个，居民楼110幢，居民6491户，人口1.63万人。社区党委下设8个党支部，有党员120人。2016年，完善社区网络管理，以党建工作为龙头，以先进文化为抓手，以温馨服务为宗旨，努力把社区打造成为居民的温馨家园。2016年，社区获得“奎文区文明单位”“潍坊市‘五四’红旗团支部”等荣誉称号。

北胡社区。北胡社区位于东至北海路，西至新华路，南至东风东街，北至福寿东街。社区面积0.57平方公里，有居民小区25个，居民楼97幢，居民3448户，人口1.33万人，有流动人口约1200人。北胡社区党委下设北胡住经济合作社党总支、老年党支部、企业联合党支部，其中，北胡住经济合作社下设4个党支部，有党员157人。2016年，建立社区工作人员“日记”制度，记录居民的急事、难事、烦心事，组建多支特色志愿者服务队，推动社区志愿活动开展。

胡西社区。胡西社区位于东

北海路街道胡西社区服务中心

起北海路，西起新华路，南接南湖社区和南胡住东社区，北至东风东街。社区面积约0.45平方公里，有居民小区4个，居民楼32幢，居民1476户，人口3158人，有驻辖区各类企业单位761个。2016年，推进在建项目攻坚扫尾、棚户区拆迁改造、合作社集团化商业运营、环境卫生综合整治、招商引资、民生项目建设等具体工作。建立流动党员服务中心，创建党建示范点，完成“智慧街道”社区智能化管理试点工作。2016年，社区获得“区级先进基层党组织”“市级先进基层党组织”“市级文明社区”“区青年文明号”“全市综合减灾示范社区”“全省综合减灾示范社区”等荣誉称号。

南湖社区。南湖社区位于东至南胡住东社区，西至新华路，南至张面河，北邻胡西社区。社区面积1.5平方公里，有居民小区6个，居民楼22幢，居民1595户，人口4350人，有驻辖区各类企业单位218个。社区党委辖1个党总支，3个党支部，有党员201人。2016年，社区投入资金1087万元对辖区老旧小区进行改造，建起“一站式”便民服务大厅。为社区居民提供低保、就业、计生、扶贫帮困等各种公共服务和便民服务。建立“四议一评一档两公开”工作法，有效推进基层民主政治建设。建立藏书约3000册的图书馆，组建各类业余文艺骨干队伍，安排各类社区文艺活动20场次，不断丰富社区居民的文化生活。

南胡住东社区。南胡住东社区位于东至北海路，西至南湖社区，南至张面河，北邻胡西社区。社区面积0.07平方公里，有居民小区2个，居民楼23幢，居民656户，人口1621人。社区“两委”班子成员6人，有党员54人。2016年，社区利用各种资源，通过社区大讲堂、劳动技能培训班、文明评比等形式提高社区居民的道德素质、文化素质、技能素质，全力打造和谐宜居社区。

北海路街道南湖社区服务中心

人物

Character

2016年工作调整的区级领导简历

宋均圻 男，汉族，1964年7月生，山东诸城人，1980年7月参加工作，1986年6月加入中国共产党，研究生学历。1980年7月～1984年8月，任昌潍地区计委工业科科员；1984年8月～1988年7月，吉林大学经济管理系学生；1988年7月～1991年2月，任潍坊市计委综合科科员；1991年2月～1993年9月，任潍坊市计委综合计划科副科长；1993年9月～1998年4月，任潍坊市计委综合计划科科长（期间，1995年7月～1996年12月，挂职安丘市关王乡党委书记）；1998年4月～2001年2月，任共青团潍坊市委副书记（期间，1998年12月～2000年7月，挂职青州市政府副市长）；2001年2月～2004年4月，任临朐县委常委、县委组织部部长；2004年4月～2004年11月，任临朐县委副书记、县委组织部部长；2004年11月～2006年4月，任昌乐县委副书记；2006年4月～2006年12月，任昌乐县委副书记、县纪委书记；2006年12月～2007年10月，任昌乐县委副书记；2007年10月～2008年8月，任潍坊市委组织部副部长；2008年8月～2011年11月，任潍坊市委组织部副部长、省领导干部考试题库管理中心主任；2011年11月～2012年1月，任奎文区委副书记，区政府副区长、区政府代区长；2012年1月～2016年6月，任奎文区委副书记、区政府区长；2016年6月，任潍坊市政府党组成员、市政府秘书长。

高志秀 女，汉族，1975年12月生，山东昌乐人，1997年7月参加工作，1997年1月加入中国共产党，大学学历。1997年7月～1998年3月，任潍坊市人大常委会办公室秘书科科员；1998年3月～2001年9月，任潍坊市人大常委会办公室政工科科员；2001年9月～2003年12月，任潍坊市人大常委会办公室政工科副科长；2003年12月～2006年10月，任潍坊市人大常委会研究室调研信息科科长；2006年10月～2006年12月，任潍坊市副县级干部人选（考选）；2006年12月～2011年11月，任坊子区委常委、区委组织部部长；2011年11月～2013年5月，任奎文区委常委、区委组织部部长；2013年5月～2014年3月，任中共潍坊市委组织部副部长；2014年3月～2016年6月，任奎文区委副书记；2016年6月，任奎文区委副书记，区政府副区长、代理区长，区政府区长。

李玉祥 男，汉族，1973年11月生，山东安丘人，1994年7月参加工作，2001年6月加入中国共产党，中央党校大学学历。1994年7月～1997年8月，任潍坊钢管厂技术员；1997年8月～2001年10月，任潍坊市计划委员会长期规划科科员；2001年10月～2005年1月，任潍坊市发展计划委员会发展规划科副主任科员；2005年1月～2005年12月，任潍坊市发展和改革委员会国民经济综合科副主任科员；

2005年12月～2006年9月，任潍坊市发展和改革委员会发展规划科科长；2006年9月～2008年7月，任潍坊市发展和改革委员会国民经济综合科科长；2008年7月～2010年1月，任潍坊市服务业办公室党支部书记；2010年1月～2012年9月，任潍坊市“三区”推进协调小组办公室副主任；2012年9月～2015年2月，任潍坊市政府副秘书长；2015年2月～2016年6月，任潍坊市政府副秘书长、市政府接待办主任；2016年6月～2016年12月，任奎文区委副书记（正县级）；2016年12月，任中共昌邑市委委员、常委、副书记。

高登友　男，汉族，1971年11月生，山东莱芜人，1995年7月参加工作，1995年1月加入中国共产党，大学学历。1995年7月～1997年12月，任青州市五里镇综治办副主任；1997年12月～2000年2月，任青州市委组织部科员；2000年2月～2001年5月，任青州市黄楼镇政府副镇长；2001年5月～2004年11月，任青州市东夏镇党委副书记、镇政府镇长；2004年11月～2006年12月，任青州市五里镇党委书记、镇人大主席；2006年12月～2007年2月，任昌乐县委常委；2007年2月～2007年11月，任昌乐县委常委、县委宣传部部长；2007年11月～2007年12月，任昌乐县委常委、县政府党组副书记、昌乐中国宝石城开发建设管委会党工委书记；2007年12月～2012年2月，任昌乐县委常委，县政府副县长、党组副书记、昌乐中国宝石城开发建设管委会党工委书记；2012年2月～2013年11月，任昌乐县委常委，县政府副县长、党组副书记，城建投资开发有限公司党委书记；2013年11月～2016年12月，任昌乐县委常委，县政府副县长、党组副书记；2016年12月，任奎文区委副书记。

高东洋　男，汉族，1972年1月生，山东寿光人，1993年7月参加工作，2000年1月加入中国共产党，省委党校研究生学历。1993年7月～1995年1月，任潍坊高等专科学校社科系教师；1995年1月～2002年1月，任潍坊高专电大、潍坊学院远教学院辅导员；2002年1月～2004年4月，任潍坊学院外语系团总支及辅导员办公室副主任；2004年4月～2005年4月，任潍坊学院外语系团总支及辅导员办公室主任；2005年4月～2006年10月，任潍坊学院外国语学院团总支及辅导员办公室主任；2006年10月～2006年12月，任副县级干部人选（考选）；2006年12月～2007年1月，任奎文区委常委；2007年1月～2010年9月，任奎文区委常委、区委宣传部部长；2010年9月～2011年12月，任奎文区委常委、区政府副区长；2011年12月～2016年12月，任奎文区委常委、区纪委书记；2016年12月，任潍坊市环保局副局长、党组成员。

张兴业　男，汉族，1965年11月生，山东昌邑人，1987年7月参加工作，1987年4月加入中国共产党，大学学历。1987年7月～1988年11月，任潍坊市公安局潍城分局刑警大队侦察员；1988年11月～1989年11月，任潍坊市公安局潍城分局办公室秘书；1989年11月～1993年8月，任潍坊市公安局政治处办事员；1993年8月～1997年7月，任

潍坊市公安局政治处科员；1997年7月～1998年12月，任潍坊市公安局政治处组教科副科长（主持工作）；1998年12月～2001年11月，任潍坊市公安局政治处组教科科长；2001年11月～2004年6月，任潍坊市公安局政治部副主任；2004年6月～2006年4月，任潍坊市公安局政治部副主任、副县级侦察员；2006年4月～2008年1月，任诸城市副市级干部，市公安局局长、党委书记；2008年1月～2011年11月，任诸城市副市级干部，市公安局局长、党委书记、市政府市长助理、党组成员；2011年11月～2013年12月，任奎文区委常委、区委政法委书记、奎文公安分局局长；2013年12月～2016年12月，任奎文区委常委、区委政法委书记，奎文公安分局局长、党委书记、督察长；2016年12月，任潍坊市公安局指挥中心主任。

王峰贵 男，汉族，1975年2月生，潍坊市潍城区人，1998年7月参加工作，2000年2月加入中国共产党，大学学历。1998年7月～2001年3月，任寿光市岔河镇政府镇长助理，镇团委副书记、团委书记；2001年3月～2002年2月，任寿光市道口镇政府副镇长；2002年2月～2003年8月，任潍坊市委农工办调研科副主任科员；2003年8月～2004年10月，任潍坊市委农工办综合科副主任科员；2004年10月～2005年1月，任潍坊市委农工办综合科副科长；2005年1月～2007年10月，任潍坊市委农工办综合科主任科员；2007年10月～2010年8月，任奎文区政府副区长；2010年8月～2010年9月，任奎文区委常委、区政府副区长；2010年9月～2015年2月，任奎文区委常委、区委宣传部部长；2015年2月～2016年12月，任奎文区委常委、区委办公室主任；2016年12月，任安丘市委常委、市纪委书记。

李　伟 男，汉族，1964年2月生，山东高密人，1980年11月参加工作，1986年3月加入中国共产党，大学学历。1980年11月～1983年12月，任高密县印刷厂会计；1983年12月～1988年12月，任高密县物价检查所科员；1988年12月～1990年2月，任高密县直机关党工委委员、团工委书记；1990年2月～1991年7月，任高密团县委常委、团县委办公室主任；1991年7月～1992年12月，任高密县姚哥庄镇党委组织委员；1992年12月～1995年12月，任高密县（市）姚哥庄镇党委副书记；1995年12月～1997年1月，任高密市仁和镇党委副书记、镇政府镇长；1997年1月～1997年12月，任高密市仁和镇党委副书记、镇政府镇长、镇政协联委主任；1997年12月～2001年3月，任高密市仁和镇党委书记；2001年3月～2007年1月，任高密市醴泉街道党工委书记；2007年1月～2007年3月，任高密市党组成员、市长助理；2007年3月～2007年8月，任潍城区政府副区长；2007年8月～2008年7月，任潍城区政府副区长、于河街道党工委书记；2008年7月～2008年8月，任潍城区政府副区长、潍城经济开发区党工委书记、于河街道党工委书记；2008年8月～2011年1月，任潍城区政府副区长、潍城经济开发区党工委书记；2011年1月～2012年4月，任潍城区委常委、区政府副区长，潍城经济开发区党工委书记；2012年4月～2015年1月，任潍城区委常委、区政府副区长（列副区长第一位）；2015年1月～2016年

12月，任奎文区委常委、区政府副区长（列副区长第一位）；2016年12月～2017年4月，任市直部门正职；2017年4月，任潍坊市人民防空办公室主任、党组书记。

刘华东 男，汉族，1975年6月生，山东昌乐人，1997年7月参加工作，2000年6月加入中国共产党，大学学历。1997年7月～2001年12月，任中共潍坊市纪委科员；2001年12月～2005年7月，任中共潍坊市纪委副科级检查员；2005年7月～2006年8月，任中共潍坊市纪委正科级检查员；2006年8月～2007年10月，任中共潍坊市纪委执法监察室副主任；2007年10月～2008年8月，任潍坊市城市管理行政执法局纪委书记；2008年8月～2011年11月，任中共潍坊市纪委、监察局派驻第六纪检组副书记、监察室副主任；2011年11月～2016年12月，任潍城区委常委、区纪委书记；2016年12月，任奎文区委常委、区纪委书记。

李光明 男，汉族，1973年2月生，山东诸城人，1995年7月参加工作，1993年12月加入中国共产党，省委党校研究生学历。1995年7月～1996年10月，任坊子区涌泉乡党委组织干事；1996年10月～1999年1月，任坊子区涌泉乡政府秘书；1999年1月～2000年7月，任坊子区涌泉乡政府副乡长；2000年7月～2003年2月，任共青团坊子区委书记、党组书记；2003年2月～2003年12月，任坊子区委宣传部副部长、新闻中心主任；2003年12月～2006年12月，任坊子区荆山洼镇党委副书记、镇政府镇长；2006年12月～2007年9月，任坊子区眉村镇党委书记；2007年9月～2007年12月，任坊子区坊安街道党工委书记；2007年12月～2011年12月，任坊子区政府副区长；2011年12月～2014年3月，任坊子区委常委、区政府副区长；2014年3月～2016年12月，任安丘市委常委、市委办公室主任；2016年12月，任奎文区委常委、区委宣传部部长。

刘棣俭 男，汉族，1969年1月生，山东高密人，1992年7月参加工作，中国农工民主党党员，大学学历。1992年7月～1995年1月，任潍坊华光集团电脑研究所职工；1995年1月～2000年4月，任潍坊市计生委计管科、规统科科员；2000年4月～2002年4月，任潍坊市计生委规划统计科副科长；2002年4月～2004年3月，任潍坊市计生委规划统计科主任科员；2004年3月～2006年7月，任潍坊市计生委发展规划科科长；2006年7月～2007年12月，任潍坊市计生委副主任；2007年12月～2016年1月，任奎文区政府副区长（2011年1月，当选农工党潍坊市委副主委；2012年11月，当选农工党潍坊市委主委）；2016年2月，任潍坊市人大常委会副秘书长。

曹瑞升 男，汉族，1965年3月生，山东安丘人，1986年7月参加工作，1990年6月加入中国共产党，省委党校研究生学历。1986年7月～1990年8月，任安丘市职业中专教师、团委书记；1990年8月～1994年8月，任安丘市教委秘书；1994年8月～1997年1月，任

安丘市委办公室秘书；1997年1月～1998年12月，任安丘市委办公室副主任科员；1998年12月～2001年12月，任安丘市南流镇党委副书记；2001年12月～2003年1月，任安丘市黄旗堡镇党委副书记、镇纪委书记；2003年1月～2006年11月安丘市黄旗堡镇党委副书记、镇政府镇长；2006年11月～2007年9月，任安丘市黄旗堡镇党委书记、镇人大主席；2007年9月～2010年3月，任坊子区黄旗堡镇党委书记、镇人大主席；2010年3月～2011年12月，任坊子区委党校常务副校长(副县级);2011年12月～2016年12月，任奎文区政府副区长、党组成员；2016年12月，任奎文区委常委、区委政法委书记。

陈香萍 女，汉族，1967年11月生，山东高密人，1989年2月参加工作，1991年5月加入中国共产党，省委党校大学学历。1989年2月～1989年9月，任高密县高戈庄乡干部；1989年9月～1991年8月，任高密县大牟家镇团委书记；1991年8月～1992年12月，任高密县仁和乡妇联副主任；1992年12月～1997年12月，任高密县（市）柏城镇党委委员、镇妇联主任（主席）；1997年12月～1998年12月，任高密市柏城镇党委组织委员；1998年12月～2002年1月，任高密市呼家庄镇党委副书记；2002年1月～2003年8月，任高密市呼家庄镇党委副书记、镇纪委书记；2003年8月～2005年3月，任高密市呼家庄镇党委副书记、镇纪委书记、园区（招商办）主任；2005年3月～2006年2月，任高密市呼家庄镇党委副书记、镇纪委书记（保留正科级待遇）；2006年2月～2007年8月，任高密市李家营镇党委副书记、镇政府镇长；2007年8月～2010年1月，任高密市柏城镇党委副书记、镇政府镇长；2010年1月～2011年12月，任高密市柏城镇党委书记；2011年12月～2015年1月，任昌乐县政府副县长、党组成员；2015年1月～2016年12月，任奎文区政府副区长、党组成员；2016年12月，任奎文区委常委、区委统战部部长。

赵同祥 男，汉族，1972年2月生，山东青州人，1990年7月参加工作，九三学社社员，博士研究生学历。1990年7月～1991年7月，任益都师范教师；1991年7月～2000年8月，任益都师范附属小学教师；2000年8月～2001年8月，任青州市教育局教研室教研员；2001年8月～2002年2月，任青州市监察局副局长；2002年2月～2007年1月，任潍坊市教育局副局长、潍坊二中副校长;2007年1月～2016年12月，任临朐县政府副县长。2016年12月，任奎文区政府副区长。

刘向东 男，汉族，1968年7月生，山东济宁人，1990年7月参加工作，1993年5月加入中国共产党，大学学历。1990年7月～1995年5月，任青州市公安局刑警大队办事员；1995年5月～1996年7月，任青州市公安局刑警大队大案中队副中队长；1996年7月～1999年8月，任青州市公安局杨家庄派出所副所长；1999年8月～2001年5月，任青州市公安局庙子派出所所长；2001年5月～2002年2月，任青州市公安局庙子派出所所长(副科级)；2002年2月～2003年3月，任潍坊市公安局经侦支队一大队副大队长；2003年3月～2006年5月，

任潍坊市公安局治安警察支队副支队长；2006年5月～2007年12月，任潍坊市公安局指挥中心副主任；2007年12月～2010年9月，任潍坊市公安局指挥中心副主任、信通处处长；2010年9月～2011年12月，任潍坊市公安局指挥中心副主任、信通处处长、副调研员；2011年12月～2013年12月，任寒亭区政府副区长、党组成员，寒亭公安分局党委书记、局长；2013年12月～2016年12月，任寒亭区政府副区长、党组成员，寒亭公安分局党委书记、局长、督察长；2016年12月，任奎文区政府副区长、党组成员，奎文公安分局党委书记、局长、督察长。

吴振山 男，汉族，1979年8月生，山东寿光人，2001年7月参加工作，1999年12月加入中国共产党，大学学历。2001年7月～2002年3月，任寿光市羊口镇政府镇长助理；2002年3月～2002年11月，任寿光市羊口镇政府镇长助理、镇团委副书记；2002年11月～2005年11月，任寿光市政府办公室科员；2005年11月～2007年12月，任寿光市政府办公室调研科副科长；2007年12月～2008年4月，任寿光市政府办公室秘书科副科长；2008年4月～2009年1月，任寿光市政府办公室市长值班室主任；2009年1月～2010年2月，任寿光市政府法制局副局长；2010年2月～2010年3月，任寿光市政府法制办公室副主任；2010年3月～2011年11月，任寿光市委办公室副主任；2011年11月～2011年12月，任寿光市台头镇党委副书记、镇政府镇长；2011年12月～2015年2月，任寿光市台头镇党委副书记、镇政府镇长、镇政协工作室主任；2015年2月～2015年4月，任寿光市台头镇党委书记、镇人大主席；2015年4月～2016年12月，任寿光市台头镇党委书记；2016年12月，任奎文区政府副区长、党组成员。

杨君星 男，汉族，1969年8月生，山东沂水人，1987年9月参加工作，1990年4月加入中国共产党，大学学历。1987年9月～1991年7月，信阳陆军学院学员；1991年7月～1995年8月，任54872部队副连职排长；1995年8月～1996年3月，任54872部队副政治指导员；1996年3月～1999年2月，任54872部队政治指导员；1999年2月～2000年1月，任71450部队团后勤处副处长；2000年1月～2002年1月，任71450部队副营长；2002年1月～2002年9月，任青州市人武部军事科副营职参谋；2002年9月～2003年6月，任昌乐县人武部军事科副营职参谋；2003年6月～2007年2月，任昌乐县人武部政工科长；2007年2月～2011年3月，任潍坊军分区第5干休所政委；2011年3月～2012年3月，任青州市人武部部长；2012年3月～2012年4月，任青州市人武部政委；2012年4月～2015年2月，任青州市委常委、青州市人武部政委；2015年2月～2016年4月，任奎文区人武部部长；2016年12月，提名奎文区人大常委会委员；2017年1月，任奎文区人大常委会委员。

富民兴鲁劳动奖状获得者

潍坊神舟重工机械有限公司

富民兴鲁劳动奖章获得者

武　娜（女）　潍坊市第二人民医院护士长

潍坊市劳动模范

（按姓名笔画排序）

刘　涛　　　奎文区孙家小学校长
李玉坤（女）　潍坊嵌银厂有限公司工人
李忠林　　　潍坊精鹰医疗器械有限公司董事长
邱文花（女）　山东广潍集团有限公司钣喷主管
夏传兵　　　奎文国税局信息中心副主任
韩立新　　　奎文区潍州路街道道口经济合作社理事长
韩崇伦　　　奎文区广文街道西上虞社区党委书记

附录

Appendix

2016 年奎文区委、区委办公室，区政府、区政府办公室重要文件目录

2016 年奎文区委重要文件目录一览表

序号	发布文号	文件名称
1	奎委〔2016〕1 号	关于召开区委常委专题民主生活会的情况报告
2	奎委〔2016〕15 号	关于表彰全区“三八六”环保行动先进单位和先进个人的通知
3	奎委〔2016〕18 号	表彰全区政法综治维稳先进单位和个人的通报
4	奎委〔2016〕19 号	关于表彰奖励 2015 年度先进单位和先进个人的通报
5	奎委〔2016〕20 号	关于成立区域化党建联席会议的通知
6	奎委〔2016〕21 号	关于印发《“感动奎文·年度十佳先模人物”评选活动实施方案》的通知
7	奎委〔2016〕29 号	关于潍坊市优秀共产党员、优秀党务工作者、先进基层党组织推荐情况的报告
8	奎委〔2016〕32 号	关于表彰优秀共产党员、优秀党务工作者和先进基层党组织的决定
9	奎委〔2016〕43 号	关于印发《奎文区 2016 年度“基层好干部”评选活动实施方案》的通知
10	奎委〔2016〕47 号	关于设立中共奎文区委非公有制经济组织和社会组织工作委员会的通知
11	奎委〔2016〕49 号	关于召开区委民主生活会的报告
12	奎委〔2016〕66 号	关于烟花爆竹排查整治情况工作的报告

2016 年奎发重要文件目录一览表

序号	发布文号	文件名称
1	奎发〔2016〕1 号	关于制定奎文区国民经济和社会发展第十三个五年规划的建议
2	奎发〔2016〕5 号	关于深化“三八六”环保行动实施“十大工程”加快绿色发展意见
3	奎发〔2016〕6 号	深化提升区域化党建工作
4	奎发〔2016〕7 号	关于贯彻《中国共产党地方委员会工作条例》进一步加强区委常委会自身建设提高工作效能和领导水平的意见
5	奎发〔2016〕9 号	关于加强和改进新形势下党校工作的实施意见
6	奎发〔2016〕12 号	关于印发《法治奎文建设纲要》的通知
7	奎发〔2016〕13 号	关于加强和改进机关党建工作的意见
8	奎发〔2016〕14 号	转发《区委宣传部、区司法局关于在全区公民中开展法治宣传教育的第七个五年规划（2016—2020 年）》的通知
9	奎发〔2016〕16 号	关于深化供销合作社综合改革的实施意见
10	奎发〔2016〕21 号	关于印发《潍坊市奎文区法治政府建设实施方案（2016—2020 年）》的通知

2016 年奎文区委办公室重要文件目录一览表

序号	发布文号	文件名称
1	奎办发〔2016〕1 号	印发《关于加强人民政协协商民主建设的实施意见》的通知
2	奎办发〔2016〕3 号	关于对全区经济工作会议确定事项进行立项督查的通知
3	奎办发〔2016〕5 号	关于印发《2016 年全区宣传思想文化工作要点》的通知
4	奎办发〔2016〕6 号	关于印发《区委中心组 2016 年理论学习安排意见》的通知
5	奎办发〔2016〕7 号	印发《关于在全区党员中开展"学党章党规、学系列讲话、做合格党员"学习教育实施方案》的通知
6	奎办发〔2016〕8 号	关于印发《奎文区 2016 年度上半年街道经济发展考核办法》和《奎文区 2016 年度上半年区直部门服务经济发展考核办法》的通知
7	奎办发〔2016〕9 号	关于印发《奎文区关于进一步深化"由民做主"理念加快推进社区协商的实施意见》的通知
8	奎办发〔2016〕10 号	印发《关于区委常委参加"学党章党规、学系列讲话、做合格党员"学习教育工作安排方案》的通知
9	奎办发〔2016〕11 号	关于印发《区委全面深化改革领导小组 2016 年工作要点》的通知
10	奎办发〔2016〕13 号	关于印发《加强安全环保节水管理加快全区化工产业转型升级工作方案》的通知
11	奎办发〔2016〕14 号	关于印发《奎文区党政机关公务用车制度改革实施方案》的通知
12	奎办发〔2016〕15 号	关于印发《2016 年度奎文区科学发展综合考核办法》的通知
13	奎办发〔2016〕17 号	关于转发《区综治委关于在全区推行"平安指数运行机制的实施方案"》的通知
14	奎办发〔2016〕18 号	印发《关于加快推进公共法律服务体系建设的实施意见》的通知
15	奎办发〔2016〕19 号	关于印发《加快构建现代公共文化服务体系实施方案》的通知

2016 年奎文区政府、政府办公室重要文件一览表

序号	发布文号	文件名称
1	奎政发	关于印发 2016 年《政府工作报告》的通知
2	奎政发	关于印发《潍坊市奎文区 2016 年国民经济和社会发展计划》的通知
3	奎政发	关于印发《潍坊市奎文区国民经济和社会发展第十三个五年规划纲要》的通知
4	奎政发	关于加强审计工作的意见
5	奎政发	关于化解房地产库存促进房地产业持续发展的意见
6	奎政办发	关于印发奎文区双语标识示范工程专项实施方案的通知
7	奎政办发	关于印发《奎文区 2016 年外经贸任务目标》的通知
8	奎政办发	关于印发《奎文区 2016 年审计（调查）项目计划》的通知
9	奎政办发	关于印发《奎文区露天烧烤专项整治行动实施方案》的通知

续表

序号	发布文号	文件名称
10	奎政办发	关于在全区开展服务企业促发展、项目建设增投入、招商引资蓄势能“百日攻坚”系列活动的通知
11	奎政办发	关于印发《关于进一步完善招商引资工作机制的意见》的通知
12	奎政办发	关于印发《奎文区行政处罚程序指导规范》的通知
13	奎政办发	关于印发潍坊市奎文区审计局主要职责内设机构和人员编制规定的通知

2016 年奎文区制发规范性重要文件目录

序号	起草单位	发文单位	文件名称	文件编号
1	法制服务局	区政府	废止《潍坊市奎文区社区档案管理暂行办法》	KWDR-2016-0010001
2	法制服务局	区政府办公室	《奎文区行政处罚程序指导规范》	KWDR-2016-0020001

2016 年奎文区委任免人员一览表

序号	发布文号	文件名称
1	奎委〔2016〕3 号	关于吕世辉等同志职务任免的通知
2	奎委〔2016〕4 号	关于李永贵等同志职务任免的通知
3	奎委〔2016〕5 号	关于徐世殿等同志职务任免的通知
4	奎委〔2016〕6 号	关于刘四海等同志任职的通知
5	奎委〔2016〕7 号	关于张国柱等同志职务任免的通知
6	奎委〔2016〕8 号	关于金凤国等同志职务任免的通知
7	奎委〔2016〕9 号	关于刘棣俭同志不再担任奎文区副区长职务的通知
8	奎委〔2016〕10 号	关于高培权同志任职的通知
9	奎委〔2016〕12 号	关于吕世辉等同志职务任免的通知
10	奎委〔2016〕13 号	关于郑海同志任职的通知
11	奎委〔2016〕25 号	关于李晓华等同志职务任免的通知
12	奎委〔2016〕26 号	关于王可玉等同志任职的通知
13	奎委〔2016〕27 号	关于周晓东等同志职务任免的通知
14	奎委〔2016〕28 号	关于高志秀等同志职务任免的通知
15	奎委〔2016〕30 号	关于周晓东等同志职务任免的通知
16	奎委〔2016〕33 号	关于刘建明等同志职务任免的通知
17	奎委〔2016〕35 号	关于徐金森同志免职的通知
18	奎委〔2016〕36 号	关于马建涛等同志挂职的通知

续表

序号	发布文号	文件名称
19	奎委〔2016〕37 号	关于许荣军、庄洪伟同志挂职的通知
20	奎委〔2016〕40 号	关于李玉祥等同志职务任免的通知
21	奎委〔2016〕41 号	关于张文干、秦国芹同志免职的通知
22	奎委〔2016〕42 号	关于张文干同志任职的通知
23	奎委〔2016〕53 号	关于杨农光等同志职务任免的通知
24	奎委〔2016〕54 号	关于杨君星、杨发军同志任职的通知
25	奎委〔2016〕59 号	关于高登友等同志职务任免的通知
26	奎委〔2016〕60 号	关于赵同祥等同志职务任免的通知
27	奎委〔2016〕61 号	关于刘广斌同志任职的通知
28	奎委〔2016〕62 号	关于李强等同志职务任免的通知
29	奎委〔2016〕67 号	关于迟安斌等同志职务任免的通知
30	奎委〔2016〕68 号	关于李飞等同志职务任免的通知

2016 年奎文区政府任免人员一览表

序号	发布文号	文件名称
1	奎政任〔2016〕1 号	潍坊市奎文区人民政府关于纪立英等同志职务任免的通知
2	奎政任〔2016〕2 号	潍坊市奎文区人民政府关于吕世辉等同志职务任免的通知
3	奎政任〔2016〕3 号	潍坊市奎文区人民政府关于徐世殿等同志职务任免的通知
4	奎政任〔2016〕4 号	潍坊市奎文区人民政府关于陈增途等同志职务任免的通知
5	奎政任〔2016〕5 号	潍坊市奎文区人民政府关于周晓东等同志职务任免的通知
6	奎政任〔2016〕6 号	潍坊市奎文区人民政府关于惠文良等同志职务任免的通知
7	奎政任〔2016〕7 号	潍坊市奎文区人民政府关于公布任免李晓华等政府组成人员职务的通知
8	奎政任〔2016〕8 号	潍坊市奎文区人民政府关于张文干等同志职务免职的通知
9	奎政任〔2016〕9 号	潍坊市奎文区人民政府关于赵同祥等同志职务任免的通知

2016 年奎文区在省级以上媒体发稿情况

2016 年奎文区在省级以上媒体发稿情况一览表

序号	媒 体	题 目	时间
1	新华网山东频道	潍坊奎文一社区建立新闻发布厅　每月 8 日发布	1 月 2 日
2	新华网山东频道	潍坊奎文开展寒假前行动周专项整治文化市场	1 月 2 日
3	山东电视台 山东新闻联播	精彩新年　亲近自然　放松身心	1 月 3 日
4	凤凰网	潍坊奎文区早春园便民市场投入使用	1 月 4 日
5	山东电视台 山东新闻联播	山东第三轮专项巡视：督促被巡视地区加大查处群众身边的不正之风和腐败问题力度	1 月 6 日
6	《人民日报》	山东潍坊：师德不过关，一票否决	1 月 6 日
7	新华网山东频道	山东潍坊奎文区早春园便民市场正式投入使用	1 月 6 日
8	新华网山东频道	山东潍坊奎文开展企业公示信息“双随机”抽查	1 月 6 日
9	新华网山东频道	山东潍坊奎文区环卫处顺利通过“三体系”认证	1 月 7 日
10	《大众日报》18	“社区潍文化”系列活动启动	1 月 8 日
11	新华网山东频道	纪念 110 三十年　潍坊奎文警方开展警营开放日	1 月 11 日
12	人民网数字新媒体	东关街道人大代表视察奎文门社区	1 月 12 日
13	人民网数字新媒体	奎文门社区圆满完成区人大代表补选工作	1 月 15 日
14	《大众日报》18	希望春节鞭炮屑少一些	1 月 15 日
15	新华网山东频道	潍坊奎文 2 部史料著作获山东省优秀档案编研奖	1 月 18 日
16	新华网山东频道	山东潍坊市奎文区推行“网格化”环境监管体系	1 月 18 日
17	新华网山东频道	山东潍坊奎文区建设“12349”养老服务信息平台	1 月 18 日
18	新华网山东频道	山东潍坊奎文四措并举优化投资创业服务环境	1 月 18 日
19	新华网山东频道	潍坊奎文梨园街道抓党建信息化激活社区管理	1 月 18 日
20	新华网山东频道	山东潍坊市奎文区北海路街道开展社区大调研	1 月 18 日
21	凤凰网	潍坊奎文门美食文化街正式启用	1 月 18 日
22	新华网山东频道	山东潍坊奎文区东关街道成立“社区居民记者团”	1 月 19 日
23	新华网山东频道	山东潍坊奎文区开展春节前游乐设施特种检查	1 月 22 日
24	新华网山东频道	山东潍坊奎文开展企业公示信息“双随机”抽查	1 月 22 日
25	新华网山东频道	山东潍坊奎文区环卫处顺利通过“三体系”认证	1 月 22 日
26	新华网山东频道	山东潍坊奎文大虞街道多个“工作法”改进工作	1 月 22 日

续表

序号	媒 体	题 目	时间
27	新华网山东频道	山东潍坊奎文梨园街道破解瓶颈 推进经济发展	1月22日
28	新华网山东频道	潍坊奎文梨园街道获评山东档案科学管理先进	1月22日
29	新华网山东频道	潍坊奎文潍州路街道开展治安整治“安民”行动	1月22日
30	新华网山东频道	山东潍坊奎文区劳动人事仲裁院荣膺全省示范	1月25日
31	新华网山东频道	山东潍坊奎文区大力推动巾帼家政服务业发展	1月29日
32	新华网山东频道	潍坊奎文举办“喜迎新春 品质广文”艺术交流展	1月29日
33	新华网山东频道	山东潍坊奎文启动文化科技卫生“三下乡”活动	1月29日
34	新华网山东频道	潍坊奎文北苑街道突出重点招商促进产业升级	1月29日
35	新华网山东频道	潍坊奎文区潍州路街道举行“最美潍州人”评选	1月29日
36	新华网山东频道	潍坊奎文梨园街道搭新媒体快车 建设智慧社区	1月29日
37	新华网山东频道	潍坊奎文区北海路街道“北海大明星”活动落幕	1月29日
38	新华网山东频道	潍坊奎文区广文街道举办万福千联进社区活动	1月29日
39	《大众日报》5	奎文一社区建起新闻发布厅	1月31日
40	新华网山东频道	潍坊奎文区委书记：时刻装着群众关注群众冷暖	2月1日
41	新华网山东频道	山东潍坊市奎文区委书记李辉调研金沙窝社区	2月1日
42	新华网山东频道	潍坊奎文区委书记驻村当三天村民 答三道考题	2月1日
43	山东人民广播电台 直播山东	潍坊今年将对48类重点产品进行监督抽查	2月1日
44	山东人民广播电台 山东新闻	潍坊检查节日市场，确保市民消费安全	2月6日
45	山东人民广播电台 山东新闻联播	潍坊倡议春节不燃放烟花爆竹	2月6日
46	山东人民广播电台 山东新闻	潍坊各行业以饱满精神投入新一年工作	2月15日
47	山东人民广播电台 山东新闻	潍坊各地灯会精彩不断，好戏连连	2月16日
48	山东人民广播电台 直播山东	潍坊企业发布产品标准自我声明	2月16日
49	新华网山东频道	潍坊奎文民生街社区组织学传统文化庆元宵节	2月18日
50	新华网山东频道	山东省潍坊市奎文区荣膺全国科普示范区称号	2月18日
51	新华网山东频道	山东潍坊奎文整治城市环境　确保艺考顺利进行	2月18日
52	《人民日报》数字 新媒体	潍坊奎文区大虞街道收心归位快谋发展谱新篇	2月18日
53	《大众日报》县域版	一个区委书记的三天驻“村”生活	2月18日
54	《大众日报》23版	“五年再造一个新奎文”收官战打响	2月19日
55	《大众日报》23版	北苑街道化解三无小区“脏乱差”现象 老旧小区有了物业公司	2月19日

续表

序号	媒 体	题 目	时间
56	《大众日报》23 版	奎文门美食文化街开街	2 月 19 日
57	《大众日报》23 版	东关街道苇湾社区向社区居民发布新一期的社区居务和评选“最美苇湾人物”公告	2 月 19 日
58	《大众日报》23 版	奎文：坚持问题导向抓基层党建	2 月 19 日
59	《大众日报》23 版	“第一书记”心系困难群众	2 月 19 日
60	《大众日报》23 版	强化监管保春节期间市场安全有序	2 月 19 日
61	《大众日报》23 版	系列活动丰富春节群众文化生活	2 月 19 日
62	新华网山东频道	山东潍坊奎文区大虞街道打造三大特色产业链	2 月 22 日
63	新华网山东频道	奎文区成立市民记者团打造全新民意平台	2 月 23 日
64	新华网山东频道	山东潍坊奎文区打造百姓书房 居民充电又欢乐	2 月 26 日
65	新华网山东频道	山东潍坊奎文东关街道“四步走”构建现代养老服务体系	2 月 26 日
66	新华网山东频道	山东潍坊市奎文区梨园街道举办群众民间艺术团巡演活动	2 月 26 日
67	新华网山东频道	山东潍坊市奎文区强化文化市场监管为艺考创造良好环境	2 月 26 日
68	新华网山东频道	山东潍坊市奎文区强化执法监督推进严格规范公正文明执法	2 月 26 日
69	《人民日报》数字新媒体	奎文大虞街道整合创新资源优势加快打造特色产业链	2 月 26 日
70	《大众日报》18 版	招聘会上看“转型”	2 月 26 日
71	《大众日报》18 版	刘菲：把服装做成一种文化	2 月 26 日
72	山东人民广播电台直播山东	潍坊奎文交警一中队推出在线挪车服务广获点赞	2 月 27 日
73	新华网山东频道	潍坊奎文宣传系统大力贯彻经济工作会议精神	2 月 29 日
74	中新网	潍坊奎文消防组织学校师生“零距离”体验消防	2 月 29 日
75	新华网山东频道	山东潍坊奎文市场监管局加强学生小饭桌监管	3 月 1 日
76	新华网山东频道	潍坊奎文“我推荐评议身边好人”微信系统上线	3 月 1 日
77	新华网山东频道	潍坊奎文区广文街道虞虹桥社区组织植树活动	3 月 1 日
78	新华网山东频道	潍坊奎文车管所：防事故抓源头，管好车教好人	3 月 1 日
79	新华网山东频道	山东省潍坊市奎文区严管四类车辆及三种驾驶人	3 月 1 日
80	《农村大众》A3 版	北苑街道实施 463 行动力推重点项目建设	3 月 1 日
81	新华网山东频道	山东潍坊奎文“就业援助大集”搭建求职“金桥”	3 月 2 日
82	新华网山东频道	山东省潍坊市奎文区政协五届五次会议闭幕	3 月 2 日
83	新华网山东频道	潍坊奎文十七届人大五次会议举行第二次全体会议	3 月 2 日
84	新华网山东频道	山东省潍坊市奎文区十七届人大五次会议闭幕	3 月 2 日
85	新华网山东频道	潍坊奎文车管所加强春季客运车辆驾驶人管理	3 月 3 日

续表

序号	媒 体	题 目	时间
86	新华网山东频道	潍坊奎文区车管所利用窗口平台强化安全教育	3月3日
87	新华网山东频道	潍坊奎文区市场监管局开展整风肃纪培训学习	3月3日
88	《大众日报》18版	奎文区金都社区志愿服务成了社区名片	3月4日
89	山东人民广播电台山东新闻	潍坊志愿服务培训基地成立	3月5日
90	山东人民广播电台直播山东	潍坊六县市入选省食品安全先进县市区创建单位	3月8日
91	新华网山东频道	山东潍坊女书画家协会“庆三八”书画展开展	3月8日
92	新华网山东频道	潍坊奎文一社区举行“喜迎三八趣味运动会”	3月8日
93	新华网山东频道	潍坊奎文：雷锋精神薪火相传 情系山区公益行	3月9日
94	新华网山东频道	潍坊奎文区启动“提升市区　走进文明”志愿服务	3月9日
95	新华网山东频道	山东潍坊奎文启动2016市民文艺素养提升工程	3月9日
96	《农村大众》A3版	北苑街道三举措狠抓实事提升民生建设实现新跨越	3月9日
97	人民数字网	潍坊市奎文区委统战部联合中百大厦举办“爱心墙”公益活动	3月9日
98	《大众日报》18版	3家劳动仲裁院被评为省示范单位	3月11日
99	山东人民广播电台山东新闻	潍坊出台办法规范小区物业更替和停车管理	3月12日
100	新华网山东频道	潍坊奎文区潍州路街道深化“由民做主”干工作	3月13日
101	新华网山东频道	奎文打造山东潍坊首家“互联网+”智慧养老品牌	3月14日
102	新华网山东频道	山东潍坊奎文公证处推出“互联网+公证”服务	3月15日
103	新华网山东频道	潍坊奎文2016“春风行动”招聘在东关街道举行	3月15日
104	新华网山东频道	潍坊奎文潍州路街道星河社区办党课专题讲座	3月16日
105	新华网山东频道	潍坊奎文北海路街道调结构 全力攻坚三大片区	3月16日
106	新华网山东频道	潍坊奎文北苑街道探索“党建+”助力社区治理	3月16日
107	新华网山东频道	奎文区梨园街道创新宣传社会主义核心价值观	3月16日
108	山东人民广播电台直播山东	潍坊公示620家春季学生小饭桌名单	3月16日
109	新华网山东频道	山东省潍坊市奎文区广文街道成立“大工委”	3月17日
110	新华网山东频道	潍坊奎文政协委员认真学习区委书记李辉讲话	3月18日
111	新华网山东频道	山东省潍坊市奎文区政协五届五次会议开幕	3月18日
112	新华网山东频道	潍坊奎文政协委员审议政协工作报告提案报告	3月18日
113	新华网山东频道	山东省潍坊市奎文区十七届人大五次会议开幕	3月18日
114	《大众日报》18版	新规能否化解小区乱象？	3月18日
115	《大众日报》20版	奎文：打造本土旅游品牌	3月18日

续表

序号	媒体	题目	时间
116	《大众日报》20 版	“楼宇社区”唱好三部曲	3 月 18 日
117	《大众日报》20 版	“就业援助大集”搭建就业援助桥	3 月 18 日
118	《大众日报》20 版	奎文经济开发区推行“3+”服务模式	3 月 18 日
119	新华网山东频道	李辉与人大代表政协委员讨论政府工作报告	3 月 21 日
120	新华网山东频道	宋均圻与人大代表政协委员讨论政府工作报告	3 月 21 日
121	新华网山东频道	高志秀与潍坊奎文人大代表审议政府工作报告	3 月 21 日
122	新华网山东频道	刘良嘉与潍坊奎文政协委员讨论政府工作报告	3 月 21 日
123	新华网山东频道	冯天韬与潍坊奎文人大代表审议政府工作报告	3 月 21 日
124	新华网山东频道	山东潍坊奎文人民代表大会首次举行宪法宣誓	3 月 23 日
125	新华网山东频道	山东潍坊奎文创新提升电台新闻 聚焦民生之音	3 月 23 日
126	新华网山东频道	潍坊奎文大虞街道四大特色园区推动产业发展	3 月 23 日
127	人民数字网	潍坊市奎文区：“孝心乐”让老人畅享移动互联	3 月 23 日
128	《大众日报》19 版	精准发力赢得新优势	3 月 25 日
129	《大众日报》19 版	奎文区福寿街社区开展节水宣传活动（图）	3 月 25 日
130	《大众日报》19 版	奎文区：打好提升市区攻坚战	3 月 25 日
131	《大众日报》19 版	大虞街道打造智慧养老	3 月 25 日
132	《大众日报》19 版	奎文区市民记者团成立	3 月 25 日
133	《大众日报》19 版	东关街道推行社区网格化管理模式	3 月 25 日
134	《大众日报》19 版	奎文门社区雷锋党支部公益山区行	3 月 25 日
135	《农村大众》A3 版	北苑街道“三落实三深入”促进志愿服务工作常态化开展	3 月 25 日
136	中新网	山东潍坊为一千余所中小学配备足球指导用书	3 月 25 日
137	山东电视台早安山东	潍坊（奎文）设立五处爱心墙	3 月 25 日
138	《农村大众》A3 版	北苑街道党建＋模式助力社区治理创新	3 月 28 日
139	人民数字网	潍坊奎文区大虞街道：特色园区带动产业集聚发展	3 月 28 日
140	人民数字网	潍坊市院校街社区为 4 岁白血病男孩募捐	3 月 29 日
141	人民数字网	潍坊市大虞街道：精准发力 振兴区域经济	3 月 29 日
142	人民数字网	民生会客厅：“双微”直播聊“两会”热点	3 月 31 日
143	新华网山东频道	山东潍坊奎文“全民总动员”畅聊“区两会”热点	3 月 31 日
144	中新网	潍坊两万株郁金香提前盛开　花期持续到 4 月下旬	4 月 5 日
145	《大众日报》18 版	科技成果及技术市场管理培训班举办	4 月 8 日
146	《中国文化报》	“大美奎文”美术作品展开幕	4 月 14 日

续表

序号	媒 体	题 目	时间
147	新华网山东频道	山东潍坊奎文区成立先模先锋团 下设 8 支队伍	4 月 14 日
148	新华网山东频道	山东潍坊市奎文区 2016 重点项目春季集中开工	4 月 14 日
149	新华网山东频道	潍坊奎文经济开发区“32241”管理市民记者团	4 月 14 日
150	新华网山东频道	山东潍坊市奎文区积极做好国家森林城市创建	4 月 14 日
151	新华网山东频道	2016 第 23 届潍坊（金宝）汽车文化博览会开幕	4 月 14 日
152	新华网山东频道	山东潍坊奎文区对学校食堂实行“飞行检查”	4 月 14 日
153	新华网山东频道	潍坊奎文大虞街道力量下沉 推进卫生城市创建	4 月 14 日
154	新华网山东频道	山东潍坊奎文：“大美奎文”美术作品展开幕	4 月 15 日
155	《大众日报》17 版	老旧小区改造获省奖补资金 4591 万元	4 月 15 日
156	《农村大众》A3 版	北苑街道四个抓实谋划 2016 年纪检监察工作	4 月 15 日
157	新华网山东频道	山东潍坊奎文区开展“文化执法进课堂”活动	4 月 16 日
158	新华网山东频道	山东省潍坊市奎文区举办文创人才专场招聘会	4 月 18 日
159	新华网山东频道	潍坊奎文新闻中心一线工作法提升服务软实力	4 月 18 日
160	《农村大众》A3 版	潍坊金都社区水培芽苗菜种植项目正式启动	4 月 18 日
161	中新网	潍坊“我的未来”生活馆探索自主创业新模式	4 月 18 日
162	《农村大众》A3 版	北苑街道卧龙社区集中清理垃圾打造美丽家园	4 月 19 日
163	新华网山东频道	潍坊奎文“传承非遗”大虞文化村艺术节开幕	4 月 19 日
164	《大众日报》19 版	“飞行检查”学校食堂	4 月 22 日
165	《大众日报》19 版	北苑街道实施党员素质提升工程	4 月 22 日
166	《大众日报》19 版	文创人才专场招聘会举办	4 月 22 日
167	《大众日报》19 版	第四届大虞文化艺术节举办	4 月 22 日
168	《大众日报》19 版	奎文成立“先模先锋团”	4 月 22 日
169	《大众日报》19 版	街道“大工委”：双向服务 共建共赢	4 月 22 日
170	《大众日报》19 版	“大美奎文”美术作品展举办（图）	4 月 22 日
171	《大众日报》19 版	民生速递员，居民身边的贴心人	4 月 22 日
172	《大众日报》19 版	奎文区新一期“民生会客厅”举办——政民互动平台聚焦百姓热点	4 月 22 日
173	《工人日报》	潍坊奎文区专场招聘文创人才	4 月 25 日
174	山东人民广播电台直播山东	潍坊今年将建 100 处智能储物柜	4 月 27 日
175	新华网山东频道	山东潍坊奎文专项抽检旅游景区及周边餐饮店	4 月 28 日
176	新华网山东频道	潍坊奎文加强“五一”前大型游乐设施安全检查	4 月 28 日
177	新华网山东频道	潍坊奎文编办推广双随机抽查 规范事中事后监管	4 月 28 日

续表

序号	媒 体	题 目	时间
178	新华网山东频道	山东潍坊奎文环卫将餐厨废弃物整治引向深入	4月28日
179	新华网山东频道	山东潍坊市奎文区首次尝试基层工会直选模式	4月28日
180	新华网山东频道	潍坊奎文区启动“阅读点亮中国梦．千人诵读”	4月28日
181	新华网山东频道	潍坊奎文国税局荣膺“市级理论大众化示范点”	4月28日
182	新华网山东频道	山东潍坊奎文召开银企对接会　破解企业融资难	4月28日
183	新华网山东频道	山东潍坊市奎文区开展深度保洁改善居住环境	4月28日
184	新华网山东频道	潍坊奎文潍州路街道多措并举绷紧“防火弦”	4月28日
185	新华网山东频道	山东潍坊市奎文区大虞街道开展全民阅读活动	4月28日
186	新华网山东频道	潍坊奎文区北苑街道二级网格管理实现全覆盖	4月28日
187	新华网山东频道	王立宪油画作品展在山东省潍坊市奎文区开幕	4月29日
188	新华网山东频道	奎文举办相约第六届中国画节·中国画家作品展	4月29日
189	《大众日报》17版	潍坊5年累计实现城乡就业117.7万人	4月29日
190	新华网山东频道	山东潍坊奎文区开展全国儿童预防接种日宣传	5月1日
191	新华网山东频道	潍坊奎文疾控中心：合理膳食是预防高血压关键	5月1日
192	新华网山东频道	潍坊奎文疾控中心开展世界防治麻风病日宣传	5月1日
193	新华网山东频道	山东省潍坊市奎文疾控中心做好创城迎审工作	5月1日
194	新华网山东频道	潍坊奎文疾控中心樱园东社区卫生站入户随访	5月1日
195	新华网山东频道	山东潍坊市奎文区疾控中心开展世界防治结核病日宣传	5月1日
196	《大众日报》20版	抓住新型服务业的“牛鼻子”	5月2日
197	《大众日报》20版	大虞街道做好群众工作提升居民认同感	5月2日
198	《大众日报》20版	奎文区开展“母亲节”系列活动	5月2日
199	《大众日报》20版	奎文有了专职安全消防员	5月2日
200	《大众日报》20版	潍坊民建法律服务中心在奎文区东关街道工福街社区揭牌成立（图）	5月2日
201	《大众日报》20版	居民有困难，就找网格管理员	5月2日
202	《大众日报》20版	京广传媒在“新三板”挂牌	5月2日
203	《大众日报》20版	市容环境卫生集中整治行动开展	5月2日
204	《大众日报》20版	新建改建学校促优质教育惠民	5月2日
205	《大众日报》20版	楼宇园区助力企业发展	5月2日
206	《大众日报》20版	爱心企业进社区献爱心	5月2日
207	新华网山东频道	潍坊奎文区打造互联网金融中心 创新金融业态	5月3日
208	新华网山东频道	山东潍坊市奎文区司法局开展普法进社区活动	5月3日

续表

序号	媒 体	题 目	时间
209	新华网山东频道	潍坊奎文市场监管局力保 2016 中高考餐饮安全	5月3日
210	新华网山东频道	潍坊奎文区广文街道虞虹桥社区开展六一慰问	5月3日
211	《农村大众》A3 版	北苑街道则尔庄社区举办读书交流活动	5月3日
212	《农村大众》A3 版	北苑街道召开二级网格全覆盖新闻发布会主推社区管理新途径	5月4日
213	《人民日报》1 版	营改增减税 小微更明媚	5月4日
214	中央电视台午间新闻	潍坊奎文：感受“成人礼”难忘青春记忆	5月4日
215	中央电视台午间新闻	潍坊奎文：感受“成人礼”难忘青春记忆	5月4日
216	山东卫视早间新闻	潍坊奎文：感受“成人礼”难忘青春记忆	5月5日
217	新华网山东频道	山东潍坊奎文第一支专职安全消防员队伍成立	5月5日
218	新华网山东频道	山东潍坊奎文大虞街道推行干部“尽职免责”机制	5月5日
219	《大众日报》9 版	潍州路街道健康街社区举办旧衣物回收活动（图）	5月6日
220	《大众日报》9 版	3 个家庭入选全国“书香之家”	5月6日
221	《大众日报》10 版	让梦想照进现实	5月8日
222	新华网山东频道	潍坊打造安全高效“数字世界”承接“工业 4.0”	5月9日
223	人民网新闻频道	国内首个“4.0 园区”灵狮·潍坊国际创意港开园开启“4.0 时代”	5月11日
224	新华网山东频道	山东潍坊奎文创建国家卫生城市迎审“再部署”	5月11日
225	新华网山东频道	山东潍坊市奎文区全力推进国家卫生城市复审	5月11日
226	新华网山东频道	山东潍坊市奎文区市场监管局推动创卫“迎审”	5月11日
227	新华网山东频道	山东潍坊市奎文区北海路街道：创卫迎审讲实效	5月11日
228	新华网山东频道	山东潍坊奎文北苑街道：全力做好卫生城市复审	5月11日
229	新华网山东频道	潍坊奎文构建街道“大工委”探索基层党建新路	5月11日
230	新华网山东频道	潍坊奎文用好金融工具 推动实体经济增效升级	5月12日
231	新华网山东频道	山东潍坊奎文大虞街道：“东园早春”看市场	5月12日
232	新华网山东频道	潍坊南下河市场：全力打造城区百姓“菜篮子”	5月12日
233	《农村大众》A3 版	我们正青春 – 北苑街道则尔庄社区举办青年节文艺活动	5月12日
234	《大众日报》29 版	74 个中石油加油站成为免费“环卫驿站”	5月13日
235	《大众日报》30 版	潍坊国际创意港一起开园	5月13日
236	《农村大众》A3 版	北苑街道金都社区组织社区四点半学校开展野外大课堂	5月13日
237	《农村大众》A3 版	金都社区举办老年人春游户外活动	5月17日
238	新华网山东频道	山东潍坊奎文经济开发区倾力发展汽车服务业	5月17日
239	新华网山东频道	山东潍坊市奎文区政务全面实现“一站式”服务	5月17日

续表

序号	媒 体	题 目	时间
240	新华网山东频道	山东潍坊税务“营改增”试点在奎文区全面推开	5月17日
241	新华网山东频道	潍坊奎文做好统一社会信用代码赋码前期准备	5月17日
242	《农村大众》A3版	金都社区开展心存阳光花之绽放——感恩的心小课堂	5月18日
243	新华网山东频道	山东省潍坊市奎文区着力打造绿色发展新局面	5月19日
244	新华网山东频道	山东潍坊奎文区举办安全生产监管业务培训班	5月19日
245	新华网山东频道	潍坊大学生创新创业大赛奎文赛区选拔赛举行	5月19日
246	新华网山东频道	潍坊奎文“3+”优化企业服务　注入发展新动能	5月19日
247	新华网山东频道	山东潍坊市奎文区反家庭暴力庇护所挂牌投用	5月19日
248	新华网山东频道	山东潍坊市奎文区多举措力促现代服务业发展	5月19日
249	《大众日报》13版	创客空间引来30家创业公司	5月27日
250	《大众日报》13版	2016潍坊大学生创新创业大赛奎文分赛区复赛在创业公社进行（图）	5月27日
251	《大众日报》13版	走，咱们到科技馆去	5月27日
252	《大众日报》14版	持续干旱，潍坊启动城市节水模式	5月27日
253	《大众日报》14版	农行潍坊奎文支行开展电子渠道缴费业务推广活动	5月27日
254	《农村大众》A3版	北苑街道则尔庄社区抓实支部生活日	5月27日
255	中新网山东频道	山东互联网金融中心在潍坊市奎文区开园运营	5月31日
256	中新网	山东互联网金融中心在潍坊市奎文区开园运营	5月31日
257	新华网山东频道	山东互联网金融中心在潍坊奎文开园运营	6月1日
258	新华网山东频道	“食安山东”融媒体行活动走进山东潍坊奎文	6月3日
259	新华网山东频道	山东潍坊奎文区早春园改造提升工程全面启动	6月3日
260	新华网山东频道	山东潍坊“网络文化社区行”在奎文启动	6月3日
261	新华网山东频道	山东潍坊市奎文区开展农药经营单位专项检查	6月3日
262	《大众日报》15版	奎文集全区之力推进经济开发区发展——企业搭顺风车推进转型升级	6月3日
263	《大众日报》15版	庆“六一”公益演出举行	6月3日
264	《大众日报》15版	西上虞社区被评为“山东省节水型社区”（图）	6月3日
265	《大众日报》15版	奎文多形式开展“两学一做”学习教育活动	6月3日
266	《大众日报》15版	“最美家庭讲家风”巡讲走进社区	6月3日
267	新华网山东频道	山东省潍坊市奎文区开展“美德少年”评选活动	6月6日
268	新华网山东频道	山东省潍坊市奎文区第九届社区文化艺术节开幕	6月6日
269	新华网山东频道	山东省潍坊市奎文区加强投资担保类企业监管	6月6日
270	新华网山东频道	山东潍坊奎文妇联启动“最美家庭讲家风”巡讲	6月6日

续表

序号	媒 体	题 目	时间
271	新华网山东频道	潍坊奎文区2016中高考期间专项整治文化市场	6月6日
272	《农村大众》A3版	北苑街道则尔庄社区抓实“支部生活日”学习	6月7日
273	新华网山东频道	潍坊奎文区市场监管局强化执法推动创城工作	6月13日
274	新华网山东频道	山东省潍坊市奎文区2016年创业大赛完美收官	6月13日
275	新华网山东频道	山东潍坊市奎文区启动2016农机购置补贴工作	6月13日
276	新华网山东频道	山东潍坊奎文区志愿服务团为困难家庭献爱心	6月13日
277	新华网山东频道	山东潍坊奎文财政局建立重点文化企业项目库	6月13日
278	新华网山东频道	山东省潍坊市奎文区推出文明旅游及惠民活动	6月14日
279	新华网山东频道	山东潍坊关于南下河市场形象LOGO的征集公告	6月14日
280	新华网山东频道	潍坊奎文区开展经营企业约谈暨规范经营培训	6月16日
281	新华网山东频道	潍坊奎文区组织开展“双公示”信用体系建设	6月17日
282	新华网山东频道	潍坊奎文召开迎国家卫生城市复审工作调度会	6月19日
283	中新网	潍坊交警官微直播查酒驾　全国首个政务微博直播	6月21日
284	中新网	山东潍坊交警直播执法引围观 民警：这不是作秀	6月22日
285	新华网山东频道	山东潍坊奎文举行“走基层送健康”活动	6月22日
286	新华网山东频道	山东潍坊奎文：第二届广场舞大赛总决赛上演	6月22日
287	新华网山东频道	山东潍坊奎文区开展非物质文化遗产知识宣传	6月22日
288	新华网山东频道	山东省潍坊市奎文区开展就业援助进校园活动	6月22日
289	新华网山东频道	潍坊奎文区启动2016“感动奎文·年度十佳”评选	6月22日
290	新华网山东频道	山东省潍坊市奎文区举办第一届创新创业论坛	6月22日
291	《农村大众》A3版	北苑街道打霸治邪行动动员大会召开	6月22日
292	《农村大众》A3版	北苑街道召开“两学一做”学习教育辅导报告会	6月23日
293	《大众日报》18版	农行潍坊奎文支行开展超级柜台培训	6月24日
294	山东电视台齐鲁频道	健康咨询走进潍坊奎文	6月27日
295	新华网山东频道	高志秀当选为潍坊市奎文区人民政府区长	6月28日
296	新华网山东频道	山东潍坊奎文先模先锋团举行好人事迹报告会	6月28日
297	新华网山东频道	山东潍坊市奎文区启动2016“慈心一日捐”活动	6月28日
298	新华网山东频道	山东潍坊奎文开展“安全生产宣传咨询日”活动	6月28日
299	新华网山东频道	山东潍坊奎文启动“爱心桥”困境家庭关爱行动	6月28日
300	《大众日报》17版	服务，让基层党组织接“地气”	7月1日
301	《农村大众》A3版	北苑街道走进文明榜样引领先模评选颁奖晚会	7月6日

续表

序号	媒 体	题 目	时间
302	新华网山东频道	潍坊奎文办“光荣与梦想”庆祝建党 95 周年晚会	7 月 7 日
303	新华网山东频道	潍坊奎文举办庆祝建党 95 周年美术摄影作品展	7 月 7 日
304	新华网山东频道	山东潍坊奎文建立联席会议制度　强化市场监管	7 月 7 日
305	新华网山东频道	山东潍坊市奎文区专项抽检“夜猫子”市场食品	7 月 26 日
306	《大众日报》16 版	创业创新仍需加大政策支持	7 月 8 日
307	《大众日报》16 版	奎文：打造金融核心聚集区	7 月 8 日
308	《大众日报》16 版	奎文区第七期“民生会客厅”举行座谈	7 月 8 日
309	《大众日报》16 版	第七期“民生会客厅”聚焦环卫话题，图为参与者在讨论中发言（图）	7 月 8 日
310	《大众日报》16 版	统一社会信用代码赋码工作全面启动	7 月 8 日
311	《大众日报》16 版	彩虹村公益助学项目启动	7 月 8 日
312	《大众日报》16 版	奎文开展学校食堂开放日活动	7 月 8 日
313	《大众日报》16 版	幸福家庭志愿服务团成立	7 月 8 日
314	《大众日报》16 版	梨园街道多方式激发党员争先创优积极性	7 月 8 日
315	《农村大众》A3 版	全市区域化党建现场会　在北苑街道金都社区召开	7 月 14 日
316	新华网山东频道	山东潍坊奎文“民生会客厅”走进奎文环卫处	7 月 14 日
317	新华网山东频道	潍坊奎文编办狠抓三个落实 推进政府职能转变	7 月 14 日
318	新华网山东频道	潍坊奎文区潍州路街道抓好 2016 夏季安全生产	7 月 14 日
319	凤凰网	奎文区开展违法经营药品专项行动	7 月 14 日
320	新华网山东频道	山东潍坊奎文开展百草枯（水剂）专项检查整治	7 月 15 日
321	新华网山东频道	山东潍坊奎文开展违法经营使用药品专项检查	7 月 15 日
322	《大众日报》14 版	老旧小区停车设施改造有了规范	7 月 15 日
323	《农村大众》A3 版	区委常委纪委书记高东洋为北苑街道丁家社区党员讲授党课	7 月 15 日
324	新华网山东频道	山东潍坊奎文疾控中心：低盐菜品，健康饮食	7 月 19 日
325	新华网山东频道	潍坊奎文疾控中心：糖尿病患者，请注意您的脚	7 月 19 日
326	新华网山东频道	山东省潍坊市奎文区疾控中心：传染病防控常识	7 月 19 日
327	《农村大众》A3 版	北苑街道“三轮驱动”开拓志愿服务工作新天地	7 月 21 日
328	新华网山东频道	山东潍坊奎文疾控中心提醒：三妙招让脚更健康	7 月 22 日
329	新华网山东频道	山东潍坊奎文疾控中心：有氧运动于健康最合理	7 月 22 日
330	新华网山东频道	山东潍坊奎文疾控中心：夏季养生注意防晒饮食	7 月 22 日
331	新华网山东频道	山东潍坊奎文区举办首届鸢都动漫文化艺术节	7 月 22 日
332	新华网山东频道	山东潍坊奎文开展“两集中两到位”回头看活动	7 月 22 日

续表

序号	媒 体	题 目	时间
333	新华网山东频道	潍坊奎文区启动“我为创城添光彩”志愿服务月	7月22日
334	新华网山东频道	潍坊奎文经济开发区围绕产业链助推重点项目	7月22日
335	新华网山东频道	潍坊奎文区2016暑期青年志愿服务火热进行中	7月22日
336	新华网山东频道	潍坊奎文大虞街道严把三关创建国家食安城市	7月22日
337	《农村大众》A3版	北苑街道三措并举补短板　全力冲刺卫生城	7月22
338	《大众日报》19版	社区扶贫，扶上马送一程	7月22日
339	《大众日报》19版	巾帼志愿服务蓬勃发展	7月22日
340	《大众日报》19版	205项改革任务基本完成	7月22日
341	《大众日报》19版	小区管理趋完善 居民满意度提高	7月22日
342	《大众日报》19版	34个部门推广“双随机”抽查制度	7月22日
343	《大众日报》19版	发挥统战优势 帮扶社区发展	7月22日
344	《大众日报》19版	奎文开展“两集中　两到位”回头看	7月22日
345	《大众日报》19版	“我为创城添光彩”全民志愿服务月活动启动	7月22日
346	《大众日报》19版	剪纸老师在苇湾社区文创空间教孩子们剪纸知识（图）	7月22日
347	中新网	雨后晾晒警服　潍坊交警“史上最乱会议室”感动网友	7月22日
348	中新网	山东铁腕治污苦练“组合拳”誓还百姓一片净土蓝天	7月26日
349	《大众日报》14版	潍坊中心城区开展非法载客车辆集中整治	7月29日
350	《大众日报》县域版头条	奎文区：五个“加法”推动深度融合	8月1日
351	《农村大众》A3版	北苑街道认真组织干部德廉知识测试	8月1日
352	山东人民广播电台新闻大屏幕	潍坊市成立环卫志愿者服务队，回报社会，取名荧光	8月2日
353	《农村大众》A3版	金都社区举办“变废为宝”环保DIY手工大课堂	8月3日
354	凤凰网	潍坊市奎文区组建快速保洁队伍　共计40人	8月4日
355	凤凰网	潍坊奎文市场监管局抽检烧烤店 全程联合第三方检测公司	8月5日
356	《大众日报》16版	电商联盟为企业插上“互联网+”翅膀	8月5日
357	《大众日报》16版	9社区居民信息全部建档	8月5日
358	《大众日报》16版	纪念唐山大地震40周年暨地震科普知识进社区宣传活动在东苑公园启动（图）	8月5日
359	《大众日报》16版	大虞社区举行迎八一文艺演出	8月5日
360	《大众日报》16版	从老大难到标兵—胡西社区以“两学一做”引领创城工作开展	8月5日
361	《大众日报》16版	奎文加强市场主体事中事后监管	8月5日
362	《大众日报》16版	北苑街道加快推进项目建设	8月5日

续表

序号	媒 体	题 目	时间
363	《大众日报》16 版	“和美东关”系列评选活动启动	8 月 5 日
364	《大众日报》16 版	适龄妇女“两癌”免费筛查项目启动	8 月 5 日
365	《大众日报》16 版	栾家社区开展消防安全应急疏散演练	8 月 5 日
366	新华网山东频道	山东潍坊市奎文区举办“@她女性创业计划”培训	8 月 5 日
367	新华网山东频道	山东潍坊市奎文区全力做好拥军优属工作	8 月 5 日
368	新华网山东频道	潍坊市奎文区培训考核生产环节食品安全管理人员	8 月 5 日
369	新华网山东频道	山东潍坊奎文全面完成公立医院人员控制总量备案管理工作	8 月 5 日
370	新华网山东频道	潍坊市奎文区开展违法经营使用药品专项检查	8 月 5 日
371	新华网山东频道	山东省潍坊市奎文区文化产业电商联盟成立	8 月 7 日
372	新华网山东频道	山东潍坊奎文团区委举办 2016 年度机关开放日	8 月 7 日
373	新华网山东频道	山东潍坊奎文区：地震科普知识进社区	8 月 7 日
374	凤凰网	山东潍坊奎文团区委举办 2016 年度机关开放日	8 月 7 日
375	新华网山东频道	山东潍坊市奎文区全力创建国家森林城市	8 月 12 日
376	凤凰网	二次供水奎文专项督查 发现问题当场下达意见书	8 月 14 日
377	新华网山东频道	山东潍坊市奎文区开展露天烧烤整治活动	8 月 19 日
378	新华网山东频道	山东奎文区积极开展高温中暑事件监测和应急工作	8 月 19 日
379	《大众日报》19 版	用服务架起干群连心桥	8 月 19 日
380	《大众日报》19 版	苇湾社区推进三级网络平台建设	8 月 19 日
381	《大众日报》19 版	民生街社区绘制数十幅形态各异的墙体画（图）	8 月 19 日
382	《大众日报》19 版	群策群力助推“滚石上山”	8 月 19 日
383	《大众日报》19 版	农行潍坊廿里堡支行跨境人民币业务实现新突破	8 月 19 日
384	《大众日报》19 版	二次供水卫生专项监督检查展开	8 月 19 日
385	《大众日报》19 版	梨园街道整治露天烧烤	8 月 19 日
386	《大众日报》19 版	规范网络订餐经营行为	8 月 19 日
387	《大众日报》19 版	则尔庄社区托老中心全面升级	8 月 19 日
388	《大众日报》20 版	奎文市场监管局探索网络市场监管新机制	8 月 19 日
389	《大众日报》13 版	首届“市长杯”工业设计大赛落幕	8 月 26 日
390	《农村大众》A3 版	北苑街道三举措凝心民生管理　以新理念谋划新气象	8 月 11 日
391	《农村大众》A3 版	北苑街道围绕产业派实现发展加速度	8 月 22 日
392	《农村大众》A3 版	奎文北苑街道则尔庄社区托老中心提升改造	8 月 23 日
393	新华网山东频道	农行潍坊奎文支行组织网点上报“运营金点子”	8 月 24 日

续表

序号	媒 体	题 目	时间
394	新华网山东频道	农行奎文支行强化授权业务督导提升工作质量	8月24日
395	《农村大众》A3版	北苑街道以工匠精神涵养产业“三向三要”为发展添动力	8月25日
396	凤凰网	奎文区马少野社区开展“两癌筛查”活动	8月25日
397	凤凰网	奎文区松鹤园社区组织育龄妇女免费查体	8月25日
398	凤凰网	奎文区注入“群众”理念 打造新媒体为民服务新机制	8月25日
399	《农村大众》A3版	北苑街道丁家社区开展消防知识安全讲座	8月26日
400	新华网山东频道	山东潍坊市奎文区积极推进综合行政执法体制改革工作	8月26日
401	新华网山东频道	山东潍坊市奎文区开展二次供水卫生专项监督检查工作	8月26日
402	新华网山东频道	山东潍坊市奎文区加大监管力度进一步规范成品油市场秩序	8月26日
403	新华网山东频道	山东潍坊市奎文区环卫处开展安全生产大检查	8月27日
404	新华网山东频道	山东潍坊市奎文区深化扩权强镇改革试点工作	8月27日
405	新华网山东频道	潍坊奎文开2016宣传文化为民十件实事推进会	8月27日
406	新华网山东频道	潍坊奎文：慈善义工进社区 居民悦享便民服务	8月27日
407	新华网山东频道	山东潍坊奎文北海路街道突出“六大楼宇”建设	8月27日
408	山东电视台新闻联播	中宣部来山东调研文化供给侧改革	8月27日
409	《农村大众》A3版	北苑街道多措并举着力营造看得见品牌文化环境	8月29日
410	凤凰网	潍坊：警税联合打击涉税违法行为	8月29日
411	凤凰网	社区文化节第三站：齐鲁晚报走进潍坊奎文区文化路社区	8月30日
412	《山东画报》	新常态下的奎文加速度	15期
413	《山东画报》	石维 万力：“好吃懒做”，中国首家“漫”生活服务商	15期
414	《山东画报》	宋佳：深耕潍坊，布局全国母婴综合服务商3h shopping	15期
415	《山东画报》	李勇：服装批发，传统与“互联网+”的无缝对接时代	15期
416	《山东画报》	王江华：“赛伯乐”打造百城众创新模式	15期
417	《山东画报》	刘晓阳：创新“文化+”，做传统书店破局者	15期
418	《山东画报》	董连山：不做珍珠，做串起珍珠的线	15期
419	凤凰网	潍坊奎文区探索教育集团一体化运行	9月2日
420	新华网山东频道	山东潍坊奎文“民生会客厅”走进奎文公安分局	9月3日
421	新华网山东频道	山东省潍坊市奎文区全区全力打造“阳光厨房”	9月3日
422	新华网山东频道	潍坊奎文区梨园街道樱园社区办庆国庆音乐会	9月3日
423	新华网山东频道	潍坊奎文潍州路街道开展企业走访“百日攻坚”	9月3日
424	新华网山东频道	山东省潍坊市奎文区开展烧烤店专项抽检工作	9月4日

续表

序号	媒 体	题 目	时间
425	新华网山东频道	山东潍坊奎文2016年“最美家庭”候选家庭揭晓	9月4日
426	新华网山东频道	山东潍坊奎文编办推进综合行政执法体制改革	9月4日
427	新华网山东频道	山东潍坊市奎文区严把五道关强化中秋月饼监管	9月4日
428	新华网山东频道	山东省潍坊奎文启动公安＋国税＋地税联络机制	9月4日
429	新华网山东频道	山东潍坊奎文开展二次供水卫生专项监督检查	9月4日
430	新华网山东频道	山东潍坊奎文法制服务局打造法制宣传大格局	9月4日
431	新华网山东频道	山东潍坊奎文区卧龙社区心桥文化艺术团成立	9月4日
432	新华网山东频道	山东潍坊奎文区北海路街道扎实推进统战工作	9月4日
433	新华网山东频道	潍坊奎文潍州路街道摸排互联网金融机构情况	9月4日
434	新华网山东频道	山东潍坊奎文慈善义工进社区 居民悦享便民服务	9月5日
435	新华网山东频道	“中国梦·小康情”宣讲团报告会在潍坊奎文开讲	9月7日
436	新华网山东频道	潍坊奎文：社区网格管理员细致服务获居民赞扬	9月8日
437	《大众日报》18版	奎文推进城市森林网络建设	9月9日
438	《大众日报》18版	书店里的书可用图书馆读书证借阅	9月9日
439	《大众日报》18版	喜迎开学季 服务更贴心	9月9日
440	凤凰网	农行潍坊奎文支行营销技能再提升工程效果显著	9月12日
441	凤凰网	潍坊各学校别样方式庆教师节	9月13日
442	《大众日报》6版	农行潍坊分行开展“关爱老人”公益行活动	9月16日
443	《大众日报》6版	农行潍坊奎文支行召开重点产品培训会	9月16日
444	《大众日报》6版	农行潍坊廿里堡支行强化安保措施	9月16日
445	新华网山东频道	山东省潍坊市奎文区创新完成中小学核编工作	9月18日
446	新华网山东频道	山东省潍坊市奎文区35名困难环卫工得到帮扶	9月18日
447	新华网山东频道	全国体育舞蹈比赛山东潍坊奎文少年屡创佳绩	9月18日
448	新华网山东频道	2016山东潍坊少先队辅导员培训班在奎文举行	9月18日
449	新华网山东频道	山东潍坊市奎文区宣传“全民健康生活方式日”	9月18日
450	新华网山东频道	山东潍坊市奎文区召开基层党校建设推进会议	9月18日
451	新华网山东频道	潍坊奎文电动车实名挂牌 装“车卫士”	9月18日
452	新华网山东频道	山东省潍坊市奎文区宣传“V聚正能量”	9月18日
453	新华网山东频道	潍坊奎文区召开“平安指数”运行机制推进会议	9月23日
454	新华网山东频道	山东潍坊市奎文区启动2016“全国科普日”活动	9月23日
455	新华网山东频道	潍坊奎文对入托入学儿童预防接种证查验补种	9月23日

续表

序号	媒 体	题 目	时间
456	新华网山东频道	潍坊奎文区广文街道落实廉政文化目标责任制	9月23日
457	《大众日报》18版	农行潍坊奎文支行举办贵宾客户主题微沙龙活动	9月23日
458	《大众日报》19版头条	奎文区从群众最需要的地方着手，创新为民服务模式—群众幸福指数明显提升	9月23日
459	《大众日报》19版	东关街道开启智慧养老模式	9月23日
460	《大众日报》19版	东关街道中学街社区第一届美食品鉴会结束（图）	9月23日
461	《大众日报》19版	潍坊市公安局奎文分局派驻奎文国税局、奎文地税局联络机制启动 三方联动打击涉税违法犯罪	9月23日
462	《大众日报》19版	北苑街道改进作风提升群众满意度	9月23日
463	《大众日报》19版	梨园街道创新建设合作社党建专管队伍	9月23日
464	《大众日报》19版	潍坊奎文积极推进无传销城市创建	9月23日
465	《大众日报》18版	农行潍坊廿里堡支行上门激活业务获好评	9月23日
466	人民网	潍坊市奎文区经信局从四方面入手扎实开展服务企业促发展百日攻坚	9月26日
467	《大众日报》1版	祝福你伟大的祖国（图）	10月1日
468	人民数字网	创＋企业转型升级 创新发展论坛暨世商联（潍坊）服务中心启动会召开	10月2日
469	新华网山东频道	潍坊奎文25所中小学挂牌“环卫工人爱心驿站”	10月3日
470	新华网山东频道	山东潍坊奎文实施建设工程项目“模块化”审批	10月3日
471	新华网山东频道	山东潍坊奎文加强投入 补齐南部教育“短板”	10月3日
472	新华网山东频道	潍坊奎文启动2016青年文明号和岗位能手评选	10月3日
473	中新网	山东房市调控逐渐发力	10月8日
474	人民数字网	创＋企业转型升级创新发展论坛暨世商联（潍坊）服务中心将于近期启动	10月12日
475	人民论坛网	创＋企业转型升级 创新发展论坛	10月13日
476	《大众日报》18版	农行潍坊奎文支行办理首笔鸥型期权业务	10月14日
477	新华网山东频道	潍坊奎文抓餐饮服务单位“明厨亮灶”成效显著	10月14日
478	新华网山东频道	山东潍坊奎文组织举办全区人民调解员培训班	10月14日
479	凤凰网	潍坊奎文25处学校保卫室向环卫工开放	10月19日
480	凤凰网	建行潍坊奎文支行智慧机“神器”显威力	10月20日
481	人民论坛网	世商联（潍坊）服务中心启动会盛大召开	10月21日
482	中国网	创＋企业转型升级 创新发展论坛	10月21日
483	《民生周刊》	创＋企业转型升级创新发展论坛暨世商联潍坊启动会盛大召开	10月21日
484	新华网山东频道	世商联（潍坊）服务中心启动会在潍坊奎文召开	10月23日
485	中新网	山东潍坊生态治污显成效：污水沟变湿地景观带	10月25日
486	人民网	潍坊市奎文区有序推进化工产业转型升级	10月27日

续表

序号	媒 体	题 目	时间
487	《大众日报》8版专版	奎文区：创新内核驱动城市全面发展	10月27日
488	凤凰网	农行奎文支行参加“支付清算杯”有奖业务知识答题活动	10月27日
489	《大众日报》15版头条	奎文区开展四德榜、好人心愿墙、感动奎文先模人物评选等活动—存好心做好事做好人不吃亏	10月28日
490	《大众日报》15版	东关街道划分以及网格40个、二级网格348个—居民有需求不用出社区	10月28日
491	《大众日报》15版	“民生会客厅”聚焦公安话题	10月28日
492	《大众日报》15版	北苑街道各项工作“加速度”	10月28日
493	新华网山东频道	山东潍坊奎文区法院新闻宣传获最高法院表彰	10月31日
494	新华网山东频道	山东潍坊市奎文区开展“巾帼建功”评选活动	10月31日
495	新华网山东频道	山东潍坊市奎文区落实“五证合一”登记改革	10月31日
496	新华网山东频道	潍坊奎文为主次干道背街小巷添果皮箱垃圾桶	10月31日
497	新华网山东频道	山东潍坊奎文区开展私拉餐厨废弃物专项整治	10月31日
498	新华网山东频道	山东潍坊市奎文区集中检查学校食堂食品安全	10月31日
499	新华网山东频道	潍坊奎文爱心商户为环卫工人免费发放黑猪肉	10月31日
500	新华网山东频道	山东潍坊市奎文区“三位一体”助推企业发展	10月31日
501	凤凰网	潍坊：奎文中小学设防校园欺凌信箱	11月2日
502	《大众日报》17版	潍坊新增25处“环卫工人爱心驿站”	11月4日
503	《大众日报》8版下半版	作为退城进园建设主战场，奎文区北苑街道正实现华丽蝶变抢占发展先机，打造高端商贸区	11月4日
504	新华网山东频道	“引领新常态　共建新广文”颁奖晚会在潍坊市奎文区举行	11月4日
505	新华网山东频道	2016年“感动奎文·年度十佳先模人物”评审会召开	11月4日
506	新华网山东频道	山东潍坊市奎文区先试先行开展事业单位监管“双随机”	11月4日
507	新华网山东频道	奎文区33名青年入选潍坊市青年联合会第八届委员会	11月4日
508	新华网山东频道	山东潍坊市奎文区少工委举办青少年健康教育讲座	11月4日
509	新华网山东频道	山东潍坊市奎文区：“爱心餐”送上门	11月4日
510	凤凰网	农行潍坊奎文支行多措并举推动集中作业平台规范运行	11月7日
511	新华网山东频道	潍坊市基层呼吸疾病防治联盟成立大会召开	11月11日
512	新华网山东频道	奎文区多措发力“提升市区”	11月11日
513	新华网山东频道	齐白石书画艺术研究院齐鲁分院成立暨揭牌仪式在奎文区举行	11月11日
514	新华网山东频道	奎文区农村公路安全生命防护工程联合验收工作顺利完成	11月11日
515	新华网山东频道	奎文区实施建设工程项目“模块化”审批提升服务效能	11月11日
516	新华网山东频道	奎文区“最美商户”评选活动全面启动	11月11日
517	新华网山东频道	山东潍坊奎文区开拓思路创新模式 探索文件和案卷评查新方法	11月11日

续表

序号	媒 体	题 目	时间
518	新华网山东频道	潍坊市奎文区《老潍县金融》一书喜获潍坊市社会科学优秀成果一等奖	11月11日
519	新华网山东频道	山东潍坊市巾帼家政服务业评选奎文区再获佳绩	11月11日
520	新华网山东频道	潍坊市奎文区潍州路街道多举措筑牢食品安全“防火墙”	11月11日
521	新华网山东频道	山东潍坊市奎文区北海路街道“三送”提升为流动人口服务新高度	11月11日
522	新华网山东频道	画都O2O青年艺术平台上线	11月11日
523	《大众日报》19版	择校外流的学生回来了	11月18日
524	《大众日报》19版	东关街道工福街社区邀请专家到社区为居民进行公益讲解（图）	11月18日
525	《大众日报》19版	创+企业转型升级创新发展论坛召开	11月18日
526	《大众日报》19版	“廉洁家风”故事大赛举办	11月18日
527	《大众日报》19版	用理论学习推动工作创新	11月18日
528	《大众日报》19版	加强专业技术人员继续教育	11月18日
529	《大众日报》19版	三项措施规范事中事后监管	11月18日
530	《大众日报》19版	中小学及幼儿园食堂食品安全检查展开	11月18日
531	凤凰网	建行潍坊奎文支行积极开展消防安全知识培训	11月23日
532	新华网山东频道	潍坊市奎文区强化学校食堂食品安全检查	11月25日
533	新华网山东频道	山东潍坊市奎文区北海路街道全面开展冬季供暖期大气环保专项行动	11月25日
534	新华网山东频道	潍坊市奎文区农副产品安全实施第三方检测	11月25日
535	新华网山东频道	山东潍坊奎文：垃圾桶穿上“铁铠甲”	11月25日
536	《大众日报》县域版头条	基层法院有了金融审判庭	11月28日
537	中新网	山东省振兴传统工艺培训班开班 助力精准扶贫	12月1日
538	《大众日报》18版	奎文规范执法事中事后监管	12月2日
539	新华网山东频道	山东潍坊市奎文区多措发力助推市区再提升	12月2日
540	新华网山东频道	山东潍坊市奎文区潍州路街道深入贯彻落实十八届六中全会精神	12月2日
541	新华网山东频道	山东潍坊市奎文区积极推进事业单位法人治理结构建设试点工作	12月2日
542	新华网山东频道	山东潍坊市奎文区两处公厕进入全国最美行列	12月2日
543	新华网山东频道	山东潍坊市奎文区组织开展供暖锅炉安全专项检查	12月2日
544	新华网山东频道	山东潍坊市奎文区北海路街道“三个到位”持续奏响创城惠民主旋律	12月2日
545	新华网山东频道	“用爱点燃希望”爱心捐赠活动在潍坊奎文举行	12月2日
546	新华网山东频道	“你读书·我买单”全民阅读推广活动启动	12月2日
547	新华网山东频道	潍坊壹号仓项目启动暨招商大会举行	12月9日
548	新华网山东频道	潍坊市奎文区：社区与辖区企业签订诚信承诺书	12月9日

续表

序号	媒 体	题 目	时间
549	新华网山东频道	山东潍坊市奎文区圆满完成2016年度“两癌”免费筛查计划	12月9日
550	新华网山东频道	潍坊市奎文区普法办组织开展“12·4”国家宪法日集中宣传活动	12月9日
551	新华网山东频道	“网聚人才，灵活共建”——奎文团区委多渠道探索互联网行业团建新路径	12月9日
552	新华网山东频道	潍坊市奎文区“三到位”开展非法投资理财广告排查清理工作	12月9日
553	《大众日报》18版	奎文区企业在齐鲁股权交易中心集中挂牌	12月9日
554	《大众日报》18版	与群众互动 公益电影“活”了	12月9日
555	《大众日报》19版	南下河市场脏乱差问题彻底解决了	12月16日
556	《大众日报》19版	北苑打造街道文化品牌	12月16日
557	《大众日报》19版	奎文强化事业单位监管	12月16日
558	《大众日报》19版	打造永不撤离的基层文化服务“常备军”	12月16日
559	《大众日报》19版	“你读书·我买单”全民阅读推广活动启动	12月16日
560	《大众日报》19版	奎文增添一智能仓储配送平台	12月16日
561	《大众日报》19版	企业登记时间缩短到3个工作日	12月16日
562	《大众日报》19版	“衣暖心更暖·为环卫工捐赠冲锋衣”活动在东关街道举行	12月16日
563	《大众日报》19版	画都O2O青年艺术平台上线	12月16日
564	《大众日报》19版	民生街社区开展交通安全宣传活动	12月16日
565	《人民日报》17版	政府搭好舞台，老人施展才艺，“夕阳红”更有活力——“文化养老”滋味足	12月16日
566	《大众日报》17版	农行廿里堡支行开展防范电信网络诈骗宣传活动	12月23日
567	新华网山东频道	全国互联网＋婚嫁产业高峰论坛在山东潍坊举行	12月21日
568	《山东通讯》	大力实施“互联网+”战略 着力推动转型升级创新发展	12期
569	新华网山东频道	山东潍坊市奎文区出台“十三五”全民科学素质行动计划实施方案	12月23日
570	新华网山东频道	山东潍坊市奎文区宣传文化系统国学讲座开讲	12月23日
571	新华网山东频道	山东珠联天下公司入选我省第二批“创客之家”	12月23日
572	新华网山东频道	山东潍坊市奎文区出实招确保扩权强镇改革试点工作落到实处	12月23日
573	新华网山东频道	“爱溢阳光”项目荣获潍坊市优秀公益项目奖	12月23日
574	新华网山东频道	潍坊市奎文区创新形式做好第三次农业普查宣传工作	12月23日
575	新华网山东频道	潍坊市奎文区开展非法投资理财广告排查清理工作	12月23日
576	新华网山东频道	山东潍坊市奎文区加强冬季传染病疫情监测工作	12月23日

索 引

Indexes

主题索引

说明：

1. 本索引为综合性主题索引。
2. 索引款目按汉语拼音字母（同音字按声调）顺序排列。
3. 款目后的阿拉伯数字表示内容所在的页码。
4. 同一主题的内容在文中多处出现的，在其款目后用不同的页码标明。

A

B

C

D

E

F

G

H

L

M

N

P

Q

R

Z

供稿人员

（按姓名笔画排序）

丁　帅	于　涛	于洋洋	马爱英	王　飞	王　平	王　伟	王　芳
王　岩	王　健	王大伟	王红玉	王远志	王明月	王学刚	文瑞南
方　芳	尹德珍	田连军	田希峰	史立章	付晓雯	邢国凯	毕宙丹
刘　峰	刘　海	刘　童	刘文平	刘传明	刘冠彪	刘雪玲	衣传智
闫　斌	许　宏	孙　凯	孙　涛	孙淑敏	杜文波	李　伟	李　峰
李　强	李　强	李　磊	李凤梅	李青军	李明娟	李法兴	李爱伟
李海鹰	杨　淼	杨文静	肖崇涛	吴洪磊	邱元博	宋　焘	张　宁
张　洋	张　艳	张　琦	张世衡	张延滨	张红娟	张连波	张良平
张英杰	张明星	张金文	张学三	张建荣	张晓阳	张晓晨	张海廷
陈　鸣	陈九如	陈文敏	陈静文	陈增途	范　云	范卫星	明浩利
周　洁	郑　海	宗绍帅	郎咸波	郎咸涛	赵　元	赵　菲	赵海萍
胡冬梅	钟　超	秦立升	耿　斌	聂利列	徐东伟	徐宝成	徐海涛
栾　明	高　杨	郭克晓	郭爱娟	唐福平	黄　强	曹瑞杰	常明霞
董建军	韩传义	程吉亮	程建民	臧海霞	谭绪刚	潘虹帆	戴志祥

艺术编辑

孙　涛　　谭绪刚　　张红娟　　李金生　　郭晓蕊　　范如梦　　刘萍萍

排版设计

李延斐　　谢君可　　李　超